·21世纪市场营销系列教材·

新产品开发

New Product Development

诸 鸿 陈智勇 编著

中国人民大学出版社
·北京·

前　言

1996年诸鸿教授编著的《新产品开发及其商品化》一书出版之际，重视新产品开发对于我国企业还是比较新颖和先进的理念，到2013年，创新已经成为众多企业追逐的潮流，成为很多一流企业发展的战略核心。在《新产品开发及其商品化》一书的基础上，本书更强调新产品开发对于企业整体发展的作用，以及将市场营销观念贯彻于新产品开发的始终。

管理和科技水平高度发达、顾客需求日益多样化和个性化、竞争日益激烈，是现代市场的普遍现象，新产品开发与企业的生存和发展息息相关，因此，企业必须重视新产品开发，企业管理者必须研究新产品开发的规律，掌握新产品开发的基本原理、技术和方法。

本书以现代市场营销观念和系统观念为基本思路，强调市场需求和产品商品化，以此来指导新产品开发的全过程，同时运用新产品使用价值理论和高附加值理论来探讨新产品开发及商品化的有关规律。

本书的内容共分8章。第1～2章概述新产品开发的相关概念及其对于企业的意义；第3～6章讲述新产品开发过程中的概念开发、实体开发以及开发组织管理；第7～8章讲述新产品的市场推广，即商品化开发。

为加强实证和实战性，本书尽量在正文中穿插与知识理论相对照的实例，并以案例和思考题配合各章学习。

本书旨在推动新产品开发的现代化管理。我们试图为企业适应国内外市场竞争需要、提高新产品开发的科学管理水平略尽微力。

本书可作为商学、工学以及有关管理专业的教学用书，也可供有关工商企业经营管理人员以及新产品开发科研设计人员阅读参考。

本书在撰写过程中，得到了中国人民大学商学院许多同志的热情支持和帮助，在此表示衷心的感谢。

由于作者水平有限，本书难免存在缺点和错误，欢迎读者批评指正。

诸　鸿　陈智勇

目　录

第1章

绪　论

本书研究新产品开发的模式、过程、规律、方法。首先我们需要明确一些基本概念：什么是产品？什么是新产品？它们有哪些主要类别？企业为何要开发新产品？应按照何种模式来开发？如何开发新产品？

第1节　产品和新产品

一、产品的定义和分类

(一) 产品的定义

现代企业的经营活动围绕着一个中心：满足人和社会的需要。按照主流的市场营销观念，产品是指在市场上为消费者（用户）所提供的一切有形和无形的利益。产品是为满足消费者（用户）的需要而提供的，它既可以是物质实体，又可以是一种意识（如满足某种消费观念等），或是一种服务，还可以是一个过程、一项活动等，或者几种要素的有机结合。

虽然现代产品概念不限于有形产品，不过按照一般的理解，新产品开发主要还是研究核心利益与有形实体密不可分的产品，而无形的服务类、娱乐类、精神审美类、信息类、知识教育类等产品的开发也有所提及，但不作为重点。

例如，一个普通的工薪家庭打算买一台洗衣机，在进行购买决策时，可能有下列考虑：质量要可靠，功能要满足自身要求，技术要先进，要省时、省水、省电；要多走几家商店比较价格，以节省开支；耐用消费品需要长期使用，希望厂家提供保修和备件供应；还希望购买时商家提供送货、安装服务；所购洗衣机看起来要美观大方；优先考虑名牌，等等。可见，在消费者心目中，洗衣机这种产品既包括若干有形消费利益，又包括一些无形的消费利益。

（二）产品的现代定义的特点

与认为产品仅是某种有用物实体的传统定义相区别，产品的现代定义具有以下四个特点：

（1）产品的现代定义指出产品的本质是为消费者（用户）提供其所需要的利益。人们购买产品，不是购买产品本身，而是购买产品所提供的功能和效用。

因此，研究人们对不同产品的需求、需求的发展趋势、各种不同条件下需求的核心利益以及实现需求的过程，不仅是营销研究的重点，对新产品开发同样至关重要。

夏天防暑降温，最早人们用芭蕉扇，后来出现了便于携带的折扇，再后来用电扇省了人力，空调更加凉爽，此外还可以选择去避暑胜地。因此，有形的产品、以服务为核心的旅游都可以解决同样的需求，都有市场机会。

（2）产品的现代定义指的是产品在市场上引起消费者（用户）注意、购买以至于消费的一切利益。

20 世纪 90 年代初，我国个人计算机产品市场开始迅速发展，北京的中关村电子一条街是全国性的产品集散地，各地的用户经常需要到中关村实地逛街比较、购买，对于外地顾客，不但到北京的交通、住宿、餐饮费用高昂，时间成本也很高，采购效率低。后来，计算机电子类报刊的发展在相当程度上解决了这一问题，这些报刊除了刊载新闻及技术类文章外，还有大量的产品广告，甚至广告占据几十页的版面，而广告的价格不菲，每期 10 厘米×2.5 厘米的面积就要 300～800 元。毫无疑问报社、杂志社赚了钱，不过这些广告成本最终都要反映在计算机等产品价格中，买卖双方吃亏了吗？让我们看一下这些广告刊登以后顾客的购物过程：可以在报刊上找到自己所需要产品的广告，通过电话初步了解洽谈，并且可以比较不同销售商的产品、价格、服务，既可以通过电话交易，也可以在有了基本的意向以后，到中关村具体商谈比较。很明显，广告信息为顾客的购买提供了极大的方便，引起消费者注意本身就是利益。

房地产行业的宣传广告中，商业配套设施总是重要内容。商业配套设施为消费者花钱提供方便，反之，有钱没地方花更让人难受。

引起注意对于新产品非常关键，尤其是一些突破性的创新产品，不为人知就不可能被购买，买卖双方甚至整个社会都会因此蒙受损失。

（3）产品的现代定义指出产品满足消费者（用户）的需要，既指物质需要，也指服务需要，还指精神需要。

（4）产品的现代定义把产品由一种物质实体扩展到了有形附加物，如包装、品牌、说明书，以及无形附加物，如售前服务、售后服务等。

在市场营销观念指导下，现代产品定义体现出鲜明的整体概念和“顾客至上”观念。

（三）现代产品的整体概念

基于现代营销理念，产品整体概念有三个基本层次，即核心产品、形式产品和延伸产品（如图 1—1 所示）。

现代产品的整体概念中对于核心利益主要为有形物的产品，可以将其分解为三个层次：产品实体核心层、产品有形附加物层和产品无形附加物层。

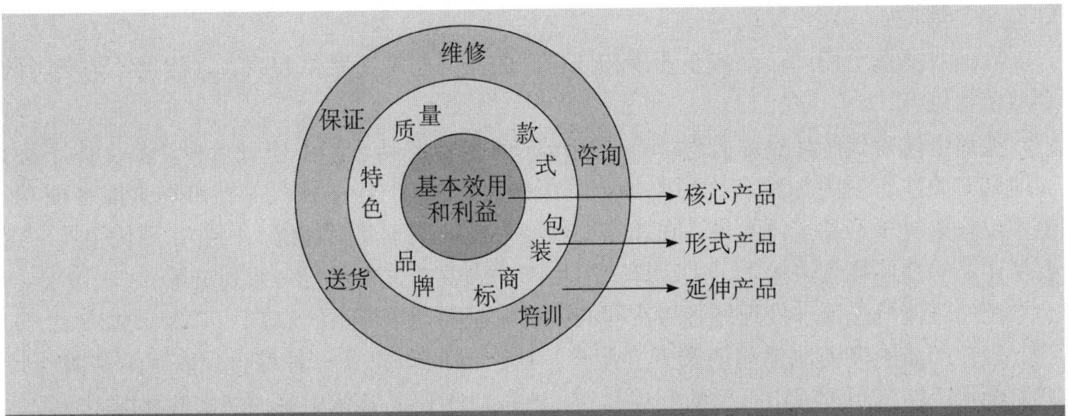

图 1—1 产品整体概念示意图

(1) 产品实体核心层承载着消费者（用户）可以得到的基本利益，这是消费者（用户）购买产品的本质所在。

只有经常对企业产品的核心层进行认真分析，衡量目标消费者（用户）对产品核心层的感觉和知觉，企业才能把握市场需求，不断开发新产品。

例如，对于我国城市普通居民，20 世纪六七十年代大米的核心利益就是充饥，能买到的数量、购买的价格是至关重要的，而现在大米的口感和对人体健康更加重要。

(2) 产品有形附加物层是产品构成中附加在外部，消费者（用户）可以直接感觉到的那些有形物，包括包装、品牌、商标、品名、说明书等，它们给消费者（用户）在购物或使用中提供附加利益。

产品有形附加物非常重要，其与产品实体本身相结合，形成了产品有形硬件整体。如果没有良好设计和精心制造的产品有形附加物作保证，消费者（用户）要从产品本身获得基本利益将成为一句空话。

还是以大米为例，对于我国城市普通居民，20 世纪六七十年代大米散装销售，因为价格便宜而受欢迎，人们买米都自带容器，而现在购买方便省事更加重要，10 公斤以下的小包装大行其道。

现在大城市的年轻人很难想象，在 20 世纪 80 年代初北京市场上的榨菜还主要是大块大块地堆在一起卖，仅三五毛钱一斤，但生意仍然不好。后来，榨菜切丝并采用小包装获得市场欢迎。近年来，榨菜的口感、风味、品牌以及是否对健康有益等日益成为人们关心的重点。

(3) 产品无形附加物层是在产品有形硬件外附加的软件，包括产品销售和消费过程中所提供的各种服务，如广告介绍、销售方式、各种优惠、分期付款以及安装、送货、维修、保修、保换、保退等，产品无形附加物（服务）能使消费者（用户）获得附加利益，消费者（用户）的需要将会得到更好的满足。

对于美国普通消费者来说，超过 200 美元的产品如果没有分期付款，就很难接受。更有甚者，一些产品如经济型小轿车等，产品本身有时不挣钱，主要靠配套的金融服务以及售后服务盈利。

做好产品无形附加物层的决策和管理是企业产品管理中一个十分重要的方面。在产品技术性能相近、产品同质化程度较高时，竞争往往体现在产品无形附加物层上。因此，企业应当在保证有形硬件的内在和外在质量的基础上，努力开拓产品无形附加物层，以便更好地满足消费者（用户）的需要。

在北京奥运会期间，众多企业争相使自己的品牌与奥运联系起来，这提供给消费者的利益值得思考。

按照上述现代产品整体概念，企业生产任何一种产品，都不应只重视产品实体本身，而应同时关注有形附加物和无形附加物（服务）。事实上，一种产品在市场上能否成功，绝不仅仅取决于产品实体本身，在相当大程度上还取决于其附加层。因此，现代企业一定要从产品的整体概念去构思、去设计、去生产、去营销、去进行一系列决策。

产品整体概念要求处理好各层次间的关系，需要理解以下三点：

（1）产品的市场地位和消费者（用户）对产品的印象是一种综合反映。消费者（用户）能从产品使用过程中得到的利益总和，既取决于产品整体中每一层次的状况，又取决于其组合效果。

（2）产品整体的每一层次对企业的营销策略有不同的影响，产品有形硬件和无形软件中的各组成要素的重要程度也不尽一致。一个企业应当强调哪一层次和每一层次中的哪些要素，取决于其动态变化情况，应当注意企业所处的行业特征和所营销或开发的产品特征。一般来说，工业品与消费品相比①，工业品的无形附加物层具有更广阔的开拓余地。就产品有形硬件而言，消费品比工业品更注重包装、商标、品名和设计风格等反映外部质量的要素，工业品则更强调产品的内在质量。

（3）改变产品构成中的任何一部分，甚至微小变化，都可能在消费者（用户）心目中形成不同的产品。例如，同类产品而品牌不同，消费者（用户）将认为是不同的产品，因为不同品牌在消费者（用户）心目中代表不同的声誉和形象，在使用过程中会产生迥然不同的感受。

从消费者的利益角度出发，产品概念还可以区分为：

（1）核心利益：顾客购买消费的根本目标。

（2）基础产品：产品的基本形式，保证核心利益的产品内容。

（3）期望产品：消费者对产品应该具有的属性的期望。

（4）附加产品：超出消费者期望的利益。

（5）潜在产品：市场上还没有出现而消费者需要的产品。

（四）现代产品的“顾客至上”观念

现代产品的“顾客至上”观念是指企业生产什么、生产多少、怎样生产和销售，都要以消费者（用户）为出发点，产品要为消费者（用户）提供种种有形和无形的利益，要满足消费者的需要。

产品如何满足消费者（用户）的需要，其实质是产品的使用价值问题，这将在第 2 章中进行专门讨论。

在现代市场上，产品只有满足消费者（用户）的需要，反映消费者（用户）的利益要求，才会富有生命力，才能在竞争中生存和发展。这种把产品的命运与消费者（用户）的利益和需要融为一体的思想，集中体现了现代产品“顾客至上”的观念。

---

① 按照市场营销的分类方法，将产品分为工业品和消费品。工业品指直接用于工业生产的产品，亦即工业生产资料，其购买者为工业用户。消费品指直接用于日常消费生活的产品，亦即日用消费品，其购买者为消费者。

对于企业来说，确定产品的“顾客至上”观念，不是等产品生产出来以后才考虑怎么满足消费者（用户）的需要，而是在产品生产出来之前就应考虑消费者（用户）的需要。产品的构思、研究、设计到试制鉴定和投产上市等环节都要从消费者（用户）的角度来审定或评价产品。企业决策者要经常思考下列问题：

（1）消费者（用户）的真正需求是什么？这种产品能满足消费者（用户）的利益要求吗？投放市场会受消费者（用户）欢迎吗？

（2）这种产品的造型、花色等会使消费者（用户）满意吗？消费者（用户）会有什么新的要求吗？产品设计能改进吗？

（3）这种产品应提供哪些附加服务？消费者（用户）会满意这些服务吗？还能给消费者（用户）提供更多的方便和服务吗？

（4）这种产品的定价能被消费者（用户）接受吗？还能为消费者（用户）提供更多的经济利益吗？

（5）这种产品的消费者（用户）群体会发生分化或转移吗？产品还有可能向新的消费者（用户）群体发展吗？还能激发新的潜在需求吗？

（6）消费者（用户）不接受这种产品怎么办？企业能够面对风险吗？能够迅速推出被消费者（用户）接受的新一代产品吗？等等。

“顾客至上”不是一句口号，而是要站在消费者（用户）利益的立场上，切实地去思考、解决问题，这也是企业生存的关键所在，是现代市场经营必须遵循的法则，谁违背了这一法则，谁就会在市场竞争中自食其果。

（五）产品的分类

为了更好地经营和开发产品，需要将具有不同特点的产品分门别类，然后针对各类型产品进行开发和营销。通常采用的分类标志有两个：（1）按谁将使用和为什么使用，将产品分为两大类——消费品和工业品；（2）按消费者的购买行为特征，将消费品分为日用品、选购品和特购品；将工业品分为主要设备、原材料、零部件和半成品、低值易耗品。上述各类型产品的购买行为特征是不同的，需要不同的市场营销手段。

1. 消费品

消费品是指那些满足最终消费者需求的产品。

（1）易购品。如肥皂、洗涤剂、香烟、面包、食糖等。消费者通常会频繁购买，即用即买，购买时只花最小精力去比较。

易购品可进一步细分为常用品、冲动购买品和急用品。常用品是消费者经常购买的产品，如牙膏、面包等。冲动购买品是消费者没有经过计划或寻找而购买的产品，如小食品等。急用品是消费者产生紧急需求时所购买的产品，如出门遇雨时的雨伞、雨衣。

（2）选购品。如家具、服装和较大的家电用品等。消费者通常在选购过程中对产品的适用性、质量、价格和式样等基本方面做有针对性的比较。

选购品可分为同质品和异质品。同质品的质量相似而价格明显不同，购买者认为有进行选购的必要。例如购买普通尺寸的电视机时，部分消费者认为市场上的产品都能满足其需求，只是价格、品牌等方面有差异。异质品的产品特色通常比价格更重要，例如消费者买一件主要在正式场合穿着的上衣，其款式、颜色、做工以及是否合身，很可能比微小的价格差距更为重要。

经营选购品的企业和在投放选购类新产品时，要特别注意做好促销活动，使消费者了解企业的产品，同时还要对消费过程给予指导，搞好售后服务。

（3）特购品。特购品也叫特殊品，指具有独有特征和厂牌标记的产品。如特殊厂牌和特殊式样、品种的产品，如高保真音响、某些摄影器材和某些男式服装等。消费者对这些产品一般愿意作出特殊的购买努力。特购品不涉及购买者对产品进行比较的问题，它们在消费者印象中是突出（独特）的，购买者仅需花时间找到销售地点即可。

使企业的产品成为目标市场的特购品，正是许多企业主管人员所追求的目标。影响产品成为特购品的因素很多，最终表现为企业产品的特色和消费者对企业产品的忠诚度。

三类消费品的购买行为特征和市场营销特点如表1—1所示。

表1—1　消费品的购买行为特征和市场营销特点

特征及营销特点		消费品		
		易购品	选购品	特购品
购买行为特征	费时多少	很少	较多	取决于商品的可获得程度
	计划性	很小	较强	很强
	价格敏感性	低	高	低
	购买频率	高	低	低
市场营销特点	价格	低	高	不一定
	零售网分布	足够密	中	少
	存货周转率	高	低	较低
	广告的责任	制造商	零售商	共同负责
	货架陈列	非常重要	较重要	较不重要
	声誉	产品品牌为主	商店名称为主	两者皆重要
	包装	非常重要	较重要	较不重要

对于消费品还可以按照产品满足消费者需求的利益特点，分为功能性和魅力性产品。

功能性产品主要是以经济性、理化特性来满足消费者需求，魅力性产品则主要是以享受性、炫耀性、心理性来满足消费者需求。

例如，某高校食堂午餐一般的饭菜总价是七八元，如果仅菜价就超过10元则很难让人接受，而去学校外面的餐馆，几十元可能让人感觉不贵。比较就会发现，人们在食堂就餐时多考虑功能性、经济性，去餐馆就餐时以魅力性、享受性为主。

2. 工业品

工业品指以生产为目的而购买的产品，一般购买后还要对其进行再加工。工业品可以分成五种：

（1）主要设备。指已经制造完成的工业品，是供用户长期使用的资产项目之一。主要设备往往要经过多年折旧才报废，如发电机、机床等。这类产品的潜在用户少，购买也不频繁，但是往往直接决定用户企业的生产能力和规模。

由于用户购买主要设备的动机源于经济原因，而且很关心产品的使用性能，所以销售主要设备的企业要十分重视产品的售后服务，如安装、调试和备件供应。市场对这类产品的需求受整个社会经济形势的影响颇大，生产和销售主要设备的企业要注意对经济形势的预测，比如在经济萧条时期，生产这类产品成功的希望是比较小的。

（2）附属设备。附属设备的使用期限较短，是企业完成生产任务所需要的一些资产项目。如生产工具、车间非生产线上固定使用的电瓶车和一些办公设备等，它们对企业的经营规模无重大影响。

由于附属设备花费较少，购买较频繁以及购买决策一般只涉及买方组织中较低层的管理人员，销售和投放这类新产品的企业应强调销售人员的推销作用，同时要注意目标市场的行业变化，而不是强调对总的经济形势的预测。

(3) 原材料。指未加工或粗加工的工业品，如木材、矿石、沙石等，有时还包括为食品工业提供的鱼类、水产和农产品等。销售这类产品的企业要重视产品的分销系统和物流环节。

(4) 零部件与半成品。指加工制造后供生产其他工业品使用的产品。开发与销售这类新产品时应当考虑：总装产品的质量与交货期依赖于零部件的质量与交货期，最终产品的质量和交货期依赖于半成品；反过来，零部件和半成品的需求又依赖于最终产品的市场需求，这一点很重要。

(5) 低耗品。低耗品又叫供应品，是用户企业日常购买的用品，如颜料、油漆、钉子、灯泡等。这类产品的销售与易购品类似，分销网点很重要，当然产品品牌也不可忽视。

工业品的购买行为特征和市场营销特点如表1—2所示。

表1—2　　工业品的购买行为特征和市场营销特点

特征及营销特点		工业品				
		主要设备	附属设备	原材料	零部件与半成品	低耗品
购买行为特征	购买频率	最低	低	高	较高	最高
	购买量	小	小	大	大	小
	用户决策层次	高	中	中	中	低
产品特征	单价	高	中	很低	低	低
	使用寿命	很长	中	很短	不一定	短
	规范化程度	很低	较低	很一致	较一致	很一致
市场营销特点	分销渠道	短，不使用中间商	使用中间商	短	短，不常用中间商	使用中间商
	价格竞争	不重要	非主要因素	重要	重要	重要
	销售服务	很重要	重要	不重要	不重要	很少
	合同提前期	专门合同	选择合同	争取长期合同	较长期合同	不签订合同
	商谈难度	高	中等	不一定	中等	低

综上所述，企业制定新产品开发计划及市场营销策略，必须建立在与本企业产品类别相应的消费者（用户）购买行为特征的基础上，按照产品三层次理论有所侧重地选择本企业的开发重点，才能更好地满足目标市场的需求。

二、新产品的定义和分类

（一）新产品的定义

新产品，从字面理解，应该是新出现的、与以往不同的产品，而且这种不同应该是显而易见的。因此，传统的新产品定义一般从实体、科技、直观或外观角度给出，即新产品是由于科技和工程技术的变化而产生、产品实体或外观有了显著变化、具有新功能或新性能的产品。

从市场营销的角度看，新产品是具有新意的产品，是指能进入市场给消费者或（和）社会提供新的利益（效用）而被消费者和社会认可的产品，这与传统理解有很大不同。“能进入市场”是指新产品得到社会承认，也意味着新产品在给消费者（用户）提供新的利益的同时，也给企业带来经济利益，还必须符合社会整体利益。因此，在现代社会中，形成新产品的重要标志是一种具有新意的兼顾消费者（用户）、企业、社会整体三方利益并得到三方认可的产品。

“兼顾消费者（用户）、企业、社会整体三方利益”值得推敲。消费者的利益是根本，诸如环境保护、劳动者权益等社会要求是现代企业必须遵从的，而企业自身的利益很少被强调，是不言而喻的隐含前提，赔本的买卖没人做，实际上，有时企业出于长远考虑可能牺牲眼前的经济利益，尤其在网络时代，这种现象经常发生。

阿里巴巴“万企工程”救市

2007—2008年，我国出口型企业受到金融危机的影响。阿里巴巴以帮助中小企业出口起家，按照通常的观点来看，也将受到冲击，然而，阿里巴巴推出了3 000万现金+3亿服务的“万企工程”。

“万企工程”将从两个方面帮助浙江的中小企业挨过寒冬——浙江省财政厅将向入围的中小企业提供3 000万元资金扶持，阿里巴巴则将提供价值约3亿元的电子商务服务，帮助中小企业在寒冬中打造竞争力。

事实上，这项工程更像是阿里巴巴自己的过冬计划，因为只有这些中小客户活得健康，以它们为收入来源的阿里巴巴才能顺利过冬。

根据这项计划，浙江省经贸委、浙江省财政厅与阿里巴巴在全省范围内将帮助10万家企业实施电子商务工程，以节约它们的运营成本。

据阿里巴巴首席执行官卫哲向记者透露，除浙江省外，类似的“万企工程”也将在广东、重庆、天津等地实施，并已经获得了上述地方政府的支持。

在“万企工程”中，对入围的电子商务企业，阿里巴巴将对其电子商务部分实施优惠。

具体而言，“万企工程”包括下列内容：打造全省综合性电子商务平台“浙江省电子商务专区”；免费开展旺铺电子商务服务体验；优惠提供“诚信通”电子商务服务；免费开展“百场万企”电子商务培训；赠送“中国供应商”增值服务。

浙江省副省长金德水表示，“万企工程”计划用3年时间，使“浙江省电子商务专区”注册用户数超过200万家，企业会员总数超过40万家，开展电子商务的企业超过20万家。

事实上，浙江省已经于2008年7月开始操作实施“万企工程”。马云透露，经过三个月的实施，浙江省新增“诚信通”会员超过1万家，“百场万企”电子商务培训活动已经先后举办40余场，区域覆盖包括杭州、金华、丽水、绍兴、湖州、温州、义乌、柯桥、永康等30余个市县，参加培训的企业达到4 000余家，参与人数超过5 000人次。

马云表示，旺铺电子商务增值服务免费体验活动开展后，已经向浙江省企业赠出旺铺4 600个，即将提前三年实现赠出5 000个旺铺的目标，同时，还开通了“万企工程”咨询热线，浙江省的企业可以拨打这一热线了解“万企工程”。

对阿里巴巴而言，在寒冬中为“万企工程”埋了部分的单，但是熬过了寒冬，甚至通过免费赠送，这些中小企业会更加依赖阿里巴巴的电子商务，实现进一步锁定，当寒冬过后，它们又将为阿里巴巴的电子商务埋单。

事实上，阿里巴巴将此次金融风暴与2003年的“非典”时期相比较——因为“非典”，线下商务会谈存在风险，众多中小企业不得不使用线上的电子商务服务；“非典”之后，因为电子商务不可替代的便利、低成本，阿里巴巴锁定了这些用户，历经“非典”，阿里巴巴由烧钱变为赚钱。

显然，马云希望在此次金融风暴中复制“非典”模式，锁定更多客户，换来今后更大的利益。

“万企工程”还不是阿里巴巴救市计划的全部。马云透露，阿里巴巴已经融资150亿元，加入此次救援行动，这150亿元全部来自阿里巴巴上市融资的20亿美元，这几乎是阿里巴巴上市时的全部融资。

马云称，随着全球性金融危机的蔓延，下一步将从多方面冲击实体经济，并有可能触发更为艰难的全球性经济危机，大批中小企业将会面临更为严峻的生存挑战，阿里巴巴融资150亿元，押上所有的家底只为打赢这场战争。

马云希望通过这150亿元救援中小企业的经济大市，但马云没有透露具体的救市计划，也没有透露如何使用这150亿元。

为了实施这项救援计划，阿里巴巴旗下的淘宝、支付宝、雅虎口碑、阿里软件将首次实现联动，集中所有资源帮助中小企业渡过难关。

马云表示，阿里巴巴已经成立“阿里巴巴中小企业发展计划执行小组”，由卫哲任组长，此举的目的是调动各子公司政策、人员、资金、产品等多项资源，保证计划全面实施，这也是阿里巴巴历史上最大规模的协同作战行动。

资料来源：侯继勇：《阿里巴巴“万企工程”救市》，载《21世纪经济报道》，2008-10-15。

在现实市场上，既有新产品的外观、技术、功能、实体等有所变化，也有不少“市场型”新产品不发生内在本质变化，仅附加物发生变化，还有大量新产品以一定技术进步为基础，其附加物同时变化。对产品的三层次中的一个或多个层次（要素）进行创新，使产品变化而形成“新意”，都可能开发出新产品。

1977年，苹果推出AppleⅡ，其后，IBM微机、MS操作系统才先后出现。AppleⅡ是前所未有的面向个人的电脑产品，其设计、技术、结构、功能均是突破性的，毫无疑问是新产品。

2001年至今，苹果先后推出大获成功的iPod、iPhone，其视觉效果突出、造型小巧、做工精致、操作新颖简单、容量大、可以在线下载音乐等。如果说30年前苹果是技术产品先驱，用产品引导了需求，那么今天苹果表现出了在把握需求基础上的新产品开发能力。

此外，现代市场上生产经营者、消费者两方，由于角度不同，对新产品的理解也有所不同。生产经营者经常会从自身角度出发，以产品是否为自己以前生产经营过的来区分新旧产品；消费者则以自己以往的购买消费经验、感觉来判断。例如，一个企业的产品过去全部出口到国外，现在开始在国内销售，对于企业来说，该产品不新，而对于消费者来说，它是新产品；反之，某种以前完全靠进口供应市场的产品，现在国内企业开始生产相同产品，则消费者并不认为是新产品，而对生产企业来说则是新产品。

（二）新产品的分类

为了进一步加深对新产品的理解，有必要从不同角度对新产品进行分类并阐明其特点。新产品分类的角度有：与原有产品的区别程度、产品的潜在市场范围等。

（1）按照与原有产品的区别程度，新产品可分为创新型、模仿型、改进型、配套系列型、降低成本型和重新定位型等。

1）创新型新产品。主要包括两种情况：一是应用新技术生产原有产品的类似产品或全新产品；二是应用已有技术开发新产品填补市场空白。创新型新产品往往与专利联系在一起，企业可以自主创新或引进国内外研究成果。这类产品的开发特点是：不仅需要大量资金和技术，而且市场风险较大。创新型新产品只占所有新产品的10%左右。

2）模仿型新产品。是指仿制国内外已经研制生产出来的新产品，有时也根据企业的特点，按市场的需要进行必要的改进，去掉原产品的一些不合理部分，但这种改进没有技术上的突破。开发模仿型新产品，一般投入要少些，风险也相对小一些，但对企业是一种突破。模仿型新产品占全部新产品的20%左右。

3）改进型新产品。是指在原来老产品的基础上进行改进，使得产品在结构上、功能上具有新的特点、新的突破，产品的用途范围有所扩大，能满足消费者（用户）更多的需要。这种新产品与老产品十分接近，有利于消费者（用户）迅速接受，开发也不需大量资金。改进型新产品在全部新产品中占26%左右。

4）配套系列型新产品。是指在原有的产品大类中，开发出新的品种、花色、规格等，从而形成系列，扩大产品的目标市场。此种新产品与原有大类的产品差别不大，所需的开发投资和技术也比较少。配套系列型新产品在全部新产品中也占26%左右。

5）降低成本型新产品。是指利用新科技，改进生产工艺或提高生产率，削减原产品的成本，降低销售价格，但保持原有功能不变的新产品。此种新产品占全部新产品的11%左右。

6）重新定位型新产品。是指企业的老产品面向新选定的市场，在市场营销中称为市场开发。一般重新定位型新产品在全部新产品中占7%左右。

例如，2001—2003年，由于住宅类房地产市场不景气，北京相当一部分原来面向住宅的房地产改变方向，转变为商业类或者商住两用类，除了获得政府相关部门审批外，房屋的结构、功能、装修、物业等都需要相应调整。

（2）按照产品的潜在市场范围，新产品可分为世界性、全国性、地区性、企业性四类新产品。

1）世界性新产品。是指全世界都未曾出现过的产品。这类新产品在诞生时，技术、工艺、设计等往往还不完善，市场前景有时也不确定，但一经开发出来，就能获得国际专利，具有巨大的潜在市场。

2）全国性新产品。是指那些国外已有生产，甚至已很成熟，但在国内还是首次设计试制成功的产品。这种新产品可以是独立地进行研究开发出来的，也可以通过技术引进，对技术进行消化吸收研制生产出来的。一般来说，这类产品在国际上有成功的经验，可能具有巨大的国内市场，会带来较高的经济效益。

3）地区性新产品。其特点是国内已有生产但某地区以前未曾生产过。这类新产品的试制可充分利用国内的技术合作、技术转让来进行，不必从头做起。这类新产品经常以本地区及周边地区为主要目标市场。例如啤酒、建材等行业，厂商接近最终市场可以获得极大的竞争优势，特别适合本地生产。

4）企业性新产品。是指那些已有多家企业生产但仍然供不应求，同时本企业具有某种优势，可以试制生产的新产品。这类新产品的市场有限，决策时应谨慎。

第2节　新产品开发及其必要性

从企业的角度来看，开发新产品的意义重大。总的说来，新产品开发是企业生存和发展的重要支柱，有关新产品的决策是企业经营战略的重要组成部分，这表现在以下几个方面：

1. 开发新产品促进企业成长

凡是经营好的企业，一般具有向市场推出更多新产品的能力。据统计，20 世纪 80 年代，美国多数制造类公司的销售额和利润的 30%～40%来自 5 年内推出的新产品，而到了网络时代，诸如谷歌、诺基亚、英特尔、微软、戴尔的绝大部分业务围绕两三年内推出的新产品进行。

一般来说，企业成长意味着成功，意味着企业产品市场份额的扩大。通常企业依靠现有产品扩大市场份额是很困难的，必须不断向市场投入更多的新产品，开发新产品对企业成长起重要作用。

2. 开发新产品可以维护企业的竞争地位

在现代市场经济中，企业的外部竞争日趋激烈。每当市场上有企业成功地投放某种新产品时，竞争企业就会针对该产品进行模仿改进，或扩大同类产品系列或品种等，这样一来，最早投放新产品的企业为避免被赶超，势必会对自己的产品进行再改进和创新。因此，企业往往通过新产品开发去取得某一特定市场的主导或支配地位。

无论做什么事，笨鸟先飞都不失为成功之道。对于企业而言，如果先飞的不是笨鸟，会怎么样呢?

1996—1997 年，一次购买激光打印机的经历，使一名对 IT 行业颇为熟悉的消费者切身感受到创新领先者的力量。

当时，激光打印机还是比较高档的产品，国内市场几乎是惠普一统天下，选择相对简单，只需要比较不同的型号。惠普面向个人用户的 5L 型打印机价格在5 000元左右，其他型号至少要七八千元。当时该消费者考虑，尽量选择价格比较实惠的型号，以免购买后价格大跌使自己心疼后悔。一般而言，越高档的型号利润越大，低档型号由于成本较低，而且所面向的用户经济能力较弱，价格的水分应该不多，因此该消费者选择了最便宜的 5L 型号。谁想到，半年后中高档激光打印机的价格没有降多少，反倒是 5L 的价格跌了 1/3，让该消费者不由得对自己在 IT 市场摸爬滚打多年得出的经验产生怀疑，可思前想后，不明白究竟是什么地方出了问题。终于，在得知如下事实后他有所领悟：佳能开始在中国市场上销售一款与5L型号同档次的激光打印机LBP460，标价不到3 000元。

确实，5L型号降价的直接原因是佳能相同档次的产品进入中国，惠普面临着竞争。换一个角度，从惠普与佳能两款产品的价格、成本、利润的比较来看更有启示，如表1—3所示。

表1—3　　惠普与佳能两款产品的价格、成本、利润的比较

品种 项目	佳能 LBP460	惠普5L 有竞争前	惠普5L 有竞争后	说明
价格（元）	3 000	5 000	3 500	假设两款产品成本相同，由于惠普产品销量大，实际成本应该更低一些。
成本（元）	2 500	2 500	2 500	
毛利（元）	500	2 500	1 000	
毛利率	20%	100%	40%	

可以看出，惠普的5L型号即使在竞争当中，利润率也远远高于对手。由于惠普统治中国激光打印机市场长达十几年，在产品、品牌、销售渠道方面有绝对优势，即使价格比竞争对手高，也丝毫不影响其畅销，而且在中高端市场仍然独享厚利；新进入市场的对手不但销售价格较低，生产、销售、广告等环节成本较高，其效果还难以预料。简单地说，一边是高价格低成本的良性循环，另一边是低价格高成本难以为继。除非竞争对手付出几倍甚至几十倍的极高代价，或者惠普犯低级错误，竞争优势逆转的可能性很小。这应该看作市场对创新开拓者的奖励，令人羡慕，而惠普的长远眼光、坚定步伐、雄厚实力令人赞叹。

这种情形在互联网时代层出不穷，竞争中的先发优势愈发突出，经常不是大鱼吃小鱼，而是快鱼吃慢鱼。如果鱼既大又快，就像激光打印机领域的惠普，结果可想而知。

3. 开发新产品有利于充分利用企业剩余的生产能力

企业适应市场需求的变化，将自己的一些产品退出市场，会使企业产生部分过剩的生产能力。开发适当的新产品就可使这部分过剩的生产能力得到利用，实现新的均衡生产。因此，在固定成本不变的情况下新产品开发会使产品成本降低，同时提高企业的资源利用率。

冷战结束后，美国军事工业需要的钛合金材料减少，原来的钛合金生产企业成功地推出钛合金高尔夫球杆，售价高达几千美元，大获成功。

4. 开发新产品有利于促进企业其他产品的销售

当一种新产品成功地进入市场后，企业的影响力增强、整体形象提升，这可以带动企业的其他相关产品的销售，追求这种效应是企业开发新产品的一个重要原因。

5. 开发新产品有利于企业适应环境的变化

消费需求、竞争、科技等因素不断变化，使得现有产品可能出现衰退，企业必须顺应变化，开发新产品替代老产品。例如，从20世纪80年代开始，城市居民对酒类的偏好发生变化，改变了过去喜饮烈性酒的习惯，品类繁多的低度酒、软饮料新产品应运而生。另外，能源短缺和人们对环境污染的关注，迫使不少企业开发节能、环保型新产品。

20世纪90年代以后，由于市场需求发生变化，国内的很多水果罐头厂陷入困境，而如今知名的承德露露就是在当时成功地开发出天然软饮料，奠定了转型的基础。

6. 开发新产品有利于加速新技术、新材料和新工艺的应用

应用新技术、新材料和新工艺，不仅能提高产品原有的性能，还能提供新的性能，或

者降低成本，创造出消费者的新需求。“三新”是新产品开发的重要基础，也可以说，开发新产品为“三新”应用提供了用武之地。

个人电脑出现以后，其应用无孔不入。首先，是一些军事、科研机构、高校和大企业，将个人电脑应用在设计、计算、编程等科技领域；随后，个人电脑在企业产品设计、生产流程、库存、质量控制、财务等方面均有应用；现代通信、金融等行业日益依赖以个人电脑为代表的IT技术；电影特技制作、三维动画曾经轰动一时，今天遍地开花；网络教育、远程教育发展迅速；电脑打字、刻字、电脑婚纱摄影、名片制作等先后流行。

7. 开发新产品有利于激发企业全体员工的创新精神和创造力

企业要保持活力，必须依靠企业全体员工的创新精神和创造力。新产品开发的实质是创新，企业高层管理者可以通过新产品开发把创新精神注入企业，最终成为企业文化的重要组成部分。

互联网时代只有变是不变的，创新已经成为一流企业的共识。即使强大如微软、IBM、英特尔、谷歌、苹果、诺基亚、杜邦，也总是战战兢兢，不敢稍有懈怠。“微软离破产只有18个月”、“只有偏执狂才能生存”、“创造科学奇迹”，要生存和发展就必须进取、创新。

8. 新产品开发对于我国的现实性、迫切性和重要性

改革开放以来，经济高速发展，人民生活水平迅速提高，科技实力获得长足进步，高技术产业在我国国民经济中的比重越来越大。援引国家统计局的《中国高技术产业统计年鉴（2006）》的数据，2006年中国高技术产业（包括飞机和航天器制造业，医药制造业，办公、会计和计算机制造业，广播、电视及通信设备制造业，医疗、精密仪器和光学器具制造业等）的新产品产值为8 493.262 3亿元，销售收入为8 248.864 6亿元，新产品开发支出为509.953 4亿元。然而，对比经济合作与发展组织的2005年结构分析指标中美国、日本、德国、英国、法国等世界发达经济体的数据，中国高技术产业的新产品开发支出明显不足（参见表1—4），高耗能、高污染、低附加值的低端制造业仍然占统治地位，中国经济的长期良性增长缺乏支撑和后劲。

表1—4　　21世纪初部分国家高技术产业新产品开发支出占工业总产值比例（%）

国家	高技术产业	飞机和航天器制造业	医药制造业	办公、会计和计算机制造业	广播、电视及通信设备制造业	医疗、精密仪器和光学器具制造业
中国(2006)	1.3	4.23	1.7	0.62	1.53	1.61
美国(2003)	12.5	12.49	11.54	10.02	10.78	18.72
日本(2003)	9.96	4.7	11.21	22.03	5.92	14.73
德国(2002)	9.37	—	—	4.17	11.8	7.28
英国(2003)	10.64	12.21	22.88	0.63	8.65	3.51
法国(2002)	7.69	6.19	8.8	3.7	10.4	6.5

第3节　新产品开发的现代模式

从科学研究的角度来看，与新产品开发有关的科研环节包括：基础研究──→应用研究──→开发研究──→商品研究。基础研究和应用研究属于知识性研究，开发研究和商品研究属于实用性研究。

在新产品开发过程中的科研，加入市场信息，以市场上消费者的需求为导向，这样就形成闭环的新产品开发的现代模式（如图1—2所示）。

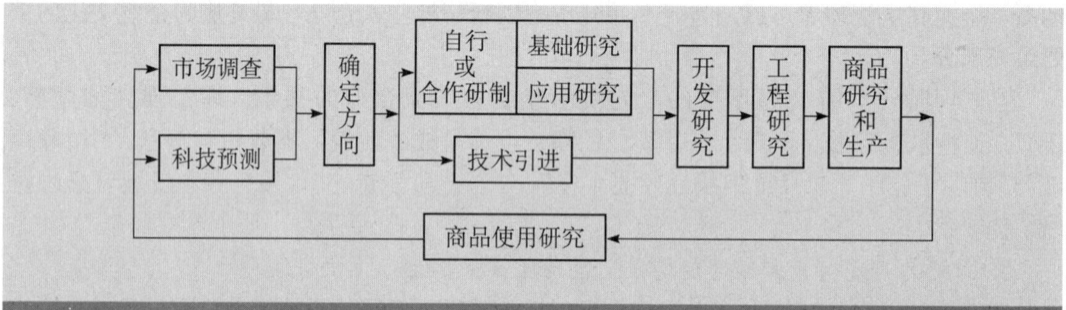

图1—2　新产品研发的现代模式图

在图1—2所示模式中，科学研究与商品生产流通形成了良性循环，有机地结合在一起。

在新产品开发中包括多项工作和活动，其中研发是核心。研发的实质就是要进行系统的创新活动。

一、新产品开发的方式

新产品开发有两种方式：

（1）企业进行技术引进，然后进行开发研究，即企业引进国内外成熟的技术或适销产品，开发研究本企业的新产品。引进技术是新产品开发的一条捷径。

（2）企业自主研发。自主研发可能包括基础研究、应用研究到开发研究的全过程，也可能从应用研究或者开发研究开始，其中基础研究是指那种以认识自然现象、探索自然规律为目的，没有或者只有笼统的社会应用设想的研究活动，它只是对被研究的对象提出新的或系统的规律性认识。例如，发现过去没有发现过的事实和现象，提出或验证一种假设、解释以至于创立新的或完善已有的定理、定律、理论学说，等等。应用研究则是运用基础研究成果，为了某种社会应用目的，探求可能的技术途径或者从生产实践中抽出某些科学技术问题进行系统认识的研究活动。应用研究能对生产提出新的方法、路线、技术、方案、解释，并在实验室的小试验范围内得出样品、流程、原理性样机等。这样在基础研究和应用研究取得成果的基础上，企业再进行下一步的开发研究，从而开发出新产品。

这里要指出，上述新产品开发的两种方式都必须进行开发研究。开发研究或者在技术引进以后，或者在基础研究和应用研究的基础上进行。开发研究是一种具有明确具体目的的研究活动，它往往要开发出实用的新材料、新工艺、新方法、新流程、新设计乃至新产品，或者要对现有的材料、工艺、装置、方法、流程以至于产品作重大的改进。开发研究通常经过必要的扩大或中间试验、验证，研究成果一般可以直接转交生产。

因此，在整个新产品研发中，新产品的开发研究阶段具有特别重要的地位。可以说，它是科技过渡到生产，转化为生产力的桥梁。在实际工作中，它还包括工程研究、商品化研究和商品使用研究等内容。

二、新产品开发研究的特殊性

区别于基础研究和应用研究，开发研究在研究目的、内容、方法、成果、目标、时间、依靠力量等方面都有特殊性。

（1）从研究目的来看，基础研究探求自然规律，应用研究探索可用的新知识和可能的技术途径，而开发研究具有明确的实用性，实用不同于应用，实用指的是可以马上在生产或生活中立即实现。

（2）从研究内容来看，基础研究和应用研究着力于新的概念、新的思想、新的创造、新的发明、新的技术，而开发研究则着力于以具有性价比的性能和结构来满足消费者（用户）的需要。

（3）从研究方法来看，绝大多数基础研究和应用研究都具有实验性的特点，而开发研究并不都具有实验性特征，例如，推广技术、应用技术、改进技术都属于开发研究。

（4）从研究成果来看，基础研究的成果为论文，应用研究的成果除论文外，还有专利、技术报告、技术图纸、技术文件，而开发研究的成果是面向市场的实物、样机、样品。

（5）从追求的目标来看，基础研究和应用研究追求尽可能高的学术价值和技术水平，而开发研究追求的是以最短的时间拿出性能优越、价格合适的产品来。

（6）从时间要求来看，基础研究和应用研究在时间上要求不很严格，允许在科学技术上不断攀登与探索，也允许失败，而开发研究在时间上要求严格，不允许在技术尺度要求上不断变换与提高，必要时要冻结技术状态。

（7）从依靠力量来看，基础研究和应用研究主要依靠研究者个人或小组的主观积极性和创造精神，而开发研究则在较大范围内调动科研部门、生产部门、营销部门的积极性，充分依靠集体力量，相互协同配合来完成。

第4节 新产品开发的主要阶段

新产品开发是一个复杂的系统工程，要获得较高的成功率，必须按照科学程序来进行。程序是事情进行的先后顺序，在事物发展过程中，往往要一环接一环地顺序前进，前一环节为后一环节提供必要的条件和依据，而后一环节是前一环节的延续或具体化，是前一环节发展的结果。因此，程序表明事物发展变化过程中各个环节的内在联系，新产品开发程序也表明新产品开发过程中各阶段、各步骤间的内在联系。

根据新产品开发的现代模式，新产品开发的整个过程可以分为制定战略、概念开发、实体开发和商品化开发四个阶段，每个阶段又可分为若干步骤，具体如表1—5所示。

表 1—5　　新产品开发阶段、步骤及其目的

开发阶段	步骤	目的
制定战略	调查和情报收集	为制定战略提供依据
	环境分析	寻找市场机会，弄清内部资源
	开发目标决策	制定开发战略
概念开发	提出设想	千方百计酝酿大量设想
	设想筛选	通过评价选出好的设想
	提出构思和设定方案	进行概念测试和可行性分析
	方案决策和编制开发任务书	为实体开发选择方案和决策
实体开发	新产品实体设计	把方案变成可制造的产品
	新产品实体试制、测试和鉴定	考察设计的正确性、考验工艺规程和设备
商品化开发	新产品目标市场和产品组合的具体选择	具体确定商品化开发方向
	新产品包装、品牌、伴随服务的选择	产品本身与附加物形成整体
	新产品广告、渠道、定价的选择	制定市场营销组合
	新产品市场试销和销售预测	检验新产品能否达到预期效果，考验和调整营销组合
	新产品试生产和上市	扩大市场，使新产品进入增长期

一、制定新产品开发战略

新产品开发的第一阶段是制定新产品开发战略，为此必须进行必要的调查和情报收集以及有关环境的分析，在找到开发的市场机会和有效地利用企业资源的条件下制定新产品开发战略，它指出新产品开发要达到的近期目标和长期目标，并给以后各阶段以原则性的指导。

二、新产品概念开发

新产品开发的第二阶段是概念开发。新产品概念开发起始于设想，为此必须从企业内部和外部的多种渠道采用各种手段和方法大力酝酿和收集新产品的种种设想。新产品设想可能来自于新发明、新技术、新材料、新工艺等技术性突破。例如，晶体管收音机之所以成功，关键在于能大规模地生产成本低廉的晶体管。新产品设想也可能来自于市场调查研究，捕捉消费者（用户）对产品所表露出的新希望、新需求，或者发现现有产品的新用途，从而启发新产品的设想。

对于收集来的多种设想必须进行筛选，排除那些不适于开发和实际开发不了的设想。一般来说，只有从多种新颖的设想中才能筛选出理想的新产品设想建议。

对于经过筛选的设想建议，要由新产品开发部门对其进行进一步构思而形成若干新产品开发方案，然后进行市场可行性调查和技术、经济可行性分析。通过可行性分析淘汰一部分新产品构思，剩下的则是适合企业的，在技术、市场、利润方面都令人满意的构思方案。最后，在若干构思方案中比较，作出新产品开发决策，拟定开发任务书。

三、新产品实体开发

新产品开发的第三阶段是新产品实体开发，它是指由设计试制部门根据新产品开发任务书进行新产品实体设计和试制。新产品实体设计是由新产品概念转变为实体的最重要环节，它由设计部门负责进行。通常包括初步设计、技术设计和工作图设计。新产品实体设

计完成后，再由工艺部门负责新产品工艺设计。新产品实体试制是由试制部门根据上述设计进行个样试制和小批量试制，在试制中考验设计质量和专用设备，为大批量生产做准备。对于试制品必须进行测试并写出测试报告，同时对试制品进行市场性评价和技术经济全面评价，最后要对试制品进行鉴定。新产品鉴定一般是在企业生产技术主要负责人的领导下成立领导干部、技术人员和工人参加的鉴定委员会或鉴定小组，并邀请有关科研单位、使用部门参加，对试制品作出肯定或否定的评价，或提出修改意见。新产品鉴定后，企业应根据批准的鉴定书，消除试制品的缺点和不足之处，做好转入正式生产的准备。

四、新产品商品化开发

新产品开发的第四阶段是新产品的商品化开发，它是指为达到所制定的新产品开发战略目标和近期营销目标，采取一切必要的市场营销措施和手段，打开和进入某一市场，并逐步占领和扩大市场，使新产品开发获得成功。

新产品商品化开发可具体分为新产品商品化准备和新产品商品化实施两个阶段。

（1）新产品商品化准备。新产品商品化准备是指新产品实体试制、测试、鉴定完成后，为使新产品进入市场所需做的各种准备工作。这些工作包括新产品目标市场和产品组合的具体选择；新产品包装、品牌、伴随服务等附加物的选择；新产品广告、渠道、定价等营销要素的选择等。

新产品目标市场的具体选择，就是根据新产品开发之初所作出的战略决策，通过该新产品市场分类和市场细分，最后作出新产品目标市场发展策略的抉择。新产品产品组合选择的本质就是企业根据自身的能力，对该新产品目标市场范围和新产品品种的正确决策。这种选择具体包括产品组合方式的选择和产品组合如何扩大和延伸的选择。

上述两方面的决策十分重要，只有做好这两方面的选择，才有可能对其他商品化措施作出相应的决策。

新产品包装、品牌、伴随服务等附加物的选择是新产品商品化准备的一项重要任务，这些附加物对于新产品上市成功有着举足轻重的作用，因此，对它们的选择必须根据新产品目标市场的需要，按照不同附加物所起的作用，作出正确的选择，然后进行必要的策划、设计、制作和测试等。

新产品广告、渠道、定价等营销要素的选择是新产品进入市场前必须作出的决策。这是指广告、渠道、定价等要素要与新产品目标市场和产品组合形成一个市场营销组合的有机整体，以保证实现新产品的营销目标。

（2）新产品商品化实施。新产品商品化实施是指将已为进入市场做好准备的新产品，按照一定的步骤推向目标市场，并逐步占领和扩大市场。它的具体步骤包括新产品市场试销、新产品销售预测，以及新产品试生产和上市。

新产品市场试销就是市场试验，用来检验新产品能否达到预期目标，所选择的包装、品牌、伴随服务是否恰当，也用来考察所制定的营销组合是否合适。如果新产品市场试验获得成功，那么就要根据对市场试验结果分析的意见，修订市场营销计划，调整生产能力，修改生产计划，准备正式投产。

新产品销售预测是通过调查（通常在试销中）采用适当的预测方法，对新产品的市场销售作出定性和定量的预测分析，确保新产品上市成功。

新产品试生产和上市就是按制定好的市场营销计划，积极组织批量生产，大力推销，稳步、大胆地开拓市场和占领市场。

如果新产品上市成功，新产品就进入了成长期、成熟期和衰退期的周期循环，这时就要密切关注产品的不同市场发展阶段，适时调整市场营销策略，保持企业能在较长时期中获得可观的利润。

这样，新产品根据其发展战略，一个一个地从设想到投放市场，不断循环，推动企业的发展繁荣。在这里要特别强调，新产品开发绝不单是新产品开发部门的事情，为了满足消费者（用户）的需求，为了适时地开发出能满足这些需求的新产品，开拓新的市场，企业必须动员市场营销部门、研究设计部门、生产制造部门和财务部门协调工作，共同努力，其中，研究设计部门和市场营销部门的合作尤为密切，所负的责任尤为重大。这两个部门在新产品开发过程中各有各的任务，但几乎每一阶段都需要相互协调配合，通过紧密合作，才能使新产品开发有更大的成功把握。这两个部门的分工合作关系如图1—3所示。

在实际工作中，研究设计部门往往强调和追求产品技术上的先进性，而市场营销部门对此不一定感兴趣。这是因为研究设计人员由于工作上的局限性和职业上的兴趣，大多不太重视市场需求状况，因此产生对市场信息不感兴趣的倾向。然而，在工业企业中绝大多数科学家和工程师都要为企业创造商业价值而工作，当然，这并不排斥产品必须具有科学技术方面的强大竞争力，关键是要使技术上强大的竞争力与市场需求更好地结合起来，没有什么理由将这两种要求相对立。在一定时期内研究设计部门所起作用的大小，研发经费的充裕程度，在很大程度上取决于企业的商业成就，这是很浅显的道理。

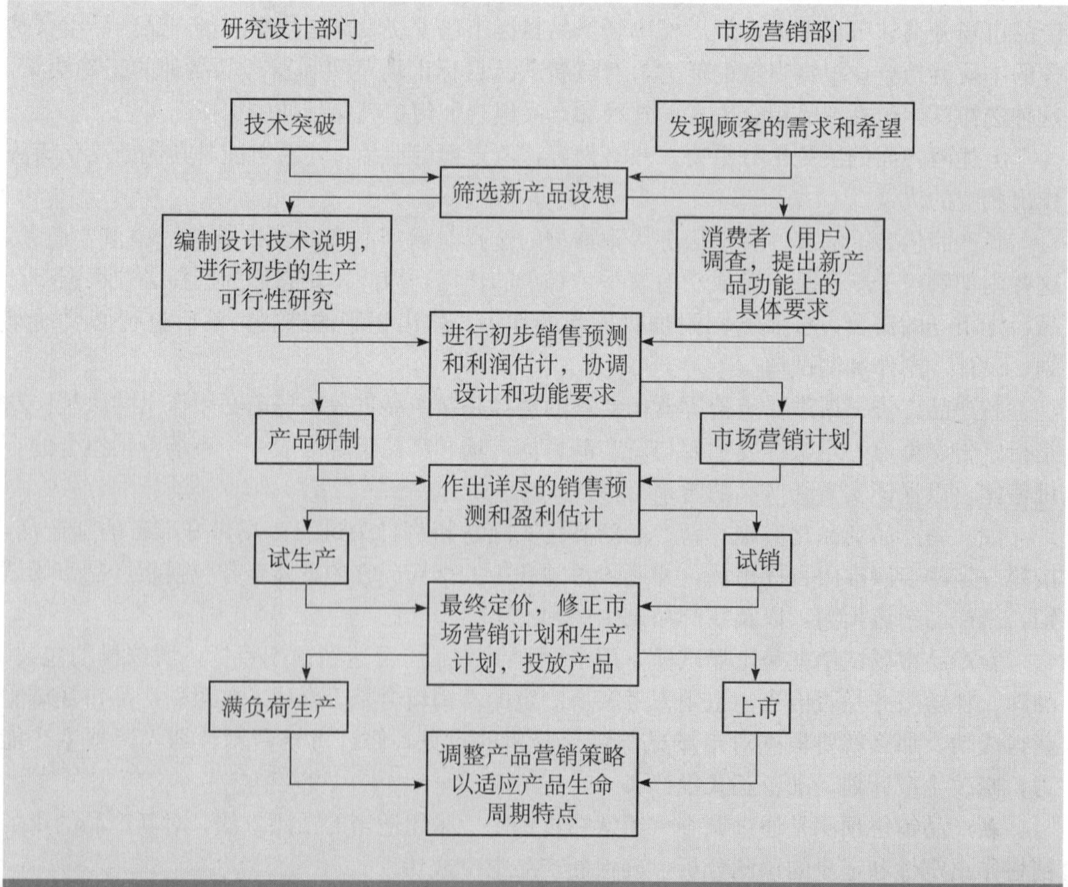

图1—3 新产品开发中研究设计部门和市场营销部门的责任关系

案例 1—1

1995 年，网景公司推出 Navigator 网络浏览器，引起轰动，迅速崛起，一度占有浏览器 80%以上的市场份额，并引领互联网风潮席卷整个 IT 产业。微软为争夺互联网时代客户平台的控制权，奋起直追，开发了 Internet Explorer（IE）浏览器，并在为电脑制造商预装操作系统 Windows95 时，打压网景公司，通过排他性合同免费捆绑 IE。在微软的强大攻势下，网景公司的市场份额急剧下降。

1996 年，网景公司向美国司法部投诉微软。康柏等电脑制造商也向司法部提供证据，控诉微软强迫制造商预装 IE，以此作为预装 Windows95 的前提条件。

1997 年 10 月 20 日，美国司法部要求法院判处微软消除电脑用户桌面上的 IE 浏览器标志，并缴纳罚款。

微软辩称，IE 是操作系统 Windows95 不可分割的整合部件，司法部是在阻挠微软开发高新技术产品。

1997 年 12 月，法官宣布了一项临时裁定，在做出进一步判决之前，暂时禁止微软将 Windows 与 IE 捆绑销售。

1998 年 5 月 18 日，美国司法部和 20 个州的总检察官联合对微软提出反垄断诉讼，对微软提出 6 项垄断指控。本案遂成为自 1974 年美国政府控告电信巨人 AT&T 以来影响最大的反垄断诉讼，轰动全球，被称为“世纪末的审判”。

微软认为，自己正是在以创新为用户创造价值，司法部的诉讼妨碍微软创新。

1998 年 6 月，在哥伦比亚特区联邦法院法庭听证会上，陪审团反对杰克逊法官的临时裁定，认为该裁定阻碍了微软研发新产品。美国上诉法院也驳回了该裁定。同月，微软的新一代操作系统 Windows98 顺利上市销售，依旧整合了 IE 浏览器，未进行任何修正。提起诉讼的司法部及各州遭到重大打击。

1998 年 10 月 19 日至 1999 年 6 月 24 日，在漫长的 8 个多月里，美国政府和微软公司在法庭上各显神通，针对对方的指控或者辩护提出大量证据，予以驳斥。网景公司董事长巴克斯德尔以及苹果、英特尔公司的高级主管纷纷出庭作证。

1999 年 11 月 5 日，杰克逊法官公布了《事实认定书》，确认：微软在个人电脑操作系统领域利用垄断损害消费者的利益和打击竞争对手，妨碍创新。

2000 年 4 月 4 日，杰克逊法官宣布微软违反《谢尔曼反托拉斯法》，构成三项罪名：通过反竞争行为维持垄断；企图垄断浏览器市场；将其浏览器与操作系统捆绑。6 月 7 日，法院作出一审判决：微软公司停止在 Windows95 的销售中捆绑 IE，不得把捆绑 IE 作为 Windows 许可协议的前提条件。微软将被拆分成两部分，一部分专营电脑操作系统，另一部分则专营 Office 系列应用软件、IE 浏览器等其他软件，10 年之内两部分不能合并，但是法院拒绝了司法部对微软的罚款请求。微软当即以杰克逊法官的司法公正性有问题为由提出上诉。

2001 年 6 月，哥伦比亚特区联邦上诉法院驳回了杰克逊拆分微软的判决。

此后，微软陆续与哥伦比亚特区和各州达成和解，和解费用总计约 18 亿美元。

经过近十年的较量，付出高昂的代价后，微软最终艰难而幸运地避免了被拆分的噩运。究其根本原因，有学者认为，是美国的反垄断政策发生了变化，由传统的维护价格竞争转向促进科技创新。政府意识到，在以信息技术为核心的新一轮工业革命中，用拆分来破除垄断已然落伍，因此才选择与微软化干戈为玉帛。这一著名判例是否有利于创新，已经成为控辩双方价值判断的依据。试分析讨论微软的行为对创新是有利还是有害？

案例 1—2

国际商业机器公司（International Business Machine，IBM）最早是生产磅秤、屠刀和穿孔机的小公司。

1951 年，IBM 决定开发商用电脑，聘请冯·诺依曼担任公司的科学顾问，1952 年 12 月研制出 IBM 第一台通常意义上的电脑，IBM701。

1952 年大选前夜，兰德公司将自己生产的一台 Univac 电脑提供给哥伦比亚广播公司预测大选结果。电脑预测艾森豪威尔将以微弱优势获胜。那一次，Univac 大出风头，被称为“无与伦比的电子大脑”。当然，受刺激最大的还是 IBM 及其老板小沃森。

1953 年 4 月，IBM 迎来辉煌，150 位全美最出色的科学家和商界领袖出席 IBM701 计算机推出的盛大典礼。1956 年总统大选，电视上已不见 Univac 电脑踪影，取而代之的是 IBM 的标志。此时，IBM 已经占领了约 70%的电脑市场。

有一次，小沃森让一位因决策失误使公司损失 1 000 万美元的经理去他的办公室。这个人畏畏缩缩进来，小沃森问：“你知道我为什么叫你来吗？”这个人回答：“我想是要开除我。”小沃森十分惊讶：“开除你？当然不是，我刚刚花了 1 000 万美元让你学习。”然后他安慰这位经理，鼓励他继续冒险。

1961 年，IBM 公司年收入达 20 亿美元之巨，股票价值比 5 年前增长了 4 倍。当时全美共有 6 000 台电脑在运转，IBM 就占了 4 000 台。IBM 公司开始被称作“蓝色巨人”。小沃森继续一系列“超级冒险”，在整个电脑的体系结构上取得了突破性的进展。

1981 年 IBM PC 机推向市场，奠定了 PC 机架构基础，获得成功，至今人们仍然将个人电脑称呼为 IBM PC。

然而后来，IBM 联合微软推出的 OS/2 操作系统、PS/2 微机新结构未获得市场成功，在个人电脑时代高速发展之际却逐渐丧失了对个人电脑领域的主导权。

互联网时代，IBM 开始全力向服务转型。2004 年，放弃曾经风光无限的 PC 业务，将该块业务出售给中国联想。

请自己收集资料，分析 IBM 为什么后来在微机市场失去竞争优势，被迫放弃 PC 业务。

思考题

1. 衣、食、用、住、行、医、学、玩等各行各业，对应人们的哪些核心需求？

2. 选择一个你感兴趣或者比较了解的行业，收集各种资料，尤其是该行业中重要企业以往的发展轨迹、产品开发情况以及最近的动态，为以后的分析判断做准备。

第2章

新产品的高附加值和开发风险

新产品要提供高于老产品或者区别于老产品的利益才能顺利地为顾客所接受，开发新产品自然必须围绕让顾客更满意这个中心，而产品要满足顾客需求，必须要有用，要具有一定的使用价值。

现实市场上，新产品投入市场后情况各种各样。有的让顾客满意、企业收益高，皆大欢喜；有的新产品市场反应不佳，企业亏损。让人迷惑的是，有的新产品似乎轻轻松松就获得了成功，而有的新产品费了九牛二虎之力却最终失败，即高投入不一定能保证有高的回报。新产品开发具有无法完全消除的不确定性，这既是其风险，也是其魅力所在。

因此，新产品开发必须尽量把握产品增值的规律，顺应现代产品开发的大趋势，争取开发出高附加值的产品。

第1节　新产品的使用价值

一、新产品的使用价值及其二重性本质

从使用价值角度看，新产品开发通过让产品具有新的功用来满足人们不断变化的需要(包括人类社会的需要)。人的需要具有二重性，相应的，新产品的使用价值既具有实用性、物质性的一面，又具有社会性、精神性的一面。

新产品使用价值二重性本质的意义在于：新产品的任何一个特性都同时具有二重性。例如，对于新产品的造型外观美，一方面要研究如何满足人们审美的需要；另一方面要研究材料、工艺等实现造型美的手段和可能性。再如，研究新产品的种种物理、化学等技术指标，这些似乎是单纯的物质特性，其实新产品的任何一个物理、化学性质指标中都包含着满足人的需要的内涵。

例如，对于手机的外壳，最早人们因为追求美观而需要高的光滑度，后来，当手机日

益轻薄之后，一些手机外壳却特地设计得适度粗糙以方便握持。

新产品使用价值的二重性本质必然使新产品开发研究具有交叉性，即要涉及自然科学和社会科学两个领域。开发研究新产品要切切实实地探讨人的（包括社会的）需要在具体新产品上体现出来的一般规律和特殊规律。当然，这些规律一方面由物质产品的本质和规定性所决定；另一方面由人的需要的本质和规定性所决定。

新产品使用价值二重性本质还说明，新产品的使用价值必然是社会使用价值。这就是说，研发新产品要有一个社会角度，即从现代商品营销观念看，研发新产品要有一个从社会的高度来考察问题的全面整体观念。

对新产品的社会角度，应从以下几个方面来理解：

（1）探讨新产品满足人的需要，不要从某个人的需要来考察，而应从社会中某个人群的综合需要来考察。

（2）研发新产品，不仅要研究新产品能否满足人的需要，而且要研究新产品能否满足社会整体的需要，即应从新产品生产、流通、销售、消费所构成的整体来考察，还应从人类存在环境等高层次需要来考察。

（3）研发新产品，不仅要研究新产品个体，而且要研究新产品群体，例如新产品的品种类别等。

二、新产品使用价值的形成和实现

在产品的整个生命周期中其使用价值有形成和实现两大阶段。对于新产品来说，包括构思策划—设计生产—流通交换—消费—废弃处理的整个生命过程也可分为两个阶段，构思策划—设计生产是新产品使用价值的形成过程，也称新产品形成，而流通交换—消费—废弃处理是新产品使用价值的实现过程，也称新产品的使用过程。

在新产品形成阶段，新产品从概念到设计，到样品，再到批量生产，其好坏是用质量来判别的。由于此时新产品还没有与人和社会需要发生实际联系，即新产品还没有实际地满足人和社会需要，所以只能说其具有一种潜在的使用价值，即只具有满足人和社会需要的能力。

国际标准的质量定义为：质量是指产品、过程或服务能满足规定要求和需要的特征和特性的总和。在这一定义中，规定要求和需要的实质是指规定的“标准值”，就是代表人和社会需要；各种产品特征和特性的实质是指测得的“实测值”。新产品质量水平就是实测值和标准值之比，也就表示新产品满足人和社会需要的关系。

新产品的使用是指新产品与人和社会需要之间正在发生或已发生实际联系，因此新产品使人和社会需要得到满足，就产生了实际使用价值。

我们知道，新产品除应满足消费需要外，还需满足流通销售乃至废弃处理等方面的需要。从这一角度看，新产品使用过程应包括流通销售、消费、废弃处理的整个过程。

新产品使用的具体过程是相当复杂的，所涉及的范围相当广泛。仅就消费过程来说，在人们的消费中，人们对外界物品的需要，有的是把物品作为直接需要的对象，如人们消费的食品等，有的是把物品当做工具或所提供的服务需要，如刷子、洗衣机、炉灶等。因此，人对周围环境中各种物品的需要是一种由各种物品构成的整体需要，不是人和各种物品之间的单一关系的需要，而是人对各种物品已形成相互关系的需要，在分析有些物品和人的需要的关系时，往往要把物品放在与其他物品形成的多层立体关系中来分析。日用消费品就是由人的需要联结起来的具有复杂相关性的物品群，例如，衣服是人们重要的消费对象，由衣服引起对布料、裁缝、衣柜、洗衣机、电熨斗这一物品群的需要；围绕洗衣机又引起对洗衣粉、水、电能等的需要；围绕电熨斗又引起对熨斗架、垫板、垫布、电能等的需要，如此等等。因此，对新产品的使用价值必须置于复杂的相互关系中来认识。

同样道理，新产品使用价值在流通销售过程和废弃处理过程中的实现，不能不涉及产品与流通销售环境、产品与生态环境的复杂关系，并将新产品置于这一复杂的相互关系中来认识。

新产品使用的结果是人的需要得到满足，通常可称为人从新产品那里取得利益，这就是新产品的效用。例如，人们从消费品上获得营养、温暖、美感、知识、方便、省时，等等。

在新产品使用中，效益是一个方面，是人所希望的，而另一方面是可能产生无效益或负效益，这是人所不希望的，但又是物品的本性所规定的。例如，负效益有产生垃圾、有害物，对人产生危害、不安全等。

应当指出，从生产企业的角度来看，研究新产品的形成、质量与企业的经济效益紧密联系在一起，研究新产品的使用、效用则与新产品的社会经济效益联系在一起。新产品质量与新产品效用相统一，即新产品潜在使用价值与实际使用价值相统一，才是新产品开发的成功之路。

三、新产品使用价值的个性性、多维性和时效性

任何产品的使用价值都具有个性性、多维性和时效性三个基本特征。造成此三个基本特征的原因：一为人和社会的需要；二为物质和技术。

对于新产品开发，必须注意新产品的个性性、多维性和时效性。

（1）个性性又称独特性，是指新产品具有区别于其他产品的特色。这种特色是为了满足某种特定的需要，且具有某种特定的实用性和功能性保证，或是特定的材料，或是特定的加工工艺和形成特定的结构，或是特定的外观装饰。

从人的需要角度分析，新产品的个性性主要是由人的需要在不同层次上表现出来的特殊性形成的。新产品总是满足一定层次的人群需要，也就要满足其特殊个性的需要。

没有一种产品能满足所有人的需要，也没有一种产品能满足一个人的所有需要。新产品具有哪些个性性要根据市场细分、目标顾客、产品定位的情况来确定。

（2）多维性，又称全面性，是指任何新产品总是具有多方面的功能来尽量满足人的多方面需要。

从人的需要角度分析，新产品的多维性主要是源于人的需要在不同层次上表现出来的结构复杂性、立体性和全面性等。我们知道，人的消费需要的结构是多维的，主要分为物质的、精神的、经济的三个方面，其中每个方面又可分为多个因素。例如，物质的需要有营养、保暖、取光、方便、省力、省时、计时等多个方面，于是人们便设法从一种物品上取得多种功能来满足其多方面的需要，这就要求新产品具有多维性。

（3）时效性，又称历时性，是指任何新产品要随人的需要、物质产品本身和使用条件的变化而改变，表现为时间上的流变。

人的需要随时间往往表现为需要的满足，而人本身在需要的满足中得到发展，旧的需要被满足，必然会产生新的需要，新的需要会因人的发展而区别于旧的需要，这样产品原

有的使用价值就变得陈旧了。

物质产品随时间往往表现为更新的产品出现，或者表现为物品在满足人的需要的过程中消失、损耗等，与此相联系，就产生了新产品使用价值的时效。

物品使用条件也会随时间变化，使新产品使用价值具有时效性。例如，从夏到冬，电风扇随使用条件不同而具有不同时效。

四、新产品使用价值的构成分析

新产品使用价值的构成应分为两个层次来分析。在高层次，新产品使用价值是由适应物流需要、销售需要、消费需要以及废弃处理需要四个方面的使用价值组成的价值链；在低层次，上述每个方面都由若干具体的使用价值组成。

1. 新产品适应物流需要的使用价值构成

（1）满足物流中抵抗外部环境作用的安全价值；

（2）满足物流中充分利用物流设备和提高物流效率的方便价值；

（3）满足物流中货物有效管理需要的信息价值；

（4）满足物流中储存需要的时效价值。

2. 新产品适应销售需要的使用价值构成

（1）满足销售活动中抵抗自然和人为环境作用的安全价值；

（2）满足销售文化环境需要的文化价值；

（3）满足销售管理活动中人与产品间协调需要的方便价值；

（4）满足销售管理和顾客购物中信息需要的信息价值；

（5）满足消费者购物过程中心理审美需要的心理审美价值；

（6）满足消费者购物中提供服务需要的服务价值。

3. 新产品适应消费需要的使用价值构成

（1）满足在消费中某种特定用途需要的实用价值；

（2）满足在消费中能长时间使用需要的时效价值；

（3）满足在消费中使用安全需要的安全价值；

（4）满足在消费中获得信息需要的信息价值；

（5）满足消费文化环境需要的文化价值；

（6）满足在消费过程中心理审美需要的心理审美价值；

（7）满足在消费中人与产品间协调的舒适方便价值；

（8）满足在消费中人体卫生无害需要的卫生无害价值；

（9）满足在消费中有关服务需要的服务价值。

4. 新产品的生态价值构成

（1）满足在废弃处理中环保需要的环保价值；

（2）满足在废弃处理中合理利用资源的资源价值。

上述新产品在不同领域里的具体使用价值可以归纳为实用、时效、心理审美、信息、卫生无害、安全、方便、服务、文化、生态等几个方面，它们都反映人—产品—环境系统中各种因素相互联系的协调一致问题。

（1）实用价值。它是指在人与产品关系中人借助产品功能来弥补人体功能上的种种不足。这些产品的特定用途不外乎把产品看做人本身系统的延伸。例如，食品的营养用来补充人的机体；椅子、床等弥补人自身能承担的支撑能力的不足；电话是人的语音和听觉的延伸；计算机是人脑的延伸，等等。产品实用价值的范围很广泛，还包括日用品的计时、清洗、加热、制冷，穿用品的保暖、透气等价值。

（2）时效价值。它是指在人与产品发生联系的使用过程中，产品满足人对时间的要求。它往往用产品的一些性能指标来表示，例如使用寿命、储存寿命以及可靠性等。

使用寿命是指产品生产出来后，流通到消费者（用户）手中，最后使用到无法再使用的时间。例如，电光源的有效工作时间、闪光灯的闪光次数等。

储存寿命是指产品在规定条件下，其不失效的储存总时间。例如食品的保质期、药品的有效期等。

可靠性通常是耐用型产品使用价值的一个重要方面，它是指产品在规定期限内和规定条件下完成规定功能的能力。它与产品使用的稳定性和无故障性联系在一起。此外，产品的可靠性还包括产品易维修性，即产品发生故障后被迅速修正恢复功能的能力。

（3）心理审美价值。它是指在人与产品间达到感觉上的协调配合，使人能获得心理上的满足感，在心理感受的基础上进一步使人产生一种美的感受。例如，产品能给人以适合人的爱好、个性、身份地位、成熟等心理满足感受，如门铃的音质给人以听觉美，产品造型装饰给人以视觉美，衣料手感给人以触觉美等美的感受。

（4）信息价值。它是指在产品流通和消费过程中人与产品之间信息传递的能力，即人从产品本身、包装、标牌、说明书等获得必要信息，以便了解产品、合理维护、安全储存、比较选购和正确使用等。

（5）卫生无害价值。它是指人—产品—环境系统中产品保持人体卫生和不带给人体有害健康的物质的能力。

产品保持人体卫生是指产品具有符合人正常生命活动和进行劳动所必备的性质。例如，人体只有在体温保持约37℃时，可以进行正常机能活动，当人体所散发的热量和蒸发的汗液停留于人体与衣服之间时，将会影响人的感觉，这样衣服必须具备适宜的保暖性和透气性，才能保持人体的卫生。

产品不带给人体有害健康的物质的能力是指产品中不存在或不会分离出有害人体健康的物质，如重金属铅、锌、汞，致癌物质苯酚等。

（6）安全价值。它是指在人—产品—环境系统中，产品在流通和消费使用过程中保持人身安全的能力，还指产品能经受外部环境作用而保持产品安全的能力。例如，产品及其包装的造型在流通和消费使用中不会引起人身的伤害，还有产品包装具有保护内装产品不会遭到外部环境损伤等。

（7）方便价值。它是指在人与产品间产品通过其功能满足产品与人的静态和动态身体间的协调配合，达到合理、高效、舒适方便。例如，桌椅与人体尺寸的配合，水龙头把手与人的开关操作相配合，还有运输包装尺寸和重量与人工装卸需要的配合等。

（8）服务价值。它是指在人与产品间产品在流通和使用消费过程中提供的各种售前和售后服务的能力。

（9）经济价值。它是指人与产品间适应人们经济能力的有关产品价格和使用费用的一些指标。它往往与产品的其他主要价值（如实用价值）联系在一起考察，使人感到该产品物美价廉，“既买得起，又用得起”，不要造成“买不起”或者“买得起，用不起”那种不被消费者（用户）认可的价格和费用。

（10）文化价值。它是指产品满足特定时空的宏观环境的文化需求的能力，表现为产品与人的文化需求的协调一致。例如，产品所体现的民族性、时代性等。

（11）生态价值。它是指在人与产品生存环境中产品满足人类生态环境保护需要的能力。例如，产品与包装符合环境保护法，有利于回收利用，有利于资源合理利用等。

五、新产品及其使用价值的系统观

新产品及其使用价值的系统观，对于新产品开发是非常重要的。实际上，新产品开发是一种系统的开发，新产品开发过程是一个系统工程。

系统观就是把研究对象看作由若干相互作用、相互依存的要素组成的有机集合整体。根据这个观点，不论是新产品个体还是新产品群体都可看作大小不一的实体系统。新产品个体可看作由产品本身、包装、品牌、商标以及服务、信贷等构成的系统。很多种新产品可以为同一用途目标而构成一个群体系统，或者新产品的不同品种也可构成一个群体系统。

系统科学还给我们指出了研究系统的手段，这就是要弄清系统结构、结构要素、环境因素和功能等。下面以新产品个体的例子来说明这个问题。

从新产品整体看，新产品结构主要是指产品本身、有形附加物和无形附加物等。新产品结构就是指上述三要素之间相互作用、相互联系的方式。新产品结构及其要素具有层次性。例如，产品本身是由造型、材料、装饰等要素构成的整体；有形附加物是由包装、标牌、使用说明书等要素构成的整体；无形附加物是由售前服务、售后服务、信贷等要素构成的整体。

新产品的环境因素是指新产品实体与外界产生联系的外部因素，具体来讲，新产品的外部环境因素包括物流条件因素、销售条件因素、消费条件因素以及废弃处理条件因素等。环境因素的实质就是人和社会对新产品提出的种种要求。当环境因素发生变化时，新产品要存在和发展，也必须随之变化。人们常常通过预测环境因素的变化来预测产品的发展趋势。

新产品的功能是指新产品是否具备环境要求的能力。新产品性能指满足环境要求的程度或者效率。由于新产品结构说明新产品整体存在的方式，所以新产品功能是由新产品结构来实现的。新产品结构与新产品功能的关系是：功能总是一定结构的功能，而结构总是一定功能的结构，不同结构将带来不同功能，而同一功能也可以由不同结构来实现。

根据新产品使用价值的基本含义是考察新产品满足人和社会需要的功能，那么按照系统理论，在一定意义上，考察新产品的功能就是考察新产品的使用价值。

对新产品的功能进行分析往往是探索新产品的外部环境与内部结构之间、外部环境因素之间以及内部结构要素之间的内在联系的有效途径，这对研究新产品使用价值具有重要意义。

另外，新产品功能通常需要进行动态的考察，这对分析新产品使用的发展规律是非常有利的。

用系统观考察新产品及其使用价值时，必须注意系统所具备的以下几个特性：

（1）集合性。系统至少由一个以上不同的要素（子系统）组成。

（2）相关性。系统各要素之间存在着相互依存、相互制约的关系，任何一个要素的变化都会影响其他要素乃至整个系统。

（3）目的性。系统有明确的目标，这就是系统最佳运行的目的，对于某些系统来说，其目的往往不止一个。

（4）适应性。系统总是存在于一定环境中，环境条件对系统起很大的影响制约作用，系统一定要适应外部环境的变化，否则就没有生命力。

（5）整体性。系统是一个有机整体，各组成要素的协调是以整体最佳为准，不能孤立地要求个别子系统最优，而是要达到整体最优。

第 2 节　新产品的高附加值

一、附加值的含义和高附加值现象

关于附加值的含义，根据《日本国语大辞典》的解释是：附加值为企业得到劳动者的协作而创造出来的新价值，它由销售额中扣除了原料费、动力费、机械等折旧费后，所剩余的费用及人工费、利息和利润组成。

这一定义说明，附加值表示新创造出来的价值，是一个与商品销售额有关，以货币形式表现的值，它最终必然会以企业的利润额反映出来。

由于商品销售额的大小是由商品售价和商品销量两方面来决定的，即商品售价高，商品销售额就增大，商品销量大，商品销售额也增大，因此，企业生产经营产品所得附加值，也必然与商品售价和商品销量有关。凡是能提高商品售价的因素或凡是能促进销售增长的因素，都称为增加附加值的因素，或称为增值因素。

不同产品的增值能力是不同的，增值能力大的产品称为高附加值产品，增值能力小的产品称为低附加值产品。也就是说，那些通过销售能获取高额利润的产品，就是高附加值产品；反之，就是低附加值产品。当今的市场上，就出现了一些高附加值产品的特殊现象，可列举如下：

（1）一些具有稀缺价值的产品如名画、文物等都是高附加值产品，即物以稀为贵。

（2）一些具有审美价值、文化艺术价值和魅力价值的产品如民族用品、地方特产、工艺品等都是高附值产品，即物以美为贵。

（3）一些具有精神价值、心理价值、纪念价值的产品如礼品、纪念品、吉祥物等都是高附加值产品，即物以情为贵。

（4）一些具有知名度的产品如名牌、名企业的产品都是高附加值产品，即物以名为贵。

（5）一些在市场上销售成功的新技术的换代产品，都是高附加值产品，物以新为贵。

此外，在现代市场上，还出现了技术增值、信息增值、包装增值、服务增值等现象。

二、有关高附加值的一些规律

对于上述高附加值现象，综合不同方面的专家意见，可以用以下四方面的规律来解释。

（1）市场营销中的增值规律。有些专家认为，一些具有稀缺价值、文化艺术价值、心理价值、纪念价值、新技术价值、知名度价值等高附加值的产品，在进入市场后能否增值和增值的大小，在相当大的程度上取决于市场营销手段和技巧。他们认为，只有经营好，才能使设计价值、技术价值、稀缺价值等得以实现，因此经营也是创造，是价值很高的事情。

(2) 高科技注入高情感的规律。美国社会预测学家J. 奈斯比特在《大趋势》一书中提出，每当一种新技术出现时，人类必然会产生一种要加以平衡的反应，即必然会产生一种情感，否则新技术就会遭到排斥。为此，必须学会把科学技术的奇迹和人类的精神要求相平衡。他预测未来社会发展的十大趋势之一是：强迫性技术将转向高技术与高情感相平衡。

当今国际市场上出现了伴随科技高度发展而来的高涨的精神需求，证实了奈斯比特的预测。

现在，国际市场上的商品竞争已从纯技术竞争和价格竞争转入高科技与高情感相结合的竞争。现在出现的种种高新科技在转向商品化时，人们不仅要求对产品技术功能的开发，还要求对产品形态、色彩、质感等感情化功能的开发。人们不仅要求高科技产品具有高技术含量，还要具有高情感含量，使之达到和谐一致，这正是奈斯比特的预测在变为现实。高技术结合高情感就创造出高附加价值。

(3) 以设计为中心的规律。有些专家认为，随着科学技术的迅速发展和普及，消费品在功能上日益接近，唯有设计不同才能显示出不同品牌的不同风采。因此，现代国际市场上的商品竞争，实际是设计的竞争。正是设计把科学技术、市场需求和文化艺术三者结合成一体，设计出可以节约原材料、能源和人力，功能合理，外观新颖，符合现代生活方式的新产品。正如有的专家指出的：向设计投资的时代已经到来，仅靠产品性能和质量，已不能在竞争中取胜，未来企业将以设计为中心。

这些专家认为，设计力就是竞争力，好的设计不但要外观吸引人，而且必须让消费者觉得可靠、舒服，产品使用和售后服务相当经济，并易于进行工业化生产。设计就是智力活动，设计是科技这一第一生产力的重要内容，因此，未来企业将越来越多地依靠设计创造更多的附加价值。

(4) 智力价值的规律。有些专家认为，高附加值产品的出现与智力价值有关。

从科技是第一生产力的角度来考察，劳动可分为两种：一是没有充分体现科技的第一生产力作用的简单体力劳动；二是充分体现科技的第一生产力作用的复杂劳动。复杂劳动包括作为基础的必要的部分体力劳动和作为核心的脑力劳动。显然，简单体力劳动创造的附加价值低，大部分劳动密集型产品即属此类；复杂劳动创造的附加价值高，如技术密集型和知识密集型产品。

科技进步使人们从笨重的体力劳动中解放出来，采用半机械化、机械化、自动化的机器设备，代替了大部分体力劳动，人们只需管理好这些机器设备即可，不但用复杂的脑力劳动代替了简单的体力劳动，而且大大提高了效率，创造出更多的财富，还依靠科技大大提高了产品的智力含量，提高了产品附加价值。

什么是智力？智力就是人类掌握的全部知识和科技而拥有的创造力。在这个意义上讲，附加值就是智力价值。

专家认为，对于市场上的商品来说，人类的智力可以表现为科技创造力、文化艺术魅力和市场经营吸引力与竞争力。商品的智力含量高，就是商品技术含量高，文化艺术魅力大，在市场上适销对路，竞争力强。商品智力含量越高，商品附加值也就越高。可用下式表示：

商品附加值＝商品的科技含量＋文化艺术含量＋市场适销对路程度

智力＝科技创造力＋文化艺术魅力＋市场经营吸引力与竞争力

附加值提高术＝科学技术＋文化艺术＋市场营销术

以上对高附加值产品进行了探讨，对现代市场上高附加值的现象作了解释。仔细分析起来，主要有以下几点：

（1）产品高附加值的基本前提条件是：产品要能满足消费者（用户）的需求，或者说产品要适销对路。

（2）随着科技进步，脑力劳动创造的附加值所占的比例越来越大，已成为附加值的主体。

（3）产品的高附加值既来自生产活动，又来自经营活动。产品的高附加值与产品的高技术含量和高艺术含量有关，或者说与产品设计有关，还与产品的市场营销吸引力有关。

三、产品三层次与附加值

从现代产品整体概念出发，具体分析产品的增值因素时，必须按照现代产品的三层结构理论分析附加值与产品实体本身、有形附加物和无形附加物（服务）的关系，以找出提高产品附加值的途径。

（1）产品实体本身与附加值。产品实体本身是产品产生附加值的核心部分。由于是物质产品，并分为内质和外形两个方面，所以对于提高产品内质的附加值，主要依靠提高产品技术含量，靠高技术、新技术、新工艺、新材料；对于提高产品外形的附加值，就要靠科学与艺术的结合、技术与美学的结合，要靠工业设计来实现形体统一，提高产品的魅力来达到。

（2）产品有形附加物与附加值。产品有形附加物包括附加于产品主体上的包装、品牌、商标、说明书等物质产品，它们往往构成产品的外在形式。因此，对于提高产品有形附加物的附加值，首先靠内容和形式的统一，因有形附加物为物质产品，提高它们的附加值仍然离不开通过提高其技术含量和文化艺术含量来达到。

（3）产品无形附加物与附加值。产品无形附加物包括交货期、安装、送货、维修、保证、技术服务、分期付款和优惠条件等服务（软件），以满足消费者（用户）对服务的需求。对于提高产品无形附加物的附加值，首先靠无形附加物软件与产品有形物（硬件）之间的统一；其次靠扩大服务项目、提高服务水平和效果来达到。

四、附加值与产品使用价值

在市场上，商品能卖出好价钱，消费者肯花高价购买商品，而且有很多消费者愿意买，其根本原因是消费者有需求。从商品方面分析，是因为商品具有满足消费者需求的使用价值。显然，与商品销售有关的附加值，不能不与商品的使用价值密切相关。

根据产品使用价值理论和现代产品三层结构理论，附加值与商品使用价值有以下几方面的相关性：

（1）附加值与消费者认可的产品在消费中的潜在使用价值有关。当消费者认为产品有可能满足他们的种种需要，购买就值得，买卖就能成交。产品附加值当然与产品所提供的潜在使用价值有关，这包括产品整体所能提供的实用、时效、审美、便利、信息、服务等多方面的价值。

（2）附加值与消费者在购物前和购物过程中获得的产品所提供的种种实际使用价值有关。一般来说，消费者在购物前和购物过程中能从产品那里获得信息、好感、美感以及有关服务等，这是买卖成交的前提。如果不能满足消费者购物的信息、心理、审美、服务等要求，买卖是无法成交的。这表明产品附加值还与产品使用价值的实现有关，这包括产品本身的外形、产品有形附加物、产品无形附加物等所起的作用，是它们的潜在使用价值转化为实际使用价值的结果。

（3）附加值与经营者在物流和销售中获得的产品所提供的种种实际使用价值有关。一般来说，经营者在物流和销售中能从产品那里获得安全、方便、时效、信息、文化等效用。例如，物流效率提高使费用减少、销售自动化的实现使费用降低等都表明产品附加值与产品潜在使用价值在物流和销售领域中的实现有关。

从这里可以看出，前述产品附加值依赖于市场营销手段和技巧的实现，就是因为市场营销手段和技巧使得产品有形物（硬件）的潜在使用价值能在物流和销售领域有效地实现，还使得产品无形附加物（软件）在物流和销售领域中做到有效附加，从而直接取得效益。这些都是营销人员智力的产物。所以说经营也是一种创造，也属于智力价值。

五、新产品高附加值开发

新产品开发，可以是低附加值开发，也可以是高附加值开发，通常企业应根据内外具体条件作出决策。

产品高附加值开发是当今时代发展的产物，是产品向高级化发展的必然产物。美国经济学家托马斯·彼得斯认为我们处于一个高附加值时代。另一些“产品结构高度化”理论的专家认为，在产业结构中，劳动密集型和资本密集型的产业属于工业现代化的初级阶段，而技术密集型和知识密集型的产业才属于工业现代化的高级阶段。他们还认为，要扩大技术密集型和知识密集型产业，就要提高科学技术这一因素对经济增长的贡献和比例。这类产业需要投入的主要不是资源、资本和劳动力，而是科学技术，掌握科学技术的科学家、工程师，通过高级复杂的智力劳动，产出智力含量高的产品。

托马斯·彼得斯还认为，提高附加价值就是以智取胜，即科学技术应用加上开创新市场，就可以开发出高附加值的新产品。

现今时代需要开发智力含量高的产品，应具有以下特点：

（1）产品具有高附加值，资源、能源消耗少；

（2）产品研发投资额大，投入产出比例高；

（3）产品档次高，趋向高级化，由大批量、少品种生产转向小批量、多品种生产；

（4）产品软件化程度高，重视产品的服务；

（5）产品更新换代快，重视新技术的应用。

上述高附加值产品给新产品开发指明了方向。

六、产品的价值和价格

关于产品价值，主要有如下几种理论[①]：

---

① 冯春安：《国内劳动价值论争鸣简评》，载《经济学动态》，2001（11）。

（1）劳动价值论，认为生产过程中的抽象人类劳动是决定价值的唯一因素，而生产过程中无差别的人类劳动投入是可以计量的。

（2）生产费用价值论，即包括劳动、资本、土地等在内的各种生产要素共同创造价值。由生产过程中的各种要素投入折合计量出生产费用。

（3）边际效用价值论，认为价值是由物品的边际效用决定的。

（4）均衡价值论，认为价值是由供给价格和需求价格共同决定的。在供给价格方面，价值取决于生产物品时所付出的费用状况（边际成本决定价值）；在需求价格方面，价值则取决于物品对消费者的满足状况或人们对物品的心理评价（边际效用决定价值）。

关于价格，劳动价值论从本质上说明了价值来源，即一般必要劳动时间决定了产品的交换价值，但是一般必要劳动时间作为全社会所有生产者所决定的指标，其数值难以实际计算，其变化无法直接体现，它要通过实际交换和供求对生产的调节来体现。

生产费用价值理论在有形产品的价格制定中经常应用。对于生产企业，价格能弥补费用成本是企业正常经营的最低要求。

边际效用理论可以解释为什么短时期内或者特定条件下，价格和价值会有巨大的差距。

均衡价值论综合了生产费用论和边际效用价值论，认为价格是由以下三者共同决定的：（1）生产企业可以接受的最低价格；（2）消费者在一定条件下能接受的最高心理价格；（3）供求关系。

第 3 节　新产品开发风险

新产品开发是一种创新活动。创新从根本上来说，在开始时总是有些不按常规、异想天开。越是根本性的创新，看上去似乎就越加荒谬。

今天，很多人还是对乘飞机心怀不安甚至恐惧。我们难以想象，莱特兄弟最早发明飞机时所面临的风险以及人们的不理解。从某种意义上说，“荒谬引领人类进步”。

新产品开发的直接目标是新产品开发成功。事实表明，新产品开发是一项具有风险的活动。因此，分析新产品开发失败的原因，认识新产品开发过程中可能出现的种种障碍以及应对的办法，对于提高新产品开发的成功率，具有重要意义。

任何类型的新产品开发都存在风险，而在开发全新产品时风险就更为突出，因为投资大、时间长、各种因素变化复杂频繁。开发新产品失败造成巨大损失的案例并不鲜见。如得克萨斯仪器公司从家用计算机业务中撤出前，就已损失 6.6 亿美元；美国无线电公司在它经营的电视游戏机上共损失了 5.75 亿美元；福特汽车公司在它生产的“伊德斯尔”汽车上共损失了 3.5 亿美元，等等。

新产品开发风险首先表现为市场风险，即新产品并不都能被所投入的市场接受、迅速成长且长期满足企业的经营目标。相当多的新产品在投入市场初期便夭折了。20 世纪 80 年代美国的一项大规模研究发现，新产品上市后的失败率很高，消费品达 40％，工业品达 20％。

新产品开发的市场风险还表现为：即使在市场上获得了初期的成功，仍然不能保证笑到最后，模仿跟进者会一拥而上，新产品所拥有的“新”的优势可能迅速丧失。

万燕是国内 VCD 市场的开创培育者，当市场需求开始较快增长时，大批企业强势介入，万燕“起个大早，赶了个晚集”，未能享用市场成熟的果实。苹果在推出 AppleⅡ以后，由于 IBM 的跟进，不得不另谋出路。

新产品开发风险还表现在新产品开发过程中有很高的淘汰率，即新产品开发过程需要经历初步设想、立项、构思概念、实体设计试制开发诸多环节，其间技术、人力、成本、资金、组织等各种因素都可能使开发夭折。根据对世界主要市场 30 年间各类新产品开发和投放所作的调查发现，大约每 25 个新产品设想中只有一个能最后成为商品投入市场，有幸投入市场的新产品中，有相当比例经营状况不佳，同 25 年前相比，虽然技术有很大进步，企业的市场营销技能也普遍提高，但新产品开发的失败率几乎相同。

新产品开发失败的原因可以归纳为企业外部和企业内部的影响因素。

一、企业外部影响因素

以下外部因素使企业在新产品开发方面获得成功越来越困难：

（1）在某些重要领域，如汽车、电视机、计算机、静电复印和特效药等，值得投资的切实可行的新技术微乎其微，这些领域几乎不可能出现重要的新产品设想。

（2）激烈的竞争导致市场不断分裂，企业不得不将新产品的目标对准较小的细分市场，而不是整个市场，这就意味着一种产品只能获得较低的销售额和利润额。

（3）因社会和政府的限制，新产品必须以满足公众利益为准则，诸如有关消费者的安全和生态平衡的政府要求，已使得医药行业的创新速度减慢，使工业设备、化工产品、汽车和玩具等行业的产品设计和广告决策工作难以开展。

（4）新产品开发费用日益增大。企业为了找出良好的构思，通常需要从众多新产品构思中进行筛选，企业要面对日益增长的研发费用、生产费用和市场营销费用。

（5）由于资金短缺，一些拥有好构思的企业，难以筹集资金用于研发这些构思。

（6）产品开发完成的时限在缩短，不同企业很可能同时就某个构思进行新产品开发，而最终胜利者往往属于行动迅速的企业。因此，企业必须压缩新产品开发的时间，可采用提早新产品概念试验、计算机辅助设计、生产技术合伙开发以及先进的市场营销计划等方法。日本企业将这种挑战看做以比竞争对手低的售价和较快的速度来获得较好的质量。

（7）产品的生命周期在缩短。当一种新产品成功后，竞争对手立即就会进行模仿改进，使得新产品的生命周期大为缩短。

二、企业内部影响因素

企业内部影响因素是从企业自身角度来看导致新产品开发失败的原因。

美国的一些调查资料表明，美国工业品（生产资料）新产品开发失败的原因主要有：

（1）新产品开发方向不对。

（2）对新产品市场没有足够的了解，特别是对用户在质量方面的要求没有充分的认识。

（3）新产品品种单调。

（4）新产品功能达不到预期的目标。

（5）新产品销售力量不足。

（6）缺乏有关竞争对手从事新产品开发的情报。

1983 年美国工业会议对新产品开发的失败原因进行分类，结果如表 2—1 所示。

表 2—1 中 1，4，5，6 四项可以归结为市场营销方面的原因，占 63%，也就是说，半数以上的新产品开发失败并非技术原因，而是市场原因造成的。由此可见，了解市场，把握消费者（用户）的需求，在新产品销售方面下工夫，对于新产品开发至关重要。

表 2—1 新产品开发失败原因分类

新产品开发失败原因	比重（%）
1. 市场分析不当	32
2. 产品本身不好	23
3. 成本超过预期	14
4. 投放时机不当	10
5. 竞争的阻碍	8
6. 销售力量、分销和促销组织不当	13

另有一个资料，美国著名的市场营销学者菲利普·科特勒（Philip Kotler）曾从企业管理职能运用的角度，对新产品失败的原因进行了研究，他认为导致新产品开发失败的原因有八项：

（1）高层管理者对自己欣赏的设想，不顾一切地投入力量进行开发。

（2）不善于对新产品开发过程进行组织和实施有机的管理。

（3）没有对新产品市场的规模进行认真的调研和预测。

（4）缺乏完备有效的产品计划，如产品定位不当、市场细分差、开发预算不足、新产品定价过高等。

（5）新产品与现有同类产品的差异小，因而新产品本身包含的消费利益不大。

（6）设计未达到开发目标要求。

（7）新产品制造成本过高。

（8）对新产品市场竞争的激烈程度估计不足。

上述资料表明，新产品开发会因种种内外原因而失败，新产品开发面临较大风险。

第 4 节 新产品开发过程中的障碍分析

新产品开发之所以失败是未能克服一些障碍。在实际工作中，新产品从设想开始，一直到在市场上取得成功为止，会出现许多障碍，只要其中一个障碍没有克服，就可能导致新产品开发失败。因此，只有认真分析研究和克服新产品开发过程中出现的障碍，才能提高开发的成功率。

下面分析研究导致新产品开发失败的障碍，并探求克服障碍的措施。

一、新产品概念开发阶段的障碍

在新产品概念开发阶段可能出现多种障碍，有新产品设想调查过程中的障碍，有研究构思、讨论构思时的障碍，还有在方案评价选择过程中的障碍。

1. “好意见、好设想”消失

在征求消费者（用户）意见时，消费者的意见很多，导致很多好意见、好设想被淹没，不容易被发现、注意。这有下列客观原因：

（1）消费者的意见并不经常以明确的建议和设想的方式来表达，而是通过他们对产品的不满、抱怨、疑问等反映出来，一些合理的愿望、呼声、理想隐藏在意见之中。

（2）消费者的意见往往不是深思熟虑的，而是从一个局部、一个方面反映的想法。

（3）消费者对产品的意见在通过各种形式传递到生产者手中时，往往是无条理的、杂乱无章的，有用的信息夹杂在无用的信息之中，或者有些有价值的信息在传递中被曲解了。

要克服上述障碍，应采取的措施有：

（1）企业要尽量广泛地掌握从各方面传来的信息，并下工夫在消费者的种种意见中探寻对新产品开发有价值的意见，发现好的开发设想。

（2）企业对于从消费者那里得来的第一手资料，不能放在一边或只让少数管理人员接触，而应把它们拿出来，让更多的人了解和掌握，让消费者的意见起到抛砖引玉的作用，以便触发产生更多、更好的设想。

（3）企业要抓住直接与消费者接触的机会，主动地调查消费者并把各种意见记录下来，然后集中分析，找出有价值的意见，防止信息在传递中失真。

（4）企业要把消费者的意见整理成便于使用的材料，甚至可以是某种提案的形式，这样能去粗取精、去伪存真，克服片面性，是防止好意见消失的有效手段。

2. 轻视好构思和好方案

一些企业往往会将那些费了一番工夫而得到的新产品构思和方案置于一边，甚至视而不见，不加以交流和讨论，这就是轻视好构思、好方案的障碍。要克服这一障碍，企业应建立及时讨论交流新产品构思方案的制度。为确实有价值的构思方案附上论证材料，说明大多数人支持这一构思方案的原因，这样会取得很好的效果。

3. 对构思方案的评价选择出现错误

一般来说，把所有的新产品构思方案付诸实施是不可能的，通常需要就几个构思方案进行评价比较，从中选择最佳方案。在这一过程中，有可能出现对构思方案错误的评价选择，这一障碍必然会导致新产品开发的失误。为了克服这种障碍，有必要改善新产品方案的评价组织，改变过去全部由专家组成的形式，因为以这种方式对构思方案的评价往往角度单一，专业性太强，有时反而无法作出正确决策。应把评价组织改为以使用产品的消费者（用户）为主，再加上必要的专业人员，这样各方面的代表可以以各自的经验、评价标准以及感受，对各种新产品方案提出自己的意见。

在这样的评价组织中，评论的意见虽然不完全相同，可能会出现或保守、或激进、或骑墙、或观点不明朗、或极端的多种多样的意见，但是恰当地综合在一起就能正确地对方案作出评价。如果长期坚持这种方法，对参与的各位评价人员的特点进行分析总结，评价效果会逐步提高。

具体的做法如下：

（1）找出几个历史上销售成功或失败的产品，让各位评价人员评价，然后就可根据他们的成绩分成六个类型（见表2—2）。

表2—2说明，对⊕⊕型和⊕型评价人员的意见要重视；⊕⊖型和○型评价人员的意见无关紧要，不予采纳；对⊖⊖型和⊖型评价人员的意见，可以反过来加以利用。

（2）根据评价人员的特点，对不同类型的评价人员给予不同的权重（见表2—3）。

（3）让各类评价人员对新产品构思方案进行打分评价，将评价分结合不同类型评价人员的权重一起考虑，就能对新产品方案作出正确的结论。

表2—2 评价人员个性特点类型

评价人员类型	特点
⊕⊕型	能正确地评价成功的产品
⊕型	能较正确地评价成功的产品
⊕⊖型	正确时评价很准，不正确时极端不准
○型	反应迟钝，观点不明朗，属骑墙派
⊖型	对成功的产品作出部分的否定
⊖⊖型	对成功的产品作出否定的评价

表2—3 不同类型评价人员的权重

评价人员类型	权重
⊕⊕型	2
⊕型	1
⊕⊖型	0
○型	0
⊖型	−1
⊖⊖型	−2

二、新产品实体开发阶段的障碍

在新产品实体开发阶段，多数新产品表现为试制中出现障碍。试制中的障碍会使新产品设计思想得不到实现，进而导致新产品开发失败。

1. 试制中技术水平上的障碍

新产品从图纸形式变成实物形式，需要突破技术关，否则会因技术水平不高而试制出不过关的产品。新产品开发中不出现新的技术问题的情况很少，绝大多数情况会面临原有技术水平的障碍。可以说，新产品试制推动企业技术水平的提高。

为了在新产品试制中顺利克服技术水平上的障碍，必须注意两点：

（1）平时就必须重视企业的技术开发和技术人员的智力开发，以培养克服这种障碍的能力。

（2）必须对企业的技术人才克服技术水平障碍的能力有正确的评价，不能过高，也不能过低。评价过高，达不到预期目标会造成开发失败；评价过低，放弃一些可以开发的新产品，不利于企业的新产品开发竞争。

2. 试制失败的障碍

试制失败往往不是指技术上试制不出新产品，而是指试制成的实物与新产品的设想和设计不一致。

一般来说，新产品试制出来后，往往要听取各方面的意见，有时还要经过消费者（用户）试用，听取消费者（用户）的意见，这就可能产生两种不同的情况：

（1）大家议论"这产品不错"，"看起来可以"，这说明新产品接近成功，这时只要根据大家的意见进一步完善，新产品就可能取得成功。

（2）大家不声不响或发表失望的意见，这说明试制不成功，这就是试制失败的障碍。

为了克服这种障碍，要根据具体情况采取以下三种措施：

(1) 试制人员要深入理解新产品设想人员和设计人员的意图和动机，因为试制品不成功，在很多情况下与试制人员领会设想人员、设计人员的意图不够有关。

(2) 如果试制人员感到原设计有问题，想改动一下设计，最好按原设想、原设计搞出一个试制品，再按其他想法（试制人员想法）搞出另一个试制品，然后对其进行比较，这样就比较容易产生令大家满意的试制品。

(3) 试制人员不要因不注意造型和装饰而妨碍新产品开发的成功。在现代生活中，产品的技术美学问题越来越重要，其中包括色彩、造型、使用舒适、收存放置方便等，这些都需要认真考虑。

三、新产品商品化开发阶段的障碍

新产品商品化开发阶段的障碍主要包括试生产、试销和上市销售等方面的障碍。

1. 批量生产时新产品品种不全的障碍

新产品实现批量生产需要一个合理的品种构成，如果品种构成不合理，就会造成有些品种脱销，有些品种积压，严重的会误导市场。因此，新产品批量生产前一定要准备适当品种，不能一个品种一个品种地分期投产，否则就会错过时机或造成误导，还会给今后的生产带来麻烦。

2. 新产品试销成功或失败的障碍

新产品试销的目的是探求新产品推销的可能性和寻求最佳推销方案。通常新产品试销成功，当然能对增加下一步销售的信心起很大的作用，可以鼓舞员工的士气，而新产品试销失败，会起到相反的作用。

新产品试销成功或失败都可能成为障碍，因为试销毕竟是一种局部的经验，无论成功或是失败，都要认识到这一点。如果试销成功，不要盲目乐观，不要对新产品销售成功轻易下结论；如果失败，也不要垂头丧气，不要对新产品销售失败轻易下结论。

一定要根据试销的目的，深入地分析成功或失败的原因，应该根据以下四个问题加以研究：

(1) 目前销售不行（或行），将来会怎样呢？

(2) 本地区销售不行（或行），其他地区怎样呢？

(3) 本试销对象不行（或行），其他对象怎样呢？

(4) 本销售形式不行（或行），其他销售形式怎样呢？

这样就能克服对试销成功盲目乐观或对试销失败悲观失望的障碍。

3. 新产品上市后价格上的障碍

新产品价格上的障碍的表现形式通常是价格过高。一般来讲，新产品的成本是较高的，新产品的价格要比老产品高。这里形成的障碍是：新产品价格高，影响新产品的销售而销售不好；生产量小，反过来会影响降低生产成本，而成本下不来，又使价格不能下降。因此，解决价格上的障碍是一个困难的问题。

在实际工作中，要具体地突破价格上的障碍，一定要对价格偏高进行具体分析，要弄清楚是什么情况下的价格偏高，一般要弄清下面三个问题：

(1) 是不是产品价格偏离了其使用价值？一般表现形式是消费者（用户）心理上认为偏高。

（2）是不是本企业产品价格与其他企业类似产品相比偏高？

（3）是不是产品价格与成本推算相比偏高？

这些问题弄清了，就有可能采取有效措施来克服新产品价格偏高的障碍。

4. 新产品上市后供货方面的障碍

在新产品的上市销售中，供货时间、供货时机很重要。若是新产品在市场上过量供应，新产品就会失去吸引力，使价格硬不起来，损害新产品的形象；若是新产品供应不足而脱销，就会使企业错失时机，丧失信用，效益下降。因此，供货方面的障碍主要是对新产品销量预测错误的障碍。

正确推算可能销售的数量，使新产品在市场上保持合理数量，这对保证新产品的开发成功很重要。

5. 新产品上市后包装、运输、装卸方面的障碍

在新产品流通过程中，要经受时间和空间转移的考验，克服运输装卸保管方面的障碍，使新产品安全地到达消费者（用户）手中。这个过程中需要克服的困难很多，如产品尺寸过大、分量过重、易碎或有危险性等，再比如食品、化妆品可能出现变质的问题。克服这些障碍的关键在于在包装设计和运输装卸操作上要求采取必要的措施：如产品过大过重，要进行分装；产品易碎或有危险性，要采取各种保护措施；必要时，要对运输装卸操作要求制定必要对策。

除运输包装外，对销售包装的设计也应特别重视，要和对待产品造型装饰一样，不容忽视，要特别注意销售包装的促销作用，使其改变不醒目、感觉不好、保护不佳、不易陈列、不便携带等缺点，使之有利于销售。

6. 新产品上市后广告宣传方面的障碍

新产品进入市场初期，会出现初期的推销阻力，主要是由于广告宣传不力、不得法，使得新产品没有被人们认识，人们感觉不出新产品的新特点，认为新产品和老产品没有什么两样，尤其对专业性强的产品更是如此。

克服这一障碍只有靠有力的广告宣传，并且以合理的方式进行。对新产品的广告，一定不要夸大其辞，否则会适得其反。有时广告宣传要注意消除不利于新产品声誉的传闻，要注意克服人们对广告宣传的心理阻力。人们常常怕被广告欺骗，因此有人认为，用报道的方式来宣传新产品，更容易渗透到消费者心中去，容易使人们对新产品产生信任感和良好印象。

7. 新产品上市后竞争方面的障碍

新产品进入市场会遇到激烈的竞争障碍。与新产品竞争的产品，有本企业的老产品，还有其他企业的新老产品。

一般来讲，老产品在价格上占一定优势，有时能对新产品起阻碍或扼杀作用，因此在处理企业新老产品关系时，往往采取等待态度，即等老产品库存基本销售完，再推销新产品，但要注意避免错过时机，被别的企业乘虚而入。

对于本企业新产品与其他企业的新老产品的竞争，一定要及时掌握竞争信息。产品竞争包括价格、质量、品种和包装等方面的竞争。本企业新产品应根据具体情况作适当改进，以克服产品竞争的障碍。

8. 新产品上市后抵制新产品的心理障碍

新产品一问世，总会有一部分人抵制新产品，他们多半是那些不愿打破老习惯的人

群。这部分人往往比较相信自己的经验，对新事物总抱怀疑态度。这股抵制力量有来自消费者（用户）的，有来自商业销售部门的，甚至还有来自本企业人员的，这些抵制对新产品的传播扩散很不利。

消费者（用户）对新产品的抵制态度表现为："老产品用惯了，没有必要用新产品"，"不想赶时髦"，"新产品质量不稳定"；如果新产品价格适宜，又有人会说"便宜没好货"，等等。

商业销售部门和本企业人员的抵制态度是："这样的产品没销路"，"其他类似产品也不好销"，"销售这种产品有风险"，"这种产品总让人感到有点问题，恐怕赚不了钱"，等等。

应当指出，这种抵制现象是现实问题、客观规律，不足为怪，绝对不要因此就以为新产品要失败，因为新产品对多数人来讲，需要一个认识、采用和传播扩散的过程，这需要时间。这个阶段称为新产品的潜伏期，短则几个月，长则数年，关键是要采取措施克服这种障碍，缩短潜伏期。

对于消费者（用户），克服这一障碍的关键是要给他们了解和使用新产品的机会，告诉他们其他消费者使用新产品的实际情况，让他们认识到新产品的好处和独特性能，借以提高他们对使用新产品的欲望。

对于商业销售部门也是一样，要让它们认识到新产品的好处和独特性能，提高它们经营新产品的信心。

如果做了这些工作后新产品仍然销不动，那就应认为新产品销售失败，要从市场上撤下来。

9. 新产品上市后消费者（用户）批评的障碍

新产品上市后，会遇到消费者（用户）批评的障碍。新产品受到消费者批评，往往以小道消息在消费者（用户）群中传播，结果使大众对新产品产生不良印象，从而影响新产品的市场销售。

消费者（用户）的批评可以由多种原因产生，因此，也必须采取多种相应措施来克服。

（1）消费者的批评因消费者对新产品期望过高而产生。一些消费者把新产品买回家，看到新产品没有想象的那样好，产生了"吃亏"的想法。这种高期望可能源于消费者认识片面，也可能源于欺骗性宣传。总之，正确全面地宣传新产品是克服这种障碍的有效措施。

（2）因消费者对新产品使用不当，产生对新产品的不满和埋怨，当然也有的是产品本身的质量问题造成的。因此，加强新产品的售前和售后服务，会减少和消除消费者的不满。

（3）消费者批评还因假冒产品而引起，这就必须及时发现，并通过宣传渠道来改变公众的舆论。

在消费者批评障碍中，特别要注意专家的批评，注意那些有影响人士或某一领域的权威人士的发言，有时他们会给新产品销售带来致命影响。克服这一障碍的办法是：必须事先及时地和这些人士交换信息，听取意见，解除误会，求得理解。如果能做好这一工作，有时根据专家的意见，对新产品存在的缺陷就能尽早地改善，促使产生更好的新产品。

10. 新产品上市后购买力和风土人情的障碍

新产品推销到新的地区，会碰到当地购买力和风土人情的障碍。企业一定要使新产品适合当时、当地的购买力水平，适合当时、当地的风土人情。为了做到这点，必须有效地发挥专家咨询、市场评价和试销的作用，还有必要研究一下销售地区人们的生活、风俗习惯以及政治、经济、地理条件等，这样就能克服在购买力和风土人情方面的障碍。

11. 新产品上市后一些社会性因素的障碍

新产品上市后会出现一些社会性因素的障碍，这往往是由于产品存在对社会有害的因素，受到社会制约而不允许出售。企业必须事先从社会公害、社会公德方面，从不产生极端生活倾向方面，多角度地考察新产品，以防止新产品受到社会制约而受阻。

上述种种都是新产品开发过程中可能遇到的障碍，对于新产品开发者来说，要做到心中有数，有条不紊地克服障碍，以取得新产品开发的成功。

思考题

1. 很多时候，新产品开发的风险和收益是无法事先准确估计的。你认为这种情况下企业是应该倾向于积极冒险，还是稳妥保守？

2. 列举4种价值理论可以解释的价格现象。新产品开发为什么可能有高附加值？

第3章

新产品开发战略

诺基亚公司的前身，从1865年到20世纪80年代，先后主要生产和经营木浆、纸板、套靴、电缆等。20世纪90年代初，诺基亚在电缆厂成立了电子部，以光电传输为发展核心。1992年发生了最关键的转变，诺基亚由造纸、橡胶、电缆等传统型工业公司转变为一个经营计算机、电子消费品和电信产品的高科技集团公司。

公司转型之初并不顺利，面临经济上的亏损，关键时刻新任总裁约玛·奥利拉旗帜鲜明地说："未来将属于通信时代，诺基亚要成为世界性的电信公司。"他一上任就推出以移动电话为中心的专业化发展新战略，从而造就了后来的手机巨头。

第1节　新产品开发战略

一、企业战略与新产品开发

（一）企业战略

企业战略包括企业的总体发展方向、目标、实现目标的关键途径和手段方法，是企业总体性的行动纲领和方案，具有全局性、系统性、长远性、前瞻性和方向性的特点，是在分析企业外部环境和内部资源的基础上形成的。

企业战略计划的内容如图3—1所示。企业战略计划必须贯彻落实到市场营销、生产、新产品开发、人力资源、公共关系等具体的经营管理活动中。具体的经营管理活动需要企业战略的导向规范协调，这样企业才有灵魂，才能形成合力，而符合企业战略导向规范的具体经营活动，是企业战略实施和实现的保证。

新产品开发是贯彻落实企业战略的重要方面。新产品开发通常投资多、风险大、周期长，需要企业上上下下各部门人员通力协作，影响面广，尤其是一些重大项目，其成败直接左右着企业的发展。

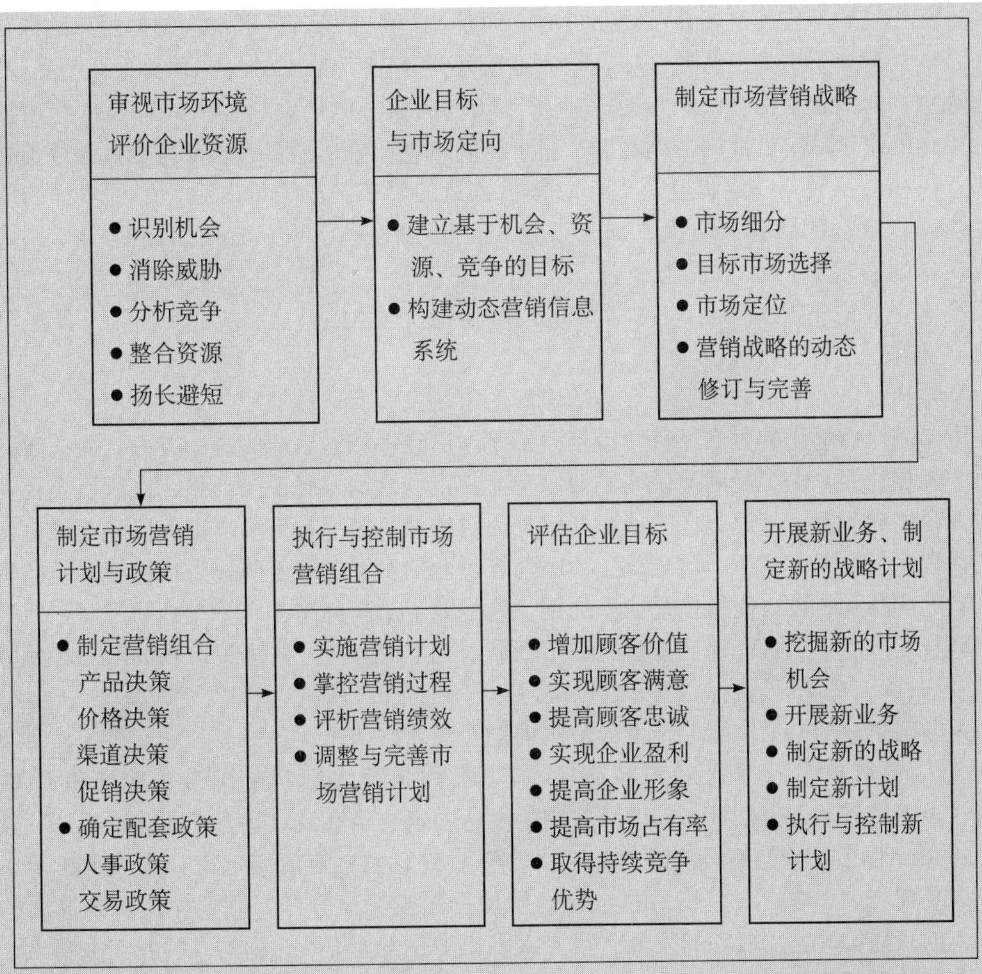

图 3—1　企业战略计划的组成部分

（二）企业经营理念的演变与当代企业的战略重点

企业经营理念的转变很大程度上标志着企业战略重心的改变。

新世纪，创新不但是企业战略的组成部分、重要内容，还经常上升为企业的战略核心。2000 年前后，有两家世界一流公司宣布重大的战略决定：

其一，杜邦公司宣布，放弃已使用达 70 年的企业宗旨“创造美好生活”，更改为“创造科学奇迹”。

其二，索尼公司宣布其企业目标集中体现在数字化方面，其原有模拟制式产品生产只到 2003 年，之后将全部转为数字化产品。

熟悉企业经营理念演变的人不禁奇怪，这两个世界一流公司的目标居然不是客户的需求，而是提高企业的科技能力、增加产品的科技含量。众所周知，市场营销观念是较生产观念、产品观念、销售观念更现代的企业的经营观，杜邦从关注客户需求的“创造美好生活”变为科技色彩浓厚的“创造科学奇迹”，索尼也以产品的技术更替为核心，两家企业难道要走回头路？

这一变化并不代表市场营销观念过时，而是在新的市场条件下市场营销观念的深化。

企业经营观念本身无所谓好坏，只有适应还是不适应的区别。生产观念、产品观念、销售观念、营销观念都曾经最好地适应了市场的需要。例如，当整个社会粮食严重短缺时，粮食的产量是决定性的，更高的产量可以满足生产者、消费者以及整个社会最迫切的需要；当社会发展到一定程度，人们对粮食数量的要求基本满足以后，多种多样的需要开始出现，粮食的品种、质量、加工、包装、销售渠道等各方面如果还是千篇一律就不适应新的需求了。对于企业经营者，非常重要的一点就是察觉和感知市场的变化，并根据本企业的情况采取相应的对策，当市场情况发生重大变化时，先行一步甚至半步意义非凡。

杜邦和索尼的举措，正是企业为适应新的市场条件而进行的战略调整。两家企业都经过几十年完全市场化的生产经营，市场营销观念已经渗透到企业的每一方面，能在激烈的竞争中发展壮大，毫无疑问地说明了两家企业在市场营销方面手段高强。之所以要在新世纪强调科技和产品，其原因在于杜邦和索尼面对的竞争对手在市场营销方面毫不逊色，想避免恶性竞争就需要绝招。信息及生物医药等行业的发展过程表明，当代消费者倾向于选择创新的产品和科技，高科技是制胜之道，领先能带来高利润。有一点必须澄清，即当代强调科技及产品，从一开始就是建立在市场需求之上的，与过去漠视市场的产品观念截然不同。

这两家企业的举动实际上是世界范围内创新潮流推动的。

从 20 世纪 80 年代末到 2000 年前后，美国经济持续增长了约 10 年，尤其在 1997 年东南亚金融风暴后，包括日本、西欧在内的发达国家的经济显出疲态，而美国经济一枝独秀。2000 年以后随着网络经济波动、“9·11”事件、大企业信用危机、次贷危机等，美国经济受到较大影响，但其高科技行业的发展仍然被普遍看好，继续保持基本健康的发展。人们探究美国这一时期的发展，目光大多集中在美国不断创新的高科技企业身上，创新的意义被提到了前所未有的高度。很多国家，无论是发达国家还是发展中国家，开始不遗余力地鼓励创新、扶植创新，创新成为国家经济政策的重要组成部分，对于企业，创新几乎成了公认的制胜法宝。

这一事实的说服力毋庸置疑，创新不是仅出现在一个或一些企业，而是一个大国整个行业、若干行业的普遍表现。创新应该成为国家和企业发展的主题。如果多作一些比较分析不难发现，创新与成功之间的关系不是表面看上去那样简单。例如，同样是发达国家的西欧各国，为什么没有出现同样的现象？日本在 20 世纪 80 年代发展势头直逼美国，为什么没赶上创新大潮？亚洲以及世界范围内的新兴工业化国家，为什么在经历了相当长时间的高速发展后，反而出现了金融危机？与这些问题相对应的是，创新在美国是如何成为潮流的呢？它源自何处？为什么创新首先是在美国而不是别的国家（地区）形成气候？美国的企业追求创新是天生的本能，还是环境影响的结果？

首先，企业创新的基本逻辑或者说内在动力是什么？

马克思关于生产力在经济中的决定性理论从本质上说明：高科技创新是一定历史条件下生产力发展的必然结果。

自 18 世纪工业革命以来，生产力得到了极大发展，生产力对经济的决定作用，从长期看表现为：随着生产力的发展，生产过剩以及今天无处不在的创新大潮注定要发生。

人类在各个领域的生产能力不断提高，而一定条件下市场对某种产品的需求总是有限的，在没有发现新的市场机会以前，社会的各种资源集中在原有市场上，供给迟早会超过需求。这种差距日积月累，发展到一定程度就是严重的生产过剩（市场危机、供求危机、经济危机）。众所周知，当今世界，无论资本主义国家还是搞市场经济的社会主义国家，越来越多的企业经受着生产能力过剩之苦，而且这种趋势随着生产能力的提高将愈演愈烈。

换句话说，除非存在资源垄断、技术垄断或者行政垄断，如果不发现（产生）新的市场领域，在已有市场领域生产能力大大超过市场需求，整个社会各领域生产能力全面超过各自领域的市场需求，这在生产能力不断提高的条件下必将发生。

那么，出路何在？

根据马克思经济学说，要从根本上解决这一矛盾，必须变革生产关系，改变分配方式，增大现有需求。

20世纪末世界经济创新大潮的兴起，表明发现新市场、创造新需求，可能是既定生产关系下引导过剩的生产能力（资源）的有效方法。

生产力的发展在驱使企业不得不创新的同时，又给企业创新提供了现实的可能性。这表现在：资本原始积累达到相当程度，科技日益发达，企业经营管理水平逐步提高，人类自信心高涨。

还有一个问题，资本主义在20世纪30年代就经历了极其严重的经济危机，为什么直到半个世纪后才兴起创新大潮？

回顾20世纪下半叶，主要原因可归结为：首先，第二次世界大战后，世界经济经历了较长时间的基本和平发展，越来越多的国家通过发展市场经济步入全球竞争行列，生产能力（资源）过剩已经从一个行业、一个国家扩展到全球几乎每个领域；其次，科学技术突飞猛进、日新月异，成为经济发展的动力；再次，新兴行业，尤其是高科技行业，生产能力的形成、增长极其迅猛，使得生产能力过剩加速发展。

处于这种困境下的企业有两种选择：其一，熬，坚信寒冬终会过去，暂时忍受生产能力过剩之苦，等自然淘汰一批企业或市场好转；其二，变，放弃现有市场，指向新市场。那么究竟是什么决定企业的选择呢？

企业是由人创办经营的，企业的特点相当程度上就表现为当事当地人的天性。企业创新是人们求新和求稳两种心理在特定条件下矛盾运动的结果。

追求安逸平稳，还是在充满未知和挑战中生活？用特例回答这个问题意义不大，但从迄今为止的人类历史来看，无论哪个国家、哪个民族、哪个时代，求稳是绝大多数人的选择。人们不到万不得已的时候，一般都不愿意打破常规去冒险。在长达几千年的以农业为主的时期，只要没有遇到饿死人的天灾人祸，农民都不愿意背井离乡。现代社会，无论中外，人们选择职业时大多倾向于较为有保障的学校、大机关、大企业，所谓有保障，就是安稳。这种意识对大多数人而言根深蒂固，可以看做一个基本事实。

企业经营与人的生活类似。创新是做起来非常困难、伴随相当的痛苦、具有风险的活动。从世界企业经营活动的发展历程来看，在相当长时期内，企业不到万不得已很少主动创新，创新几乎都是被逼上梁山的。

创新意味着什么？创新在产品上可能表现为新的产品设计、材料、生产工艺、包装、广告、销售渠道、支付手段、价格策略等，而创新常常要求企业更新整体的经营观念、经营方式、资金运作等，更艰巨的是，创新常常意味着全新的市场，很可能需要抛弃过去的经验，面对未知从头开始。创新面临的未知很多，不确定性大，其风险之高可想而知。

曾经有一则邯郸钢铁厂的新闻报道，内容大致如下：由于产品在市场上没有竞争力，迫切需要进行技术改造。如果不改造，企业虽然还可以勉强维持，但从长远看处境会越来越困难，是等死；如果进行改造，由于所需资金太多、风险太大，企业自身没有能力承担，一旦失败，将掉入万丈深渊，不堪设想，很可能是找死。最后全厂员工发挥自己的创造力，少花钱办成了大事，渡过了难关。这一实例中，奇迹般地解决问题，不适用于一般的情形，而企业面对创新的两难处境，则具有代表性。

创新的难度可以从以下现象得到佐证：VCD、电冰箱、洗衣机、微波炉甚至某种成功的服装款式，都会引发蜂拥而上，一些大企业常常也跟在别人后面跑，这说明创新不是人人都会的，而是非常困难的，否则人们为什么不另辟蹊径？

只有在利润的驱使下，在竞争的压力下，当其他手段不足以给企业带来利润，或不足以维持企业在市场上的地位时，企业才会主动创新。

英特尔公司（Intel）是全世界微机 CPU 行业的霸主，而在 20 世纪 70 年代以前，它主要生产存储器。因为在存储器市场被低成本的日本产品逼得走投无路，英特尔公司才万般无奈选择改行，其结果众所周知，英特尔公司获得了极大发展。

回顾历史可以看到，在 20 世纪七八十年代，美国很多行业都经历了与英特尔相似的情况，遭遇国外企业的严峻挑战，如汽车、半导体、家用电器、机械制造业等。最终，企业大多以自己的努力，找到了出路，其中最主要的手段就是创新。

美国企业在困境中自新的原因，最重要、最简单的一点就在于它们是真正的企业。真正的企业在社会环境中自生自灭，好坏全靠自己。当它在正常的市场竞争中遇到麻烦时，没有人同情和怜悯，也不能指望银行的照顾或政府的保护，只能以本能求得生存。不言而喻，在生死关头，企业将拼尽全力背水一战，在正常情况下由于风险太大而很少考虑的创新之路，在生死关头反倒成了一线希望。

体育比赛里常常有相似的情形。实力相当的对手，一方思想保守、想赢怕输、缩手缩脚，一方豁出去放手一搏，其结局可想而知。有句古话说得好：狭路相逢，勇者胜。即使实力稍逊一筹的选手，只要敢拼，也有可能冲击成功，无数的事实证明了这一点。

实际上，任何策略都有风险，企业经营中的求新和求稳，同样各有其风险，这个道理可能很少有人不懂，但是人类历史上，创新似乎第一次像今天这样成为各个领域主动追求的目标。这个事实是不是说明人们都克服了自己历来求稳的心理倾向呢？

其实，人的天性没有变，但是在事实面前，稳的含义发生了变化。以前循规蹈矩与稳可以画等号，而 20 世纪最后二三十年主要发达国家经济的变化过程无可争辩地说明，当今世界，对企业而言，以前被认为风险最大的创新，相对于按部就班反而可能更稳。当今的稳不可能在静态中实现或保持，而必须在动态进取中求得。

近十几年经济不景气的日本，刚好可以与美国作一个对比。20 世纪 80 年代，日本政府、企业、文化界都陶醉于成为经济大国的成功情绪之中，美国经济正陷于困境。不过，回过头看，这一时期正是各自的转折点。仍然以半导体行业为例，另谋出路的英特尔、AMD、TI 经历了一番脱胎换骨后重现活力，而日本半导体企业开始陷入与新兴工业化国家（地区）的激烈竞争中，新兴工业化国家（地区）的综合成本比日本企业更低，日本产品的竞争力开始下降。不幸的是，日本的大企业没有像美国企业一样壮士断腕，而是利用自己与银行、政府的密切关系寻求保护。银行降低利率以促进出口，政府想尽各种办法保护本国产业。这种保护短期内有效，但从长期看问题会越积越深，总有掩盖不住的一天。矛盾爆发的结果就是人们后来所看到的，日本政府左右为难：不保护，已经相当虚弱的企业无法与强者竞争；继续保护，又会使企业更加虚弱。想想我们国内政府、银行、国有企业之间的关系，可以从中获得启发。

今天，创新不但是企业生存发展的重要基础，而且已经成为企业获取高额利润的关键因素，成为企业主动追求的目标。无须理论，事实会让企业转变观念，即产品创新、向服务转型成为众多企业的战略选择。

二、新产品开发战略的含义和内容

企业战略作用于企业全局，新产品开发必须服从于企业整体经营管理的要求，新产品开发战略当然要贯彻体现企业战略的意图和要求，要在企业战略与新产品开发之间承上启下，为新产品开发明确发展方向、目标、实现目标的关键途径和手段方法。

企业战略描述的愿景和使命是企业对未来理想状态的设想蓝图，体现企业的文化理念和核心价值观，经常用富有表现力、凝聚力、震撼力的词语描述。如化妆品企业提出“让世界更美丽”，医药企业提出“向疾病宣战”，农业企业提出“让地球远离饥饿”等。

上述化妆品企业在“让世界更美丽”的蓝图下，可能根据行业前景、竞争情况、自身实力和期望，提出不同的长期目标：“2020年成为全球最佳的化妆品制造商”，“2020年成为全球最顶尖的化妆品制造商”，或者“2020年成为全球最大的化妆品制造商”。对于不同的长期目标，新产品开发所面临的任务目标以及任务的分量是不同的。“最佳”对产品开发的要求不明确直接；“最顶尖”对产品档次、品质及盈利能力有较高要求；“最大”更多体现在企业规模或者产品销量上，产品的销量则与产品的性价比、品种有关。

新产品开发战略与企业战略之间的关系如图3—2所示。

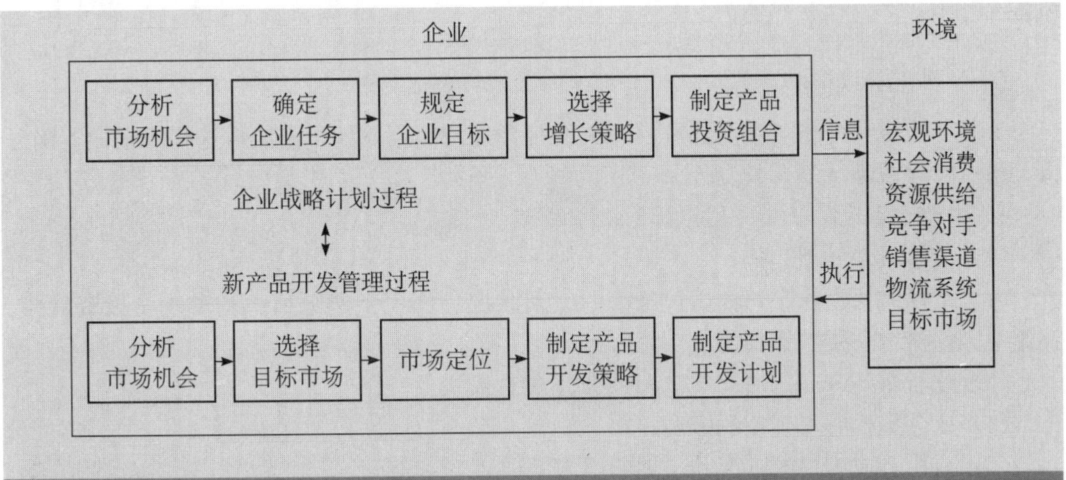

图3—2　企业发展战略与新产品开发战略

第2节　新产品开发战略的制定

新产品开发战略解决新产品开发的根本性、方向性和总体性的问题，它的具体工作程序包括调查和情报收集、开发环境分析和开发战略决策三个步骤。

一、为制定新产品开发战略而进行的调查和情报收集

一般来说，制定新产品开发战略首先要进行市场调查和情报收集，为新产品开发战略决策提供科学的依据，尤其当企业就重大或长远发展进行决策时，如准备在企业传统经营领域以外开发新产品，或企业准备在新的地区设厂时，进行调查更为必要。这种调查通常包括调查与待开发产品有关的下列几个方面：

1. 市场情报

即该产品的市场需求规模和发展趋势，此类产品的消费者（用户）状况，包括消费者构成特点、购买力水平、需求意向和需求程度。

2. 企业情报

即调查行业内原有企业的数量、规模、管理机构、领导层、生产成本、原材料、能源消耗、员工士气、企业信用、经营状况以及科研等情况。

3. 流通情报

即调查此类产品的流通渠道状况，包括采用哪些渠道，其资金、设备状况等。

4. 政策性情报

即调查与该产品有关的国家政策、法规和计划等。

二、新产品开发环境分析

新产品开发环境分析是指在调查和情报收集的基础上，进一步分析外部环境和内部环境。通过外部环境分析来发现确凿的新产品市场机会；通过内部环境分析来解决企业资源的有效利用。

（一）外部环境分析

外部环境主要分析与新产品开发有关的社会经济因素。如果未能对这些因素做正确分析，很可能导致新产品开发受挫。

1. 对新产品开发影响较大的社会经济因素

（1）科学技术发展趋势；

（2）市场购买力水平，如国民经济的发展状况、国民生产总值、基本建设投资规模、就业率、价格增长指数等；

（3）政府对新产品的法律规定和社会公众的意见；

（4）社会提供的可利用的资源；

（5）消费者或客户的近期和长期的需求动向；

（6）竞争状况等。

在社会经济因素中，社会因素比经济因素更容易被忽略。实际上，社会因素不但对企

业新产品开发有直接的作用，还对经济环境因素产生影响，从而间接地对开发工作起作用，这种交叉作用的关系可以用图 3—3 所示模式来加以说明。

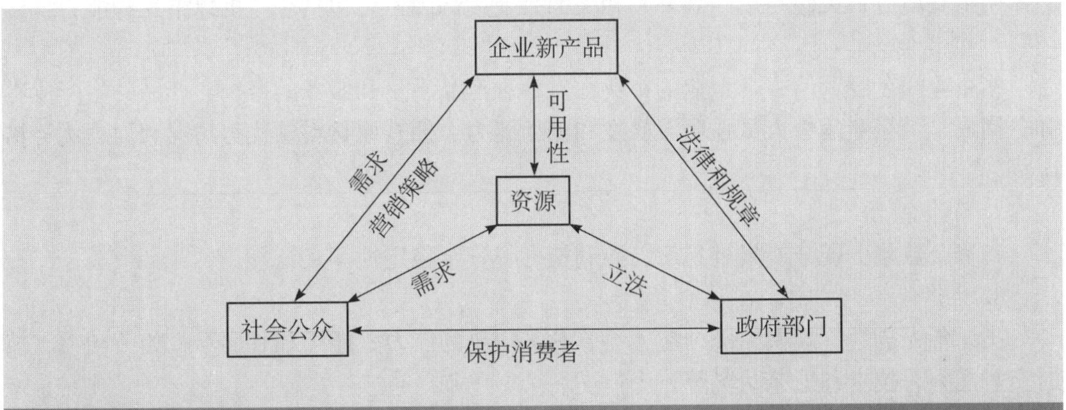

图 3—3　新产品开发与社会因素的关系

新产品开发环境因素的复杂性，使得有些要求之间存在相互矛盾的关系。例如，社会公众为了新的生活标准要求进一步开发利用资源，而保护资源的社会要求又不断增长，企业只能在可利用资源的前提下开发新产品。

由于社会经济环境对新产品开发影响的复杂性，就企业管理需要而言，应当区分各种因素的不同作用和效果，有些因素对企业新产品开发起促进作用，或者在一定条件下主要表现为促进；另一些因素则相反，主要起阻碍和抑制作用。正确的开发战略决策应审时度势、因势利导，利用积极的因素，减少或避开消极因素。

例如，新型环保能源、新能源产品的开发与世界范围的石油价格密切相关，而石油价格取决于石油供求状况，石油供求状况又主要受经济发展形势的影响。

2. 新产品开发的市场机会

对新产品开发起促进作用的因素往往表现为新产品开发的市场机会。例如，下列各项可视为新产品开发的市场机会：

（1）已经触及一种潜在需求，或者对某类现有产品需求正在迅速增长。

（2）市场由若干拥有大量购买能力的消费者群组成。

（3）存在一种能从中获利的具有重要使用价值的新技术、新产品。

（4）竞争者只有满足短期需求的能力。

（5）新的竞争者不易进入的市场。

（6）可以预见一种产品将受到新的严格限制，等等。

3. 对新产品开发起阻碍和抑制作用的因素

（1）存在减少新产品开发收益的因素，例如市场分割更细、竞争加剧、产品生命周期缩短等。

（2）存在增加新产品开发成本的因素，例如研发费用高、通货膨胀、工资比重加大、生产效率降低、资金短缺、政府的规定等。

（3）存在增加新产品开发难度和不确定性因素。例如，社会公众对环保要求的压力、消费需求变化、政府法规干预、行业管理不善、专业人员缺乏等。

（二）内部环境分析

内部环境分析关注与新产品开发相关的企业内部因素，包括企业的以下几种能力：

1. 营销能力

指企业知名度、信誉，企业的市场占有率、产品质量和服务的声誉、产品的生产成本和分销成本，企业销售人员强弱、研发和创新能力、拥有原材料的优势情况和地理优势情况等。

2. 资金能力

指资金数量、资金筹集难易度、盈利能力、资金稳定性等。

3. 生产能力

指设备先进性、规模经济利益大小、满足需要的能力、能干和甘愿奉献的劳动力、按时交货能力、技术和工艺状况等。

4. 组织能力

指明智和富有创新精神的领导团队，能干的经理，具有奉献精神的员工，企业家导向能力、灵活应变能力、对变化情况的迅速反应能力等。

上述种种能力就是指新产品开发的资源问题。只有内部资源与外部机会相结合，才能制定出正确的新产品开发战略。

三、新产品开发的企业市场定位、市场竞争方针和产品发展方向

企业自身在市场中的定位、市场竞争方针和产品发展方向是新产品开发战略必须明确的内容。企业需要根据内外环境因素的情况进行决策。

（1）根据企业自身在市场竞争中所处的地位，或者企业追求在市场竞争中获得何种地位，新产品开发战略可以分为下面几种类型：市场领导者、市场挑战者、市场追随者、市场补缺者。

1）市场领导者战略。在某个市场占有最大的市场份额，其地位足以使之在价格制定、产品开发、渠道和促销等方面对市场上其他公司起领导作用。拥有领导者地位是企业成功的标志，因此如何获得、保持、巩固和发展这种领导地位，是包括新产品开发在内的企业各种经营管理活动的较高目标。作为领导者，要善于运用自身已有的产品、市场优势，把握技术、产品、消费者、竞争者变化发展的动向，积极进取，不能因一时的领先故步自封。

2008—2009年间，微软、诺基亚、谷歌成为各自领域的领先者。为巩固自己的领导地位，诺基亚开始授权其他手机厂商免费使用塞班系统，微软寻求与雅虎合作，并大力推广自己的智能手机操作系统 Windows Mobile，而谷歌则推出了自己的浏览器和操作系统，称得上没有硝烟的战争。

2）市场挑战者战略。指那些与市场领导者有一定差距，但是自身有相当开发实力的公司，它们为争取颠覆现有领导者，力图在产品和市场开发上超过领导者。其挑战的方法既可以是正面进攻，也可以出奇制胜。

当初康柏公司向 IBM 发起挑战，凭借的是与 IBM 看齐的产品质量、相对较低的价格，以及比 IBM 的专卖店更为灵活的总代理制，这些使之在3年内成为世界500强企业，并在相当长的时间内成为全球最大的个人电脑制造商，后来戴尔一枝独秀，与其直销、定

制方面的创新密切相关。

3）市场追随者战略。当企业产品开发实力不足、市场没有合适的机会时，企业可追随、模仿或改进市场上开发成功的产品，这样可以避免产品开发和市场开发的风险。在一些特定行业，例如服装、微机等，成功的追随者甚至可以获得比创新者更好的收益。采取市场追随者战略，企业需要在快速反应能力、生产能力、成本控制能力等方面有突出实力。成功的企业和产品被模仿追随，是商业的普遍现象。

4）市场补缺者战略。对于一些实力弱小的公司，为避免与实力强的公司正面交锋，可放弃主流市场，尽力发现并开拓市场空白，成为局部小块市场的主要供应者。现代市场上，有些企业默默无闻地在不起眼的市场获得很高的占有率，被称作“隐形冠军”。在最初利润丰厚的个人电脑产品市场上，罗技公司（Cogitech）选择专注于开发生产鼠标和键盘，今天其发展超过多数整机公司。

（2）市场竞争方针主要包括攻势战略、守势战略和紧缩战略三种类型。

1）攻势战略。其特点是通过在技术、产品、市场的一个或多个方面积极投入，采取进攻态势，掌握市场竞争的主动权。这种战略既适合资源丰富、技术力量居优势的大企业，也适合掌握了独有技术并且能迅速获得外部资源投入的中小企业。实施攻势战略既可以长期坚持不断进取，也可以看准机会跳跃式地冒险。

2）守势战略。其特点是以安全经营为目的，但并不是消极防守，而是以守为攻，伺机而动。这种战略在技术上采用拿来主义，如宁肯花较大代价购买成功的技术专利，也不搞风险型的新产品开发投资。在新产品开发目标上采用紧盯主义，如密切关注同行业产品发展动向，凡是进入成长期的产品，立即组织试制投产。在市场扩展上采取稳妥主义，如实行薄利多销。在生产上采取效率主义，如追求降低成本，不追求扩大生产规模。这种战略对于那些资金不雄厚、技术力量不占优势的企业非常适宜。

3）紧缩战略。是一种战略性撤退，一般在下列情况下采用：产品进入衰退期；一些偶然因素使原定目标失去意义；市场出现更好的机会需要战略转移；为了保证重点需要收缩战线。

（3）根据产品发展方向，新产品开发可分为产品更新换代战略、产品垂直和水平多样化战略、产品侧向多样化战略三类。

1）产品更新换代战略。是以同类用途的全新产品取代老产品的战略。

2）产品垂直和水平多样化战略。例如，垂直多样化战略以生产整机、元器件、零件等为产品开发方向；水平多样化战略以生产用途不同、工艺相同的产品，或生产性质不同、用途相同的产品等为产品开发方向。

3）产品侧向多样化战略。是指把生产扩大到同一产品的不同生产领域，或者把生产扩大到同一原料的不同用途产品的开发方向。

四、制定新产品开发战略中需要注意的方法

在制定新产品开发战略中应注意以下几种方法：

1. 制定正确的新产品开发战略，要向历史学习

这主要指从科技、产品以及市场发展历史中寻求借鉴。可以到历史中寻找若干与本企业产品在本质上有关联的产品，找到它们取得成功的经验，或者吸取以往的教训，由此预

测本企业新产品的未来。历史经验告诉我们，目前的许多热销产品都可以从历史记录中找到它们的原型。历史往往呈螺旋式发展。

2. 制定新产品开发战略要正确处理分散与集中的关系

新产品开发战略的基本思路是集中，即集中企业的优势，集中企业的资源和手段，集中新产品开发的各种见解和设想，还要建立集中的开发体制，但是在新产品开发一开始就把全部力量集中到一种新产品上是不可取的，因为在新产品开发初期，那些看上去有竞争力、有希望的产品，可能会在新产品开发过程中遇到各种技术障碍，或者遇到激烈竞争。例如竞争对手通过技术革新，改进了同类产品，使本企业的新产品失去竞争力等。因此，在新产品研发初期应该将资源分散在几个有希望的新产品开发项目上，而后再根据进展逐步集中。

3. 知己知彼

制定新产品开发战略不但要了解消费者，还要详尽了解本企业和竞争企业的技术力量、生产水平、产品计划、销售能力、资金力量等具体情况，更要了解企业的目标和战略考虑。

4. 制定新产品开发战略要建立在企业的各种战略部署上

这是指新产品开发要有长期的预先准备和愿景规划。

5. 制定新产品开发战略要注意技术和市场的连续性

注意技术的连续性，即要从简单技术到复杂技术，要避免跳跃，要循序渐进。注意市场的连续性，即要从小范围的市场逐步扩大到大范围的市场，避免一开始就开发大范围的市场，这是减少风险以获得成功的诀窍。例如，新技术型新产品先进入购买力水平高的市场，降低成本后再进入购买力水平中等的市场和大众市场。

五、新产品开发的综合计划

从流程上来讲，新产品开发的四个阶段（战略开发、概念形成、实体开发、商品化开发）是有先后顺序的，但是对于企业的一些重大项目，特别是时间性很强的项目，如果按部就班，等一个阶段结束后再开始下一个阶段，会贻误时机。因此，当新产品开发战略目标确定以后，不但新产品开发部门要全力以赴，整个企业更需要综合计划协调。简单地说，围绕一些战略性新产品，必须在目标确定之后，从供、产、销、财务、人员、广告宣传等各方面有计划地着手，同步进行。

例如，采购早期介入新产品开发，即采购部门尽早参加到新产品开发的设计过程中，分析和提供市场状况、原材料可获得性、供应能力等信息，结合企业战略，从被动式响应改变为主动参与，有效提高采购影响力，避免在项目后期更改造成巨大代价，改善新产品开发的绩效。

采购部门和研发部门在新产品开发中高度协同，从采购方和供应商的角度看，可以缩短产品开发周期，降低产品开发成本，改进产品质量，优化开发流程，提高人员、资金、设备、知识等稀缺资源的使用效率，减少重复投资和建设，达到改进综合绩效、提升企业竞争力的双赢目的。

采购部门与研发部门之间的内部沟通，使得双方的关系从相互独立变成相互合作；采购部门、研发部门和供应商之间的外部沟通，使得相互间的关系从买卖关系变成伙伴关系。采购部门、研发部门、供应商等多方关系的转变和双向沟通的模式，极大地改善了沟通效率和协作程度，保证了信息和数据的有效互通和快速流动，消除了双方在战略、技术、商务、运作等方面的误会。

采购方和供应商的协同，可以使得双方专注于提升核心竞争力，制定长期战略和计划，优化配置稀缺资源，最大限度发挥供应链上下游的优势，分享技术、经验、信息，相互学习，取长补短，共同提高。

采购与研发部门在新产品开发中高度协同、开诚布公和信任互助的模式，有利于及时发现采购、技术、商务、质量、供应等多方面的风险，采取相应措施，降低甚至消除风险带来的危害。

销售、广告部门同样需要根据新产品开发的计划时间表，做好渠道建设和新产品的宣传工作（当不需要保密时），理想的情形是成功地吸引市场各方的注意，让渠道和顾客翘首以待，让新产品如同明星登台一般隆重面市。

IBM曾经希望在Windows95面市前尽量多地推广其操作系统OS/2。虽然Windows95的上市时间一拖再拖，但总在市场上及时发布Windows95的每一步进展，以及“Windows95马上就要推出”的有关信息，结果，Windows95上市当年即装机数千万台。

游戏机巨头任天堂也曾经因为新产品推出缓慢，面临世嘉等公司新产品的挑战，但是任天堂不断向市场发布其“战略性、革命性新游戏机研发推出”的消息，利用新老用户对自己新产品的期待抵抗世嘉等公司现实产品对消费者的诱惑。

苹果公司将自己的新型笔记本电脑装进A4大信封的成功宣传，给用户极大的冲击。实际上IBM早就有甚至更加轻薄的产品，但没有获得同样的效果。

六、新产品开发战略的重点问题——发掘顾客的潜在需求

现代企业在制定新产品开发战略时，都十分重视市场调查和预测，其实质就是探求顾客的潜在需求。

市场调查和预测就是采用科学的方法，对市场的供应、需求的现状和发展趋势，以及与之相关联的各种因素变化进行调查，分析诊断并进行预测。企业根据市场调查和预测结果，来探求最有效地满足用户需求的途径，借此指导新产品开发。

在发掘消费者（用户）需求中，一要重视消费者（用户）潜在需求的总趋势；二要重视采用一些发掘消费者（用户）潜在需求的实用方法。

（一）消费者（用户）需求的总趋势

根据对世界市场的研究，消费者（用户）需求的趋势可分为“正”需求和“负”需求两种情况，这两类需求的特征是不同的（见表3—1）。

从世界市场来看，不同时期“正”需求和“负”需求的比例关系是不同的。当前，根据市场调查，“负”需求的市场仍超过“正”需求的市场，因此，新产品研发的重点还是满足“负”的需求，即开发以满足替换需求为主的产品，开发低价格、省力、节能、防止公害、安全的产品，采用的主要是复合技术和改良技术等。

表 3—1　“正”需求和“负”需求的不同特征

特征 类别	需求特性	需求量	产品特性	开发期	开发技术	消费特性
“正”需求	新需求为主	一开始是少量	高附加值为主，低价格为次	长期的	创新技术、革新技术	男性的、外向的（扩大的）
“负”需求	替换需求为主	一开始是大量	低价格为主，省力、节能、防止公害、安全	短期的、中期的	复合技术、改良技术	女性的、内向的、情绪的

（二）发掘消费者（用户）潜在需求的实用方法

1. 从家庭生活支出变化来探索人们的潜在需求

图 3—4 是家庭对一些产品支出的变化规律图。从图 3—4 可以看出，一些产品随人们生活水平的提高需求发生变化的规律，由此可探索人们的潜在需求。

（1）代用品，如代用食品（代乳粉）、代用皮革（人造革）等。人们生活水平稍有提高，这些产品的需求就会迅速减少。

（2）日用必需品，如食品、服装等。人们生活水平稍有提高，对此类产品的需求会快速上升，但达到某一高度后就会停滞下来，因为人们的饮食、穿着是有一定限度的，这时要使这类产品获得市场，企业就要做相当大的努力，例如食品方便化、营养化，衣料时装化、个性化，而且应特别注意包装等。

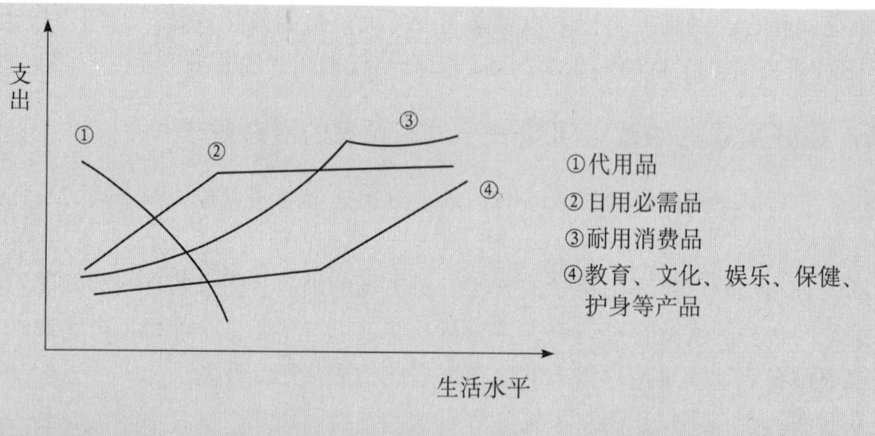

图 3—4　家庭对一些产品支出的变化规律

（3）耐用消费品，如汽车、住宅、电视机、收录机、钢琴等。随着人们生活水平的提高，此类产品的需求开始会较缓慢地增长，达到一定生活水平后，就以较快速度增长，但也有一定的限度，达到一定高度后需求就停滞下来，这时企业开发这类新产品也要做相当努力，例如家电产品要向小型化、轻量化、薄型化、复合化、节能化、个性化发展等。

（4）教育、文化、娱乐、保健、护身等产品。随着人们生活水平的提高，此类产品的需求一开始增长缓慢，而到了一定水平后急剧增长。

2. 从人们生活得更好的角度来探索人们的潜在需求

大致包括以下三个方面：

（1）从更好地保持身体健康的需求角度进行探索。如营养方面的新产品有光波炉；如医疗方面的新产品有训练机、人工脏器；如环境方面的新产品有空气净化机、除湿加湿机、冷暖空调机、控制污染机、控制噪声机等。

（2）从满足丰富的物质生活需求进行探索。如电脑网络、传真电话、情报处理装置，各种新能源、新资源的开发等。

（3）从满足精神生活需求进行探索。如立体声收录机、录像机、电子音乐等。

3. 从科学技术研讨会中探索人们的潜在需求

在各种科技协会、学会等科研团体召开的会议中，从科技应用的发展，可观察到人们的潜在需求，因为科技发明能创造人的需求。例如，塑料薄膜复合技术应用的讨论就能联想到消费中保存物品的需求。

4. 从法律方面探索人们的潜在需求

各国政府颁布的如资源保护、能源、安全、环保等种种法规中都蕴含着有关新产品的开发的可能。

5. 从风险资本的投向来探索人们的潜在需求

例如，从高性能微型计算机、新型结构塑料、太阳能电池等风险资本的投向都可以推测消费者（用户）对新产品的潜在需求。

七、产品与消费者需求的对应

消费者的需求是多种多样的，市场上的产品和服务也是多种多样的，消费者通过购买和消费产品和服务来满足需求的情况更是千变万化的。每一个具体从事某一种产品或服务经营的企业，其经营的内容与消费者需求之间的关系，都可能具有不同于其他行业的特殊性，但有一点是共同的，即一切经营最终都是以满足消费者需求为存在和发展的基础。

（一）基本功能方面的需求

无论产品还是服务，首先都必须有基本的使用价值，能满足人们某方面的需求。从前面对需求的分析中可以看到，需求是多层次的、发展的，不同层次的需求之间又可能是交叉的。消费者的购买和消费，常常不只与一种需求有关，有时是由多种需求共同驱动的。因此，我们首先简单分析一下消费者对消费对象的需求。

人们对特定消费对象的种种需求中，有基本需求和派生需求，相应地，消费对象的功能或使用价值也可分为基本的和派生的。基本是与派生、附加相对应并相互依存的。基本需求对应于消费对象的基本功能或基本的使用价值，应该理解为产品或服务不可缺少的、必须具有的、作为其他功能或使用价值前提的那种（些）功能或使用价值。现代市场上，产品或服务仅有基本功能常常是不够的，产品和服务除了基本功能之外派生的、附加的功能有时是重要的、关键性的，但是派生的、附加的功能是以基本功能为前提的。例如，棉衣是用于保暖的，这是其基本功能，同时人们还会要求它美观合体，这是派生和附加的要求，显然不能保暖的棉衣是没人要的，但是棉衣的价格档次、畅销与否常常又是由款式是否美观大方、是否名牌等派生的因素决定的。这里我们先考察消费者对消费对象的基本功能的要求。归纳起来，有如下几个主要方面：

1. 基本功能与特定用途一致

对于有形产品这容易理解。例如，食品要有营养，要符合卫生要求，要有一定的色、香、味、形；纺织品要符合穿用性能要求，有合适的面料、形状、款式、颜色、强度等；

对于高档耐用产品，商家不仅要提供产品本身，还要提供保证产品使用的售后服务。如电视、冰箱等家用电器，消费者对产品的需求不限于符合功能指标和电气安全要求，其售后保修承诺、维修网点设置都可能具有决定性的影响。例如，20世纪80年代中期，由于冰箱等家用电器供不应求，有些消费者甚至将质量有问题的冰箱买回家，对保修等售后服务相对忽视；今天，在购买耐用电器时消费者普遍将商家对产品售后服务的承诺和兑现程度作为购买的重要依据。

与产品连带的服务，实际上已经成为产品不可分割的一部分。流通领域的服务要能帮助消费者满意地完成购买和消费，给消费者的购买提供方便、解答疑问等。例如北京隆福大厦开业之初，在北京的大型商场中最先安装了滚梯，不仅安装费用巨大，还有很多维护费用。到商场的顾客，除了确有购买意向的，还有一部分是为了乘滚梯，一时间商场内外对滚梯的得失议论纷纷，不过，一段时间以后，商场发现不是消费者，而是自己离不开滚梯了。因为滚梯既为消费者提供了方便，又充分利用了楼层，给放在楼上的产品创造了更大的成交机会，一旦滚梯停运，商场营业额，尤其是楼上产品的营业额就会大受影响，因此每当滚梯发生故障，楼上商品柜组的职工最着急。

对于以服务为主要内容的项目，如娱乐、旅游、理发、美容等，也必须首先对顾客的基本要求有清楚的认识，保证服务后顾客基本满意。例如，现在人们外出旅游越来越多地通过各种旅游服务机构，旅游机构必须满足顾客对旅游内容以及安全性、方便性等方面的要求。

从发展的角度看，基本需要和派生需要是对特定时期而言的，条件变化了，二者的内容也会发生变化。马克思在分析资本主义条件下工人必要性需要时这样论述道："必要的需要就是本身归结为自然主体的那种个人的需要"①，"所谓必不可少的需要的范围，和满足这些需要的方式一样，本身是历史的产物，因此多半取决于一个国家的文化水平，其中主要取决于自由工人阶级是在什么条件下形成的，从而它有哪些习惯和生活要求"②，在必要性需要和奢侈性（派生性）需要之间，并没有一个固定不变的界限，"以前表现为奢侈的东西，现在成为必要的了，而所谓奢侈的需要，例如对于那个自然产生的并完全从自然必要性中成长起来的部门来说，也成为必要性了"。③

2. 功能与消费条件相适应

从不同的时期看，对产品、服务的要求会随着消费者需求的发展而变化。例如，中国的农机设备，技术上并不是世界上最高的，但是在第三世界国家很受欢迎，究其原因，是中国农机的技术水平适应当地使用者的水平，培训快捷、操作简便、易于保养维修，此外还有价格优势，用买发达国家一台设备的价钱可以买到数台中国产品。又如，在国内随着人们总体生活水平的提高，保健知识的普及，城镇居民，特别是大城市居民对食用油的需求经历了由以数量为主到重视质量的过程，精炼植物油价格高出原有粗炼油近一倍，却获得了市民的欢迎，成为日常生活必需品；对服装也由过去主要重视耐穿实用向尽量兼顾美观大方演变，一部分人甚至对名牌、款式表现出强烈的需求，人们除了满足御寒、遮体的需要，开始更多地考虑审美、心理的满足。不同的经济发展水平、地域、文化、宗教、政

---

① 《马克思恩格斯全集》，第46卷（下），北京，人民出版社，1980。

② 《马克思恩格斯全集》，第23卷，北京，人民出版社，1972。

③ 《马克思恩格斯全集》，第46卷（下），北京，人民出版社，1980。

治等因素，在消费者需求中会有不同的体现，相应的产品、服务的功能必须与消费者需求相适应。

3. 产品、服务的标准要不断提高

上面讲到，产品、服务的功能要与消费者需求相适应。从社会发展的趋势看，以下两方面的原因导致人们消费标准的逐渐提高：一是科学技术的发展为产品和服务的不断改进提供了可能性；二是市场需求、消费者需求的发展。现代市场经营观强调，生产以消费者需求为中心，尽管不同条件下的消费者需求不同，质量高低是相对的，不能一概而论，但从社会的发展来看，对产品和服务水平的要求总在不断提高。例如，现实生活中人们对电视机的要求是随时间逐渐提高的；对服装的要求也是如此，稍作回顾可以发现，我国针织羊毛衫市场，开始以粗毛粗纺制品为主导，后来发展为精毛精纺羊毛衫独领风骚，再到后来细羊毛、绒线羊毛衫流行；加工方式则由20世纪六七十年代的较简单的手工编织到80年代中后期的机织和四平针，到手工或电脑编织的花样羊毛衫。其他产品、服务领域或快或慢也有这种趋势。企业要把市场的这种要求变为不断提高产品质量标准的依据。

（二）心理需求

1. 审美的需求

审美的需求即消费者对所消费的对象在工艺设计、造型、色彩、款式、装潢、整体风格等方面美学价值上的要求。随着社会的发展，人们收入水平的提高，消费者不再仅仅追求物质性、生理性基本需求的满足，对心理满足越来越重视。企业必须认识到，现代市场上，对消费者无论是生理上有用还是心理上有用的产品或服务，都是市场机会，而且单纯满足消费者生理需求的产品和服务，将越来越不适应要求。分析成功产品的特征，尤其是发达国家产品情况，不难看到，当市场发展日趋成熟，不同企业产品之间技术差别越来越小，消费者什么都不缺时，产品和服务要能打动人心、赢得顾客，各厂家之间竞争的重点是产品的设计——外观设计，包装设计，广告设计，销售渠道、销售方式、销售时间、销售地点的设计。各种设计的核心目的是创造区别于其他企业产品的审美价值和服务价值，满足消费者追求独特个性品位的心理需求。服务环境，如零售店堂、饭店、娱乐场所的设计，同样对于消费者的心理感受是非常重要的。简单地观察我们的周围，商店、餐饮、服务场所近年翻新、装修的速度，可以用日新月异来形容。有专家做过统计，工业品设计每花一元钱，平均可以带来1 500元钱的利润，因此，现代工业品上市前，其造型设计的保密等级是最高的，高于技术的保密等级。20世纪80年代，日本丰田汽车公司的汽车销售量一直居日本首位，但是1991年、1992年，日产汽车公司仅对汽车式样进行改进，推出风格各异的样式，就使销售额猛增14%，一度超过了丰田。

2. 情感的需求

包括消费者满足自己内心情感和与他人情感交流所需要的消费对象。前面讲到，消费者为了维护和加强自己的理想意象，如显示某种社会经济地位，或表示一种情趣或志趣，会有意识选择能体现其情感的消费对象。现代生活节奏加快，人际关系淡化，都市化和环境污染等因素造成人们内心的强烈情感需求。20世纪80年代初，北京还只有寥寥几家鲜花礼品商店，而今天已经是遍地开花，鲜花礼品专卖店、大商场的鲜花礼品专柜、清晨傍晚街头的鲜花礼品摊儿应有尽有。有人认为，第二次世界大战后由于西方妇女就业比例增大，小孩缺少父母的疼爱，因而引起毛绒玩具长盛不衰，其原因很可能是毛绒玩具成了小孩高兴时玩耍、生气时撒气的情感对象。

第3节 市场细分、目标市场和产品市场定位

市场营销活动中，进行市场细分、选择目标市场以及产品市场定位，就是为新产品开发或者市场开发寻找机会、确定方向。

一、市场细分

市场细分是企业通过市场调研，把某一产品的市场整体划分为若干消费者群，每一个消费者群有相似的需求，划分出来的有相似需求的消费者群叫做细分市场。

在市场细分流行之前，企业更愿意实行大众化生产营销，即供应方为所有购买者大量生产、提供单一产品，这样能创造最大的潜在市场，成本最低，符合规模经济要求。如福特公司曾经只生产黑色的T型汽车，但是随着社会的发展，一方面顾客需求的多样化成为企业必须面对的现实，另一方面社会整体生产能力过剩导致的供过于求以及激烈的竞争迫使企业不得不转变观念，从关注生产转向适应需求。

要在市场上确定新产品的位置，首先要对市场进行细分，认真地研究市场环境中的消费者和竞争者。在此基础上，才可能有的放矢，取得市场竞争的优势地位。

因此，市场细分及其在实践中的运用，对企业新产品的开发具有特殊的意义：

（1）有利于发现新产品的市场机会。市场机会并非对所有的产品都具有同等的吸引力。企业只有根据市场的变化，通过市场细分，具体分析消费者对某一产品的满足程度，发现尚未得到满足或满足不够的消费者群，挖掘市场机会。企业找到了市场机会，就可推出有针对性的新产品投放市场。

（2）有利于新产品迅速进入市场。通常现有市场已被同类产品占领，新产品开始上市时往往知名度低，不为消费者所了解，要与原有产品针锋相对地争夺市场比较困难，但通过市场细分，掌握同类产品满足消费者需求的特点，通过比较、了解，利用本企业新产品的优势，迅速打进市场。这样避开与同类产品的正面竞争，市场阻力相对较小。

（3）有利于取得新产品的竞争优势。新产品有针对性地进入某细分市场后，由于适销对路，竞争能力就显得比较强。同时，企业还可以根据企业条件，集中使用人力、物力和财力资源，推动新产品的销售，提高新产品的市场占有率，从而使新产品在局部市场迅速取得竞争优势。

（4）有利于调整新产品的销售策略。在市场细分的基础上，企业可以有针对性地制定新产品的专门销售方案，使企业具有较灵活的应变能力。例如，企业可以突出宣传新产品对某一细分市场有特别价值的优点。当这一市场的需求基本满足或产品有了一定的占有率以后，企业又可以强调新产品的其他优点而进入另一个细分市场。细分市场的需求差异性有利于对同一新产品采取不同的销售策略，从而扩大新产品销售领域。

对市场的细分，有不同的层次和角度。根据产品的用途特点，可以分为消费品市场和工业品市场；根据产品购买者的不同，可以分为个人、家庭消费和组织消费；根据交易场所，可以分为店面顾客、邮购顾客、网络顾客；根据产品所在行业，可以分为食品、服装、日化、日用、电器、IT、房屋、交通、医疗、金融、教育、保险、餐饮、家政等；

根据收入、地理、人口、心理、行为以及受益特征可以对消费者进一步细分；顾客还有现实顾客和潜在顾客之分等。

（一）消费品市场特点

消费品市场广大而复杂，包括易购品、选购品、特购品几大类，其顾客包括个人、组织。在我国组织消费比重很大，其购买消费具有不同于普通个人和家庭的特点。

生活消费品市场是一个极其广泛而复杂的市场，同时又具有小型、分散、多样化的特点。从初生婴儿到古稀老人，都是消费品市场的消费者。由于消费者年龄、性别、收入、文化程度、地域习惯、心理动机不同，对消费品也存在着千差万别的需求。消费品市场的一般需求和购买特点主要有以下几点：

（1）消费品市场的购买者主要是个人或家庭，并以直接使用和消费为目的，又称最终消费者。消费者的收入情况对消费需求的增加和挑选的范围起主要的决定作用，因此也就形成不同的购买层次。

（2）由于购买消费品是以个人或家庭为单位，所以购买的数量不多，购买次数频繁，有的产品是每户都需要购买的，或一个人经常需要购买的，这就要求市场具有分散性和购买方便性。

（3）消费品的购买者在多数情况下主要凭个人的经验和印象购买，缺乏充分的产品知识。当购买产品时，没有专业知识的多数消费者实际上难以识别产品的内在质量性能，受品牌、广告、售货员的服务态度、商店的气氛、商品价格等各种因素的影响较大。

（4）消费者购买产品受其心理因素或购买动机的影响比较大。比如，追求时髦、竞争心理、社会交际、个人欲望等。

（二）工业品市场特点

工业品市场主要是生产资料性产品，是随着生活消费品市场的发展而发展起来的。一般来说，工业品市场要大于消费品市场，其品种规格也要多于消费品市场。工业品市场的一般需求和购买特点可归纳为以下几点：

（1）派生需求。产业市场不是最终用户，它的实体或价值最终要通过最终用户实现。换句话说，是最终用户的需求拉动了产业市场。因此，面向产业市场的企业不但要了解和关注自己的客户，而且要了解与自己产品相关的最终消费者的购买类型和影响最终消费者的各种环境因素。处于中间环节、面向产业市场的企业经常选择垂直、水平扩展。工业品市场的顾客是工业用户，其购买产品的目的不是个人消费，而是为了投入生产消费。工业用户对某种工业品的需求量主要取决于利润动机，同时也取决于该用户产品的销售量增加，即所谓派生需求。例如，汽车制造厂对钢材的需求部分地依赖于市场对汽车的需求。

（2）专业购买。工业品市场具有技术复杂、精密程度高、知识性强的特点，购买者具有专门的产品知识，才能够理性地、合理地购买产品。

（3）顾客直接采购比例大。企业购买者通常直接从生产厂商直接购买所需产品，而不通过中间商。

（4）对许多工业品的需求是非弹性的，也就是说，对某些产品的需求量比较稳定，因此价格往往不是主要因素，产品的质量、功能、服务及其产出的经济效益，则是决定购买与否的重要标准。

（5）需求波动性大。这源于需求的派生性。消费者对最终产品和服务的需求增加一定比例，产业市场为此追加产出所必需的投入往往会增加更大的比例，这就是经济学中的加速效应。有时消费品需求仅上升 10%，其上级工业品需求会上升 200%，而有时消费品需求下降 10%，企业市场需求会发生“雪崩”。一些基础行业受经济景气程度的影响很大，如钢铁、运输工具等。

（6）工业用户经常因地理位置、气候和历史的原因，一般比较集中，形成一定的工业区。很多领域因为产业配套的原因，工业用户会集中在某些地域。如我国的家用电器生产企业在珠江三角洲地区、青岛比较多。美国 50%以上的企业购买者云集于 7 个州：纽约州、加州、宾夕法尼亚州、伊利诺伊州、俄亥俄州、新泽西州和密歇根州。美国硅谷是市场自然形成的，而北京的中关村高科技园区则是由政府主动引导打造的。

（7）购买者数量少，每个购买者的购买量大。与个人或家庭消费者的数量相比，在多数工业品领域购买者数量减少的趋势还将继续，相应地，企业的营销人员面对的顾客的数量比消费品市场营销人员面对的顾客少很多，特别是一些用途非常有限的产品，例如飞机轮胎、昂贵的测试仪器、武器、针对特定行业的大型管理软件、高档计算机等。由于购买者数量少，供需双方关系密切，尤其是大买主对供应商来说更加重要。

（8）竞争激烈。产业市场的每一个用户都很重要，竞争者虎视眈眈，而争取客户的过程可能比较漫长，有时需要一年甚至几年的努力，例如一些大型设备或项目。

从上述内容可知，消费品和工业品两大类市场有着十分明显的差别，因此，按照企业开发新产品所归属的类别（消费品或工业品），弄清其特点，是进一步细分市场的基础。

一些产品，既可以作为工业品，也可以作为消费品。例如面粉，既可以由面包厂、糕点厂或者餐厅饭馆购买，也可以由居民购买。居民更在意品牌、购买便利，而作为加工的原材料，企业对成本、供应保障及品质的稳定性则更加重视。

（三）消费者市场细分

同一类产品可细分为许多不同的市场，例如，服装市场按消费者的性别可细分为男装市场和女装市场；按消费者的年龄又可细分为童装市场、青年服装市场、中老年服装市场。在每一个细分的市场之内，还可以根据消费者的需求特点作进一步的市场细分。例如，女装市场还可以细分为高级时装市场、一般服装市场和特殊服装市场等。由此可见；市场细分实际上是对消费者需求的细分，是一个先细分再归类的过程。对企业来说，也就意味着舍弃非目标市场，选择目标市场的过程。

（1）社会人口状况。包括人口数量、结构、民族、家庭人口、家庭生命周期、国籍、性别、年龄、职业、文化程度、宗教信仰、社会阶层以及国家与人口有关的政策法令等。这些不仅表现在国内市场与国外市场之间有明显的区别，就是在一国市场中，甚至在一个城市市场中，也可以细分为很多有差异的市场。例如，仅年龄这一因素，就可以划分为老年人市场、中年人市场、青年人市场和儿童市场。就青年人市场来说，根据职业差别，又可以细分为有需求差异的若干市场。

例如，我国的独生子女政策对独生子女家庭的消费、独生子女成人后老人赡养方面的市场影响深远。据估计，美国新婚夫妇在新婚半年里的购买量比结婚后 1～6 年的购买总量还多。

（2）地理环境状况。包括不同国家、地区、城市、乡村、城市规模、人口密度、地理位置、气候、地形地貌、文化遗产等不同的条件。例如，气温比较高的地区，肯定是家用空调、电扇、电冰箱及各种冰冻饮料的销售市场，而冬天积雪多的地方，则肯定是冬季运动用品销售多的市场。企业必须针对不同的地域市场，提供不同的产品和运用不同的销售因素组合。同时，也必须看到，居住在同一国家、同一地区、同一城市的消费者，其需求是存在很多差异的，还必须按其他标志细分市场，才能找到某种新产品的适当位置。

我国的城乡差距、东西部差距、沿海内地的差别，是企业新产品开发时必须考虑的因素。例如，生产企业需要掌握，农村较多的多代同堂的大家庭与城市较普遍的核心家庭对于电冰箱的需求差异，农村用电紧张、电视信号不稳定对电视机的正常工作电压范围、信号接收灵敏度有特殊要求。

(3) 家庭经济状况。主要指家庭人口、收入水平和富裕程度，特别是收入水平的高低，对需求的内容和消费结构的差别有明显的影响。例如，我国一些大城市，随着居民家庭经济状况逐渐明显改善，家用小轿车市场增长很快。

(4) 消费者的心理状况。主要指消费者的生活方式、价值观念、归属感、个性、购买动机、态度、对市场的了解和反应等心理因素。由于这些心理因素的差别，对同一种产品的需求往往会形成各种不同的消费者群，形成有一定差异的细分市场。随着消费者心理需求的日益增多，其变化的日益加速，消费者心理需求已成为市场细分的一个极为重要的标志。

例如，随着我国大城市生活节奏的加快，方便食品、冷冻食品、成衣的需求持续增长。再如，大学生、工薪阶层、白领的消费各有特点。

(5) 消费者的购买行为。一般包括消费者进入市场的程度、在购买产品时的购买习惯、购买数量、购买次数、购买时机以及对广告、品牌、价格、服务的反应程度等。这些因素与消费者的心理需求状况是既有联系又有区别的。这里主要指消费者购买产品的行为特点，由此可以划分成不同的消费者群。例如，男性和女性在购物时表现出明显的行为区别。大城市的新婚男女在婚前采购时多追求时髦、新颖、气派，在购物时会对高级配套的产品感兴趣，乐意集中购买，对广告信息反应敏感，对价格并不在意，甚至追求高价高档的产品。与此相比较，已婚夫妇在购买产品时的行为就表现出明显的差异，他们一般是分次购买，讲究实用，注重价格和挑选等。按消费者的购买阶段，可划分成待购者、试购者、重复购买者等不同的消费者群。

(6) 受益细分。指根据消费者追求的利益不同来区分。例如，讲求实惠的消费者在买外衣时注重质料、质量、价格，而讲求时尚的消费者更在意款式。再如，以牙膏销售为例，按照消费者的利益追求或购买动机，至少可以细分为四种主要类型：第一种类型的人特别看重使牙齿洁白的功能；第二种类型的人看重牙膏的防蛀、止血功能；第三种类型的人看重牙膏的味道；第四种类型的人看重牙膏的价格。不同类型消费者的这些不同的心理需求是企业万万不能忽视的。

(四) 组织市场细分

组织市场包括针对企业的产业市场，针对中间商的流通市场，还有面向企业、团体、政府机关等组织机构的普通消费品市场。与消费者市场相比，组织市场的需求和购买显著不同。

例如，我国政府机关的职能覆盖面很广，因此政府机关的非生产性开支巨大，诸如汽车、办公设备用品、差旅会议服务等行业无不围绕政府部门的需求进行开发。

面向组织市场的营销需要牢记两点：其一，组织市场的组织本身对产品有要求；其二，为组织具体执行任务的群体或个人可能有着与组织本身不同的要求或者偏好。

在消费者市场的细分变量中，除个别针对个体的具体变量如生活方式等以外，相当一部分变量可以作为细分组织市场的依据。此外，如前所述，组织市场中的产业市场需求特殊，需要就产业市场细分作一些补充。组织市场中对应生产经营需求的市场是产业市场，产业市场可以按用户的行业、地理位置、用户采购规模、商品使用率、最终用户（消费者）特点等标志来细分。

1. 用户行业

即工业品的购买者所在的行业，如农业、建筑、机械制造、化工、原材料、能源、冶金、电子、信息、通信、网络、汽车厂、飞机厂、造船厂、食品、家电、服装厂等，这是产业市场细分最常用的标准。例如，某些合成树脂既可以用于食品包装，也可以用于纺织纤维制造；用于食品包装，既可以用作接触食品的内包装，也可以用作不与食品直接接触的外包装。由于用途不同，产品开发营销需要有针对性。

2. 用户地理位置

产业用户经常因为种种原因聚集在特定区域，这些区域的地理分布、区域内产业集群的状况和发展趋势，需要供应商加以重视。例如，重要的水果产地经常就是果汁厂所在地，也就是果汁包装的使用地域。再如一些重大项目的启动，如油田、矿山、炼钢厂、化工厂、高速公路的兴建，经常可以带动相关产品的需求。

3. 用户采购规模

这需要考虑两方面情况：一是产业购买者现在的采购量；二是产业购买者可能采购的数量。对于重要的产业用户，不但在供应上要有相应的保证措施，例如专门预留库存，而且要从产品开发着手，可以专门针对重要客户进行产品开发，甚至可以早期介入产业用户的新产品开发过程，与产业用户建立起更加牢固的关系。

4. 最终用户特点

产业用户购买工业品，归根到底是由最终消费市场拉动，最终用户会对产业用户的购买产生影响。例如，我国一些中小企业为发达国家的整机制造商提供零部件或进行组装，由于发达国家的最终消费者在环境保护、产品安全、产品卫生、劳动者权益保护等方面的要求，国内的出口企业必须有针对性地进行新产品开发。

（五）产品定制

产品定制可以看作市场细分的深化，可以实现一对一营销。让消费者参与到产品设计开发过程，把对产品的决定权交给消费者，消费者需要什么，他们自己最清楚。

消费者的需求总是多种多样的，但在很长的历史时期内，由于生产能力和成本的限制，面对成千上万的消费者，生产者不得不采取折中方案，只能提供少数几种产品类别、型号。

第二次世界大战后，在生产能力增强、竞争加剧的背景下市场营销观念产生，进行市场细分、选择目标市场成为企业经营的重要内容，产品的种类日益增多。互联网的出现、生产能力的进一步提高、竞争的白热化、个人化、产品和服务定制成为新潮流。

二、新产品目标市场的选择

目标市场是企业新产品开发要满足的市场，它既可以是企业的现有市场，又可以是新市场。

从新产品开发的角度看，市场细分和目标市场的选择有两种思路：

其一，就市场需求的现状和趋势分析什么样的产品会有前途，从中寻找企业有资源对应的机会，或者创造条件，获得优势的竞争资源。例如，宝洁和吉列的合并，在男女护理用品交叉融合的大趋势下，实现了双方优势互补。

其二，在企业战略目标指导下，就企业拥有的资源，特别是具有优势的产品、成果、技术、市场力量等，分析研究这些资源或优势是否可以聚焦到一个有利可图的市场。例如，索尼与爱立信合并以后，利用索尼在音像娱乐领域的优势，迅速推出拍照音乐手机，获得消费者青睐。

（一）目标市场的选择标准

从细分市场里需要具体选择新产品开发所针对的目标市场。实际上，市场细分和选择目标市场并不一定是先后关系，二者通常需要相互配合。因为细分不是目的，选择合适的目标市场才是目的，而合适的目标市场需要合理设计市场细分的标准。合适的目标市场要求所选择的细分市场符合以下准则：

1. 区分性

这是细分的言下之意。要清楚新产品所面向的市场，这样产品开发和营销才能有的放矢，才能在产品、价格、渠道、促销等方面投用户所好。

2. 可衡量性

即目标市场的大小可以衡量。需要衡量的包括：目标市场的总量；近期、中期、远期市场的情况等。正确精准的衡量是避免盲目性所必需的，这不仅是新产品开发的可行性评价的重要依据，还影响企业生产、营销、外部协作等活动的有序开展。例如，某新产品目标市场的需求超出企业现有最大的生产能力，那么企业是提高自己的生产能力还是外包需要有所计划。

3. 殷实性

即目标市场的需求量必须大到足以使企业实现其盈利目标。

4. 可到达性

即企业的产品和营销要能够进入目标市场。换句话说，企业为目标市场开发的产品要有途径、方法让目标市场的用户知道、注意、感兴趣并最终方便地购买。

以前专门为一些很分散的顾客开发产品难以盈利，例如给宠物设计的玩具，但是网络出现以后，发生了变化，通过网络可以比较经济地为更大地域的购买者提供类似产品。

5. 反应差异性

即可以通过企业产品及营销组合变动让目标市场发生差异性的反应。

（二）新产品目标市场的选择

1937年雀巢推出速溶咖啡，但由于与传统的咖啡文化相抵触，市场反应冷淡。人们认为，只有懒惰的人才选择速溶咖啡。在这种情况下，雀巢放弃了保守的欧洲市场，转战美国，并成功地名列第二次世界大战美军物资供应商之列。速溶咖啡和可口可乐一样随着美军流向全球。

企业重视新产品开发、市场细分，很多时候是为市场条件所迫。企业面向所有购买者长期大量生产、提供单一产品，不但能创造最大的潜在市场，成本最低，符合规模化、经济原则，而且省事省心，因此，如果环境许可，企业可以选择整个市场作为目标市场，那就不需要进行市场细分。

不过现代市场条件下，企业可以选择整个市场作为目标市场的情况少之又少。企业要想获得好的经营结果，通常必须进行市场细分，选择合适的目标市场。

选择目标市场可以用图 3—5 的产品—市场矩阵图来分析。

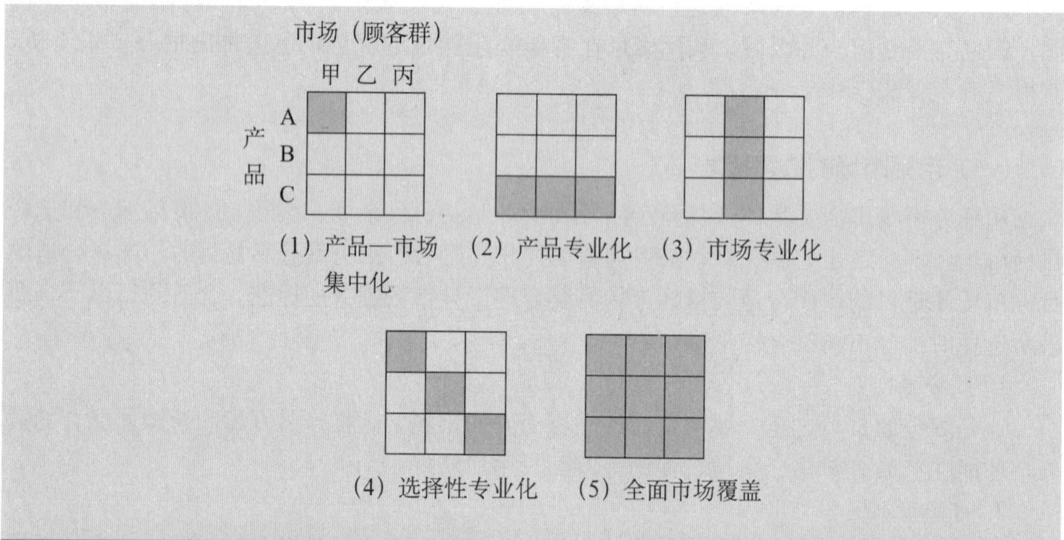

图 3—5 产品—市场矩阵图

1. 产品—市场集中化

即用特定的产品，面向特定的细分市场。它追求的不是在较大市场上获得小的市场占有率，而是在某些细分目标市场上获得较大的市场占有率，甚至是领先的市场占有率。

有些新产品是在原有产品的市场出现饱和或竞争激烈的条件下，通过改进原有产品的某些性能开发出来的，也有些新产品就是针对某类产品的消费对象的某种特殊需求而研制开发出来的，这些新产品选择目标市场宜采用集中性营销策略。由于同类产品的市场竞争已经相当激烈，而且其他企业已采取了差异化营销策略，硬性竞争往往得不偿失。如果利用新产品的某种优势，猛攻某一细分市场，只要所选择的细分市场适宜，就容易在该细分市场上站稳脚跟，并在整个市场竞争中处于有利地位。

例如，我国闽东电机公司曾经开发出的 ST 系列三相发电机，是一种新型微型发电机，在打入香港市场时，它不是以香港的整个发电机市场为目标，而是确定以供应东南亚一带居民作为别墅发电电源之用为目标市场。根据市场调查，发现当地人习惯于将电机与汽车发动机配套使用，于是又加大了发电机的电力负荷，同时再漆上当地人喜爱的鲜艳的玫瑰红、翡翠绿、孔雀蓝等色彩，集中全力打开这一发电机的销路，赢得了用户的赞誉，使日本企业的微型电机丧失了市场。

应当指出，采用集中性营销策略也会有较大的风险。如果选择的目标市场出现了突然变化，包括购买者兴趣的迅速转移，或强有力的竞争者出现，或市场价格猛跌等，企业新产品的销售有时会没有退路，陷入严重困境，特别是企业针对某一细分市场需求开发出来的新产品，刚进入市场就遇到重大变化，往往会使新产品开发前功尽弃。因此，选择目标市场的集中性销售策略时，要进行认真的调研，掌握准确的信息，准备进入的市场要有一定的容量，以避免大的风险。

2. 产品专业化

用特定的产品向整个市场供应。

3. 市场专业化

向同一顾客群体供应各种不同的产品。

4. 选择性专业化

企业选择几个不同的顾客群，并向不同的顾客群提供不同的产品。

对于产品专业化、市场专业化、选择性专业化，一般采取差异化营销策略，即在不同的目标市场上采取有差别性的营销策略，有针对性地满足不同购买者的需求，从而有利于增加新产品的销售额，有利于在细分市场上提高市场占有率，特别是在购买者的心目中，容易树立新产品具有某种优势的形象，或者使购买者对企业的新产品产生某种偏爱，从而有利于吸引新的购买者。采取差异化营销策略，也有利于减少新产品销售的市场风险。当某一细分市场的销售受到阻碍，或者产品在竞争中难敌对手时，就可随时转移，加强其他细分市场上的新产品销售。

采取差异化营销策略，实质上就是对新产品的品种、品牌、销售渠道、广告宣传、包装采取多样化的策略。一般来说，新产品进入市场后，一开始就可能遇到同类产品的竞争，要使新产品迅速扩大销路，就必须有针对性地根据市场上客观存在的需求差异，强调或突出新产品在不同细分市场上的不同特点、功能，就容易吸引消费者，而且容易在细分市场上找到新产品的最佳位置，这对于保证新产品上市成功是非常重要的。

例如，法国有一家企业研制出一种具有松弛肌肉和解热镇痛功效的新药。药品成分并不复杂，也不是具有特效的贵重药品，但这家企业采取了差异化营销策略，对这一新药的销售产生了奇效。这家企业针对法国人中饮酒过量者很多，突出宣传这种药可以帮助酒后恢复体力；针对美国人最怕感冒，说明这种药可用于医治感冒头痛；针对芬兰滑雪运动盛行，强调这种药有助于消除疲劳；针对意大利胃病患者较多，又再三宣传这种药的止痛效用，等等。结果，一种成分简单的新药品，得以广销多个国家。

对于绝大多数新产品来说，都可以而且应该采取差异化营销策略，但是确定进入多个细分的目标市场所采取的多样化宣传方针却不可随心所欲。采取多样化宣传的前提条件就是新产品一定要能真正适应不同消费者群的不同需要，同时，制定和推行多种营销方案，经营成本会大大提高。若新产品在所选择的目标市场上找不到销路，损失也是很大的。因此，采用这种差异化营销策略，事前要经过认真调查，审慎考虑。

5. 全面市场覆盖

企业为各个顾客群分别提供有针对性的产品。

如果以整个市场作为目标市场，那么企业还必须选择采取差异化营销策略还是无差异营销策略。

差异化营销策略前面已经述及，而无差异营销策略是指对于新产品，企业不但把整个市场看作一个整体目标，把大部分人组成的最大细分市场作为自己的目标市场，而且在新产品营销策略上，不是去适应客观存在的需求差异性，而是强调购买者需求的共同性，并针对所有的消费者制定统一的营销方案，采用广泛的销售渠道和多种广告宣传来促进销售。采用这一营销策略，主要是为了扩大新产品的知名度，或者在消费者中树立起新产品的名牌形象。

一般来说，在新产品的市场导入期，可以采取无差异营销策略，以求在整个市场上打响新产品的知名度，待到进入成长期或成熟期，竞争者增多，可再改用差异化营销策略。有些企业开发出的全新产品，或者具有换代性优势的新产品，因为竞争力很强，也可在新产品进入成熟期后，继续采取无差异营销策略，以保持企业在整个市场中的竞争优势。例如，可口可乐公司长期以专一的产品配方、标准的瓶装和统一的广告宣传，向世界各国市场推销它的饮料并大获成功，就是最典型的使用无差异营销策略的实例。但是也应该看到，绝大多数新产品都不适合始终采取这一营销策略，因为市场规模越大，吸引力也越大，当多家企业都追逐同一目标市场时，竞争就会日益激烈，在这种情况下仍然坚持无差异营销策略是很难成功的。近几年，可口可乐公司也开始改变无差异营销策略，出现了多样化的产品类别和营销方式。

采用无差异营销策略的优点是成本低，因为产品品种单一、大批量生产，生产费用和流通费用都可以减少，同时，不进行市场细分，相应地减少了市场调查、产品研制、制定多种销售计划的费用。当然，若以整个国际市场为目标市场，也不是一般企业的资源能力可以承受的。

目标市场的选择、营销策略的确定，需要考虑如下主要因素：

（1）企业实力；

（2）产品特点；

（3）产品生命周期；

（4）市场差异程度；

（5）目标市场上竞争对手的策略。

三、消费者对产品的认知和购买决策过程

（一）消费者对产品的认知和购买决策过程

市场细分的变量很多，有时候让人感觉难以下手，不过如果从消费者购买决策过程和认知的角度，可以把各种变量对消费者的影响看得比较清楚。

消费者决策的过程可表示为：谁→感到某种需要→买什么种类的物品→买什么品牌的产品→市场上全部品牌的集合→消费者知道品牌的集合→消费者考虑品牌的集合→消费者选择的品牌。

对于每一环节，消费者为什么会有那样的反应呢？消费者的刺激—反应模式可以提供参考，具体过程见图3—6。

从图3—6可以看到，消费者的购买决策是一个复杂的过程，包括下列主要影响因素：

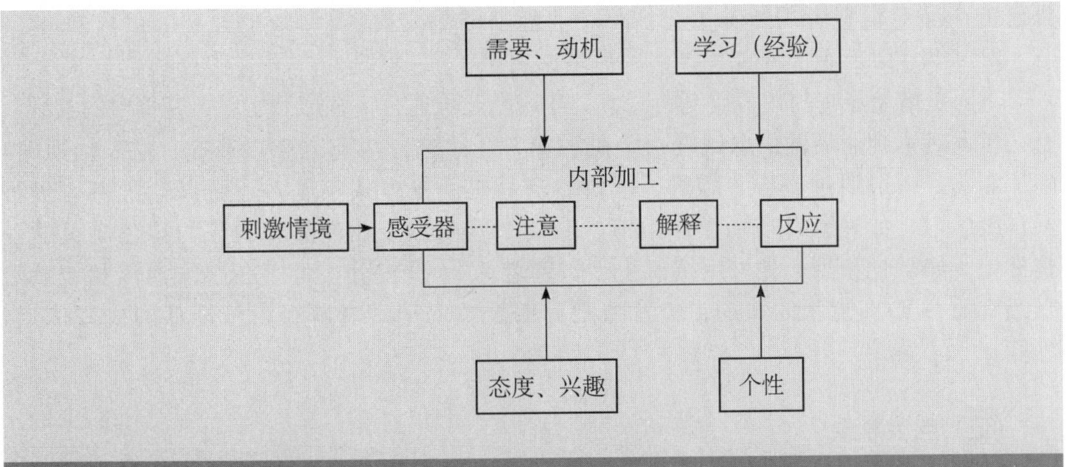

图3—6 消费者的刺激—反应模式

第一，需要是多种多样的，需要的表现是多种多样的，而且消费者需要的迫切程度（渴望状态）与现实的需要满足情况（实际情况）之间的关系也是多种多样的。

第二，基于需要，消费者在满足需要的过程中，动机是多种多样的。如购买高档商品，可能不仅是为了获得高质量的商品，还有与人攀比的成分，或想显示某种优越感等。

第三，消费者购买的对象——产品或服务，也是多种多样的。从产品的内在质量、包装、品牌、促销策略各方面均可表现出不同特点。

第四，消费者选择的标准是多种多样的。如产品质量、销售渠道、价格、促销、产品档次、产品类别等。

第五，消费者对购买结果的期望与实际结果之间的关系也是多种多样的。

第六，消费者个人的情况是各种各样的。除了需要和动机在每个消费者之间存在差异，消费者的感觉和知觉特点、兴趣特点、学习特点、个性特点（包括气质、能力、性格等）、态度特点等方面的个人特征都会影响消费者的购买决策。

第七，消费者的决策还要受到各种社会因素的影响。这里说的社会因素是广义的，包括各种非商业性的政治、经济、文化、宗教因素以及各种商业因素。

总而言之，消费者的决策是各种因素综合作用的结果。产品开发和营销要把握并引导消费者决策的个人心理过程。

企业开发新产品可以在各阶段按照认知规律对消费者施加影响。

1. 引起消费者对本企业新产品的注意

对于新产品和大企业可以促进消费者（用户）的一般认识，对于中小企业和成熟市场（生产者多，竞争激烈）需要突出本企业品牌特色。譬如可以强调本企业产品的属性特点或者给消费者一种心理上的感染。

决定消费者能否注意到新产品有两个主要因素。其一，消费者渴望的消费满足状况与现实满足状况的差异。每一个消费者心理上对自己理想的消费满足状况都有一个期望，而实际情况往往与理想有差异。其二，问题的重要性。即意识到的期望与现实之间的差距是否明显影响到消费者对消费状况的满足程度。如嗜酒的人吃饭时无酒不行，菜却不一定很讲究；头上少许的头皮屑一般情况下并不会使人特别重视，但在特殊场合下，如求职、向上级汇报时，就很重要了。发现重要需求、开发相应产品、强调自己的产品对消费者的特殊重要性是企业经营的重要内容。

2. 巩固、扩大对本企业产品品牌的忠诚度

巩固是指使原有的顾客反复购买本企业产品，可通过完善产品质量、完善营销实现。

扩大对本企业品牌的忠诚度，即在消费者开始选择之前或难以选择、左右摇摆时，施加影响。一般通过广告、赠送、减价、产品更新等方式实施，还可以让消费者进行低难度学习，如展销时当场操作示范，介绍一些与本企业产品和服务的特色有关的消费常识。如某化妆品最先采用抗氧化、防衰老的 SOD 成分，可以在广告宣传及包装上介绍有关 SOD 与皮肤的知识；经营减肥品的企业向消费者解释自己产品的机理优点，等等。

（二）自我意象

自我意象是每个人对自己的认识，有时又称自我形象，包括两种含义，实际的自我和理想的自我。人总是希望达到自己理想的状态，这种期望会影响人的行为。并不是人人都有在工作、事业上实现自我的机会和条件，很多人只能从别的方面获得心理平衡。消费过程、消费方式、消费手段、消费对象正好给了每个人充分展现自我的途径。每个人都是现实生活中的一个表演者，消费品就是表演的一个道具，消费本身并不是全部目的，同时还是实现、维护、巩固自我意象的一种手段，因此，消费者在可能的情况下会购买与理想的自我意象相一致的产品。

由于经济水平、社会文化环境、职业、性别等因素的差异，消费者常常对自己有不同的认识和希望，有时又希望别人对自己有某种特定的看法，有时又要服从社会对自己形象的期望。比如，一个银行家，为了合乎社会对银行家形象的期望，他会自愿或被迫穿西服、开气派稳重的奔驰汽车；艺术家则多偏爱独特、有创意的产品。

摄影很能体现人们自我意象的影响。在现实生活中，人们常对自己的形象不满意，而通过摄影特别是明星照，可以使人们实现理想的自我形象。

这些现象说明产品或服务具有一种象征意义，消费者希望自己购买的产品或服务的象征意义能与自己的理想意象一致。这给企业营销以启示，企业的产品或服务总是针对一部分消费者的，如果企业选定了目标市场，就必须使自己的产品或服务成为目标市场消费者的产品意象，使消费者能在消费本企业产品或服务的过程中满足其自我意象的需要。

四、新产品的市场定位

市场细分、选择目标市场是企业的内部活动。企业精心选择了市场，并针对市场开发产品、开展营销。然而，企业所做的这一切，消费者一般不会主动留意。因此，要成功地吸引消费者，企业需要主动向消费者传递信息，让消费者对企业的产品建立良好的感觉，使企业的产品在消费者心中树立良好的形象。不仅如此，企业还要关心消费者对本企业产品的感觉与企业的期望有无差距？自己产品的特色、利益是否让消费者知道并接受？自己的产品是与众多竞争对手扎堆冲突还是占据了突出位置？当有竞争产品与本企业产品面向同一顾客群时，自己产品的形象是否有优势？

产品的市场定位可以通过产品技术、结构、材料、造型、颜色、功能、性能、特色、价格、渠道、包装、品牌、服务、广告促销等各种因素实现。

在现代市场，企业为了获取更大利益，同时避免恶性竞争导致两败俱伤，通常会通过市场细分选择空白市场或者比竞争对手有优势的市场。其核心逻辑就是差异化，如果产品本身同质化严重，则要通过设计、包装、广告等手段创造差异，在消费者心目中树立与众不同的形象。

不过，有的市场极其重要，无法放弃和退让，或者旗鼓相当的竞争者为了占据上风，或者后来者希望通过挑战强势企业一举成名，会采取迎头定位，这很可能引发激烈竞争，要慎重采用。

需要指出，产品的市场定位不是一成不变的。当按照现有定位效果不佳，或者市场发生重大变化时，就需要调整产品的市场定位。

案例 3—1

当今世界，以计算机、通信及网络为代表的IT业引人注目：一方面，市场前景广阔，技术发展迅猛，造就了大量机会；另一方面，竞争激烈，创新变化让人目不暇接，而且快节奏的发展在相当长的时期内还看不到尽头。在这样的环境下，如何判断趋势，明确方向，确定产品特点，选定目标市场，为自己的产品恰当地定位，把握机会，是所有IT企业面临的根本性、战略性问题。

一、IT产品的娱乐化、消费化现象

回顾IT代表性产品的发展历程，了解其来龙去脉，可以更好地预测、把握市场的走势。按照面市时间的先后，四种代表性的IT产品早期、中后期的产品情况如表3—2所示。从表3—2中容易清楚地看到，原来技术性、商业性很强的个人电脑（PC）和手机的娱乐成分日益增多，中后期则出现一开始就以娱乐消费为主的MP3、数码相机、摄像机。

二、IT产品的娱乐化、消费化现象背后的逻辑

IT产品娱乐化、消费化的背后逻辑何在？

对于这个问题，可以列出很多相关因素，如大量资金、人力和物力等资源的投入、市场发展成熟、应用的扩展、技术的变革、行业内的分工协作与竞争、市场细分、目标市场需求等。

商业的核心是利润，利润的关键是把握供求。

表3—2 **IT产品发展简表**

	早期（导入期）	中后期（成长期、成熟期）
IT行业概况	功能：神奇的高科技、令人赞叹、羡慕、注目；以服务于研发、生产、商用为主。 价格：高高在上。 渠道：专卖、专营。 促销：每一次新产品发布就是最好的促销，革命性的产品本身自然成为焦点，人们以拥有为荣。 厂家：少。	功能：不断升级换代；应用由高、精、尖逐步扩展；娱乐、消费性增强。 价格：中期价格逐步下降，到后期加速下降。 渠道：由初期专卖、专营到现在各种代理、专业卖场、百货商店、杂货店、直销等各种形式并存。 促销：由初期的产品发布到后来专业媒体的品牌宣传，再到如今专业媒体、大众媒体、网络全面开花。 厂家：总的看由少到多，近几年由于竞争激烈，一些原来的大品牌或合并或退出，因此领导品牌有逐步减少的趋势。

续前表

	早期（导入期）	中后期（成长期、成熟期）
PC	功能：按照程序设计自动计算、解方程、推理判断、记忆存储。 外形：严谨、规整。 颜色：灰白。 应用：科学技术；生产；打字、表格等。 价格：IBM PC-XT 台式微机初期在美国价格约为 3 000 美元/台，国内人民币价格 5 万元/台；高档笔记本电脑更是高达 3 万～10 万元。 渠道：专卖店、代理、经销。 促销：不用特别宣传即有足够关注。 厂家：不多，几家美国名牌大厂。	功能：更快的运行速度，更大的存储容量，更精彩的表现形式。 外形：整体造型多样化。 颜色：黑、银、白、红、蓝等。 应用：更多的应用范围；除了科技、工商业、教育以外，多媒体技术为娱乐、艺术提供了强大的表现手段。 价格：中期台式机价格 0.8 万～2 万元，笔记本电脑 1 万～3 万元；现在加速下降。 渠道：中前期以“高科技的代理经销”为主，中后期直销、百货店、杂货店、专业卖场、网络各显神通。 促销：中期以专业媒体的产品、品牌广告为主（《计算机世界》、《中国计算机报》等）；再到如今国内外专业媒体、大众媒体、网络宣传无所不在。 厂家：竞争异常激烈，利润下降，全球性品牌减少，曾经风云一时的 IBM、康柏、DEC、AT&T 已不见踪影。
手机	功能：随时随地打电话。 体积：“砖头”。 重量：1kg。 外形：直板、规整。 外壳材质：工程塑料。 制式：模拟、GSM。 语言：英文。 电池：镍-镉。 价格：1 万～2 万元。 厂家：欧美几家大企业。	功能：电话、掌上电脑；语音、短信、彩铃、彩信；数字、上网；收音机；MP3、数码摄影、摄像。 体积：越来越小。 重量：越来越轻。 外形：各种造型。 外壳材质：塑料、金属、皮革等。 制式：数字、GSM、CDMA、3G、4G。 语言：英文、中文、可选。 电池：镍-氢、锂。 价格：200～10 000 元，主流产品 1 000～5 000 元左右。 厂家：全球性品牌和区域性品牌。
数码相机、摄像机	像素：30 万、80 万、100 万。 存储卡容量：小，32M～64M。 体积：相对较大。 价格：上万元。 厂家：韩国、日本、美国知名企业。	像素：200 万～千万以上。 存储卡容量：逐渐增大，64M～64G。 体积：越来越小。 价格：主流产品 1 000～2 万元。 厂家：知名企业、区域性中小企业。
MP3	功能：音频、音乐。 容量：32M、64M。 价格：2 000 元以上。 厂家：主要知名厂商。	功能：音频、音乐、视频（MP4）、存储功能、录音。 容量：64M～64G。 价格：50 元以上，名牌主流产品 200～3 000 元。 厂家：知名厂商与中小厂商并存。

初期的 IT 产品，提供了前所未有的功能。PC 有不可思议的计算能力，还有相当的智能，手机则让人们梦寐以求的随时沟通成为现实，功能切中过去只有在神话中才可以实现的需求，实现的基础又是高科技，让人赞叹、好奇，自然成为市场注目的焦点，昂贵的

价格、封闭的渠道正好可以抬高其身份地位，供求一拍即合，利润滚滚而来。这个时期中低端的需求对于正大把大把赚钱的供应方来说无暇顾及。

前景广阔的产品、高额的利润、没有充分满足的旺盛需求，哪还有比这更大的吸引力。于是大大小小的企业奋力加入竞争，产量增加，产品的功能提高，价格让更多的人能够负担得起，行业良性循环，人类历史上从未有过的市场景象出现了：以PC为例，康柏（Compaq）以生产与IBM兼容而且质量可靠的PC为目标，其字号就是兼容（compatible）与质量（quality）的组合，成立三年即成为世界500强企业。PC性价比的提高让人吃惊：1991年20M硬盘价格为20 000～30 000元，2013年2 000 000M的硬盘价格约为500元，访问速度等指标的提高姑且不论，容量增长了100 000倍，而价格不到原来的1/40。全球每年生产的PC数量则由初期几十万、几百万台到现在几千万甚至上亿台。1993—1995年，PC出现一段暂时的平稳盘整期。究其原因，是产品初期的神秘光环逐渐褪去，而产品的应用仍局限于生产、科研、商用、办公，价格仍然较高，不足以吸引普通消费者。

打破平静的是1995年前后PC多媒体技术和Windows图形操作系统的出现，它们以更加自然的显示及丰富的应用，拉近了PC这个技术性很强的产品与普通消费者之间的距离，让PC以图形、游戏、音乐、视频等方式与人们的轻松快乐密切地联系在一起。

近几年，由于技术和产品的成熟，技术的重要性相对下降，IT企业经常依靠渠道、价格、广告促销等手段，配合适当的产品设计，创造差异，获得产品的独特市场定位。

索尼生产笔记本电脑就是很好的例子。初期在技术上没有积累，处于下风，但是索尼有对普通消费者的独特理解。曾经有一款索尼笔记本电脑，由于过度追求轻薄，造成散热不良，使用时容易死机，但是其优美轻薄的外形、高贵现代的金属质感，让不少顾客在销售人员实话实说“容易死机”之后仍执迷不悟，非它不买。日本、韩国的手机，正是凭借造型、体积和质感上的优势攻城略地。松下娇小迷人的GD系列让多少女性一见倾心，三星适合亚洲人的翻盖手机和独特的造型设计，曾经卖出较其他相近功能产品2～3倍的价格，前几年国产手机曾经的风光，除了源于价格因素，另一个显著的特点是对手机娱乐化、消费化趋势的迎合，一些产品甚至采用皮革、宝石等增强产品的观赏性、工艺性。

总之，娱乐化、消费化，或者用流行的话说，体验化，不仅是PC、手机的发展趋势，还代表着IT行业的方向。

案例3—2

20世纪80年代宝洁、联合利华进入中国市场时已经是全球最大的两家日化用品企业。进入中国市场以后，均以长远精明的市场战略为指导，以自己雄厚的资金、产品为依托，通过强力广告宣传，用十年的时间，成功树立起高端的品牌形象，成为我国日化用品市场无可争议的领导者。同时我国的一些本土日化品牌合资后被打入冷宫，其他一些合资、独资品牌实力相对弱小，在宝洁、联合利华的压力之下，无奈选择一些区域市场或中低端市场，避免与巨头的正面交锋。

回过头来看，20 世纪最后 10 年，宝洁、联合利华不但获得了高端市场的统治地位，而且为后来的竞争者设置了难以逾越的进入门槛：市场占有率是通过出色的产品、顺畅的渠道、高额的广告投入打造出来的，任何后来竞争者面对的不仅是宝洁、联合利华资金、产品、渠道、广告宣传方面的实力，更艰巨的是宝洁、联合利华已经拥有的市场优势，占有了利润丰厚的高端市场后，跨国强势品牌以逸待劳，足以让任何后来者望而生畏。

在这种情况下，本土日化企业还有机会吗？建议先想一想再看后面的内容。

对跨国强势企业言，似乎确实可以高枕无忧，其商业逻辑为，本土企业非常弱小，直接挑战高端市场不现实，而单靠低价策略利润微薄，很难扩张壮大，只要潜在的竞争者在中低端市场挣不到钱，高端市场就固若金汤。

然而，2000 年以后，本土品牌迅速成长。下面以奇强、立白、纳爱斯为例，分析本土品牌对跨国强势品牌的冲击。

奇强

南风化工集团股份有限公司是一个跨全国十个省（市）区、跨行业的特大型企业集团，现有 24 个下级公司，总资产 35 亿元，销售收入 32 亿元，是国家重点扶持的 520 家企业之一。集团拥有面积为 132 平方公里、中国最大的硫酸钠型运城盐湖，并拥有江苏、四川、湖南矿芒硝资源基地。“奇强”系列洗涤剂产品是中国驰名商标、国家免检产品、中国名牌产品。

让人精神为之一振的广告语“中国人，奇强”。

广告场面：锣鼓队、直销车送货下乡。重点目标市场：农村。

立白

广州立白企业集团有限公司 2000 年后迅速崛起，实施名牌战略，通过先有市场、后有工厂的发展模式，凭借优良的产品质量，完善的营销网络，在市场上确立了一定的知名度和竞争力，树立了良好的品牌形象。立白洗衣粉被认定为国家免检产品及中国名牌产品，是全国同类产品的五个中国名牌之一。

纳爱斯

纳爱斯的前身是创建于 20 世纪 60 年代的地方国营丽水五·七化工厂，主要生产肥皂。庄启传于 1985 年接手纳爱斯时，该厂在全国 118 多家定点肥皂企业中排名倒数第二。当时的国内日化企业在跨国强势企业的重压之下艰难度日。纳爱斯将突破点锁定在洗衣皂上。1992 年，纳爱斯开发出超能皂，即“蓝肥皂”。在 20 世纪六七十年代，肥皂是紧缺商品，很长时间定量供应，既然不愁销路，粗糙发黄的感观就长期延续下来，直到改革开放后一段时间，产品仍然没有改观，逐渐沦为彻底的低端产品。“超能皂”不但外观很有吸引力，而且去污力强，价钱不贵，迅速打开了市场。几年时间，纳爱斯即成为全国肥皂市场龙头老大，利润占到全行业的 99.3%。肥皂类产品到今天仍然在纳爱斯的产品系列中有着战略地位。纳爱斯此后陆续开发了透明皂、皂片、皂粉、天然皂粉婴幼儿装、天然椰子油皂产品、珍珠营养皂、水晶皂、水果透明皂等一系列产品，使纳爱斯在肥皂领域保持着绝对的领先地位。

高品质的肥皂让纳爱斯赢得了消费者，树立了品牌，积累了实力和经验。

随后面对国内外众多强手，1999 年纳爱斯推出雕牌洗衣粉。

细致大胆的市场定位是纳爱斯洗衣粉走向成功的关键。

像宝洁、联合利华这样的跨国公司进入中国之后，一直树立高端品牌形象，其产品的价格不菲，留下了低端市场空间，对于大多数消费者来说，像洗衣粉这样的日用品，在品质相当的情况下，价格仍然有着很强的说服力。不过，低端、低价、低营销成本容易理解，低价、高成本品牌营销，企业利润从何而来？这似乎不符合商业逻辑，但是它事实上发生了。

为什么我国日化品市场能在夹缝中涌现平价品牌？

简而言之，国内无与伦比的市场容量，加上本土企业出乎意料的奋不顾身，以前在其他市场被认为不可能的事在国内存在可能。

对于本土企业，单靠平价不足以迅速扩大影响、树立品牌，而想直接进入利润丰厚的高端市场实力不够，"平价＋品牌"既与无所作为的平庸企业区别开来，又避免了马上与跨国强势企业竞争，有利于积聚实力。"中国人，奇强"、"只买对的，不买贵的"、"妈妈，我能帮你洗衣服了"，这些别出心裁的广告主题让人印象深刻，吸引了注意，过得硬的产品、通畅的渠道，加上低价位，在中国这一世界人口最多的市场上创造了奇迹，在强势跨国企业眼皮底下脱颖而出。本土企业"平价＋品牌"的策略，也只有在中国这一世界人口最多的市场上才能有较大的成功机会，经济的发展、巨大的市场容量，为企业提供了广阔的舞台。

通过上述三个本土品牌的分析，清楚地说明品牌、原料、制造、产品、渠道、广告宣传上的成功运作，平价品牌这一创新性定位，是近年我国日化行业后进者的发展之道，这是在宝洁、联合利华等统治下我国日化品市场避实就虚的高明之举。

还有一个问题，跨国强势企业占领中高端市场以后，为什么要留下低端市场，让本土企业成长壮大？是它们手下留情吗？

宝洁、联合利华当初不推出平价产品的原因不难理解，这源于过于自信造成的疏忽，更重要的是资本追求高额利润的本性。

所谓疏忽，如前所述，在跨国强势企业以往长期形成的商业逻辑中，无法想象平价品牌居然行得通。

资本追求高额利润的本性表现为，当市场上其他厂商还是散兵游勇的时期，强势跨国品牌进攻没有靶子，推出平价产品受到冲击最大的将会是自己的高端产品，典型的投鼠忌器。权衡一下，与其推平价产品不如等待中低端市场发育成熟。

假设宝洁、联合利华早料到会有今天本土品牌的挑战，它们当初一定不会为了短期的高额利润而给潜在的竞争者留下机会。本土平价品牌的实力固然重要，但重压之下的眼光、勇气更加难得。

第4节　新产品开发过程的评价体系

新产品开发过程要经过多次评价，评价体系与新产品开发程序相对应，新产品开发过程总体评价体系如图3—7所示。

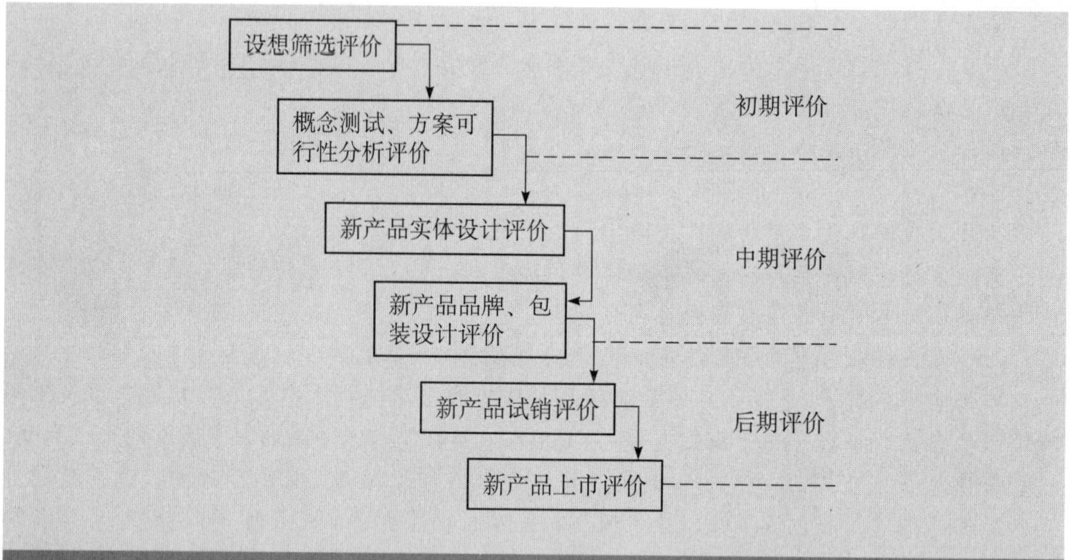

图 3—7 新产品开发过程总体评价体系

一、新产品开发过程进行多次评价的原因

新产品开发过程要进行多次评价，是因为新产品开发既是企业赖以生存获利的源泉，又是一项具有很大风险的业务，要提高成功率，就应严格建立和实现评价体系。

从新产品的设想形成到开发成功，经历着艰苦的历程。美国布兹·阿伦和海米尔顿咨询公司曾根据 51 家公司的经验归纳出新产品设想衰退曲线（见图 3—8）。该曲线表明平均每 40 项新产品设想中约有 14 项能通过筛选进入经营效益分析，符合有利可图的条件而得以进入实体开发（设计）的只有 12 项，经试制试验成功的只有 2 项，最后能通过试销而进入市场的只有 1 项。当然衰减比率会因行业的不同而变化，越保守的行业和公司，其衰减率越高，但是衰减曲线的形状具有典型性。有研究者将这种评价方法形象地称为漏斗式筛选。

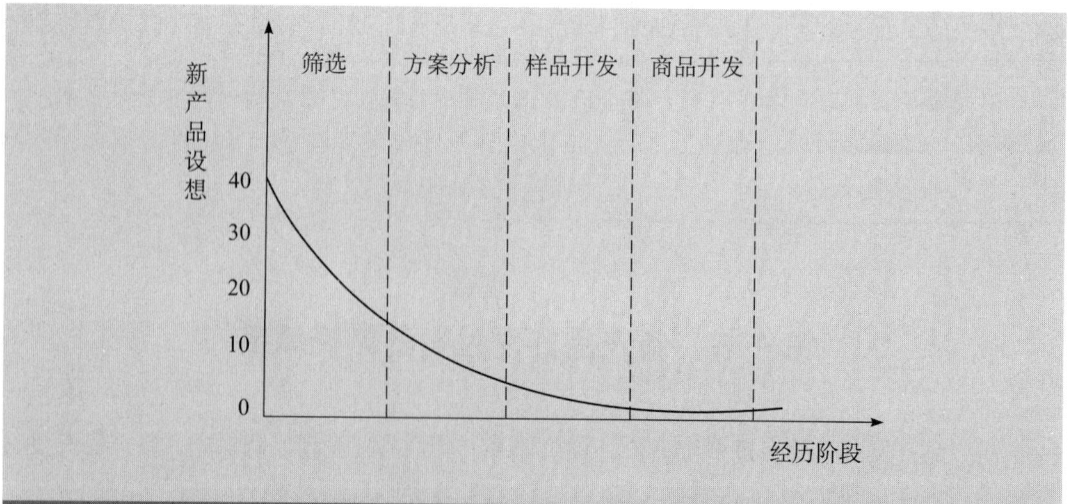

图 3—8 新产品设想衰退曲线

该统计资料说明，有大量的资金和人力耗费在那些并没有进入市场的产品上，开发新产品需要占用大量资源，但成功率很低。这说明，研究和健全新产品开发的评价程序，提高开发成功率，对企业来说是十分重要的。

怎样建立合理的新产品评价程序和目标？从总体角度来看，就是通过严格的顺序评价，把企业宝贵的资金用于最有可能成功的产品上，同时尽量减少资金投入总额。

根据美国全国工业会议发布的调查结果，新产品开发各阶段费用和时间的占用比例如图 3—9 所示。从图 3—9 可以看出，样品开发阶段是最费时、费钱的阶段。

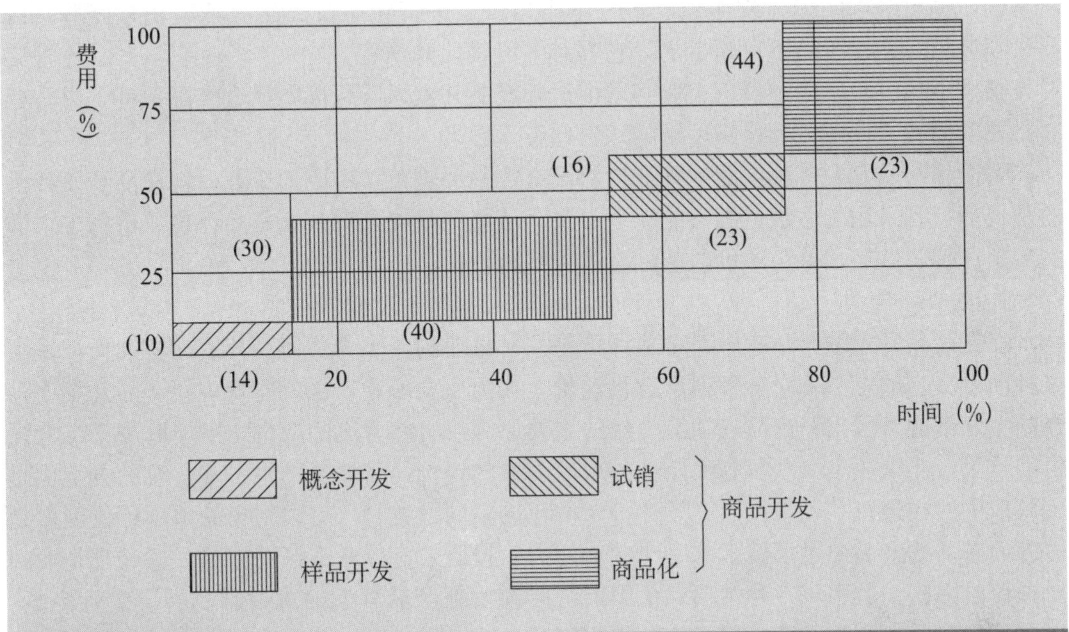

图 3—9　新产品开发各阶段的费用和时间

二、新产品开发评价的三个阶段

新产品开发过程的评价区分为初期评价、中期评价和后期评价三个阶段。新产品评价必须严格按顺序进行逐段评价，也就是说，只有经过上一阶段评价后，才能继续进行下一阶段的开发。这里每一个筛选的节点可以称为阶段门。

1. *初期评价*

一般在提出新产品设想到进入新产品具体设计之前进行，具体可包括新产品设想的筛选评价和方案决策的概念测试以及可行性分析评价。

初期评价的目的是要把新产品开发决策和实现的各种基本条件或因素联系起来进行分析评定，以确定这一新产品开发决策是否符合未来市场的需求和变化，在技术上是否先进可靠，在经济上是否有利可图，设计和制造能力上是否切实可行等。搞好新产品初期评价，对于保证新产品开发方案获得成功具有很大的作用。通过定性、定量的分析，找出技术和经济上存在的缺陷以及可能改进的措施，就能做到心中有数，否则就会造成不可挽回的损失。

2. *中期评价*

是指新产品设计试制阶段的评价，具体可包括新产品设计的审定和新产品试样的评价。中期评价一般要进行多次，通过评价找出设计和试制中存在的问题，并进一步采取措施解决或完善新产品设计和试制。搞好中期评价对于保证新产品试制成功是非常重要的，也是必要的。

3. 后期评价

是指新产品试制出来到新产品上市后进行的评价，具体可包括试制品的鉴定、新产品试销后评价和新产品上市后的最终评价。新产品后期评价属于对既成事实的评价，即事后评价。一方面检查计划完成的情况，找出完不成计划的原因；另一方面要为进一步决策打下基础，提出改进的措施或途径，同时还能为企业进行新一代产品的开发积累经验。因此，新产品后期评价是不可缺少的，它具有不可替代的作用。

根据上述三阶段的评价，企业必须根据新产品开发风险程度，结合实际条件，事先建立必要的制度，确定一套严格可行的评价程序。

对于新产品开发过程中的种种评价并没有统一的规范，不同的企业对新产品开发评价的重视程度和采用的做法也不可能完全一致。从总的情况来看，新产品评价要进行多方面的单项评价，然后在单项评价的基础上进行综合评价。

1. 单项评价

在新产品开发的全过程中，单项评价是非常重要的，因为新产品开发成功或失败是由多种因素决定的，必须对各种因素进行评价，找出主要因素，也就能发现新产品开发中存在的主要问题，找出新产品成功或失败的主要原因。有些方案的取舍，不但取决于综合评价的结果，还取决于一些具有决定性的单项因素的评价，其评价结果不好，总的方案也是不可取的。在进行一种新产品开发评价，或比较不同方案时，可以列出的单项评价因素是多方面的，如产品质量、技术水平、制造能力、投资效益以及市场销售等，这些都是大的单项评价因素，其中每一种单项评价因素可以说对新产品开发的成败都具有决定性影响。上述每一种单项评价因素还可以划分为更细的单项内容进行评价。

究竟进行哪些单项评价，以及如何设定具体评价内容，要根据新产品开发评价的具体方案和要求来决定，其中最重要的是找出具有决定性影响的单项因素，逐一进行评价，划分出优劣。

2. 综合评价

是在单项评价的基础上，对新产品进行全面的总体评价。一般来说，新产品开发的各阶段评价都需要进行综合评价，因为一种方案的优劣往往是多种因素决定的。在某种情况下，一种单项评价为最优的方案，在综合评价时可能不会是最优的，甚至可能会是一种最劣的方案。综合评价的项目应该设置多少，要根据评价的目标和要求作出具体的选择，至少要考虑技术评价、经济评价和能力评价三方面内容。

三、影响新产品评价的共性因素

对于新产品评价，虽然存在不同阶段，但是确实存在着影响所有阶段评价的共性因素，即各阶段评价时都需要考虑的因素。科技贯穿于新产品开发的主体和核心，此外还有一些共性因素：市场机会因素、竞争因素、营销系统因素、财务因素、生产因素、法律因素和企业形象因素。

1. 市场机会因素

一种待开发产品适销对路的可能性的大小是决定是否开发该产品的最重要的判断标

准。适销对路就是市场对该产品设想有现实需要或有潜在需要，这就是市场机会。

衡量市场机会的因素有：

（1）可能购买该产品的消费者（用户）的特点和态度；

（2）以产量或金额表示的潜在市场的大小；

（3）产品所处的生命周期阶段；

（4）产品能够达到的市场占有率，最好用销量计算以排除价格因素所造成的差异。

2. 竞争因素

新产品要具备在现时竞争和预期竞争中取胜的优势，以便能够与市场上现有产品竞争，也能与竞争对手的改进产品和可能投放市场的新产品抗衡。

新产品应当具有某些独特的与众不同的优点，保证在直接和间接的竞争中获得成功。因此，新产品不能仅仅和一些与之直接竞争的产品进行比较评价，还必须对现时的和将来的竞争对手产品、价格和市场竞争策略进行有针对性的比较评价。

3. 营销系统因素

新产品必须与现有管理能力和营销策略相吻合。公司在努力开发某种新产品时应能充分运用公司的市场经验和营销专长。在运用市场经验和营销专长时，一般应考虑：

（1）营销部门的管理能力和现有的销售力量能在何种程度上把能力和时间转移到新产品上；

（2）通过公司已有分销渠道销售新产品的能力；

（3）利用原有的广告和促销手段介绍传播新产品的能力。

4. 财务因素

所要开发的新产品要符合企业的财务要求，使财务经理能较顺利地估算出单位产品的制造成本和销售成本、广告费用、所需库存量和投资总额，再将这些数字同消费者（用户）愿意支付的价格结合起来，预计产品销售达到盈亏平衡点所需的时间，同时还要估计产品长期获利的前景。

5. 生产因素

生产经理在明确财务指标的同时，还要估量新产品的工艺要求和现有厂房、设备、人力是否足够，是否需要投资。与现有生产条件相差甚远的新产品设计，无疑要冒更大的投资风险，因此必须估算出新产品的生产费用、新车间的投资和各种原材料的可获得性。

新产品一旦进入市场开发阶段，就要建立更大的生产控制系统，以确保产品按期交货。

6. 法律因素

拟开发的新产品必须符合法律要求，遵守各种有关法规，比如环保法对设备噪声、排污、节能等方面的规定；食品和药物管理法规对卫生条件的要求等。新产品要附有符合法规的说明。

具有专利的产品应予以注册，以便使企业能够维持强有力的市场地位，还可以通过商标注册保护权来获得市场地位，商标一经注册，企业就拥有了对产品商标的独占使用权。

7. 企业形象因素

新产品应该保持企业总体的形象和地位。新产品不能与企业已经建立起来的自我正面形象相矛盾。例如，一家一向制造精密、优质、高价产品且商誉卓著的企业，考虑在其产品组合中增加普通、廉价的一般产品时，必须十分小心，弄得不好，将损害公司的原有形象。

应当指出，在新产品开发整个过程的每一阶段，各种评价因素都存在着不确定性和数据的不完整性，尤其在靠前的一些阶段更是如此。尽管如此，仍然必须在每一阶段评价后，作出此产品是否继续开发的决策。

为了把种种不确定性减少到最低限度，一般对各阶段的评价目标按图 3—10 设定，这样可使各阶段的评价目标有所侧重，并且使各阶段目标之间一环扣一环地联系在一起。

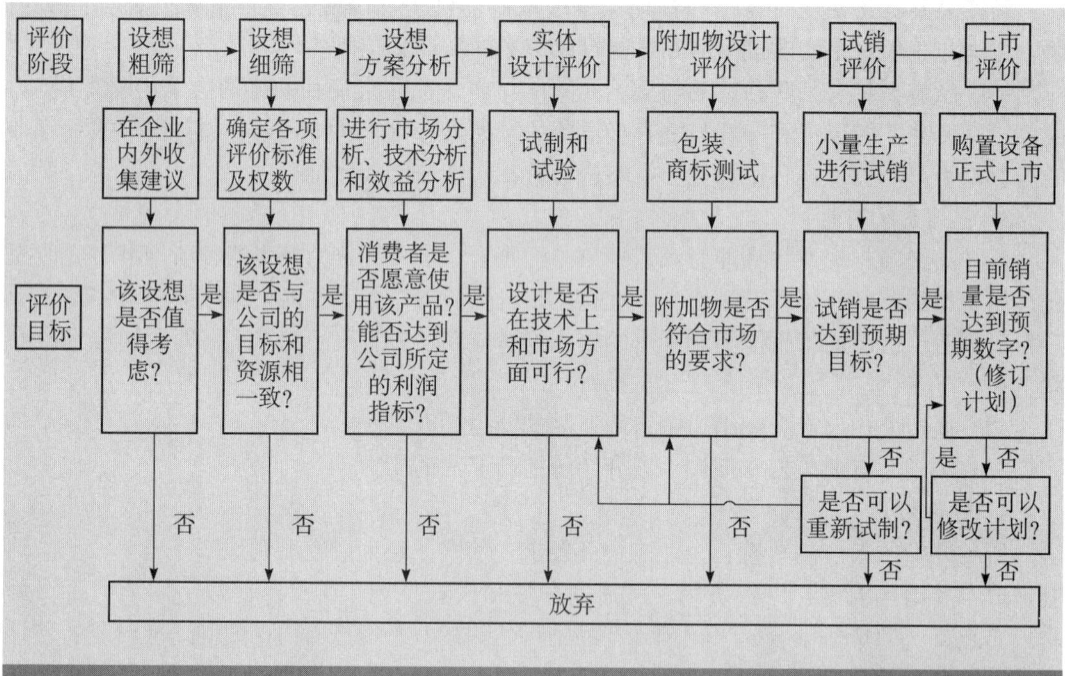

图 3—10 新产品开发各阶段的评价目标

四、新产品开发方案的可行性分析

在新产品开发的战略和策略制定阶段，新产品开发方案虽然还没有具体成形，但是以后的新产品开发将按照规划来展开。每当开发告一段落，例如新产品概念开发、实体开发或商品化基本完成时，都需要开展可行性分析。对于意义重大的项目，可行性分析需要在每个阶段多次反复进行。

可行性是指某一规划、方案在实践中可行，能取得预期结果的程度。新产品开发方案的可行性分析往往需要包括三个方面：一是市场可行性分析，即需要进行新产品市场假设的实证分析；二是技术可行性分析，即进行新产品开发的各种技术问题和质量保证的可行性分析；三是经济可行性分析，即进行新产品开发方案的经济效益分析。

（一）新产品开发方案的市场可行性分析

新产品开发方案不管是消费者（用户）需求型模式还是新技术型模式，都需要考虑新产品方案能否被市场接受，因此，必须进行市场可行性分析，也称为新产品市场假设的实证分析，其具体步骤如下：

（1）制定市场假设。新产品谁用？何时何地用？为何购买？为何利用新产品？等等。

（2）根据假设，具体选择合适的调查对象。确定调查对象的性别、年龄、职业、学历、家庭人口、居住地点等，以保证得到内容充分并具有足够精度的情报。

（3）决定情报处理方法。这就是决定采用什么样的形式来汇集情况和数据，采用什么样的手法来分析。这一切是为了使调查和收集到的情况能用来说明问题，因为仅罗列事实而不加分析的情况和数据用处不大。

（4）制定具体调查的实施计划和具体实施。

（5）进行情况和数据的分析和处理，并与假设相对照，验证假设的正确程度。

（6）撰写报告，供决策参考。新产品市场假设实证分析所得结果，可使新产品开发方案更具现实性，在市场方面更有把握。

（二）新产品开发方案的技术可行性分析

新产品开发在技术上是否可行，其方案在技术上能否实现，这是新产品开发中的一个重要问题。

新产品开发方案的技术可行性的关键是技术能保证一定的质量水平和价格水平。如果开发的技术对提高质量和降低成本有效，那么该技术就是可行的。

新产品开发方案的技术可行性分析包括两个方面：一是研究新产品开发的各种技术问题是否可行；二是研究新产品开发中质量保证是否可行。

1. 新产品开发中各种技术问题的可行性

新产品各种技术可行性分析的内容一般包括：

（1）论证实现新产品采用的新原理、新结构、新材料、新组件的可行性。新产品的新技术大都与新产品采用的新原理、新结构、新材料、新组件息息相关，因此需要一一分析论证这些新技术的落实程度，一定要在可能的条件下做些试验来论证。如果这些新技术不能落实，特别是关键性的新技术不落实，就可能使新产品的开发落空。因此，需要逐项论证采用这些新技术实现可行性的依据。

（2）论证实现新产品工艺技术的可行性。新产品的新技术除与新原理、新结构、新材料、新组件有关外，还与新产品采用的新设备、新工艺有关，这就需要考察生产工艺上存在哪些关键技术？应采取什么工艺方案、工艺手段和途径？例如，要建立或改进哪些生产线？添置哪些设备？有无专用研制设备？需要培训哪些人员？需要采取哪些措施？等等。

（3）论证实现新产品各项技术指标的可行性。上述各项技术最终必然要落实到新产品的各项技术指标上去。通常新产品规定的技术指标是基于理论分析和科学计算，或利用预先研究的成果，因此要对其进行论证或验算，确认它们的科学性和现实性。

（4）论证配套的半成品、零部件、原材料和元器件供应的可行性。新产品是由许多零部件、半成品与原材料、元器件加工装配而成的，因此，它们的供应情况和价格直接影响着新产品的性能、质量、成本和进度。为此，对这些主要外购件也要同本企业的产品一样，要充分论证其技术上实现的可行性。

（5）论证企业生产需要的其他资源如水、电、燃料等供应的可行性。上述这些资源十分复杂，由社会各个部门分别掌管，因此，对这些资源的供应都要进行详细计算，定量落实其长期稳定供应。过去有些企业开发新产品，万事齐备，只欠水、电，结果开不了工，应引以为戒。

(6) 论证专业化和大协作的可行性。对于新产品开发，专业化和大协作可缩短开发周期，降低产品成本，保证产品质量，减少市场风险等。因此，只要有可能，企业就应充分利用外界有利条件，进行外协，在这方面也需要论证其实现的可行性。

(7) 论证不产生社会公害的可行性。新产品的新技术是否可行，还应包括它们是否给社会造成公害的问题，包括：

1) 是否对人体有害？例如产品使用时有没有直接和间接毒害和安全问题。

2) 是否对周围环境有害？例如废气、噪声、震动等。

3) 产生的废弃物是否对环境有害？例如产品是否会产生难以降解的垃圾等。

(8) 论证新产品开发进度的可行性。新产品开发进度包括设计、生产技术准备、试制、生产线建设（或改造）的进度。加快进度可以节约投资，尽早产生投资效益，因此，在可行性分析时，既要考虑需要，又要分析论证进度实现的可行性。

2. 新产品开发中质量保证的可行性

在这方面有两个重要问题：一是标准化；二是质量保证体制。

(1) 产品标准化问题。产品标准化是质量保证的重要措施。在分析中要注意以下三点：

1) 是否以质量保证的现有最佳条件来制定标准；

2) 是否对实现最佳条件制定了最好的实施标准；

3) 是否有可能改进现有最佳条件而进一步改进新产品。

(2) 要分析产品的质量保证体制问题。只有质量保证体制合理，才能使质量保证可行。在分析中要注意以下五点：

1) 是否建立了正确的质量目标评价标准；

2) 是否正确规定了仪器测定方法和测试方法；

3) 是否正确建立了检查体制，即从原料检查到中间产品检查，再到成品检查的体制；

4) 是否有效地利用了检查数据，有无信息反馈；

5) 能否进一步改进新产品质量和降低成本。

（三）新产品开发方案的经济可行性分析

新产品开发方案的经济可行性分析就是对新产品开发方案的经济效益进行分析，即对开发方案盈利能力进行评价。为此，企业要为进行这种分析事先确定评价标准。例如，确定新产品最低投资收益率为20%～25%，或最长投资回收期为3～4年等。

美国一家咨询公司对美国最大的500家制造企业进行了一次经营分析方法的调查，在调查的公司中，80%的公司通常都编制资金预算表，并采用投资回收期法、平均收益率法、资金现值法以及盈亏平衡销量法来进行经营效益分析。现举例将几种分析方法逐一进行介绍。

某公司开发的一种新玩具的资金流量情况如表3—3所示。

表3—3　　新玩具的资金流量情况　　单位：万美元

	现金投入	第1年	第2年	第3年	第4年	第5年
(1) 现金投入额	(130)					
(2) 销售额		60	100	120	100	80
(3) 商品成本		(18)	(30)	(36)	(30)	(24)
(4) 费用		(10)	(10)	(10)	(10)	(10)
(5) 折旧		(20)	(20)	(20)	(20)	(20)
(6) 付税前利润		12	40	54	40	26
(7) 付税后利润＝(6)×52%		6.2	20.8	28.1	20.8	13.5
(8) 反加折旧		20	20	20	20	20
(9) 收回存货投资和应收账款						19
(10) 资金流量＝(7)＋(8)＋(9)		26.2	40.8	48.1	40.8	52.5

该公司为开发新玩具，投入现金130万美元，包括下列项目：生产设备100万美元；训练推销人员10万美元；推销材料费1万美元；存货与应收款19万美元。

表3—3详细列出了开发该新玩具1～5年内逐年的计划销售额、计划成本和目标利润。根据表3—3中的数据，分别介绍投资回收期法、平均收益率法、资金现值法和盈亏平衡销售量法。

1. 投资回收期法

投资回收期法是考察企业为开发新产品的投资几年内可以收回，也就是考察新产品方案对投资的偿付能力。回收期越短，说明新产品方案提供利润的时间越短，偿付能力越强；反之，回收期越长，说明新产品方案提供利润的时间长，偿付能力差。

回收期的计算一般为开发新产品的投资额除以回收期年度资金流入量。其计算公式如下：

$$\text{投资回收期（年）}=\frac{\text{新产品投资额}}{\text{回收期年度资金流入量}}$$

从表3—3可知，新玩具投资额为130万美元，预计经三年经营，第一年资金流入量26.2万美元；第二年资金流入量40.8万美元；第三年资金流入量48.1万美元，即三年可回收的现金流入总量为：

$$26.2+40.8+48.1=115.1\text{（万美元）}$$

这样，尚有14.9万美元（130－115.1）尚未付偿，而预计第四年资金流入量可达40.8万美元，14.9万美元的回收期则为：

$$14.9\div 40.8\approx 0.37\text{（年）}$$

因此，新玩具的投资回收期为：

$$3+0.37=3.37\text{（年）}$$

假如某公司期望的目标回收期为3～4年，则该新玩具是可以开发的。

投资回收期法的缺点是它没有区分不同投资额的新产品方案在回收期相同时各自的创利能力和货币的时间价值，为此必须讨论平均收益率法和资金现值法。

2. 平均收益率法

平均收益率也叫投资回收率、资金利用率。平均收益率就是用税后年度平均利润与总投资之比来计算。其计算公式如下：

$$\text{平均收益率}=\frac{\text{税后年度平均利润}}{\text{总投资}}\times 100\%$$

上例中，税后年度平均利润为：

（6.2＋20.8＋28.1＋20.8＋13.5）÷5

＝89.4÷5

＝17.88（万美元）

平均收益率＝17.88/130×100％＝13.75％

国外许多企业往往以新产品的收益率达到20％～25％作为有无开发价值的评价标准。由于平均收益率可以简便地对各种新产品方案的投资收益进行比较而作出取舍，所以平均收益率是常用的一种新产品方案的评价方法。它的缺点是不能充分反映货币的时间价值。两个新产品方案可以具有相同的平均收益率，但是它们的资金投入以及其他资金的获得在不同时间上的价值有很大差别。

3. 资金现值法

现值是指未来若干年后可得到货币的现在价值。现值的大小受回收货币的时间长短和贴现率高低的影响。回收货币的时间越长，贴现率越高，将来值越大，而现值越小；反之，将来值越小，而现值越大。现值法的计算公式如下：

$$PV = \sum_{t=1}^{n} \frac{C}{(1+i)^t}$$

式中：PV——现值；

i——收益率（贴现率）；

t——付（收）款的期数，例如10年；

C——分期付（收）款数。

例如，某企业一笔投资的收入为每年1万美元，共收入10年，年收益率为10％（贴现率），其资金现值计算如下：

$$PV = \frac{1}{(1+10\%)} + \frac{1}{(1+10\%)^2} + \cdots + \frac{1}{(1+10\%)^{10}}$$

$$= 0.909 + 0.826 + \cdots + 0.386$$

$$= 6.145 \text{（万美元）}$$

上例中企业每年收入1万美元，收入10年，去掉时间价值，折合成现在价值只值6.145万美元。

采用资金现值法来评价新产品方案时，先要计算货币的时间价值系数，即贴现率，此数值可从现值表中查找。然后将资金流量折现，即资金流量乘以贴现率，并将各期相加。将资金流量的折现总值与投资额相比较，如果前者大于后者则说明在期望期内投资可以按现值收回，预示着该新产品有利可图，可以开发；如果前者小于后者，则意味着在期望期内投资难以收回，表明开发该新产品效益不佳。

据前例新玩具的资金流量情况进行资金流量折现（见表3—4）。

表3—4　新玩具资金流量折现　单位：万美元

	第1年	第2年	第3年	第4年	第5年
资金流量	26.2	40.8	48.1	40.8	52.5
贴现率（10％）	0.91	0.83	0.75	0.68	0.62
资金流量折现	23.8	33.9	36.1	27.7	32.6
逐年折现总计	154				
初始现金投入	130				

该新玩具的资金流量折现总计大于初始现金投资额，看起来开发是可行的。

4. 盈亏平衡销售量法

此法是评价新产品方案最简单的一种分析方法。其计算公式如下：

$$Q=\frac{F}{P-V}$$

式中：Q——盈亏平衡销售量；

F——新产品年平均固定成本；

P——单位产品售价；

V——单位产品变动成本。

盈亏平衡销售量 Q 是为弥补新产品固定成本和变动成本而必须销售的最低数量。例如某公司开发一种新型儿童玩具，为此投入研发费、生产设备费、销售费用等，年平均固定成本为 75 000 美元，人工和材料等变动成本为每件 3.5 美元，每件售价 6 美元。其盈亏平衡销售量计算如下：

$$Q=\frac{75\ 000}{6-3.5}=30\ 000\text{（件）}$$

上式说明该公司新儿童玩具只有在售出 30 000 件的情况下，公司才能补偿其成本。如果销售量预测大于 30 000 件，公司可以盈利，则该新玩具可以开发。

采用盈亏平衡销售量法就是把计算得到的平衡点销售量与预测销售量进行比较，如果预测销量大于平衡点销量的数量越大，说明盈利越多，则该新产品开发的经济价值越大；如果预测销量低于平衡点销量，就意味着连本钱都收不回来，则新产品就失去了开发价值。这一方法的不足之处是产品在其生命周期中变动成本和价格不是固定不变的，因此所计算的盈亏平衡点销售量这一数据应用时有一定的局限性。

以上四种分析方法繁简不同，各有利弊。不同企业可视具体情况和条件，选取一种或几种方法互相佐证分析。要完成上述任何一种定量分析，都必须首先做好两项工作：一是销售量预测；二是成本预算，并在此基础上编制好新产品资金流量预算表。可是，较准确的销售量预测一般要在新产品试销以后才能作出，而较准确的成本预算，特别是技术密集型新产品只有在样品试制以后，甚至在批量试生产以后，才能计算出来，因此，要进行有效的新产品经营效益分析，一要注意积累分析资料，二要进行多阶段的多次分析评价，以便及时对新产品的经营效益做到心中有数。事实上，经营效益分析的最终完成要等到新产品定型、所有投资可以确切估计、销售量预测也有较大的把握时，此时经营效益分析才能真正有效。尽管如此，在需要耗费大量投资的新产品样品开发之前，在概念开发阶段，对新产品设想方案逐个进行粗略经营效益分析，对于提高新产品开发的成功率，减少投资风险，仍然是很有必要的。

思考题

1. 如何理解营销与新产品开发的关系？

2. 就你感兴趣或者比较了解的行业，根据各种资料分析该行业中重要企业的战略，以及该行业市场近几年的变化与企业新产品开发之间的关系。

第4章

新产品开发策略和组织

新产品开发要围绕企业相关的战略规划来具体实施，而新产品开发各个阶段以及各个方面均面临诸多选择。下面我们将探究新产品开发需要确定的策略、开发的起始点的选择、产品生命周期对新产品开发的影响以及新产品开发一般的组织管理等内容。

第1节　新产品开发的关键策略研究

一、新产品开发策略的类型

新产品开发策略是为实现新产品开发战略，在新产品开发的各个方面、各个阶段所作出的种种决策。通常包括以下三个方面：

（1）在确定新产品开发的基本途径、开发方式、创新程度、市场发展特点等方面时对策略的选择。

（2）在确定产品附加物时对策略的选择。

（3）在确定新产品营销组合和进行营销活动时对策略的选择。

由于各种企业的内外环境的复杂性，在上述各个方面都有几种或数种类型的策略可供选择。因此，研究新产品开发策略可按各种不同的标志区分出不同类型的策略。

（1）按新产品开发的基本途径，主要区分为市场导向和技术导向两大类策略。

（2）按新产品开发方式，主要区分为自主研制和技术引进两类策略。

（3）按新产品创新程度，可区分为独创、模仿、改进现有产品三类策略。

（4）按新产品市场发展特点，可区分为密集性市场发展、无差异市场发展和差异化市场发展三类策略。

（5）按新产品特色，可区分为优质、价廉、新奇等策略。

（6）按新产品品种，可区分为宽品种、窄品种和最佳组合三类策略。

(7) 按新产品定价，可区分为渐降定价、渗透定价、满意定价三类策略。

(8) 按新产品推销活动，可区分为试探性推销、诱导性推销、针对性推销和服务增强性推销四种类型的策略。

(9) 按新产品进入市场时机，可区分为先期进入、平行进入和后期进入三类策略。

(10) 按降低风险的情况，可区分为降低投资风险、减少资源投入风险和向外转移风险三类策略。

(11) 按新产品品牌选用，可区分为品牌个别化、品牌统一化、品牌更新、品牌借用等策略。

(12) 按新产品包装选用，可区分为改进、追求别致、分等、家族系列化、配套、组合、双重用途、附赠品、习惯用量等策略。

二、对新产品开发的一些关键重要策略的分析

1. 关于新产品开发途径的策略

按新产品开发的基本途径，可供选择的开发策略主要有以市场为中心的开发策略和以技术为中心的开发策略两类。

(1) 以市场为中心的开发策略。是以消费者（用户）的需求、欲望作为开发新产品的核心。在寻求开发机会时，从市场潜在的或未满足的需求入手。在拟定开发要求时，则强调应生产什么，而不是能生产什么。

以市场为中心开发的新产品容易被消费者（用户）接受，也可能有较大的市场潜力，但是这种策略在实际应用中有两大局限性。

1) 需要注意消费者需求的动荡性。研究消费者需求的目的是弄清消费者过去需要什么，现在需要什么，将来需要什么，而事实上消费者的需求变化不定，随政治、经济、文化、生活等社会环境的变化而变化，也随气候、生活习惯、心理因素等变化。

因此，消费者过去、现在需要的不一定表示他们将来会继续需要，消费者现在想要的，不一定表示他们将来一定需要。事实上，消费者只能在对现实市场上所存在的产品比较中才能明确自己的需要，而且多数消费者对自己消费习惯的变化有抗拒的自然倾向。这一切都表明，消费者需要什么样的产品实际上是不太明确、不太稳定的，其伸缩性是很大的。

2) 需要注意生产技术的制约。企业在按照消费者的需要研发产品时，可能会遇到生产技术方面的困难，有时甚至在短期内根本无法解决，更谈不上发挥企业已有的生产技术优势了，仅从市场需求寻找开发机会可能会因企业缺乏相应的经验、知识和技能而失败。

因此，采用以市场为中心的开发策略，需要克服上述两大局限性。首先必须在不太明确、不太稳定、伸缩性很大的消费者需求中，找出比较明确、比较稳定、伸缩性较小的需求；其次要寻找可行的生产技术。

(2) 以技术为中心的开发策略。是指以企业的技术、生产能力作为开发新产品的出发点，因企业的技术研究突破而产生新产品的开发机会。这是现代市场营销观念在企业中流行之前所惯用的策略。企业的技术研发往往使产品和工艺有重大改进，同时在研发中还可能有偶然的发现，也可能转化为新产品的适用技术。

以技术为中心进行开发很容易为企业所接受，因为它有两大优点：

1) 以这种方式开发新产品与企业的优势结合得较好，在设计和生产方面遇到的困难

较少，也容易得到管理人员和技术人员的支持。

2）企业基于技术突破开发新产品，只要这种技术突破能真正为消费者创造新的利益，那么它迟早会创造出消费者对它的需求。

但是，以技术为中心开发出来的新产品有可能缺乏真正的市场潜力，也就是说，对于从实验室或试制车间中由技术突破所产生的新产品，消费者可能并没有需求，他们不能从中获得新的消费利益。一旦市场拒绝接受该新产品，企业会面临严重考验。

因此，采取以技术为中心的开发策略时，必须注意它对消费者需求的适应和创造消费者需求。

在实际工作中，几乎不存在完全单纯地采用上述两类策略中的一类的情况，实际上市场和技术存在双向适应、双向创造的问题。以市场为中心要寻找可行的技术，从而创造新产品开发的机会；以技术为中心要寻找合适的市场，从而创造消费者的需求（见图4—1）。

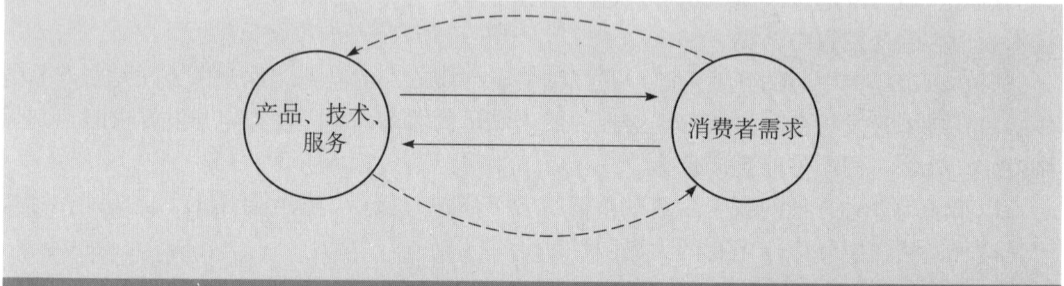

图4—1 技术和市场的相互创造和相互适应

在国际市场上，采用上述两类策略获得成功的例子很多。例如，同属汽车行业的大公司中，德国的奔驰、大众等以高性能、质量可靠的技术特点为核心，而日本丰田则以市场接受和扩展为核心开发新产品，它们都取得了较大的成功。再如，IBM公司开发微型机是产品技术适应市场需求的一个典型。

2. 关于新产品开发创新程度方面的策略

按新产品开发的创新程度，可供选择的开发策略有：独创策略、模仿策略和改进现有产品策略。

（1）独创策略。指采用新原理、新结构、新材料、新工艺研制的市场上还没有出现过的新产品。这类新产品一旦在市场上获得成功，会表现出以下优点：

1）易在市场上扎根、成为名牌。

2）市场占有率高，经济效益高。

3）在投入期内，市场上无竞争者介入，可采用多种定价策略。

4）可以申请专利保护，在相应期间可以独占市场。

5）必要时可以出售生产许可证，从技术转让中获利。

6）可以作为扩展生产线的基础，促进企业成长。

如果独创产品进入市场后失败，则可能出现以下情况：

1）会造成较大的财务损失。

2）会带来心理损失，影响企业员工士气。

3）会影响企业形象和企业与中间商的关系。

（2）模仿策略。是指在市场现有成功的产品基础上进行模仿改造而开发新产品。

模仿策略有如下优点：

1）技术风险小，容易试制成功。由于别人已经制造出来了，证明技术是可行的。

2）市场风险小。一般而言，市场上成功的产品已经证明有足够的市场潜力，或者正在创造市场对它的需求，模仿者可以减少开发的失误。

3）开发成本低，可缩短开发周期。由于新产品的概念开发方面已由独创企业完成，模仿者可以大大减少开发费用和缩短开发周期。

4）有投入市场的经验教训作为借鉴。模仿者不易犯市场营销上的错误，如果时间允许，模仿者还可以对独创者的产品进行改进。

模仿策略的主要缺点有：

1）市场范围有限，可占领的市场范围小。

2）模仿产品投入市场会面对激烈的竞争，竞争首先来自最早开发出产品和市场的独创企业；其次来自其他模仿者。因此，仿制者的唯一出路是让模仿产品超过原产品，使其功能更优、质量更好、成本更低，才能具有竞争力，后发制人，占领更大的市场。

（3）改进现有产品策略。是指在企业原有产品的基础上，采纳消费者（用户）与其他方面的意见，进行改进而开发新产品。

据美国布兹·阿隆和哈米尔顿管理咨询公司的调查，美国 700 家公司在 1979—1984 年所投入市场的新产品的分类情况如表 4—1 所示。

表 4—1　　**美国 700 家公司投入市场新产品分类**

类别	比重（%）
世界范围的全新产品	10
企业的新产品线	19
现有产品线的新品种	26
现有产品改进或变型	26
现有产品成本降低	11
成熟后期产品的新生	8

这份统计资料表明，上市的新产品多数可归入对现有产品的改进，说明改进策略是新产品开发的一个主要策略。

采取改进策略有如下优点：

1）投入资源较少，开发周期较短。

2）亏本的风险极小。

3）易于协调新产品开发与现有产品的管理，有利于强化现有产品组合。

4）能较快积累生产技术和管理经验。

5）有利于充分发挥企业的优势。

6）可以利用现有的分销渠道。

改进策略的缺点是新产品很难有大的创新突破，很难占有较大范围的市场。

3. 关于新产品开发方式的策略

按新产品开发方式，可供选择的开发策略主要有自主研制策略和技术引进策略。

（1）自主研制策略。是指依靠本企业的力量，独立地进行基础研究、应用研究和开发研究，独创地开发出新产品。

自主研制策略的优点为：1）可以充分发挥企业的技术、设备和科研力量；2）开发出的独创产品可独占市场，申请专利和输出技术；3）可以提高企业声誉。

自主研制策略的缺点为：1）需要较多的资金、人力、设备的投资；2）研制时间比较长；3）风险比较大。

（2）技术引进策略。是指利用国内外已有的成熟技术进行新产品开发。例如，引进专利或专有技术等许可证贸易、补偿贸易、合作生产、加工装配、合资经营以及引进技术设备、引进技术软件和购买国外样品等。

技术引进策略的优点为：1）投资少，节约开发费用；2）时间短；3）有成熟的经验可利用，成功可能性大；4）有成功的营销经验可以借鉴；5）风险小；6）有利于缩小技术差距。

技术引进策略的缺点为：1）可占领的市场范围小；2）难以充分发挥企业的技术优势；3）会受到技术供应方限制条件的影响。

在实际工作中通常采用自主研制和技术引进相结合的策略，从而在充分利用本企业技术的基础上，引进某些技术，相互弥补不足。

4. 关于降低新产品开发风险的策略

研发新产品，即使进行了有效的科学管理，还是会有许多不确定的因素和难以预料的因素影响新产品开发，造成各种障碍，甚至造成新产品开发失败。

为了尽量降低新产品研发中的风险，可以根据具体情况选用下列几种降低开发风险的策略：

（1）降低投资风险策略。新产品开发过程中往往需要新的投资，主要是设备和工艺装备上的投资，这就产生了投资风险，也就是说，如果新产品开发不成功，这种投资就难以回收。

为了降低投资风险，就要在新产品投入市场初期（产品投入期）尽量利用企业现有设备、现有工艺装备以减少投资。应该说这种策略能产生好的效果，因为新产品投入期产量小，可以尽量利用现有设备和工艺装备，但这一时期失败率也大。当新产品进入成长期时，产量要增大，就无法采用这一策略，一定要有新的设备和工艺装备，但是相对来讲，新产品进入成长期，失败率也大大降低。

（2）减少资源投入风险策略。在新产品开发过程中，不同开发阶段都需要投入一定的资源，即投入一定的人力、物力、财力和能源，而企业的资源是有限的，在资源投入所获得的效益上就有风险。为了减少资源投入风险，应采取减少资源投入的策略。

1）在新产品开发初期把研发的一些项目如新产品试验项目、设计项目，甚至试制项目等，交由别的企业、别的单位承包。

2）在新产品试生产中，可采用将一部分部件或大部分部件外包，本企业只进行新产品装配，这样就可以大大减少本企业的资源投入。如果新产品开发成功，进入成长期，就可增加资源投入，将用于老产品的资源转用于新产品，可以大大减少资源投入的风险。

（3）转移开发风险策略。新产品生产出来后，能否有销路，市场有多大，难以预料，有可能出现没人买的情况。为了减少这种风险，可以采用转移风险策略，通常有两种办法：

1）对于那些成本高、生产周期长的产品（如船舶），可采用新产品投产前争取订单的策略，最好与买主签订长期合同，这样风险就大为减少。

2）对于一些时新产品，可采用加价法策略，即对于新产品的定价，除成本加合理利润外，另加一定比例的销售价，以减少新产品销售不畅而造成的损失。

5. 关于新产品市场发展的策略

按新产品的市场发展可供选择的开发策略有：密集性市场发展策略、无差异市场发展策略和差异化市场发展策略。

（1）密集性市场发展策略。是指新产品选择一个或少数几个细分市场作为目标市场的市场发展策略。这样企业可集中采用一种营销手段服务于该市场。

此策略的优点是：1）可以获得较高的市场占有率；2）可以减少生产和促销费用；3）可以集中精力提高质量和创名牌产品，从而获得更高的利润。

此策略的缺点是：因目标市场狭窄，一旦市场发生变化，企业就会受到较大的影响，具有相当的风险性。

（2）无差异市场发展策略。是指新产品选择整体市场作为目标市场的发展策略。这一策略的重点着眼于人们需求中的同一性，而不管各细分市场的差异性。以一种产品去满足不同的消费者（用户）群体。

采用这种策略的必要条件是：1）该类产品供不应求；2）新产品开始进入市场；3）该类产品确实存在着差异性不大的消费需求，例如，火柴、肥皂、食盐、缝衣针等。

这种策略的优点是：可以降低生产成本、广告和促销费用。其缺点是：由于没有更多地考虑消费者（用户）需求的差异，容易造成产品供不应求或者积压，也容易招致较多的竞争对手，使企业利润减少。

（3）差异化市场发展策略。是指企业选择几个细分市场作为目标市场的策略。这种策略的实质是针对不同细分市场的需求差异，分别开发不同的产品，以满足各消费者（用户）群体的需求和企业经营目标的实现。

这种策略的优点是：能更好地满足不同消费者（用户）群体的需求，提高企业销售额和市场占有率。缺点是：增加经营成本，使售价提高，从而影响竞争力。有些企业为弥补上述缺点，采取减少经营产品种类，增加较多花色品种，以争取消费者重视，从而提高销售额和竞争力的策略。

6. 关于新产品特色的策略

按新产品特色，可供选择的开发策略有：优质策略、价廉策略和新奇策略。

（1）优质策略。是以产品质量的优势来争取顾客，这是一条基本的策略。优质表示产品性能优于同类产品，包含更多的消费者（用户）利益，能更好地满足消费者的实际需求。优质还表示产品档次高，有利于赢得信誉、创名牌，能满足消费者的不同心理需求，使产品在消费者心理上产生优势。

在市场上，同样一件产品，材料相近，但因质量上的差异，价格可能相差几倍，这便是优质优价。例如，毛纺产品一旦贴上纯羊毛标志，价格就可比同类产品提高15%。

企业采用此策略的条件是：企业有经济实力，有较高的技术水平和管理水平。

（2）价廉策略。一般来说物美使人产生购买欲望，价廉足以鼓起购买动力。薄利多销是价廉策略的一种形式，它可以争取消费者（用户），又可以促进生产，但要降低价格，就要降低成本，这就要求新产品在制造方法上、生产组织上挖潜力。例如合理选料、减少消耗、充分挖掘设备潜力、提高劳动生产率等。

企业采用此策略的条件是：企业有研究和改革工艺的能力，有批量生产能力和较高的生产效率。

（3）新奇策略。新给人以前进、变化、富有生气等心理影响；奇给人以刺激、兴奋、异常等心理感受。新产品的新奇策略能满足人们求变、求异的心理需求，符合人们追求个性化、多样化的要求。

新产品做到了新奇得美观、新奇得实用和新奇得入时，就能以新奇特色提高产品竞争力，因此新奇策略也是新产品特色的一个基本策略。

7. 关于新产品品种的策略

一个企业开发新产品，考虑产品品种的宽窄是一个重要的问题。这方面有下列三种策略可以选择：宽品种策略、窄品种策略和最佳品种组合策略。

（1）宽品种策略。宽品种策略就是企业同时生产多种同类产品。它的好处有：

1）多种产品就有较宽的市场面，一种产品需求下降不会给企业带来多大影响，可以做到“东方不亮西方亮，黑了南方有北方”。

2）可以充分利用企业现有的技术、工艺装备、设备等。

3）新产品的研制费用由更多的产品分摊，对于生命周期短的产品，企业有更大的回旋余地。

它的缺点是：容易造成力量分散，开发的程度较浅。

宽品种策略对于大企业、技术力量强的企业比较合适。

（2）窄品种策略。窄品种策略就是企业只生产一两种产品。它的好处有：

1）由于生产专门化，使企业能集中人力、物力、财力，搞好一两种新产品。

2）它的开发程度较深，可提高企业的竞争力。

它的缺点是风险增大。窄品种策略对于中小企业比较适合。

（3）最佳品种组合策略。最佳品种组合是指企业拥有处于生命周期不同阶段的新产品。由于几种新产品的生命周期阶段各不相同，而一种产品生命周期的不同阶段给企业带来的经济效益是不相同的，如果几种新产品处于不同阶段，企业的不同产品可以形成接力，使企业得到持续稳定的经济效益。

第2节　新产品开发的起始点

创造性的工作经常需要一种触发、契机、基础或者灵感，新产品开发同样需要一个起始点。对新产品开发各种各样的起始点进行总结归类，加以理解把握，能扩大新产品开发的眼界，指导新产品开发战略和策略的正确制定，提高新产品开发的成功率。

新产品开发有三大类规律性的思路起始点：一类是消费者（用户）需求；一类是技术发展；一类是产品变化。

第一类思路是先按消费者（用户）需求搞出一些新产品设想，然后寻找和采用有关科技成果进行研发而形成新产品。这一类思路主要是适合消费者（用户）需求的规律而使新产品开发成功。

第二类思路是根据科技发展提供的可能性，得出一些新产品设想，然后寻求对应的消费者（用户）需求，若可行则进行实际的研发。这一类思路主要是应用技术发展提供的可能性。

第三类思路以产品变化作为起始点，既可能从消费者（用户）需求考虑，又可能从技术发展需要考虑，但又很难完全归入前两类。

可以看出，需求、技术、产品之间相互影响、融合，共同服务于新产品开发。

一、以满足消费者需求作为起始点进行开发

（一）以满足消费者提高物质生活水平的需求来开发

随着生活水平的提高，人们从温饱、小康再到富裕。在物质生活上，消费者不再满足于吃过、用过、穿过的商品，会有更高的要求。人们在经济条件允许的情况下，必然追求更多、更好、更精、更舒适。人们物质生活高级化既体现在产品的品质上，如服装、食品、日用品、电气设备、家具、厨具等，还体现在产品大类的扩展上，例如数码产品、汽车、住房等。

由于物质产品与人们的生活关系密切，因而它们开发的市场大、生命周期长，如果抓准了，开发成功后的效益可观，这方面成功的例子很多。

例如，日本一家电机厂开发出一种棉被干燥机就获得了很大成功；世界上热门的香味新产品，诸如室内加香器、厕所除臭器等，也属此类开发思路；还有南非开发出的一种可以自己理发的自动理发器，只要将它套在头上，头发便吸入无数小孔中，理发者可随意调整头发长度，碎发还被吸入储发袋，使用十分简便，这也是一种很好的开发思路。

（二）以满足消费者提高精神生活水平的需求来开发

随着人们生活水平的提高，消费者在精神生活方面的要求也会逐步提高，这表现在很多方面，消费者要求有些产品能给人以喜悦、安慰和生存意义等，于是像纪念品、怀旧性产品、娱乐性产品、趣味性产品等成为热门的产品。

例如，美国的科莱公司为老年妇女开发碎布娃娃，以满足她们对孩子的心理需求。这种娃娃区别于一般玩具娃娃，具有不同的相貌、皮肤、发色，甚至有出生记录，包括姓名、手印、脚印，屁股上还盖有接生员印章，并附有出生证和领养证，能满足不同老年妇女的需求。

（三）以满足消费者保持健康、增强体质的需求来开发

随着生活水平和知识水平的提高，人们更加关心如何保持和增进自己的身体健康。为满足消费者的这种需求，各种保健型新产品和服务应运而生。

损害人体健康的因素有营养过剩、运动不足、劳动机械化、环境污染、食品公害等，因此，就有了各种保健食品、保健化妆品、保健环境用品、保健运动用品，等等。

在保健型新产品中，保健食品最为流行。例如低热量、低盐、低脂肪食品，高钙、高维C食品，还有藻类、大豆、麦片食品，以及没有添加剂的天然无公害食品等。保健用品包括空气清洁剂、电话消毒剂、按摩器、健身器、运动器具等。

（四）以满足消费者对方便省心的需求来开发

随着生活水平的提高，人们日益追求更加丰富的物质文化生活，以使自己均衡发展，这就要求人们从旧有的一些费时费力的生活方式中解脱出来，换句话说，人们生活中有对“方便”的强烈需求，为此开发出了各种方便产品。方便产品的关键在于一个“省”字，包括省时、省力、省心、省事，产品要方便携带、储存和使用等。

对于日常用品，满足人们方便需求可以通过下列几种方式来实现：

1. 食品方便化

可以开发出多种方便食品，它们具有既省时又省力的优点。这类产品已经有很多，像方便面、速溶咖啡、速溶奶粉、速溶豆乳粉，还有各种蒸煮袋食品和速冻食品。

2. 产品使用自动化

此类产品使用操作简单方便，具有省时、省力、省心的特点。例如，自动折叠伞能自动打开伞面；自动调温喷雾熨斗适用于各种布料衣服的熨烫；再如电饭锅，蒸煮时不必担心烧焦，也不会煮出夹生饭，也是一种使人省心的产品。

3. 产品轻便化

此类产品通过材料和结构的改进，可以大大减轻产品重量，人们使用时轻便省力。例如，轻型自行车就是此类产品。

4. 产品省空间化

在住宅空间有限的条件下，开发占空间少的日用品成为产品畅销的因素之一。产品小型化、折叠化是这一倾向的表现。例如，折叠桌椅就是此类产品。

5. 产品省力化

省力产品指的是开发一些能减轻家务劳动的产品，如洗衣机、吸尘器等。

（五）以满足消费者“专用”需求来开发

消费者追求产品专用化是另一个重要趋势，其理由有二：

（1）从产品技术来看，只有产品专用化，才能使产品产生最佳的效果。

（2）由于不同人群具有不同的个性，加上产品使用环境的多样化，对产品提出的要求不可能千篇一律，只有产品“专用”才能给予消费者充分满足。

产品专用化可以通过多种途径来实现。

1. 按用途不同，实现专用化

一种产品可能有多种用途，可按不同用途开发不同的专用产品。例如，纸张可用来写字、绘图、印刷、包装等，为了更好地满足不同用途的要求，专门生产新闻纸、书写纸、绘图纸、包装纸，还有复写纸、照相纸、蜡纸、防锈纸、防虫纸、隔音纸等。

2. 按消费者不同，实现专用化

消费者不同，对产品的要求也不同，可按不同消费者开发不同的专用产品。例如拎包，就有女士用的手提包、上班用的公文包、学生用的书包、运动员用的运动包、旅行用的旅行包、医务人员用的医药包等。再如营养食品有老年、婴儿、儿童、妇女等不同的专用营养食品。

产品的消费者除有职业、性别、年龄等的差别外，还可能有民族、文化程度、生活习惯等差别，根据这些差别可以开发出专用产品。

3. 按使用地点和使用特点不同，实现专用化

产品的使用地点不同，往往对产品有不同的要求，可按不同使用地点开发不同的专用产品。例如，根据时钟的不同使用地点，开发出汽车钟、快艇钟、坦克钟、航海钟、旅行钟、厨房钟等。

4. 按使用范围或用途的特殊性，实现专用化

有些产品有时使用于某一特定范围或有特定用途，可根据使用的特殊性，开发不同的专用产品。例如，礼品用来馈赠亲友；旅游用品适合旅行的特殊要求。一些日用品作为礼品用时，除要求优质外，还要注意外观以及包装装潢；旅游用品除满足主要用途需要外，还要求小巧、重量轻、体积小、便于携带等。

（六）以满足消费者的多用需求来开发

随着人们生活水平的提高，在消费者追求产品专用化的同时，也在追求产品的多用性。因为“专用”能使产品在使用中获得最佳效果，而“多用”能使产品在使用中提高效率，减少占用空间，提供方便等。

产品多用化一般分为下列两种情况：

（1）一物多用，即同一产品稍作变化，可以作这一用途使用，也可作另一用途使用。例如两用沙发，白天用作沙发，夜晚用作床。

（2）一物多功能，即同一产品在同一时间内不作任何变化，就可具有两种以上的功用。例如多功能手表，气象手表既能计时又能预报天气，计算器手表既可计时又具有运算功能，通信手表既可计时又可收发电报，保健手表既可计时又可测脉搏血压，日历手表既计时又计日期。

另外，各种组合式产品也属于满足多用途需求的产品，像组合音响、组合家具、组合办公用具、组合文具、组合厨房用具、组合化妆品等。

（七）从人们生活的不安情绪中寻找消费者需求来开发

随着经济的发展和生活水平的提高，人们的物质生活大大丰富，伴随着多种多样的物质享受，人们也增加了许多过去从未有过的不安情绪，诸如交通事故、子女教育、食品公害、电磁波辐射、环境污染等。由于消费者需要消除不安情绪，能给予种种安全感的产品就应运而生。消费者的不安情绪的反面就是消费者的需求，这是一种重要的新产品开发思路。消费者的不安情绪越高，消费者的需求就越强烈，消费者购买意愿也越高。例如绿色食品、防盗门之类产品即属以此种思路开发的产品。

（八）从调查人们消费生活的变化寻找消费者需求来开发

如果把影响消费生活变化的诸多社会经济因素的各种相关关系图表化，再联系某类产品的消费者需求，就能成功地开发出新产品。例如，在日本，两门冰箱就是在掌握人们消费生活变化的基础上开发出来的。其过程如下：一开始在调查消费者对冰箱的需求时，发现对冰箱的需求受食品的消费方式和购买食品的习惯影响，而食品消费方式和购买习惯又受收入水平、主妇生活方式、食品流通形式和私人汽车的普及、农产品输入政策等社会经济因素的影响，在详细掌握上述社会经济因素变化的情况下，就能预测今后食品消费方式和购买习惯的变化，最后断定今后家庭对冷冻食品等的需求将显著增加，因此对冷藏保存

新鲜食品的需求相应大大增加，这就明确了冰箱的大型化和冷冻室容量增大的发展方向，两门冰箱也就应运而生。

（九）从对产品的失望、不满、抱怨和投诉中寻找消费者需求来开发

一些企业有时因巧妙地利用消费者的抱怨和投诉，使产品开发收到明显的效果。这些企业建立抱怨和投诉的处理制度，按照消费者的抱怨──→抱怨的处理──→抱怨的分析──→产品的改进和新产品开发的程序来进行。抱怨的反面就是希望。可以这样设想一下：消费者有什么不满？消费者对什么失望？消费者为什么不满和失望？这样就会弄清消费者所希望得到的东西，也就是应该开发的东西。

（十）从少数人意见和异常行动者、高敏感度人群的想法中寻求消费者需求来开发

少数人的意见、异常行动者以及高敏感度人群的想法经常被忽视，如果加以重视，可能有意想不到的发现。开发满足这些隐秘需求的新产品往往能走在其他企业的前面。

如果只按多数人的意见和建议进行新产品开发，那么开发出来的新产品很难与众不同，会成为没有特色的产品，因此要注意少数人的意见和建议。例如，随身听就是听取少数人的意见开发出来的，并获得了很大的成功。

注意异常行动的人也是发掘独特消费者需求的好办法。异常行动的人不同于一般人，在其特殊行动中常隐藏着某种特殊的需求。例如，小型冷藏箱本是钓鱼者用来装鱼的保鲜容器，而这里隐藏着消费者希望有一个手提式小型冰箱的需求，可携带小型冷藏箱去旅行、郊游等。

世界上的确存在着一些高敏感的人群，他们具有敏锐的洞察力，能透视将来，领先潮流。新产品开发者应从这些人的言论和行动中发现消费者的未来的独特需求。例如，日本经济界流传着“只要美国打一个喷嚏，日本就会感冒”的话。高度敏感的人经常会从外国的产品上发现本国消费者未来的需求，据说日本的方便面就是从美国快餐食品中得到启发而开发出来的。

二、以技术发展作为起始点进行开发

（一）通过技术创新进行开发

指在技术上有所创新突破的基础上开发新产品。最直接的方法就是应用当前的最新技术，像应用微电子技术、网络技术、纳米技术、激光技术、红外技术、超声波技术、生物工程技术、海洋工程技术、宇航工程技术，等等。

例如，微电子技术的应用就是一个非常重要的新产品开发领域，20世纪90年代，有的国家推行“5C化”计划，即：

（1）CAD——用电子计算机设计、绘图，提高设计效率。

（2）CAM——用电子计算机进行经营管理，实现办公自动化。

（3）CAT——用电子计算机进行产品检验和质量检查。

（4）CAE——用电子计算机制定和控制工艺操作程序。

（5）CAF——用电子计算机管理家庭。

此外，微电子技术还应用于遥感、遥控、遥测、电视录像等。

通过技术创新进行开发，一般要求开发人员对于市场和产品有远见。例如，日本电子工业界在20世纪70年代对首先在美国研究成功的集成激光新技术战略性地投资1亿美元，开发出了集成激光技术的新产品，使该项新技术在日本开花结果。

（二）通过技术模仿进行开发

通过技术模仿进行开发历来是新产品开发的重要途径之一。这可以通过企业的技术革新和改造来达到，还可以通过引进技术、设备和工艺来达到，其结果是得到国内外同类新产品的仿制品。

由于仿制品可占领的市场范围小，投入市场时就要面对激烈的竞争，所以通过技术模仿的途径开发新产品应注意以下两点：

（1）通过技术模仿途径进行开发，最好寻找生命周期比较长、有发展前途的产品，即寻找市场范围大的产品或者人们日常生活的必需品。

（2）对技术模仿应注意改进甚至创新，使企业的仿制品超过原产品，使其功能更优、质量更好、成本更低，这样企业的仿制品才能具有竞争力，才能后发制人和占领更大的市场。

（三）采用新材料进行开发

从天然材料的应用到人造材料的开发应用，都是科学技术发展的结果，是科学技术在材料上的体现。材料是形成产品的物质基础。通常采用新材料生产产品，就能使产品具有新特点。这种例子非常多，大致可通过下面三个途径来实现：

1. 用另一种材料替代原来的材料

新的材料会给产品带来新的特点，有时还能带来降低成本的好处。例如，用化纤代替天然纤维，用铝合金代替钢材，用工程塑料代替金属，还有用塑料制造仿瓷器皿，等等。

2. 对原用材料进行二次加工

用这一途径开发新产品，往往成本增加不多，但是可以较好地改善产品性能。例如，涂塑相纸、涂塑贴墙纸等。二次加工的技术有复合、喷涂、浸渍等。

3. 采用新型材料开发新产品

新型材料主要指当前材料科学的研究成果，大致可分为三大类：

（1）新型金属材料，主要指用于宇航、核能、化工的钛金属，还有具有特殊传感功能的钽、锆、铌等金属材料。

（2）新型有机合成材料，主要指各种新型高分子聚合物。

（3）新型无机非金属材料，主要指陶瓷材料。

（4）纳米材料等。

用新型材料来开发新产品，会收到意想不到的效果。

（四）通过技术复合进行开发

将两种技术复合在一起往往能收到很多特殊的效果，它是技术发展的一个重要趋势，也是新产品开发的一种重要途径。在现代市场上，采用这一途径开发的新产品越来越多。技术复合可分为下面几种类型：

1. 一般技术与一般技术复合

例如，通信手表是钟表技术和微型发报技术的复合，它可满足野外工作者计时通信的需要；又如纸钢是纸浆、金属纤维用树脂黏结而成，是造纸技术和金属纤维化技术的复合。

2. 一般技术与先进技术复合

例如，自动照相机就是照相机技术与红外测距技术的复合应用；又如具有记忆功能的电子显微镜是显微镜技术和电子计算机技术的复合，它利用电子计算机把显微镜图像“记住”，当需要时就可以再现。这类显微镜能同时在两个屏幕上显示被观察物的图像并进行比较。

3. 先进技术与先进技术的复合

例如，潜水机器人就是深潜技术和机器人技术的复合。

通过技术复合开发新产品有着广阔的前景，一般投资少、见效快，还有利于发挥企业的技术优势。在实际工作中，利用此途径开发新产品可采用“搭积木法”和“拆装法”两种方法。

（1）“搭积木法”是把每种技术作为一块积木，然后进行搭接而创造出新产品。

（2）“拆装法”是把各种技术拿来拆拆装装，重新组合，创造出独具特色的新产品。

三、以产品变化作为起始点进行开发

（一）通过研究衰落产品来开发

研究衰落产品是新产品开发的一个重要思路。衰落产品既指市场上滞销、被淘汰的产品，还指开发失败的产品、未能进入市场的产品或试销中未能打开销路的产品，等等。

研究衰落产品就是探求产品滞销或失败的原因，分析它们失败的市场原因和当时的环境，找出解决这些问题的办法，然后结合现有的社会需求情况和科学技术条件看是否有机会开发新产品。下面是两种值得借鉴的思考方法：

1. 深入市场调查，探求产品滞销原因，进而开发新产品

在日本，从滞销的冷气设备开发出空调，就是运用此法获得成功的一个典型例子。一开始，企业对滞销的冷气设备进行市场调查，了解到有以下几方面原因造成产品滞销：

（1）冷气设备仅在盛夏短期使用，效用/价格比相对较低。

（2）冷气降温不除湿，对身体健康有影响。

（3）窗用冷气设备安装不便。

经研究后开发出了空调，不仅有降温功能，还有调温除湿功能，大大延长了使用时间，还改窗式为分体式，获得了成功。

2. 研究产品开发失败的原因，进而改进开发

一个产品在市场上成功与否不完全取决于产品的功能、质量或技术水平等，还取决于引入市场的时机、商品化的技巧、价格因素、使用方便程度、所提供的服务等因素，所以对过去中止开发的新产品进行重新认识是非常必要的，从更大范围来分析其失败的原因，就能提高新产品开发的成功率。

（二）从形成产品系列来开发

人的需要具有可变性和多样性，这为开发系列产品提供了可能。以不同规格、不同款式、不同造型、不同色彩、不同功能的系列产品来满足不同人群的要求，是新产品开发的重要途径。在实际工作中，产品系列的思路多种多样。

1. 按产品规格形成系列

例如自行车根据轮子的大小（直径）就有20英寸、22英寸、24英寸、26英寸、28英寸几种规格系列。

2. 按用途范围形成系列

例如，上海某日化厂最早生产治疗秃发药水，后来又开发了染发水、烫发水、护发水等多种产品，从而形成了美发产品系列。

3. 利用不同材料开发出用途基本相同的系列产品

例如，制造皮箱、皮包的工厂可以用人造革、化纤布、丝绒、绸缎、尼龙布等不同材料制成衣箱和手提包，以适应不同层次、不同爱好的消费者。

4. 利用一种材料的不同特性开发出系列产品

例如，利用尼龙纤维可开发出尼龙布、尼龙针织品、尼龙渔网、尼龙轮胎、帘子布、尼龙地毯等产品，尼龙作为塑料还可开发出机械零件（齿轮、滑轮）和电器零件等产品。

鞋类产品是系列化开发的典型例子。河南南阳有个鞋厂曾经按此思路开发出16个系列60个品种的鞋，取得了良好的效果。

（1）根据人的不同脚型开发出鞋的尺码、型号系列。

（2）根据人的年龄、职业开发出不同式样、不同性能特点的系列。

（3）根据人居住的地区（城市、乡村、南方、北方）开发出规格要求不同的系列。

（4）根据使用时间的差异开发出春、夏、秋、冬不同季节的系列。

（5）根据营销价格开发出高档鞋、大众鞋的系列。

系列化开发新产品，要注意不能闭门造车、凭主观想象开发，而要通过调查研究，了解符合人们要求的最佳系列。

（三）从增加产品实用美来开发

产品实用美属于技术美学的范畴，它是指产品效用和美感二者之间有机和谐地结合。实用美广泛存在于自然界，各种动植物本身的外形、色彩、质感所构成的图案都体现了效用和美感的和谐结合。很多文学家、艺术家都从自然界中获得创作灵感。

产品实用美为人们日常生活所追求。人们越来越追求产品既实用又有美感。因此，增加产品实用美是开发新产品的重要途径。当前在产品的发展中出现的日用品工艺美术化和工艺美术品日用化两大趋势就是人们追求实用美的反映。

在实际工作中，增加产品实用美采用的措施有下列几种：

（1）优化造型，形成造型美感。

（2）改变色彩和材质，形成色彩美感和质地美感。

（3）增减装饰，或采用表面处理，或增减附件，使产品外观整体更具美感。

（4）产品整体改进。例如，对手表外壳和机芯做整体改进，对外壳的造型、色彩、材质、装饰做整体改进。

（四）用功能转移法来开发

产品的本质是具有满足消费者（用户）需要的效用。产品满足某种用途需要，必须具有某种功能。采用功能转移法，使新产品在满足用途需要上有新的特点，是非常有效的方法。

采用功能转移法，首先要认识老产品及其功能，然后从该功能出发来探索开发新产品的可能性。有时可以根据某产品所具有的特殊功能，开发出多种新产品来。

例如，枪是一种战斗武器，它的特殊功能是动能发射，可以利用枪的这一发射功能开发出注射枪、种树枪、播种机枪、救生枪等。注射枪可用于给猛兽注射药剂；种树枪用于栽树；播种机枪用于播种以提高效率；救生枪用于航海中抢险救难。

利用功能转移法开发出新产品的例子有很多。例如，可伸缩的金属教棒、胶棒、装有雨刷的眼镜等。

用功能转移法开发新产品有一定难度，它要求开发人员摆脱习惯思维的束缚，使思维具有多端性、灵活性、创新性，能从习以为常的事物中认识和转移出新产品所需要的功能。

（五）通过挖掘传统特色产品来开发

我国是一个文明古国，历史文化遗产极为丰富，而且幅员辽阔，各地风土人情都有不同特色，因此，挖掘传统特色产品也是新产品开发的一种重要思路。根据积累的经验，可通过以下几种方式来进行开发。

1. 挖掘和恢复失传的或快要失传的传统产品

这种方式从表面上看是一种抢救或挽救，而实质上是一种开发。因为这种产品在市场上已消失或即将消失，要恢复生产使之成为一种畅销品，还因为挖掘和恢复此类产品的工作要花费很大的精力。例如，吉林有一种失传的产品——松花砚，它出现在明代，具有不易干涸和易于发墨的特点。在吉林工艺美术工作者和地质工作者的合作下，在长白山找到制作松花砚的原料——松花石料，恢复松花砚的生产，大获成功，得到了书画家的好评。

2. 在传统产品的基础上进行创新，开发出新产品

例如，我国在美国田纳西州世界能源博览会上展出了一艘新颖的太阳能游艇，它是一艘太阳能龙船，是在我国传统龙船的基础上开发出来的新产品，船体用玻璃钢制成，动力靠太阳能电池，许多外商洽谈订货。再如近几年国内外唐装的流行等。

3. 用传统产品加上新技术开发新产品

我国全国各地的名特产品很多，但因受到保存技术和运输条件的限制，未能实现全国大量销售，像传统菜肴、小吃、点心等食品都属于这种情况。现在采用速冻、软罐头（蒸煮袋）、保鲜等新技术在一定程度上解决了这一问题。

4. 仿制古文物开发新产品

仿制古文物也是一种挖掘传统产品来开发新产品的方式。例如，仿唐三彩、秦兵马俑，还有仿古瓷器、仿古家具、仿古灯具、仿古铜器、仿古文具、仿古钱币、仿古电话、仿古壁挂以及仿古旅游马车，等等。

(六) 细小、轻薄新产品的开发

细小、轻薄思路是当前新产品开发的一个重要方向。细小、轻薄产品至少有以下两大优点：

(1) 结构紧凑，尺寸变小，重量减轻，所用原材料大大节约，这部分成本将明显降低。

(2) 细小、轻薄产品重量变轻，其功能会有变好的前景。以动物为例，蚂蚁可以拖动超过本身重量几十倍的重物，而人只能拖动超过自身重量 1 倍的重物；跳蚤能跳 300 多毫米高度，相当于它自身高度的 120 倍，而人只能跳相当于自身高度 1 倍左右的高度。

按细小、轻薄产品思路，已有不少产品开发成功。例如，电子计算机，每升级换代一次，其运算速度提高十几倍，内存容量扩大十几倍，而体积却大大缩小，消耗电能也明显下降。因此，开发细小、轻薄型新产品体现了人类追求节约高效的总趋势。

(七) 流行新产品的开发

流行产品是一种客观存在的社会现象，这些产品与人们的流行爱好联系在一起，它能满足人们追求时髦的心理需求。由于人们这种需求的特殊性，流行产品的生命周期很短，但是会有一个相当大的市场范围，在一个时期内成为畅销品。

流行产品可能是服装、鞋帽、手提包等日常用品，也可能是一些特殊的娱乐用品，例如呼啦圈、魔方、mp3 等都是这类流行产品。

流行新产品的开发主要采用主导法和紧跟法两种方法。

(1) 主导法，即企业主动对流行趋势进行预测，不断开发出流行新产品来主导市场。企业主导流行是使企业产品畅销的有效方法。

(2) 紧跟法，即企业紧跟流行，不失时机地开发出仿制新产品。企业采用此法一定要具备两个条件：一是信息灵通；二是具有快速应变能力。否则，这些热得快、冷得也快的流行产品很可能会滞销、积压。

(八) 无公害新产品的开发

现代工业的发展大大丰富了人们的物质文化生活，但是也给人类的生存带来了许多公害。各种生产过程、商业流通、产品消费和包装废弃物都在造成公害。整个人类的生存环境被污染，生态平衡遭到破坏，人们所消费的产品也被严重污染。很多人已喝不到纯净的水，呼吸不到大自然的新鲜空气，吃不到无污染的食品，人们渴望回归自然、回归绿色健康。

因此，开发无公害新产品是世界范围内的一大趋势，各种各样的无公害新产品应运而生，受到了普遍的欢迎而成为畅销品。例如，无人造色素的食品、无铅陶瓷器皿、无毒塑料器皿、天然矿泉水，甚至出现阿尔卑斯山新鲜空气压缩罐，还有市场上的绿色食品、绿色包装均属此类产品。

(九) 节能新产品的开发

地球上的资源是有限的，浪费资源将给子孙后代带来灾难，开发节能产品势在必行，同时降低产品使用能耗也是人们追求节约的一个重要方面，因此节省能源产品是新产品的重要开发方向。

节省能源新产品开发的两个重要思路是：

（1）提高能源利用率，开发节能产品，如开发出节能汽车、节能冰箱、节能电灯、节能电视等。

（2）采用新型能源，节约不可再生能源，例如，采用太阳能可以开发出太阳能航标、太阳能路灯、太阳能空调、太阳能汽车、太阳能计算器、太阳能水泵、太阳能热水器等。

第3节　新产品的寿命和新产品的市场扩散

新产品开发往往与社会需求发展、科技发展、产品发展和企业成长相联系，因此，研究新产品的时效十分重要。

当我们考察新产品的时效性时，容易发现新产品既有物质性的使用寿命，又有社会性的市场寿命。新产品开发必须认识新产品的寿命和新产品市场扩散的一些规律。

一、新产品的寿命

世界上任何事物都有一个产生、发展、衰落和消亡的过程。新产品同样有从诞生到消亡的过程，这就是产品的寿命。

（一）产品的寿命

无论是产品个体还是产品群体，都存在两种寿命：一是市场寿命；二是使用寿命。

1. 产品市场寿命

亦称产品生命周期，是指市场上产品新陈代谢的过程。一般来说，任何产品试制生产出来后，投入市场，经过一段时间的销售后，销量会逐渐下降，风行一时的畅销品会变成无人问津的滞销产品，甚至最后被迫退出市场。

产品生命周期是产品在市场上存在的时间，表示产品作为一种商品在市场上的盛衰过程。有些产品的市场寿命可长达 3 年、5 年、10 年、20 年，有的产品的市场寿命很短，只有几个月，甚至几周。

2. 产品使用寿命

使用寿命也称自然寿命、使用期限，它是指产品生产出来后，流通到用户手中，最后被使用到无法使用的过程。一般来讲，消耗型产品的使用寿命很短，而耐用型产品的使用寿命则很长，可能使用 10 年、20 年，甚至更长。

对于一些可维修的产品，使用寿命还可分成物质寿命和经济寿命。物质寿命指产品使用中，其性能逐步下降，虽然能通过修理来弥补，但最后会因无法修理而不能使用。经济寿命是以经济年使用费作为标准来确定产品的使用年限。如果年使用费超过了经济年使用费，即经济寿命结束。这是因为在产品使用中，为了能继续使用，其维修等使用费会越来越高，还不如进行更新在经济上更合算。

上述两种寿命之间的比例关系是多种多样的，两种寿命还相互影响。例如，一些老式自行车结实耐用，在生活中还在使用，但它作为商品早已在货架上消失了。另外有些食品或生活必需品的使用期很短，而市场寿命却很长。产品使用寿命是影响产品市场寿命的重要因素，对于一些流行产品，其短暂的市场寿命会给使用者带来无形损耗。例如，去年流行的时装，今年再穿着的话，心理感受会截然不同。

（二）产品生命周期

进行新产品开发，了解产品的生命周期至关重要。一般来讲，产品生命周期分为四个时期（见图 4—2a），如果强调产品开发阶段，则可分为五个时期（见图 4—2b）。

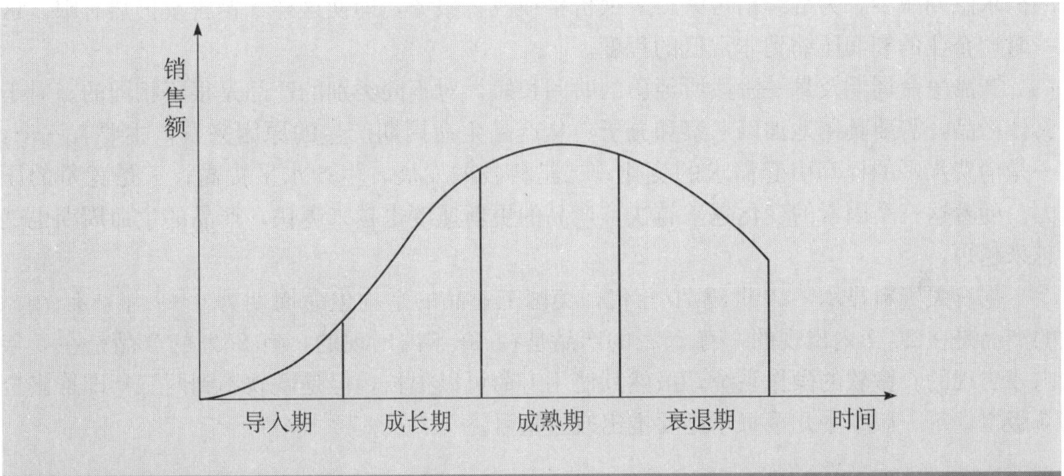

图 4—2a　产品生命周期典型曲线 Ⅰ

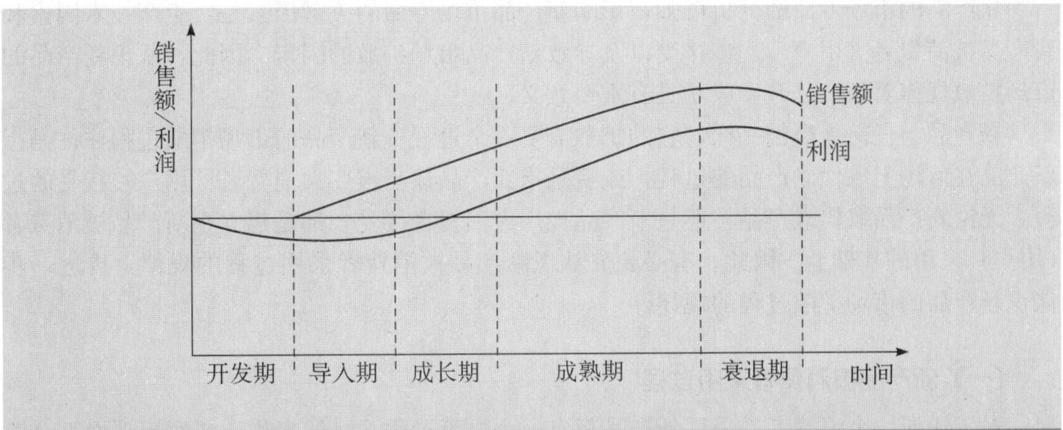

图 4—2b　产品生命周期典型曲线 Ⅱ

1. 导入期

这是产品刚开始进入市场的阶段，由于产品刚试制成功，生产技术不成熟，废品率高，生产批量小，相应成本也就高，同时人们对它还不熟悉、不了解，销量有限。企业所得经济效益差，企业应尽量设法缩短这一时期。

2. 成长期

此时产品设计已经定型，生产已经稳定，产品的缺点得到改正，生产难题得到解决，生产成本有所下降，同时人们对该种产品已有所了解，为越来越多的消费者（用户）所接受，市场需求量增大，有可能增加销售量。这一时期会给企业带来较好的经济效益。

3. 成熟期

此时产品的生产成本已降到最低，同时已为消费者（用户）熟悉，需求量趋向稳定，消费者（用户）的需求已是以新换旧了。此时产品销量大，但销量增长速度相对缓慢，在达到一个高点后开始缓慢下降。这一时期企业很大效益。

4. 衰退期

此时产品的生产没有什么变化，而市场上出现了替代它的更新的产品，使得此种产品的需求急剧减少，为继续销售就得降低价格或改善服务，即使这样，销售量仍然有限。这一时期企业的利润压缩到非常低的程度。

产品生命周期及每一阶段所经历的时间长短，对不同类别的产品是很不相同的。对于具体产品，需要具体地加以考察和分析。从产品生命周期产生的原因来看，主要有三个：一是消费水平的提高引起需求的变化；二是科技的发展，生产水平提高；三是竞争的压力。随着这三个因素的变化越来越快，产品的更新速度也越来越快，产品的生命周期也就越来越短。

据有关资料显示，20 世纪 70 年代，美国工业品的平均生命周期为 6～7 年，有 70％的产品是在 20 年内出现的，有 50％的产品是在 10 年内出现的，有 25％的产品是在 5 年内才出现的。微软的操作系统，虽然其使用寿命可以很长，但是微软不到两三年即推出全新版本，每一版本中几乎每年还要推出改进型号。

二、新产品的市场扩散

从产品的市场寿命的分析可知，影响新产品市场寿命的关键因素是：生产技术因素和新产品被消费者（用户）逐步接受以及导致新产品市场扩散的因素。因此，认识新产品的市场扩散规律对新产品开发成功具有重要意义。

新产品与任何新事物一样，它的扩散需要一个过程。新产品的市场扩散过程往往是指新产品在市场上取代老产品的过程，或者是指新产品逐步被广大消费者（用户）接受的过程。无论新产品取代老产品，还是新产品被广大消费者接受，都是建立在新产品被消费者（用户）采用的基础上。因此，有必要先认识新产品被消费者采用过程的规律，再进一步认识新产品的市场扩散过程的规律。

（一）新产品被消费者采用过程

对于任何一个消费者，采用新产品都有一个决策过程。一般来说，要经历下面五个阶段：（1）知晓，消费者知道有了新产品，但缺乏有关它的信息；（2）兴趣，消费者积极寻找有关新产品的信息；（3）评价，消费者考虑是否试用新产品；（4）试用，消费者小规模地试用新产品，以改进其对新产品价值的估计；（5）接受，消费者决定全面和经常地使用新产品。

消费者采用新产品的模式如图 4—3 所示。

对于新产品的营销者，应考虑如何让消费者顺利地通过知晓、兴趣、评价、试用、接受阶段，最后采用新产品。在发现消费者采用过程中遇到障碍时，企业应及时采取必要的措施。例如，某电子洗碗机生产商发现许多消费者滞留在兴趣阶段，其主要原因是洗碗机

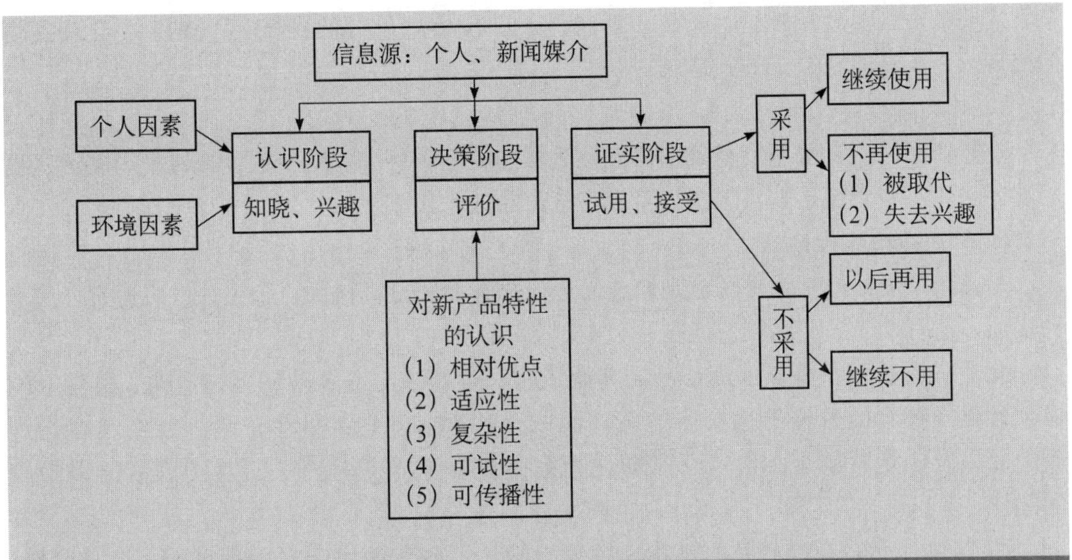

图4—3　消费者采用新产品的模式

的价格较高，消费者犹豫不决，不愿意试用。后来经过调查分析，推出每月支付少量费用的办法，促进消费者试用。

在上述各个阶段中，不同消费者对不同的消费品所花费的时间是不一样的。一般来说，对耐用消费品的评价、试用的时间要比非耐用消费品长一些。性格多疑的消费者与性格爽快的消费者相比，会把更多的时间放在评价和试用阶段。不仅如此，许多消费者往往在知晓阶段就失去了兴趣。

在新产品的知晓和兴趣阶段，消费者要受到个人因素如个人性格特点、社会地位、经济收入、性别、年龄、文化水平等影响，还要受到环境因素如社会、经济、文化、政治、科技发展水平等影响，以及受到信息来源如他人介绍、新闻媒介等影响。

在新产品的评价阶段，消费者除受到信息源的影响外，新产品的特点会对消费者是否采用新产品有很大影响。

新产品的特点对新产品采用率的影响是非常显著的。某些产品如飞碟、呼啦圈等几乎在一夜之间就流行起来，而某些产品如使用柴油发动机的汽车则经历了很长的时间才被消费者接受。下面结合家用个人计算机的采用率来剖析一下对新产品采用存在重要影响的五个特点。

1. 新产品的相对优点

是指新产品所呈现的优于现有产品的程度。例如，使用个人计算机时可感知的相对优点越大，像个人计算机能较好地编制和保存财务记录和计算所得税等，消费者就会越迅速地采用个人计算机。

2. 新产品的适应性

是指与社会群体中的个人价值观和经验相吻合的程度。例如20世纪90年代，个人计算机与发达国家中等收入家庭的生活方式高度一致，它就容易被该阶层的人群接受。

3. 新产品的复杂性

是指新产品在理解或使用中相对困难的程度，例如，个人计算机刚出现时操作十分复杂，需要专业人员使用维护，妨碍了其在家庭的迅速普及。随着操作系统的简易化和网络的出现，个人计算机呈爆炸式增长。

4. 新产品的可试性

是指新产品在有限制的基础上可能被试用的程度。例如，对个人计算机采用展示、租用的办法让消费者作出购买选择，可提高该产品的采用率。

5. 新产品的可传播性

是指新产品的使用效果可被观察或向他人描述的程度。例如，个人计算机可自行演示和描述，这有助于该产品较快地在社会中扩散。

此外，还有一些特点如新产品的初始成本、运行成本、风险和不确定性、科学上的可靠性以及社会的赞许等也会影响新产品的采用率。新产品的生产者、营销者在设计新产品以及制定营销规划时，必须研究所有这些因素，并且对关键性的因素给以最大的关注。

图 4—3 所示，在新产品的试用、接受阶段，消费者的决定有两种可能：一是采用；一是不采用。在采用的情况下，还存在两种可能：一是使用后发现效果满意，继续使用下去；一是使用后发现不能令人满意，便不再使用（可能改用别的品牌，也可能干脆不使用这类产品）。在不采用的情况下，也有两种可能：一是以后改变态度，接受这种新产品；一是继续拒绝采用。

（二）新产品的扩散过程

在实际生活中，有些消费者接受新产品早一些、快一些，有些消费者接受新产品晚一些、慢一些，新产品的市场扩散有一个过程。

新产品上市后，一开始往往仅被极少数消费者接受，然后逐步被更多消费者接受。在时间坐标上，不同类型的消费者采用的时间顺序是：逐新者──→早期采用者──→早期消费群──→晚期消费群──→落伍者消费群。

任何新产品都是极少数逐新者率先采用，这是敢于冒险的少数人，他们对新鲜事物有浓厚的兴趣，新产品一上市，他们就会积极购买和使用。这部分人只占全部采用者的 2.5%。当逐新者感到新产品效果好时，他们的宣传就会使新产品被早期采用者接受。

早期采用者往往是某些领域中的舆论领袖，他们总是在很多事情上有领先的想法。他们很容易接受逐新者的影响，往往在新产品的介绍期和成长期采用新产品。这批人约占全部采用者的 13.5%。

新产品经过早期采用者的使用并被他们认可后，他们的宣传会影响到一大批能顺应社会潮流但又比较慎重的“赶时髦者”，即早期消费群。这部分人占全部采用者的 34%左右。

新产品被早期消费群采用后，新产品的目标市场接受率已达到 50%左右，这时新产品已开始影响一批多疑型消费者，即晚期消费群。这批人的特点是：他们从不主动采用或接受新产品，一定要到多数人都使用并且反映良好时才行动。这部分人也占全部采用者的 34%左右。

最后，新产品已被绝大多数人采用（目标市场），逐步变为市场上的老产品。这时部分落伍者消费群才顺应社会潮流而采用这种产品。这部分人占全部采用者的16%左右。

上述新产品被消费者采用的过程和新产品的市场扩散过程说明，要使新产品尽快地被消费者接受、采用而达到市场扩散，并有较高的接受率，或者要使新产品的导入期缩短，尽快进入成长期，或者要使新产品消除进入市场后的种种障碍，就必须在新产品的研发中采取一系列措施，包括有关产品本身方面的措施，还包括有关包装、商标、说明书、广告、销售渠道、服务等方面的措施，以有利于加速消费者接受新产品。

三、产品生命周期不同阶段的开发对策

产品生命周期是指市场上新老产品的新陈代谢过程。任何产品在市场上都存在包括导入期、成长期、成熟期和衰退期四个阶段的周而复始的过程。从新产品开发来看，一种新产品进入市场获得成功，意味着新产品开发任务的结束，而从产品生命周期来看，新产品进入市场并没有结束其开发任务，还必须在产品生命周期的不同阶段采取不同的开发对策，进行不同的开发工作，持续有效地实现产品的新陈代谢。

因此，我们有必要系统地分析一下根据产品生命周期四个阶段的不同市场特征所采取的不同开发对策。

（一）导入期

产品处于导入期的市场特征是：销售量从无到有，从少到多；成本高，利润微薄甚至亏损；现金流量往往是负数；在竞争上可垄断市场，只有少量竞争者，但销路窄且不稳。因此，企业在此阶段的开发战略是看准时机果断集中力量发展该产品。要通过技术开发推出有吸引力的新特产品，实现批量生产；在营销对策上，要调研市场对产品性能、价格等的反应，预测新产品的市场机遇，还要针对新产品导入的营销焦点，采取提高产品知名度的措施。在导入期，可针对产品的特点，从下述四种具体营销对策中进行选择。

1. 高促销—高价格对策

如果新产品优点突出，大多数人还不知道这种新产品，而知道的人大多会急于购买，对价格不敏感，同时企业又面临潜在的竞争，需要及时建立先入为主的品牌偏好，这时，企业可以采用高促销—高价格的对策，以此来推出新产品。高价格是为了尽可能获得高利润，以支持高代价的高促销手段，而高水平的促销是为了向市场表明该产品价格虽高，却是物有所值，高水平的促销也可以加速市场渗透，以及时建立品牌偏好。

2. 低促销—高价格对策

如果产品市场相当小，但是需要者愿出高价，且潜在竞争威胁不大，这时企业采用低促销—高价格的对策。以高价格来提高利润率，以低促销手段降低营销费用，两者结合起来可使企业获得更多的利润。

3. 高促销—低价格对策

如果产品市场很大，市场上对该产品尚不熟悉，大多数消费者对价格相当敏感，潜在竞争又很激烈，同时企业的生产成本可随生产批量增加很快下降，这时，企业可采用高促销—低价格对策。以低价格、高促销推出新产品来求得薄利多销，得到高的市场渗透率和高的市场占有率。

4. 低促销—低价格对策

如果产品市场很大，市场需求对价格相当敏感且弹性很大，即降低一点价格可获得很大销量；或者，市场需求对促销的弹性很小，同时产品虽有潜在竞争者，但威胁不大。这时企业采用低促销—低价格对策，以此推出新产品。低价格可以促使市场迅速接受该新产品，低促销有利于降低营销费用，可使企业获得较多的利润。

对于一些领导性、主导性大企业，有必要在导入期为新产品培育市场，因为企业本身实力雄厚，竞争力强，市场占有率比较高，市场的成长就意味着自己的发展。对于一些在导入期最先进入市场的中小企业，如何保证自己用心培育的市场不会在成熟后落入他人之手，则是生死攸关的事情。

2009 年 8 月人人网创立，小米工作室 2010 年推出米聊，其业务发展良好，但是 2011 年 1 月腾讯推出具有类似米聊功能的微信以后，借助 QQ 庞大的用户基础，不但在规模和影响力上很快超过了米聊，还增加了社交网络的功能，让人人网相形见绌，到 2013 年微信影响明显超过新浪微博，使阿里、网易均感到危机。

（二）成长期

产品处于成长期，市场销量会迅速增加，形势喜人，成本因规模效应而有所下降，利润率达到最高，现金流量较高，在市场上不断有竞争者加入。

一般来讲，企业在这一时期的开发战略要面对市场竞争，确保企业的市场占有率，需要加速资金的投入。为此，在技术开发决策上，要不断改进产品，提高产品生产上的标准化、通用化、系列化及专业化程度，要进行技术改造，实现大批量生产的技术。在产品营销对策上，要正确调研、预测产品的市场容量，要针对市场扩张进行设备投资。这一阶段的营销重点是要解决如何商品化问题，树立消费者的品牌偏好，以占领市场。

在这一时期，企业新产品开发部门的开发任务已告一段落，但绝不是说新产品进入成长期实现批量生产后，产品开发任务就结束了。企业应该采取的产品开发对策是：

1. 努力改进质量，以优取胜，以质量求生存

企业应以市场为出发点，以消费者为中心，进行市场调查和质量跟踪，听取消费者（用户）意见，尽快将消费者意见集中起来，采取提高质量、增强产品新性能的措施。

2. 开发产品新性能、新品种，以品种求发展

为此，要适应市场的扩大，以品种来满足多层次消费者的多种需求。扩大品种有很多思路可以选择：

（1）在原有品种基础上进行拓展，使产品系列化，满足不同层次的需求。

（2）改进现有品种，重新设计产品外形、色彩、装饰、包装或增减功能等。例如发展多功能产品或简化功能的普及产品。

（3）开发多档次产品，使产品分为高、中、低三档，以此吸引更多消费者。

(4) 使产品定位细分化，根据目标市场需求的差异开发异质产品品种。

3. 以规模经济求经济效益

根据对大批量生产的研究，产品的生产存在一条规模—成本曲线，即随着生产数量的增加，产品成本逐渐下降，当生产批量达到某个数量后，单位成本降到最低水平，但当进一步增加批量时，成本又会上升。

经济规模是指产品生产系统中，在各生产要素合理配置下，能获得最佳经济效益的生产规模。

为实现产品批量生产，要求生产实现标准化、通用化、系列化和专业化。有时为了批量生产，可以把企业资源集中在关键部件上，其他搞横向联合，最后企业进行整机装配，这也能形成规模经济。

新产品成长期常分为前期和后期。一般在成长前期要考虑经济规模，企业应按成长后期的规模进行投入，进行技术改造。当产品进入成长后期，就需要在扩大规模上持慎重态度，弄不好规模过大，刚投产就进入成熟期，造成设备利用率低，规模效益难以实现。

4. 寻找新的目标市场

可适当降低价格，采用新的渠道、新的促销手段等，使产品得以展露新的机会。

很多产品上市后不温不火，看不到成长的影子，实际上，有时候只需要看准时机、周密策划、坚定地投入，就会是另一番景象。

例如，曾成功运作小霸王学习机的段永平，后来又先后推出并非全新产品的步步高复读机、步步高无绳电话，反响热烈。

对于成功的新产品，竞争对手需要快速反应，推出自己模仿改进的产品。当阿迪达斯推出带芯片的运动鞋时，耐克不甘落后，联合苹果推出了可以与 iPod 联用的运动鞋。

(三) 成熟期

产品处于成熟期，一方面，市场占有率已经很高，销售增长减慢，但因销量大，企业有较大的收益；另一方面，利润率有所下降，现金流量高，在竞争上已出现退出的企业，销路出现波动。一般来讲，产品成熟期时间较长，具体还可分成三个阶段。

1. 成长中的成熟阶段

这一阶段仍具有成长的特点，销售量不断上升，但增长率已下降，市场上新购买者逐步减少，新出现的是“更新”和“增加购买”现象。

2. 稳定中的成熟阶段

这一阶段市场已经饱和，销售量在某一水平上波动或大致接近某一饱和量，大多数人已采用该产品，市场上“更新”和“增买”成为主流。

3. 衰退中的成熟阶段

这一阶段因产品普及率提高使“更新”和“增买”的人数逐步减少，如果再出现替代产品，则整个产品销售将出现下降趋势。

整个产品成熟期的市场竞争激烈，一开始，竞争的结果是推出更优的改进产品，或者减价出售，这会使一些竞争力弱的企业退出竞争，从而使生产的集中度提高，最后形成一批势均力敌的竞争者。

一般来说，企业在整个产品成熟期的开发战略是采取改良方针。在技术开发上采用改良技术，致力于产品变化，进一步实现产品系列化、多样化和产品再开发；在生产中要注意开发小批量、多品种的生产技术；在营销上则要在竞争上做文章，进一步提高品牌的知名度和忠诚度。

上述开发战略和战术实质上是实现三个改良对策：产品改良、市场改良和营销改良。

（1）产品改良。为使消费者（用户）能“更新”或“增买”，必须依靠“产品再推出”的对策。这一对策的前提是：产品能加以改进，同时消费者认为有改进的必要。产品再推出往往是采用改良技术对产品品质特性和式样作改进。

1）品质改进是指提高产品原有的实用性指标，使其更适合消费者的需要。

2）特性改进是指增加产品新的特性、新的实用功能，以使产品更具吸引力。如增加产品的方便性、节能性等。

3）式样改进是指采用工业设计方法使产品更加迷人，这不同于品质改进和特性改进求助于技术，而是求助于艺术，具体包括造型、色彩、质感、包装的翻新。

（2）市场改良。成熟期的产品购买者的主流是“更新者”或“增买者”，他们使产品成熟期得以延长，因此市场改良的目标就是增加“更新”或“增买”的比例。可采用的市场改良措施有：

1）采用价值工程方法，让产品主配件同时损坏而难以修理，产品经济寿命结束，迫使消费者（用户）更新。

2）考虑产品的再定位，寻找新的目标市场，使消费者“增买”。例如，将儿童玩具延伸让成年人玩，老年人用的保健用品延伸让年轻人使用，等等。

3）促进消费者增加使用产品的频率。例如，某食品包装上附有数种新的烹调方法，以此来增大食品的购买频率。

（3）营销改良。营销改良的主要着眼点是提高销售技巧。这方面可采用的手段有很多，可以采用削价、打折等优惠手段，有奖销售、附赠礼品，听取消费者意见、改进服务，还可以采用有效广告手段及改进包装等。

但是，很多营销改良手段很容易被模仿，又容易降低利润率，要慎重选择。这里采用主动出击战术是非常重要的，即想到竞争者尚未注意到的手段，注意到竞争者忽视的手段。

（四）衰退期

产品免不了要步入衰退期。产品衰退期的市场特征是：销量下降，利润降低或出现亏损，现金流量减少，在竞争上出现大批退出企业，销路变窄。产品衰退的原因有很多，如技术的进步，出现更好的替代产品，或者流行新产品，导致消费者改变选择，或者进口产品入侵而影响国内产品，等等。

一般来讲，企业在这一时期的开发战略是合理退出。在技术开发上应积极采用新技术，及早构思新的替代产品；在生产上应抓紧更新改造老设备；在营销上要调研何时撤退老产品，如何开发替代产品和及时停止营销改良。

当产品进入衰退期，企业的注意力首先要集中到产品的更新换代上，衰退期应是新产品的诞生期；其次要及时处理衰退期产品，必要时可采取起死回生的开发策略。

1. 集中力量搞更新换代

不管企业意愿如何，产品衰退必然会出现，如果企业不用新产品替代老产品，将会失去原有的市场。一般来说，在产品成熟期后期的市场上，就可能出现替代的新产品，企业必须注意市场信息和同行业动向，抓紧追赶。当产品市场衰退时，应逐步把人力、物力、财力转移到更新产品上去。

2. 及时处理衰退期产品

进入衰退期的产品销量减少，成本上升，效益降低，为了减少损失，必须及时撤退。有时可以组织一个专门委员会来审查和确定衰退产品，通过市场调查进行衰退趋势预测，制定出什么情况保留、什么情况及时撤退的决策。撤退的主要方法是对老产品的技术和装备进行改造，使之成为新产品的技术和装备，有时也采用下列一些方法：

（1）适当延长产品寿命。主要是采用改良措施来延长产品寿命，以减少企业的损失。

（2）加速产品衰退。主要是把老产品集中在剩余市场上优惠销售，尽快回收资金。

（3）将产品技术和装备转卖，以便腾出厂房、资金，加速新产品上马。

3. 采用起死回生的策略

这一策略可在下列两种情况下采用：

（1）对于一些原料性产品，可以采用渗透战术，使老产品具有新用途而起死回生。例如，美国杜邦公司开发的尼龙丝，开始只作为丝袜原料，曾经畅销一时，但因市场有限，加上生产厂家增多，这种尼龙产品就进入衰退期。杜邦公司改进了设计和工艺，使尼龙丝用于轮胎业、仪器制造业，大大延长了尼龙丝的寿命。

（2）对于一些流行产品，出现流行地区转移时，可把本地区的衰退流行产品转移到将要流行的地区，使产品起死回生。

例如，裕兴学习机长期是小霸王学习机的主要竞争对手。当VCD被DVD取代的趋势显而易见时，众多企业做好了从VCD撤退的准备，但是裕兴反而推出了自己的VCD，不过，不是单纯的VCD，而是将学习机与VCD合二为一。其决策者的逻辑是，这一市场虽然对于大企业已成为鸡肋，但是对于裕兴这样的中小企业，如果有自己的特色，仍不失为好的产品。

第4节　新产品开发组织管理的特点和组织形式

新产品开发是企业行为，需要相应的组织形式。新产品开发组织形式的选择，必须在明确新产品开发活动特点以及权责关系的基础上进行。

一、新产品开发组织管理的特点

新产品开发组织涉及人员、部门及职责，以及它们之间的相互关系和组织结构。有两个问题需要明确：应把哪些职责落实到哪些部门？是否应在企业内建立一个新部门来集中执行新产品的管理决策权？新产品开发活动决策与职责关系如图4—4所示。

从图4—4中可以看出，新产品开发活动的组织管理不同于其他活动的组织管理，它具有以下几个特点：

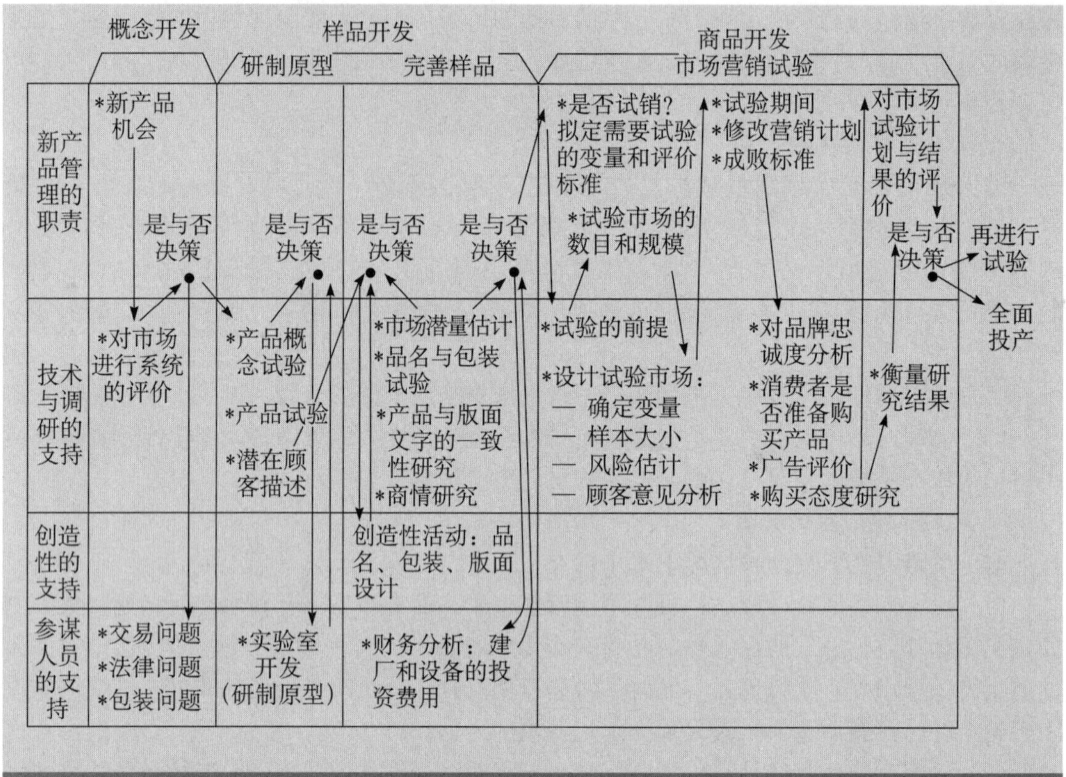

图 4—4　新产品开发活动决策与职责的关系

（1）在新产品开发过程的各个阶段及其各主要步骤的各种决策性工作，需要得到多方面的信息支持。这包括内部工程技术方面创新力量的支持，外部市场调研方面的支持以及精通法律的咨询人员的支持，而且新产品开发管理决策在不同决策点上还需要各个方面提供不同的支持信息。

（2）新产品的各项开发活动要得到各职能部门和人员在行动上的协调配合。例如，研制新产品原型时，要得到实验室方面的支持，还要得到技术和调研方面对产品概念试验和潜在顾客描述等的支持。新产品开发活动要对各职能部门和人员，恰当地规定具体目标和要求，并商定完成各项活动的时间。对于新产品开发来讲，这种协调控制是很重要的。

（3）新产品的开发活动与现有产品生产活动之间具有相互制约性。一般来讲，企业的现有职能部门是为现有产品生产活动而设置的，它们都关心日常的经营活动。像市场营销部门关注现有销售额的增长状况；制造部门的目标是按时完成生产任务；财务部门是管理维持日常业务所需的资金，公司的总目标通常表现为利润指标等。新产品开发活动与日常经营活动相反，它考虑的是企业将来的利润和长远的利益。对于从事实际业务的管理层来说，并不会引起他们现实普遍的关心。新产品开发活动总是当前花钱，却并不立即创收，在客观上与日常经营活动争财力、物力和人力。这种矛盾性是新产品组织管理的一个突出问题，即要在企业的长远利益和近期利益之间正确协调。

（4）企业高层管理人员对新产品开发组织管理有着十分重要的作用。从某种角度来说，这项工作本身就是他们的职责，因为新产品开发的成败将直接影响企业的发展。虽然新产品开发活动可能要求企业内某中层职能管理者从事较多的管理工作，或者要求某经营专家或技术专家负责更多的工作，但是一些重要问题的最后拍板者，仍是高层管理人员，尤其是在开发过程中的每一阶段都有许多纵向、横向和涉外的协调工作，需要高层管理人员的推动才能进行。

从上述特点可以看出，新产品开发活动，既有决策性工作，又有参谋性工作，还有具体指挥性工作，因此，新产品开发组织必须与上述工作要求相协调。

二、新产品开发典型组织形式

由于上述新产品开发组织管理的特点，企业内部可能产生下述几种典型的组织形式，包括：新产品委员会、新产品部、产品经理制和创业小组。

1. 新产品委员会

新产品委员会可能是最常见的新产品开发管理组织形式，它通常是由企业最高管理层加上各主要职能部门的代表组成，是一种临时性的组织，必要时便开会，会议由公司总经理或常务副总经理主持，会后指定一名具有相当职务的职能负责人去了解会议各项决定的执行情况，并为下一次会议准备文件。因此，新产品委员会从性质上讲属于高层次的新产品开发的参谋组织。

一般来讲，新产品委员会有四种作用：（1）在负责策划新产品开发的设想时，起探索队作用；（2）在负责评价新产品开发方案时，起鉴别组作用；（3）在由会议指派专人控制和协调开发过程时，起指挥组作用；（4）在负责新产品试销和投放时，起推广队作用。

新产品委员会的主要优点有：（1）可以汇集主要管理人员的想法和专长；（2）由于所建议的决策是在高层作出的，所以容易被企业（公司）接受；（3）容易迅速组成，也可以为专门目的召集成员商讨与新产品开发有关的问题；（4）可以给成员委派专门任务；（5）可以把参谋作用和决策过程融合在一起。

由于新产品委员会是临时性组织，委员会成员对新产品应负的责任和职权之间的界限不清，难免出现推诿扯皮现象，所以这种组织形式比较适合于小型企业，或者与其他组织形式同时采用。

2. 新产品部

新产品部是一种由若干职能部门抽调专人组成并由一名有相当地位的人担任领导的新产品开发组织，由该组织集中处理新产品开发中的问题。这是一种固定性的组织，有的企业称为新产品开发部，或称新产品市场开拓部，或称成长与发展部等。

新产品部的具体工作包括：（1）提出新产品开发目标的建议；（2）制定获取新产品设想的调研计划；（3）对新产品设想进行筛选；（4）帮助拟定新产品设计的技术规格；（5）提出有关新产品试销的建议并组织试销；（6）进行新产品开发过程的控制和协调。

新产品部的主要优点有：

（1）管理新产品开发的专业程度高，并能集中精力于少量特定的管理职能方面。

（2）这种组织形式使企业有关新产品的建议易于集中，信息分析较透，容易发现新产品的市场机会。

（3）由于从事专职工作，不会分散精力，个人绩效也易于考核，容易使人产生成就感。

新产品部是新产品委员会的最恰当的补充管理组织，但是新产品部对开发过程中出现在各职能部门之间的矛盾不易协调，其作用的发挥取决于高层管理者赞赏和支持程度。

3. 产品经理制

产品经理制是对企业经营的产品（或产品生产线）分别委任经理。

产品经理是一位管理者，对一种新产品或一组新产品全面负责，从新产品策划直到新产品投入市场负责到底。产品经理可以单独承担全部计划和控制管理工作，也可以领导一个小的工作班子来协助完成任务。产品经理一般直接向总经理或常务副总经理报告工作。

产品经理要在新产品开发中起核心作用，要在新产品市场营销上起决策作用，尤其要在现有产品的改进或延伸中起组织作用。

因产品特性不同产品经理的作用有所不同。例如，对高技术产品开发和日用品的开发，所起的作用就必然不同。

在开发高技术产品时，产品经理可能就是该新产品所应用技术的发明者或革新者。这时他的领导作用在新产品实体开发中体现得尤为突出，甚至直接承担新产品实体开发的全部责任。这类人员具有广泛的专业技术知识，但是缺少市场营销技能，因而很难在广告、推销、包装和商标管理方面起到应有的作用。由于传统观念的影响，这样的产品经理负责的组织也往往隶属于工程技术部门之下。这种组织结构的优点是：产品经理容易对工程技术人员的建议作出迅速反应；缺点是容易造成与财务控制和市场营销策略脱节。解决办法之一是对该产品经理进行市场营销和财务评价的短期培训，或者委派一位营销专家担任该产品经理的副手。

在开发日用品时，产品经理往往选用市场营销专家。由于他们对财务评价、预算、广告、品牌等非常内行，在新产品开发全过程中，除了在新产品实体开发阶段把专业技术留给技术专家以外，对于其他开发过程的管理，产品经理都要负责到底。

产品经理制的最大好处是，把现有产品的管理和新产品开发这两种有冲突的职责在一种组织形式中综合平衡，为统一运用企业的产品组合策略提供了组织基础。

产品经理制管理新产品的主要缺点是：

（1）不易选拔既有技术专长又有营销经验的产品经理。

（2）授予产品经理的权力往往与他肩负的责任不相适应，以致无权改变其他职能部门负责人的决定。

（3）产品经理本人所具有的专长可能造成与设计部门或销售部门专家意见的冲突。

（4）产品经理工作事务过于繁杂，容易产生对重大问题决策精力不足的问题。

4. 创业小组

创业小组是一种由各种职能部门抽调人员组成的开发组织。它的特点是：

（1）创业小组的成员从企业各部门抽调，主要来自工程、生产、市场营销和财务等职能部门。

（2）创业小组通常向企业总经理直接报告工作，具有为新产品制定政策的权力。

（3）工作期限不定，到完成特定任务为止。

（4）创业小组成员普遍具有革新和开拓精神。

创业小组的新产品一旦开发成功，如果需要建立新厂，创业小组往往就是新的管理班子的骨架，也就保持了产品管理的连续性。

以上四种新产品开发组织的比较见表 4—2。

表4—2　　四种新产品开发组织的比较

比较项目	新产品委员会	新产品部	产品经理制	创业小组
1. 决策权	小→			大
2. 花在新产品管理上的时间	少→			全部
3. 项目的重要程度	低→			高
4. 适应企业的规模	较小→			较大
5. 新产品可能造成的风险	低→			高
6. 对其他部门的独立性	小→			大
7. 决策的随意性	低→			高
8. 违反企业现有政策的可能性	小→			大
9. 组织持久性	无→			如果成功则长期存在
10. 独立见解	无→			完全

经营成功的企业大多推崇专业化、制度化、规范化的组织管理，希望减少随意性导致的混乱和低效率。然而，新产品开发本质上是一种破坏性的发展，过度追求专业化、制度化、规范化无疑会限制甚至扼杀需要打破常规的奇思妙想和冲击未知的激情。新产品开发很高的失败率从短期看更是与企业追求的投资回报难以相容。没有固定模式，与一般管理组织有差异，这正是产品创新的挑战和魅力所在。

思考题

1. 新产品开发中不同的起始点各适合哪些企业？

2. 就你感兴趣或者比较了解的行业，根据各种资料，分析该行业中重要企业的新产品开发的主要策略。

第5章

新产品概念开发

在小霸王学习机风靡全国以前，市场上已经有很多品牌的游戏机，但是包括小霸王游戏机在内，所有游戏机品牌影响力都不大。后来，小霸王游戏机改名为小霸王学习机，并请成龙代言，其中望子成龙的广告词打动了无数家长，小霸王学习机大获成功。实际上，小霸王学习机和小霸王游戏机二者的功能并没有本质不同，关键是其诉求点，或者说概念，从着眼于游戏娱乐转为辅助学习。

红色旅游的兴起，既是新形势下寓教于乐的体现，也是营销概念的成功。直接强调革命历史教育，严肃的气氛固然让人景仰，但是也因此少了亲切感。红色旅游是将革命传统教育与旅游相结合，景区的工作不再是居高临下的灌输而是服务，至于教育的目的则更多地让游人在身心放松的情境下自己主动去体会。很多革命老区得到党和政府的长期大力扶持，却一直没有很好地解决增强自身发展能力的问题，而红色旅游的提出和实施，把以前纯粹政治性的、教育性的、不计成本的投入变成了旅游这一绿色产业的一部分，美好的环境、完善的设施、周到的服务吸引来更多的游客，而更多游客的消费带动了当地经济，当地经济很可能因此步入良性发展的轨道。

新产品概念开发包括一系列的具体工作程序：广开来源和寻求设想；对设想进行筛选；提出新产品构思；开发可行性研究和确定开发方案；开发决策和编制开发任务书等。

第1节　新产品设想的来源

一种新产品的诞生总是先从想象甚至幻想性的设想开始。新产品设想是指人们对某种潜在的需要和欲望用功能性语言所作的描述和勾画。根据历史经验，新产品设想和最后成功的新产品之间大致是24：1。可见新产品的最终成功需要大量的设想支持，需要把有关新产品的种种设想作为一种重要的资源，除要求新产品开发人员通过调查，提出和收集新产品设想外，还应广开思路，广泛地寻求新产品设想，不断完善新产品设想的征集管理制度。

一、新产品设想的来源

新产品设想可以来自企业外部，也可以来自企业内部，大致可以归纳为下列几个途径。

1. 消费者（用户）的需求

越来越多的企业采用各种方式收集消费者（用户）意见，在企业整体管理决策中越来越多地贯彻客户导向。

例如，机床、仪器等工业品用户是新产品设想的一个十分重要的来源，用户往往在生产中提出改进仪器设备的建议，甚至还能提供改进方法和样机。用户不仅提出新产品设想，而且积极参与支持新产品开发。例如，针对中学生的学习软件如何才能打动家长？科利华公司“包你上大学”的宣传十分到位。

2. 研究竞争对手的产品，以改进企业的现有产品

企业应该建立正式程序，密切注意竞争对手的产品情况。监视程序包括：一是销售人员在销售中有意识地收集即将上市新产品的有关信息；二是当市场出现竞争性产品时，要由销售人员或第三方咨询调查机构密切监视这类产品的销售情况。

普通CRT大屏幕之后，如何发展？长虹的精显背投的成功是长虹时任老总倪润峰参观同行企业时获得的启发。当时接待倪润峰参观的陪同人员说，整个企业除了背投，其余项目全部亏损。说者无意，听者有心。

3. 调查经销商

由于经销商熟悉市场需求，它们会对改进现有产品和开创全新产品提出好的建议。

例如，20世纪60年代美国贺卡行业不景气，从事这一行业的企业根据经销商的建议，把贺卡产品扩大到相近的产品如餐巾、纸餐具、装饰品、蜡烛等，扩大了经营范围，获得了良好的经济效益。

一个音响制造商在自己的经销商处发现，经销商为了获得更好的音响效果，将原来落地设计的音箱固定在空中，由此发明了环绕立体声设备。

4. 政府机构的有关信息

例如专利局的专利信息就蕴藏着无数新产品开发的可能性，即使有的专利不见得就是可以投放市场的新产品，但可以从中获得许多关于新产品的启示。例如美国政府法规中关于职业安全和健康的规定：凡有三人或三人以上的企业基层组织必须备有一个急救箱，且不同行业内装的物品应不同。这一法规带来了开发急救箱这一产品的市场机会。

5. 企业销售人员

由于经常与消费者（用户）打交道，企业销售人员与用户保持着密切的联系，熟悉用户的使用要求，了解用户对产品的意见，他们头脑中蕴藏着许多符合用户实际需要的新产品设想和对现有产品改进的设想，不少设想可为新产品的研发指明方向。

6. 高层管理部门

在管理中有下列几种情况，会发现新产品设想：

(1) 在检查和发现企业的经营弱点，寻求扩充现有产品系列的新规格、新品种，探索

增强企业的经营实力的可能性中，可发现新产品设想，至少可为新产品增加品种划出一个适当的范围。例如，所生产的产品中有季节性产品的企业，在产品系列中应考虑增加不受季节影响、销售比较稳定的产品。

（2）检查现有产品和重新审查废弃的产品计划，包括设计、材料、包装、销售渠道等，可发现新产品设想。例如，IBM公司通过产品设计的审查，修改大型计算机的设计，推出小型商用计算机和个人计算机而获得成功。

（3）检查生产工艺过程，寻求生产副产品的可能性，可以发现新产品设想。例如，有一家生产托盘的小公司，发现园林事业对木屑的需要量增加，于是在有关报刊上做了提供大量优质木屑的广告，使木屑成为公司的又一收入来源。

7. 企业员工的建议

由于企业员工了解本企业产品的性能，了解本企业的长处和短处，发动全体员工都来设想新产品，能收到良好的效果，美国最大的500家公司中的3/4都有正式的雇员建议程序。

8. 企业的研发部门

美国一家咨询公司在一次调查中发现，在所有的新产品设想中，88%的设想来自企业内部，而其中60%的设想来自企业研发部门。

现代企业把新产品开发研制过程分为基础研究——→应用研究——→开发研究。企业必须有计划地致力于上述三种研究，积累成果，产生出许多设想，从而不断地开发出畅销而又能获利的新产品。

9. 通过创新构思小组的诱发和激发而产生新产品设想

上述来自各渠道的新产品设想，除企业研发部门所提出的设想外，很多设想仅能指明新产品的方向，它们还不是十分完善，必须通过创新小组在此基础上设计出比较完善的设想。经验表明，这是在新产品形成道路上不可缺少的一步。创新小组既是不完善设想的加工厂，又是不断诱发和激发出新设想的重要源泉。

二、新产品设想的管理制度

为了使公司的新产品设想能源源不断地涌现，除采取寻求创新构思的组织措施外，还必须围绕新产品设想形成的主题，建立新产品设想的管理制度，大致有以下几种。

1. 建立销售人员对顾客的访问报告制度

这一制度规定销售人员访问顾客的次数、时间、内容和任务，报告访问活动和销售活动中的有关信息。这些信息包括：

（1）顾客对本企业产品和竞争对手产品的态度，对本企业产品和市场营销组合诸方面的评价。

（2）在维修服务方面对本企业和竞争对手的比较评价。

（3）顾客对产品设计的改进建议。

（4）顾客对新产品的需求。

（5）竞争对手研制的新产品以及即将上市和已经上市的新产品的信息等。

2. 建立维修人员维修服务报告制度

这一制度要求及时报告维修服务内容、问题产生的原因、改进的措施和效果、对杜绝事故的建议等。

3. 建立市场营销信息系统和定期的市场营销调研制度

这一制度要求完善与经销商的信息沟通办法。

4. 建立对全体员工的创新产品的激励制度和相应的信息网络

上述新产品设想的收集、记录、反馈和激励制度，形成完整的管理体系，以保证新产品设想能不断产生。

三、新产品设想的筛选

新产品设想的筛选是根据一系列评价标准，对各种设想进行甄别比较，从中把最有成功希望的设想挑选出来的一种过滤过程。新产品设想筛选是新产品评价体系的一个重要环节。

新产品设想一般分两步走，第一步为粗筛，或称经验筛选；第二步为精筛，或称评分筛选。

（一）经验筛选

经验筛选是由经验丰富、有见识的人员，对每个设想进行甄别。判断的标准是：

（1）与企业的经营目标、产品发展规划是否相符合？

（2）与企业生产、技术、财务能力是否相适应？

（3）与企业的销售能力是否相适应？

（4）与开发的时间是否相适宜？

经验筛选就是进行粗略的估选，把与上述标准和要求相距甚远的剔除，把比较接近的留下，然后进行下一步评分筛选。

（二）评分筛选

评分筛选是对经验筛选后留下的少量设想，根据预先设计好的评价项目和标准，利用评分表计算出各种设想按分值表示的开发价值，达到规定开发分数线的设想作为候选项进入开发阶段。通过评判开发对象，可望有较好的成功前景，避免将有限的资源和宝贵的时间花费在开发前景不佳的设想上。

评分筛选的方法较多，常用的有加法评分法、连乘评分法、加乘评分法、相对指数评分法、多设想加权评分法和市场营销系数评价法等。

1. 加法评分法

此法是一种以直观判断为基础，根据经验来确定对产品设想的评价项目和每一评价项目的评分等级。例如，评价项目可设定以下一些项目：产品质量目标、专利情况、市场容量、竞争企业、产品所处生命周期阶段、技术能力、生产能力、销售能力、利润率等。对每一评价项目又规定了一定的标准分等。例如，对质量目标按消费者（用户）要求标准分为“非常好”、“好”、“一般”、“差”四等，然后对每一等级用打分法表示其好坏。例如，“非常好”为14分，“好”为10分，“一般”为6分，“差”为3分，最后将评分相加，根据得分的多少筛选，具体的应用实例见表5—1。

表 5—1 加法评分法实例

评价项目	评分等级		评价分数
质量目标	消费者（用户）要求（与其他竞争产品相比较）	非常好 好 一般 差	14 10 6 3
专利情况	可取得独立专利权 可取得与其他企业相对抗的专利权 虽然可取得专利，但是其他企业的专利很多 估计不能取得专利权		12 10 6 3
市场容量	大 中 小		8 3 6
竞争企业	不存在 虽然存在但能与之对抗 存在很多，但能占有很大市场 存在，很强大，只能占很小市场		10 8 5 2
产品所处的生命周期阶段	导入期 成长期 成熟期 衰退期		8 6 4 2
技术能力	具有足够的能力 经过努力可适应要求 要经过很大努力才能达到		10 8 4
生产能力	有充分的生产能力 稍加措施后有充分能力 加大措施才能适应		10 8 4
销售能力	有充分能力 有较好能力 有一般能力 存在困难		14 10 6 3
利润率	30%以上 25%以上 20%以上 15%以上		12 10 6 3

2. 连乘评分法

连乘评分法是把产品设想的各项目所得分数顺次连乘得到综合分数，用这一综合分数来评价产品设想优劣的一种方法。它的特点是用评价项目得分的连乘积来评价设想的优劣，这等于拉大了优劣之间的差距，以利于提高评价的准确性，一般在评价项目不多的情况下采用。具体应用实例见表 5—2。

表5—2　　连乘评分法实例

评价项目	评分等级	评价分数
成功性	好 一般 差	3 2 1
完成时间	1年以下 1～3年 3年以上	3 2 1
投资费用	10万元以下 10万～100万元 100万元以上	3 2 1
		乘法合计1～27

3. *加乘评分法*

加乘评分法是先把新产品设想的评价项目确定为几大类要因，在每类要因下，又确定几个要素，然后对各要素确定评分等级，最后将各要素评分数值相加得到要因分值后，再将各要因分值连乘，用要因的连乘积来评价产品设想优劣的一种方法。

例如，技术优势要因区分为质量标准和专利权两个要素；生产可能性要因区分为生产水平和需要投资水平两个要素；利益情况要因区分为生产费用和利润率两个要素等。具体实例见表5—3。

表5—3　　加乘评分法实例

评价项目		评分等级	分数		合计分数
技术优势	质量标准	最优 中等 较差	5 3 2	A	A+B
	专利权	独占 相争 劣势	5 3 2	B	
生产可能性	生产水平	很好 一般 较差	5 3 2	C	C+D
	需要投资水平	不须投资 少量投资 大量投资	5 3 2	D	
利益情况	生产费用	低 较低 较高	5 3 2	E	E+F
	利润率	20%以上 10%～20% 10%以下	5 3 2	F	
加乘评分总分数（A+B）（C+D）（E+F）					

4. *相对指数评分法*

相对指数评分法实质上是加法评分法的一种，其基本原理与加法评分法相同，所不同的只是评价项目（因素）视重要性程度分别加不同指数（权数）。相对指数评分法的实例见表 5—4。

表 5—4　　相对指数评分法实例

评价项目（因素）	因素重要性程度	相对适应能力					得分数
		很好（5）	好（4）	一般（3）	差（2）	很差（1）	
与现有分销渠道关系	0.05		√				0.20
与现有产品系列关系	0.05			√			0.15
质量与价格关系	0.05		√				0.20
规格和等级数	0.02				√		0.04
是否方便陈列	0.05	√					0.25
是否影响现有产品销售	0.05			√			0.15
可靠性	0.05				√		0.10
市场规模	0.15		√				0.60
适应周期性波动能力	0.02				√		0.04
适应季节性波动能力	0.05			√			0.15
设计的独特性	0.10	√					0.50
现有设备的利用	0.02					√	0.02
现有人员的利用	0.02			√			0.06
原材料的可获性	0.02				√		0.04
市场占有能力	0.15	√					0.75
附加价值	0.10			√			0.30
用户增长可能性	0.05		√				0.20
总计	1.00	产品相对系数					3.75

在实例中列出了 17 项评价因素，在实际工作中，应根据企业类型、规模的不同，评价项目的不同，因素的内容和数目也应有所不同，可多可少，因时因事而定。

实例中评价因素的相对重要程度表示为一简单指数（即加权数）。评价因素的重要程度一般由新产品开发的负责人或富有经验的专家决定或商定，通常也是根据实际情况和要求对各评价因素确定指数。

相对适应能力是指通过管理人员的判断，确认该新产品设想对各评价因素的相对适应能力。适应能力越强，开发的风险就越小，成功的可能性就越大。相对适应能力从很好至很差，分为五等，分别给予指数 5～1。将该新产品设想在每一评价因素中所确定的适应能力指数乘以各项因素的重要程度指数，便是各项因素的得分数，然后将其加总，就是该新产品设想的相对指数。把各种设想的相对指数按照由小到大的顺序排列，就可以按一定指数标准来进行选择，挑选出最有前途的新产品设想。

5. 多设想（或方案）加权评分法

此法是一种多方案、多因素矩阵定量评价的方法。当只有少数几个设想需要评价时，应用这种方法更为有效和直观。

一般来说，此法采用开发实力与专长评价项目的因素共 12 个，并给每一因素以不同权数，总权数为 30；采用市场吸引力评价项目的因素共 10 个，也给每个因素以不同权数，总权数为 70。这两大项目的因素数的多与少，权数的大与小，由企业根据各自的具体情况来确定。

在具体评价新产品设想时，对两大评价项目的各因素都要根据评价人的经验打分，从

"最好"至"最差"共分五级，分别定为 5～1 分。将每一评分（n）乘以该因素的权数（g）就得到该因素的分值（$n \cdot g$），最后将各因素的分值相加，就可得到两大项目的总分。多设想加权评分法的实例见表 5—5。

表 5—5　　**多设想加权评分法**

评价项目		权数 g	新产品设想				
			设想 P_1		…	设想 P_n	
			评分 n	$n \cdot g$		评分 n	$n \cdot g$
开发实力与专长	1. 销售专长	4	5	20			
	2. 销售潜力	3	5	15			
	3. 生产技术专长	3	5	15			
	4. 生产技术潜力	2	5	10			
	5. 研发专长	2	5	10			
	6. 研发潜力	1	5	5			
	7. 投资额	4	5	20	…		
	8. 投资额增长率	4	5	20			
	9. 可供使用研究资源	1	5	5			
	10. 获得专利的工艺	1	5	5			
	11. 获得专利的产品	1	3	3			
	12. 降低费用的潜力	4	4	16			
小计		30		144			
市场吸引力	1. 今后 5 年的市场增长率	9	5	45			
	2. 市场占有率	5	5	25			
	3. 市场容量	13	5	65			
	4. 今后 5 年的发展机会	8	5	40	…		
	5. 投资回收的可能性	11	5	55			
	6. 产品的适用性和质量	4	5	20			
	7. 开始盈利的销量	5	4	20			
	8. 代用品的威胁	5	4	20			
	9. 发展变型品的可能性	6	4	24			
	10. 竞争形势	4	5	20			
小计		70		334			

为把几种设想的评价结果明显而直观地显示出来，常以开发实力与专长为纵坐标，市场吸引力为横坐标，划出九个区间的矩阵。把每个设想评分所得的结果纳入相应的区间，例如将表 5—5 中设想 P_1 总分（334，144）纳入①区，如此等等，这样就可得到多设想加权评价的分析矩阵，见图 5—1。

在矩阵图中，在某一区间可能同时有几个设想，也可能一个也没有。第①区表示产品市场吸引力很大，企业又善于开发这种产品，这是最理想的开发对象；第②区市场吸引力很大，但开发能力中等；第③区市场吸引力中等，但开发实力很强。这三个区间的设想是可以考虑中选开发的。图中有△的三个区最差，其余三个区属于一般。通过此法进行评价就可选出符合开发条件的新产品设想。

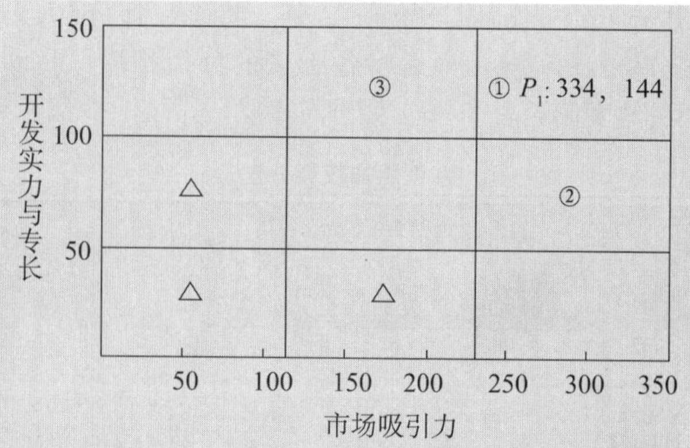

图 5—1　多设想加权评价分析矩阵

6. 市场营销系数评价法

市场营销系数评价法是一种多因素的评价方法，它是预先将影响新产品成功的各主要因素（即要因）分别化简为具体要素，用概率加权的办法还原成复合系数，即得到市场营销系数。用市场营销系数的大小来判别新产品成功的可能性。

此法评价中要因的选择、每一要因的评价要素内容的确定，以及评价要素等级的划分和繁简的程度，都须随企业的类型、规模、产品的性质以及竞争状况、经营目标等评价目的的不同而不同。在实际工作中，标准的要因和要素体系也是不断修正、充实、完善而成为新产品开发中设想评价的有效工具。

下面以北美的一些公司的市场营销系数的要因和要素体系为例（见表 5—6）。

表 5—6　新产品市场营销系数要因和要素

要因	等级 要素	A 很好	B 好	C 一般	D 差	E 很差
1. 可销售性	（1）与现有销售渠道的关系	可利用现有渠道	主要通过现有渠道	一半经现渠道，一半经新渠道	主要通过新渠道	完全需要新渠道
	（2）与现有产品系列的关系	为现有产品系列的补充，是这类产品的扩大	对现有产品系列具有某种程度的完善作用	与现有产品种类不矛盾	基本上能同现有产品系列共存	与现有产品系列不能共存
	（3）质量与价格的关系	价格低于相同质量的产品	价格低于同质量的某些产品	价格与同质量的产品相同	价格高于很多竞争产品	价格比所有竞争产品都高
	（4）销售能力	产品特性有助于推销，且优于竞争产品	具有很多有助于推销的特性，优于竞争产品	推销特性与其他产品相同	几乎不具有优于其他产品的特性	完全不具有优于其他产品的特性
	（5）对现有产品销售的影响	有助于现有产品的销售	可能有助于现有产品的销售	对现有产品的销售无影响	可能有碍现有产品的销售	会减少现有产品的销售

续前表

要因	等级 要素	A 很好	B 好	C 一般	D 差	E 很差
2. 持久性	(1) 稳定性	产品寿命长	高于平均寿命	产品寿命一般	产品寿命相当短	估计会很快被废弃
	(2) 市场广度	全国性的市场，消费者多种多样，能出口销售	全国性的市场，消费者多种多样	地区性的市场，消费者多种多样	地区性的市场，消费者的多样性有限	小范围的市场
	(3) 对季节性销售涨落具有稳定性	销售稳定	销售一般稳定	稍受季节性销售涨落影响	受季节性销售影响程度居中	受季节性销售涨落的严重影响
	(4) 有设计专有权	受专利法保护	享受某种程度的专利保护	无专利保护，但难以仿造	无专利保护，保护费用昂贵	无专利保护，易于保护，费用不高
3. 生产能力	(1) 需用的设备	利用闲置的设备生产	利用现有设备生产	需要补充部分设备	可利用部分现有设备	全部需要新设备
	(2) 必需的生产知识和人员	已具备	绝大部分已具备	只需部分新知识和人员	所需新旧生产知识和人员数量相等	需要大部分的新知识和人员
	(3) 原料来源	全部从最可靠的供应商处获得	从现有的供应商处获得	只有一个供应商是新的	有好几个供应商是新的	全部都是新供应商

(1) 列出各要因、各要素、各等级的权值。例如，评价要因权值如表5—7所示。

表5—7　评价要因的权值分配

要因	权值
1. 可销售性	0.45
2. 持久性	0.10
3. 生产能力	0.30
4. 增长潜力	0.15

又如，可销售性要因的各要素的权值分配如表5—8所示。

表5—8　可销售性要因的各要素的权值分配

可销售性	权值
1. 与现有销售渠道的关系	2.0
2. 与现有产品系列的关系	2.0
3. 质量与价格的关系	3.0
4. 销售能力	2.0
5. 对现有产品销售的影响	1.0

再如，可销售性要因的各要素的各等级权值分配如表5—9所示。

表 5—9　　可销售性要因的各要素的各等级权值分配表

可销售性	各等级权重				
	A	B	C	D	E
1. 与现有销售渠道的关系	0.5	0.3	0.2	0.0	0.0
2. 与现有产品系列的关系	0.3	0.2	0.2	0.2	0.1
3. 质量与价格的关系	0.4	0.4	0.2	0.0	0.0
4. 销售能力	0.5	0.2	0.2	0.1	0.0
5. 对现有产品销售的影响	0.2	0.2	0.2	0.2	0.2

上述例子仅列出了可销售性要因的各要素的各等级的权值，且权值也是随意的。在实际工作中，必须根据实际情况列出所有要因的各要素、各等级的权值。

（2）判定新产品设想的不同要素的等级，以等级权值乘以要素权值，再加总各乘积即得到各要因系数。

（3）将各要因系数乘以要因权值，再加总各乘积，即可得到该新产品设想的市场营销系数。

为了提高新产品设想的命中率，企业除正确选择各要因、各要素，正确划分等级外，更重要的是对各要因、各要素、各等级赋予准确权值，使评价体系日趋完善。

第 2 节　创新构思的形成过程、技法及特点

一、创新构思的形成过程

在新产品概念开发阶段，通常由新产品开发人员完成从新产品设想到新产品构思直至形成开发方案的过程。新产品设想有时仅是一种思想火花，而新产品构思和新产品方案则是人们创新思维活动的结果。因此，新产品构思和方案形成，应有意识地按照创新构思的规律进行，以提高创新效率，同时运用各种创新技法，提高创新能力。

同任何创新构思一样，新产品创新构思有同样的思维活动规律，都经历相类似的思维阶段。创新构思的思维模式如图 5—2 所示。

在整个思维活动中同时存在着意识和潜意识两方面的活动，意识带动潜意识一起进行思维。

整个创新构思的思维活动分为四个阶段：准备阶段、探索阶段、创造阶段和验证阶段。

（一）准备阶段

创新构思准备阶段包括下列思维活动过程：提出问题和产生动机、界定问题和确定目标、补充知识和收集资料。

1. 提出问题和产生动机

创新构思的形成始于问题。这里重要的是如何发现问题，把问题提出来。以下经验可供借鉴：

（1）了解前人所做的工作，找出存在的问题。

（2）与同行业的专家学者接触，在信息交流中捕捉问题。

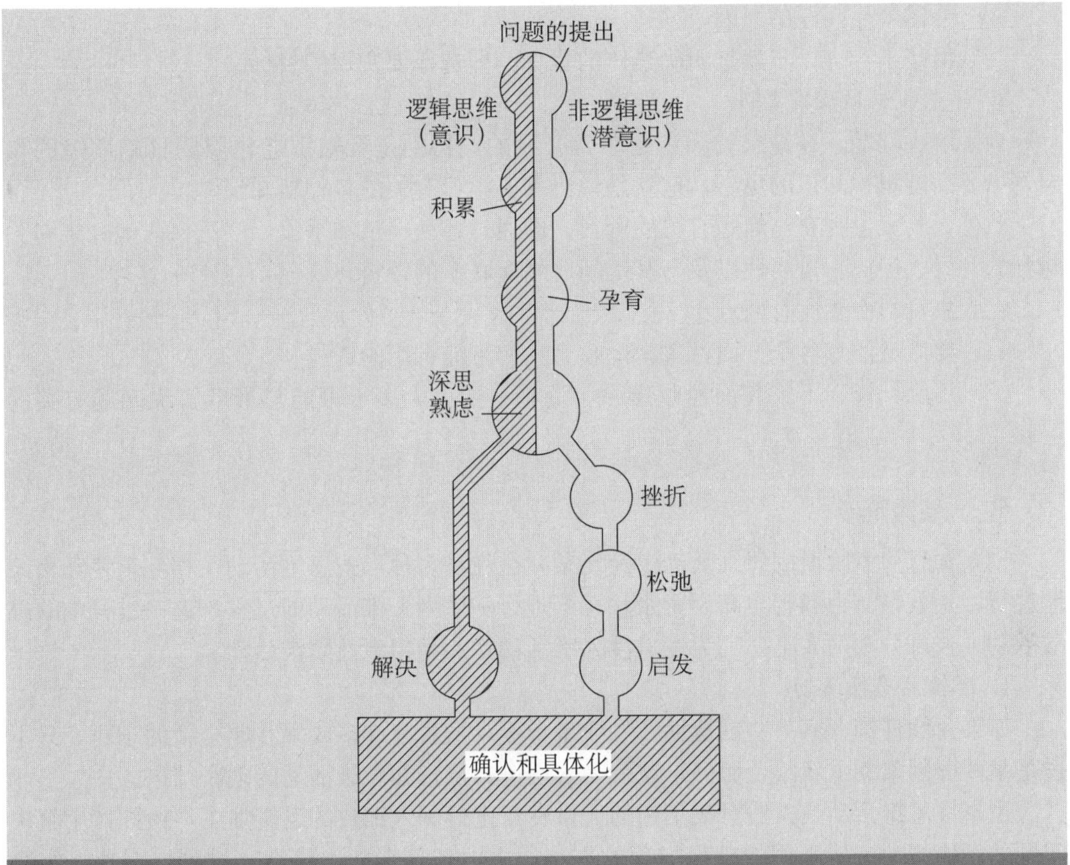

图5—2 创新构思的思维模式

(3) 从个人的直接经验中发现问题。

(4) 从科技发展中寻找问题。

(5) 从实际需求中寻找问题。

(6) 运用创造工程的提问法来寻找问题。

在新产品开发中，问题往往就是经过筛选后得到的具有成功希望的一些设想。

一个人只有认识到问题的存在且必须加以解决，才能激发起解决问题的欲望、兴趣和克服困难的勇气，促使他下决心采取行动去解决问题，这就产生了动机。

对于创新，动机必须十分强烈，否则难以引发重大创新行为。强烈的创新动机也不是突然产生和形成的，而是有一个触发、蓄积和逐渐强化的过程。

创新动机的强化有其内部因素和外部因素。内部因素是指对问题的深入了解。外部因素是指人们的成就感、责任感，工作上的竞争、挑战，对未来的憧憬以及行政命令和物质激励等。

2. 界定问题和确定目标

界定问题是指把问题的实质和范围弄准。在探索创新构思之前，把要解决的问题弄清楚是十分必要的，唯有问题清楚，才能方向明确。

界定问题包括以下三方面内容：

(1) 判明所存在的偏差是否构成问题。

(2) 弄清问题的性质、特点和类型。

（3）弄清产生问题的原因。

问题清楚了，进一步就是明确具体的目标，即选择要实现的目标。

3. 补充知识和收集资料

为了解决问题，补充有关知识是非常必要的，特别是在知识老化周期日趋缩短的今天，更要高度重视知识的更新，这就是说，需要学习有关的各种新知识。

此外，要大量占有与问题有关的资料，即通过各种渠道和手段，广泛深入地收集有关问题的背景、历史、重要性以及与其他问题之间联系的资料。

在收集资料中要注意两点：

（1）要广泛注意各个方面，主动地收集一切可能有用的资料。

（2）不厌其详、不厌其烦地收集原始资料，要大大多于可能与最后解决问题有关的资料。

（二）探索阶段

创新构思探索阶段的思维活动极为复杂，往往是多种形式思维活动在相互重叠和交叉地进行，是人在体力和智力高度紧张状态下进行一系列思维活动的过程。这一过程中的思维活动大致可分为两大类：一为逻辑性思维活动；二为想象性思维活动。

1. 逻辑性思维活动

如果我们仔细考察一些创造性开发成果，不难发现有许多成果并非全新的东西，只不过是某些旧因素的重新组合而已，这就是人们进行逻辑性思维活动的创新结果。

逻辑性思维活动是人们对收集到的大量资料进行深入细致的逻辑加工，由此产生解决问题的新构想。这里采用的逻辑加工的方法很多，包括分析、综合、排列、对比、组合等。为此往往需要事先把复杂的大问题分解为若干小问题，或者把问题所涉及的方面、因素、特性尽可能罗列出来，然后再进行各种逻辑加工。

对于逻辑加工，有下列几种基本研究方法可以借鉴：

（1）比较法。有比较才有鉴别，比较常常是进一步分析、综合、推理的基础。采用比较法就是找出所研究事物与其他事物的可比性。

（2）相关法。指利用事物之间的联系，从一种或几种已知事物来判断未知事物的思考方法。

（3）综合法。指将各种已知事物的特性汇集归纳到一起的思考方法，然后实现从已知事物到未知事物的转换。

上述逻辑性思维活动的特点是：

（1）涉及的领域限于较为熟悉的领域，所依据的是与问题直接有关的材料，甚至就是问题本身的要素。

（2）利用的是判断与推理能力。

（3）常常是某种特定方向的探索活动，指向垂直纵深。

（4）最终得到的是习惯心理上容易接受的，具有一定特色的创新成果。

2. 想象性思维活动

想象性思维活动是指人们尽力从那些似乎与问题毫无关联的其他方面和其他领域中探索与要解决问题的未知关联，由此产生一些解决问题的新构想。这里要采用隐喻、类比等手段，要充分发挥想象、直觉等思维能力。

例如移植法，是将一类事物中的原则和方法，通过类比应用到其他事物的研究中去。应用此法要注意排除事物表面形式的限制，要抓住事物间的内在本质，通过类比进行移植。

想象性思维活动的特点是：

（1）涉及一些与问题“无关”的领域，要暂时“离开问题”去探索。

（2）所利用的是想象、直觉等能力。

（3）常常是全方位的辐射探索。

（4）能得到富有创造性的成果。

以上两类思维活动的区别，可以用心理学的“垃圾箱理论”很好地解释。垃圾箱理论认为，人的大脑把从客观世界获得的信息分为两类，分别存储在不同区域。有一类事物经常地、反复地作用于大脑，人们便逐渐地认识了这类事物之间的联系，于是就按照认识的联系，将它们有规律、系统地存放在大脑。它们是一种有序态的信息，可按照系统顺序去查找。这个系统顺序是思维规律和客观事物间的联系规律，这便是逻辑性思维中的推理因素。另一类事物因不是经常和反复地作用于人的头脑，人们也很少利用它们，所以一时还没有认识到它们与其他事物间有何联系，也就无法将其系统地按一定规律存储在大脑里，而只能杂乱无章地堆放在大脑的某一处。就像个垃圾箱，要从这个垃圾箱中找东西，自然没有什么规律可循，只能靠乱翻，即靠心理活动中的非推理因素。想象性思维正是要发现事物间的未知联系，就得靠翻这个垃圾箱，靠非推理因素把似乎无关的事物联系起来。

任何创新构思都是在探索阶段的逻辑性思维和想象性思维活动中孕育和成熟的，因此，有些学者也将此阶段称为酝酿阶段。

（三）创造阶段

创造阶段指产生新构想的阶段。一般来说，在经过上述探索阶段的思维活动后，就产生了新的构想，这就进入了创造阶段，即通过有意识的创造性思维，可能会想出一两个或一些新的构想，使问题得到解决。当然，对于一些简单问题，已经可以把这些新构想推向验证阶段，但是对于复杂一些的问题，通过有意识的思维活动得到的构想，往往并不能令人满意，有时会出现虽绞尽脑汁，却一筹莫展，想不出好的构想的情况。在这种情况下，最好的办法是暂时搁置，停止有意识思维而转入潜意识的创造活动。这种暂时搁置在潜意识中称为意识松弛或潜伏，而潜意识创造则称为顿悟。

潜意识就是那种不被人知觉的思维活动。人们在进行紧张的思维活动中，人脑进行着两部分思维活动，一部分被人知觉，一部分不被人知觉。当人们中断对问题的有意识的探索时，不被知觉的潜意识仍在进行着活动。

潜伏是指未被人意识到的思维活动的总和。实际上，当有意识的自觉思考停下来后，大脑皮层恢复了因过度兴奋而失去的平衡，头脑变得清醒，有助于大脑中存储材料的重新组合，有助于发现事物间的未知联系，即意识转向松弛，而潜意识加强了活动。

顿悟是指在外界某种事物的刺激下，会茅塞顿开，豁然开朗，问题突然得到了初步解决，即触发了灵感。实际上，这就是大脑中的潜意识活动在外界事物的触发下，发现了事物间的未知联系，创造性构思便随之自然而然地出现了。

要利用潜意识除增加触发灵感的机会以外，还可以利用“梦”和“自由想象”两种形式。

“梦”可称潜意识思维的一种形式。梦经常缺乏理性，荒诞不经，却自由奔放，无所限制，超出常规，往往会带来意想不到的效果。

“自由想象”也是潜意识思维的一种形式，这是一种让思维无确定对象和主题，无控制的自由活动。有人瞪着眼睛发呆，让思想飞得很远很远，常常会收到意想不到的效果。由于潜意识思维是非逻辑的，人们难以把握，所以运用“自由想象”的技巧，只有通过大量的练习，才能运用自如。

由此可见，创造阶段是通过有意识的思维活动或潜意识的思维活动来得到创造性的构思。为了提高所提出的构想的有用性，常常要遵循推迟判断和反复思考刺激两个原理。

1. 推迟判断原理

是指刚刚有了一两个构想后不要急急忙忙地结束创造，把一两个构想推向验证阶段后，应该做的是继续酝酿其他的构想，让更多的新构想出现在自己的脑海，因为一个孤立的构想是无法评价的，同时一个孤立的构想也容易使人走向极端，只有对多个构想进行相互比较，才能作出评价。

有人通过实验证实了这一原理，以相同人数的两组人分别解决同一个问题，前一组经过训练后遵循推迟判断原理，后一组则没有。结果表明，在相同的时间内，前一组提出的构想较后一组多90%，前一组产生的有用构想较后一组多出70%。

另有人通过调查和计算证实，一个在相同时间内能比别人提出多2倍的构想的人，最后可以产生比别人高10倍的有实用价值的构想。

2. 反复思考刺激原理

是指不断地进行思维紧张—思维放松—思维紧张的过程。

思维紧张是指带着强烈的创造动机，引起高度的注意，进行连续的思考。思维放松就是把连续思考的问题暂时放下，将有意识思考引向他方，以寻求刺激，引发灵感。

在反复思考刺激中，应注意以下几个问题：

（1）多方试探。即从不同角度，采用不同方法，包括采用各种创新方法来探索问题的解决方法。

（2）时刻牢记目标。对所追求的目标要自始至终时刻牢记心中，挥之不去，驱之不散。据说这样能在大脑皮层上建立起“优势灶”，使过去所掌握的知识都被紧张地调动起来，智力会达到白热化程度，就能找到解决问题的构想。

（3）不断增加新的信息。即经常查阅有关问题的新资料，带着问题与别人交谈，能在增加新的信息中，找到解决问题的构想。

（4）不断改变环境。环境的改变可以使人的注意力得到调整，不管对思维紧张还是对思维放松都会有好处，都有利于寻找解决问题的构想。

（5）寻找特殊的心境。有人按照自己的习惯，在一种特殊的心境下思考或接受刺激，有利于找到解决问题的构想。

（四）验证阶段

验证阶段是对创造阶段所得到的种种新构思进行有意识的调整、发展和确认等思维活动。

1. 调整和发展

在创造阶段得到的新构思往往只是一个粗线条的构思雏形，其中很可能包含一些不尽合理、不够具体、不够充实的地方，因此必须进行一番仔细琢磨，加以必要的调整和发展，去掉不尽合理的部分，使细节具体而充实起来。

2. 确认

对于所形成的构思，有必要进行多方面的论证和评价，论证其新颖独创性、所具有的社会价值、技术经济的可行性，最后作出综合评价。

二、创新技法运用的理论依据及其特点

为了提高人们的创新能力，往往要运用多种多样的创新技法。创新技法主要指进行创新的技巧、技能和方法。人类的创造发明史证明，人的创造活动是遵循一些创造规律的，人也可以按照一定的创造规律来提高自己的创造能力。

（一）创新技法存在的理论依据

（1）人所进行的创造活动与人类所进行的其他活动如生产活动、实验活动一样，都存在主体、客体、环境和手段几个要素。创新技法是指这种活动中的手段要素，即在一定创造环境条件下，创造主体针对创造客体进行创造活动的创造手段。人类进行任何活动，手段是必不可少的，也是十分重要的。

（2）创新技法必须符合创造性思维的规律。创新是创造性思维的结果，不同形式的创造性思维会形成若干创新技法。

（3）创新技法是人们对大量创造发明案例进行分析、归纳、总结的结果。创新技法的提出是以大量实践为基础的，具有普遍意义。

（4）创新技法是克服创造障碍的经验总结，创新的本意就是越过障碍。对于创造障碍的认识和克服，就存在技巧方法问题，这对创新是非常重要的。人在思考解决问题时，如果能有一些“提醒”，是非常有助于解决问题的。

由此可见，创新技法是指创造经验规律的总和，是完成创造活动的必要手段。

（二）创新技法的特点

创新技法区别于其他领域中的技法，具有以下四个特点：

1. 柔软性

创新技法的柔软性表现在运用中的灵活性。创造有点像艺术，有规律但不甚严格，有标准但又是灵活的。像诗歌创作、音乐创作都有创作规律，创作人员一定要掌握这些规律，但掌握了这些规律，不一定就能创作出好的诗歌和音乐。

创新技法的柔软性还表现在它能解决被认为一时解决不了的问题，而且恰能突破性地解决它，因为在人的创新中，还有很多东西是无规律的。

2. 技巧性

创新技法源于人们的实践，这使它带有许多技巧因素。技巧是技能的熟练化，即熟能生巧，因此创新技法一定要多用多练。

另外，创新技法的技巧性还说明它可能用于多个方面、多个领域，不管是产品开发、技术发明、科学发现、广告、包装、品牌策划，还是推销管理等领域中都能运用。

创新技法的技巧性说明它的成功与人密切相关，有的人掌握得好，可以百发百中，有的人掌握不好，也可能百发而无一中。

3. 可操作性

创新技法一方面类似于生产中的技术，是创造原理的具体应用；另一方面又是一种更接近于经验的理论，因此它具有明显的可操作性。

创新技法往往可归纳出一些程序化的东西，人们按某种程序是比较容易运用的。

4. 多样性

世界越来越复杂多样，对于前所未有的创造，所遇到的需要解决的问题也必然是复杂多样的，因此需要采用的手段——技法，也必然具有多样性。如果再考虑到技法的柔软性、技巧性、可操作性等实用特点，更可从中总结出越来越多的技法。

目前世界上至少有 1 000 多种创新技法，有些技法所应用的原理、所起的作用及应用方式往往是类似的，但又由于针对不同类型的使用者、不同的对象和不同的环境条件，也就产生了不同特点的技法。

三、创新中所采用的构思技法

在新产品开发中，为了提高人们的创新能力，往往需要采用一些创造技法，常用的有：设问法、列举法、组合法、类比法、强制或自由联想法等。

新产品创新构思始于疑问，也就是说发现和提出问题是创新构思的起始点。新产品创新构思可以采用多种提问技法，主要有奥斯本设问法、阿诺德设问法和 5W1H 设问法。

（一）奥斯本设问法（检核表法）

美国的奥斯本在创造学方面做了很多工作，被誉为“创造学之父”，他在大量创新活动实践的基础上，提出了设问法、头脑风暴法等技法，对创新技法的发展有很大影响。

奥斯本设问法的主要思路是：采用事先提出的思考要点，运用逐点检查的办法，来克服思考的贫乏。

有关新产品构思的奥斯本设问法包括九条：

（1）有无新用途？是否有新的使用方式？可否改变现有的使用方式？

（2）有无类似的东西？利用类似的东西可否产生新东西？可否模仿其他事物？

（3）能否改变一下？是否可改变功能、形状、颜色、气味、音响等？是否还有其他改变的可能性？

（4）能否增加一些什么？能否增加尺寸、增加使用时间、增加强度、增加新成分、延长寿命等？

（5）能否减少一些什么？可否省去、压缩、减薄、减轻？可否去掉、分割和小型化等？

（6）能否替代？有没有别的材料、别的组件、别的能源、别的颜色、别的光源来替代？

（7）能否变换？可否互换成分？可否在造型上变换布置？可否变换顺序？可否变换因果关系等？

（8）能否颠倒？可否正反、里外、头尾颠倒？可否目标和手段颠倒？

（9）能否重新组合？部件、材料、方案、目的等可否重新组合？可否混合、合成、配合、配套等？

上述奥斯本设问法，是一种基本的提问法。这种提问法存在的不足是：所提问题过多、过细，不便记忆。我国学者在此基础上归纳出一些简明的检核表。例如，东北工学院吴明泰提出采用四个方面、八条线索的提问：增加和减少；外推和移植；改变和重组；类比和模仿。又如，上海许立言等结合青少年的要求，提出简明的12问：加一加，减一减，扩一扩，缩一缩，变一变，改一改，联一联，学一学，代一代，搬一搬，反一反，定一定。

（二）阿诺德设问法

阿诺德设问法是美国麻省理工学院独创的检核表法。这一设问法的特点是：既着眼于产品的整体开发，又着眼于产品在不同领域中的效用开发。该法所提问题如下：

（1）能否在现有功能外增加新功能？

（2）能否使产品变得更完善、更完美、更正确、更直接、更便利，或者使产品便于保养、修理、使用等？

（3）能否简化产品结构，改用廉价材料，简化制造方法，提高效率，实现零部件标准化、生产自动化？能否降低成本？

（4）能否从管理、服务、设计、制造等方面考虑，增加产品的吸引力？能否增加销售？

（三）5W1H设问法

5W1H设问法是美国陆军首创的提问法，它是一种应用十分广泛的提问法，常用于技术创新、产品开发、价值分析、管理改进等方面。

用于产品开发时，经常是针对产品用途来提问，即：

（1）什么（What）。开发什么？目的是什么？功能是什么？重点是什么？等等。

（2）为什么（Why）。为什么采用？为什么要具有这些功能？为什么要做成这种形状？等等。

（3）何时（When）。何时使用？有无季节性？何时使用最佳？等等。

（4）何地（Where）。用在何地？有无风土人情影响？何地使用最佳？等等。

（5）何人（Who）。何人使用？何人是潜在用户？何人使用最佳？等等。

（6）怎样（How）。怎样用？怎样用最好、最有效率、最省力？怎样使大家都喜爱？等等。

这一提问法用于新产品开发，仅明确了开发新产品的条件，还必须把问题引向产品本身。有的文献介绍，在明确上述开发条件的基础上，可再用四个问题引向四种可能的结果。这四个问题是：

（1）哪些部分能取消（省略）？

（2）哪些部分能合并？

（3）能否改变次序（位置）？

（4）能做哪些简化？

上述三种设问法是新产品构思中进行创新的重要辅助手段，它们能起到其他创新技法所起不到的作用，因此往往在构思前可将检核表放在手边，或抄在小本上，或压在玻璃板下，随时浏览和思考，有助于人们突破旧框框，开拓新思路，进入新领域。

（四）特征列举法

特征列举法是美国学者 R. 克劳福德于 1931 年提出来的。这种方法的基本思路是：创造就是对旧事物的改造，因而也是对旧事物的继承和某些特征的改变。

采用特征列举法进行新产品构思一般分两步进行：

第一步，对不满意的事物尽可能地列举其特征，要尽量防止遗漏。

第二步，对此事物提出可改进的特征，或将其他事物的特征嫁接过来，以便更好地满足对事物的原要求和新要求，从而完成对新事物的创造过程和构思。

由于列举了事物的特征，就有可能将事物的细节全面展现，可以克服创造者感知不敏锐、不全面的思想障碍，也就容易发现问题，并从各个细节入手探讨改进方案进而产生创新。

关于事物的特征，R. 克劳福德提出可从名词性、形容词性和动词性三个方面特征来列举。

1. 名词性特征

指对某一事物，从整体角度指出其各组成部分或各要素，可用名词来表示。例如手表可分为表面、表芯、表壳、表带等。

2. 形容词性特征

指对某一事物能用形容词表达的特征，例如手表有圆的、方的、方中有圆的，还有厚的、薄的、大的、小的等，表面有白色的、黑色的、金色的、银色的，等等。

3. 动词性特征

指对某一事物能用动词来表达的特征，通常就是指能实现的种种功能。例如，手表有计时、计分、计秒、计日期的功能，还有防水、防震、防磁功能，还可能有预报天气、测血压等功能。

（五）其他列举法

基于列举法的先列举后构思的基本思路，比较常用的有缺点列举法、希望点列举法和形态方格法等。

1. 缺点列举法

这种方法着眼于发现和挖掘事物的缺点，把事物的缺点列举出来，通过分析找出主要缺点，据此提出克服缺点的设想。

采用此法时，常召开缺点列举会，让与会者对开发对象评头论足，指出毛病，找出问题，列出存在的不足和差距，包括不实用、不方便、不安全、不美观、不舒适、不合心、不理想等，要把缺点尽量列全列透。

会后，再从所列举的众多缺点中，找出那些消极后果较明显或有改进可能的缺点，作为开发目标进行设想。

例如，日本一家公司利用缺点列举法开发新颖的伞具就是一个成功的范例。20 世纪 60 年代前，传统的长杖、弯把、黑布的绅士式雨伞，垄断市场达数十年之久，未曾有人提出有改进的必要。60 年代，随着户外交通工具的发展，制伞业严重不景气。日本一家公司迫于形势，邀请一些用户和部分公司职工开了一个恳谈会，会议议题是：现在的雨伞有什么缺点需要改进？与会者挑出如下毛病：

（1）遇大风伞会吹坏；
（2）伞撑开时会遮挡视线；
（3）伞太大太长，也太重；
（4）伞头会戳伤人；
（5）坐公共汽车时伞上的雨水会弄湿别人的衣服；
（6）进屋收伞时，雨水会滴在地上；
（7）回家后还得撑开晾干；
（8）伞骨会生锈，易折断；
（9）伞的颜色单调，不美观；
（10）伞布透水；
（11）不能当遮阳伞；
（12）与女朋友约会时，伞的宽度不够；
（13）手柄太大，且容易脱落；
（14）半途天晴，收藏不方便；
（15）撑开时，锁扣经常出现故障；
（16）撑开及收合动作麻烦，常弄伤手指；
（17）裤腿还是会被雨水打湿；
（18）与同事的雨伞常常分不清而拿错。

接着公司又召集有关人员针对这些缺点想方设法征集各种改善方案，该公司一举开发出许多新颖伞具。现举其要者如下：

（1）针对收藏不便而做成可折叠、缩节收藏的雨伞。
（2）针对伞布透水，将伞布作防水处理。
（3）针对遮挡视线，采用透明塑料伞布。
（4）针对颜色单调、不易识别，采用图案色彩各不相同的伞布，美观又容易识别。
（5）针对伞头会刺伤人，改用圆形伞头。
（6）针对收伞会滴水，在伞头安装集水器。
（7）针对雨伞太重和伞骨生锈，采用轻质铝合金伞骨，既不会生锈，重量也只有过去的一半。
（8）针对手柄的缺点，别出心裁地在手柄瑞安装电筒，以便在雨天夜行。
（9）专门为情侣开发出椭圆形的双人情侣伞。

上述新伞具的开发，使公司渡过了危机。

应该指出，缺点列举法通常是围绕原事物的缺点来作出改进设想的，一般不容易触动原事物总体，它属于被动型创新技法。

2. *希望点列举法*

希望点列举法是一种积极主动型创新技法。这种技法是让人们发挥想象力，列举出种种希望点，然后再通过分析找出若干可行的希望点，并提出创造这些希望点的设想。

例如，某服装公司召开服装希望点列举会议，其记录的希望点是：

（1）没有纽扣；（2）免洗免烫；（3）花色可变；（4）式样可变；（5）两面可穿；（6）没有重量；（7）发胖也能穿；（8）冬暖夏凉；（9）脱下能变提袋等。这些希望点给服装开发设计人员带来了大量创新信息。

3. 形态方格法

这种方法是通过列举开发对象的所有方面、所有因素和特性而建立一个系统结构来求得创新构思的方法。

形态方格法的具体实施分为如下五步：

（1）搞清所要解决的问题。

（2）确定影响给定问题创新的各重要独立要素（也称变数），并列出各要素的所有可能形态。

（3）将各独立要素及其可能形态排列成矩阵形式。

（4）从每一要素中各取出任何一个可能状态作任意组合，从而产生种种解决问题的可能构想。

（5）对众多的可能构想加以比较评价，从中选择出符合标准的相对最优的构想。

例如，设计某种液体饮料的包装，就可将其各独立要素及其可能形态排列成矩阵（见表 5—10）。

表 5—10　某液体饮料包装的各独立要素及其可能形态

包装材料	包装形态	包装大小	包装颜色
1. 玻璃	1. 小口瓶	1.500 克	1. 银灰色
2. 软塑料	2. 圆筒状	2.450 克	2. 深红色
3. 马口铁皮	3. 方盒式	3.400 克	3. 橘红色
4. 铝箱	4. 袋式	4.350 克	4. 乳白色
5. 不渗水的特种纸	5. 玩具造型	5.300 克	5. 天蓝色
6. 纸塑复合材料	6. 动物造型	6.250 克	6. 浅绿色
	7. 扁盒式	7.200 克	7. 粉红色
	8. 葫芦式	8.150 克	8. 金色

将表 5—10 中 4 个独立要素和各种可能形态作任意组合，则可构成3 072种（6×8×8×8）可能组合，仔细比较和鉴别，就可能发现新颖的包装形式。

形态方格法有如下特点：

（1）此法须依靠对问题堪称专家的人参与，在确定要素和形态时，要求有专门知识。

（2）确定要素是应用此法的关键步骤。

（3）此法的优点是可使解决方案包罗无遗，但缺点是方案评价选择工作浩繁。

（六）组合法

组合法是通过组合而产生创新设想构思的技法。在创造学中过去由于组合法本身往往没有原理上的突破，其思路也较简单，又缺乏系统性，常不把它列入重要创新技法之中，但实践表明，诸如优化组合、成组设计、配套化、多功能化等无一不是由组合法启发和带动创新的，因此，组合法已成为当今世界知识发展及技术创新开发的基本形式，有必要对其创新原理、运用类型和技巧进行深入阐述。

1. 组合创新的原理

组合法创新原理可以从下列四点来说明：

（1）两种事物的组合，虽然在原理上没有突破，但是可能具有组合前两种事物所不具有的新功能。

例如，美国人奥斯菲尔德将X射线照相装置同电子计算机结合在一起，发明了CT扫描仪，具有诊断脑内疾病和体内癌变的新功能。

（2）组合法能使不同事物组合而使结构上发生变化，从而获得新功能。最简单的表现形式是两个事物组合后节省部件或能源而降低了成本和费用。

（3）组合法能将老技术、老产品的优点集中起来，符合继承发展、推陈出新的原理。

例如，牙刷一般分硬毛和软毛两种，硬毛的易刷净牙齿，但容易损伤牙龈，软毛的有利于保护牙龈，但不易刷净牙齿。国外有人发明了用两种尼龙毛制成的牙刷，牙刷的中心部分用硬尼龙毛，四周为软尼龙毛，就是将硬毛与软毛的优点集于一身，开发出新牙刷。

（4）组合法能使一种基本功能不变的产品获得某种附加功能，从而在满足需求的效果上产生飞跃。

例如，在胸针上设计一个储放香水的装置散发香味，在铝壶盖上增加一个哨子，水开时作提醒之用，这些都增加了产品的附加功能，提高了产品的使用功能。

2. 组合法运用的类型

在新产品开发中，"组合"概念的内涵十分广泛，它包括组合、综合、融合、复合、联合、混合、结合、集合等方式。对于不同的对象，可以采用不同的组合方式。

在新产品开发中，组合法的具体运用常从产品的各种有关要素出发运用组合概念进行思考创新。例如，材料的融合、材料的复合、工艺的结合、零部件的重组合、功能的集合、原理的综合、原理的融合等。常见的有下列几种类型：

（1）材料组合。指不同材料通过加工结合成一体，从而形成新的材料。材料组合可用于不同层次的加工，有材料融合（如合金）、材料混合（如树脂加磁性粉末混合成磁性塑料）、材料复合（如复合薄膜材料）等。

（2）组件组合。将两种部件以适当的方式结合成一体，使原来的功能有了新的特点，或使其具有新的功能。这类发明占发明总数的比例很大。例如，保温杯，带照明的放大镜，手电筒圆珠笔，汽车用喷水刷子，发光的耳环、项链、戒指，照明的雨伞，等等。

（3）共享组合。将某种物品加以适当改变，使其能在不同情况下起不同的作用，具有几种物品的功能。这种多功能产品必然是以某些共同部分把多种功能组合起来。

例如，旅行多用工具是将各种工具适当组合在一起，可包括下列八种不同的功能：小刀、开罐头刀、螺丝刀、开瓶器、扭转螺丝的工具、锯、指甲锉、镜子。还有人设计了一种以手电筒为基础的多功能小电器，电池筒和开关是共享件，其余做成照明头、鞋刷头、剃须头、微型风扇头、微型吸尘器头、收音机头等可装配的分部件，当需要某一用途时，装上相应的分部件即可。

（4）同物组合。指将若干相同事物组合在一起，而且组合前后相比，其原理结构上没有什么变化，但可在数量上弥补功能的不足，或在外观上增加美感。

例如，多插头插座、鸳鸯牙膏、子母灯具。再如，印度研制出一种长寿白炽灯泡，其寿命是普通灯泡的2倍，其奥秘在于灯泡内安装两根灯丝，在灯头上多接出两根铜丝，当一根灯丝断后，用户只需将灯头上的两根铜丝连在一起，另一根灯丝开始工作，灯泡就可继续使用。

（5）原物重新组合。是指对原事物在一定层次上分解，然后再以新的意图重新组合起来形成新事物。最典型的一个例子是现代电话机就是过去电话机的重新组合物。在电话机的发展过程中，一开始送话筒和听音筒是分离的，使用很不方便，经过分解重组后，使送话筒和听音筒合在一起，使用极为方便。

(6) 原理或方法的组合。是指将两种以上独立的原理或方法组合起来，也可能得到明显的创新结果。

例如，我国上海的科技工作者发现，当单独使用激光或超声波杀灭水中细菌时，都只能杀死一部分，如果先后使用这两种方法处理，仍有相当一部分细菌活下来，于是他们将两种方法组合在一起同时使用，水中的细菌可全部被杀死。

再如，美国人戴维德·拉比特将超声波原理和静电场原理组合，设计出一种新的硬水软化装置。

3. 组合法运用的三个基本技巧

组合法运用的三个基本技巧也就是其运用中的三个明显的规律性思路，即主体附加、一物多用和新技术辐射。

(1) 主体附加。是以某特定对象为主体，然后置换或插入其他附加物，从而产生创新的一种组合技巧。

主体附加技巧的特点是以原产品为主体，附加只是补充，附加的目的有时是为使主体的主要功能得到更好的发挥，有时是为了增加一些辅助功能。

例如，电风扇最早只是单速不能摆头，后来逐步附加了摆头装置、自动控时装置、多级调速装置、红外遥控装置等。

(2) 一物多用。是将两种或两种以上的事物组合在一起，以满足人们追求方便、省时、节约等要求，这往往形成多用途、多功能的产品。这类产品的多用途之间或多功能之间一般不分主次。

例如，湖南有人发明了多功能健身手杖，具有助行、照明、按摩、磁疗、报警、健身、安全反光和钓鱼八项功能。

再如，收录机是典型的多用途产品，它可以录音、放音、收音。其收音有中波、短波、调频等波段；放音有单卡、双卡、连续倒放等功能；录音还有联入机体麦克风和外接麦克风等功能。

(3) 新技术辐射。是以一种新技术为中心，同多种传统技术或其他新技术结合，从而产生创新的组合技巧。

例如，激光新技术可用于工业材料精细加工，出现了激光打孔、切割、焊接等技术，还可与医学手术、通信、全息照相、唱片、精密计量等领域的技术结合，推动了各传统领域的创新。

(七) 类比法

类比法是通过比较产生创新构思的方法。

类比在创新中往往能起启发、模仿（模拟）和解释三种作用。在不同事物间进行类比，即在原型物和要开发的创新物之间比较，会发现两者间存在相似点、差别点和中性点，从而具有以下作用：

(1) 当由少数相似点促使发现其他相似点时，就是启发作用。

(2) 当排除差别点，将其他中性点转化为相似点时，就是模仿作用。

(3) 当通过区别相似点和差别点来探讨所比较事物间的异同时，就是解释作用。

通过类比进行创新能演化出多种创新技法，下面主要介绍综摄法和等价变换法。

1. 综摄法

综摄法是美国麻省理工学院创造学学者 W. J. 戈登提出的一种独特的创造技法。这一技法既有理论性，又有操作性，在新产品开发中得到了普及和推广。

W.J. 戈登认为，把不同的和显然无关的要素联系起来，容易使创造成功。综摄法是以某个已知事物作为媒介，将无关联的不相同的要素联系起来，从而形成新的构思。

综摄法要求采用下列四种类比：

(1) 拟人类比。这是把问题类比为人或自己，以摆脱人从外部分析问题的局限性。此种类比对于功用、形状、过程等方面的创新比较合适。

例如，如何使西红柿不易破裂，采用拟人类比法就可以这样想：假如我是西红柿，如何在跌落时不疼呢？只有把自己变成一个大胖子，以厚厚的脂肪来起缓冲作用。接下来就很容易想到，只要培育一种肉厚的西红柿新品种，就可达到西红柿不易破裂的目的。

又如，挖土机就是模仿人体手臂的形状和动作。再如，电脑的运算过程就是模仿人脑的思维过程。

(2) 拟物类比。这是在自然物或人造物中寻找与创造对象相类似的东西，然后进行模仿，创造新事物。此种类比对于在原理、外形、结构、功能等方面创新是比较合适的。

例如，飞机模仿鸟类，潜艇模仿鱼类，渔网模仿蜘蛛网，导弹模仿响尾蛇的“热眼”而自动跟踪。又如煎药罐做成类似泡菜坛子，有水封槽，可防止药液外溢；利用稀土元素改变钢铁材料晶体结构的原理来创造稀土磁疗保健用品。再如模仿水母体内的共振腔感受8～10赫兹次声波的能力，发明风暴预警器，这种次声波能比海浪更快地传到很远的地方，但人耳听不到，水母恰能听到，这样它就能在风浪来到之前向深海游去，以免被巨浪击碎。生物在自然进化中，经历了亿万年的筛选、淘汰和进化，形成了各种奇妙的功能，人们在创造人工物时所遇到的问题，生物界中早已在进化过程中妥善地解决了。

(3) 象征类比。这是将问题、事物、概念等用某种象征来模仿，然后形成创新构思。

象征类比进一步可分为符号类比和概括词语类比两种。

1) 符号类比是将问题、事物、概念比作某种符号，从而引起新的构想。符号本身是人类对一些具体事物的抽象表示，往往暗示着某种道理。符号类比可以使问题变得直观，使不同的事物产生联系，使概念获得象征性。例如，中国文字是古人创造的符号，是古老隐喻的宝库，因此从模仿汉字中会产生新的构思。

2) 概括词语类比是对问题、事物选择一个概括词语来类比，然后去寻找概括词语中所暗示的道理来开发新事物。表5—11所示为某一些事物的概括词语。

表5—11　一些事物及其概括词语

事　物	概括词语
砂轮	准确的粗糙
黏稠物体	犹豫的移动
固态物质	强制集合
混合物	平衡的混乱

例如，油漆为黏稠物，船体用油漆要具有高防腐蚀性，它的黏稠性小，因此提高船体用油漆的黏稠性是个关键问题。从表5—11中黏稠物体所对应的概括词语——犹豫的移动，可进行广泛的联想，联想出各种犹豫移动的形象，如一对要分离的恋人，那一步一回头的情境就是犹豫的移动，产生这种现象的原因是由于爱情的力量（异性吸引的力量），

于是就想到了使油漆增加黏稠性的好办法，使油漆带上不同的磁性。

（4）幻想类比。指借助幻想（神话）来隐喻所研究的问题，以寻求解决问题的新设想。

例如，人们幻想是否可使屋顶在夏天变为白色能反射阳光，以减轻空调器的负荷，而在冬天变为黑色，能吸热量，以减少采暖费用。由这种幻想就会联想到变色龙和变色的比目鱼。比目鱼确有类似由白变黑的功能，比目鱼在沙滩上呈白色，到了海里又变为黑色。人们研究后发现，比目鱼的真皮深处有黑色素，当黑色素上升靠近真皮时，比目鱼变为黑色，当黑色素退回到色素细胞底部时，比目鱼看上去就是白色了。这样人们就设计了一种能热胀冷缩的白色小球，埋放在黑色屋顶上，当夏天阳光照射，使屋顶温度上升，就会导致白色小球膨胀而显露出表面，屋顶也就变成白色；当冬天屋顶温度变低，就使白色小球收缩而不露出表面，屋顶也就还原成黑色。

运用综摄法还要求按照同质异化和异质同化两条基本原则来构思。

同质异化也称为变熟悉为陌生，是指运用新知识或从新的角度看待已知事物，从而形成新构思。例如将热水瓶转用为冷藏瓶。

异质同化也称为变陌生为熟悉，是对未知事物以性质不同的现有事物进行分析和模拟，最后构成异质的新事物，例如飞机的仿生造型。

由此可见，综摄法就是运用上述四种类比，有效地实现上述变熟悉为陌生和变陌生为熟悉的转换。

在转换过程中，使人们对事物的认识处于一种全新的状态，自然就会打破那种仅仅注意以分析技术细节的常规方式解决问题的做法。这时，无须考虑任何想法在技术原理上是否正确，是否符合自然科学已经揭示的规律，暂时摆脱头脑中占主导地位的知识与经验，使大脑处于无拘无束的自由联想状态。在这种情况下，研究者长期存储在头脑深处的各种知识和各种信息，包括生活经验、耳闻目睹的事物、神话幻想，甚至一些感情上的因素，都会自觉不自觉地涌现出来，跃入意识范围发挥作用，这样就可以达到改变旧的思想，以全新的观点、全新的方式考虑问题和研究问题的目的。

综摄法可以个人用，更可以小组一起用。例如，将各种知识背景的人组织在一起，通过互相激励、启发和补充的讨论形式，会更有效地发挥此技法的作用。下面是小组运用综摄法的步骤：

（1）研发部门接受委托后，召集 7～9 名各方面的专家，讨论比目的议题更为广泛的议题（议题下行法）。

（2）当讨论接近或集中到目的议题时，主持人公布目的议题，由专家运用四种类比，按上述同质异化和异质同化的两个基本原则提出构思。

（3）用与目的议题最适合的类比技巧把构思统一起来。

（4）让各专家持怀疑、超脱、客观、积极的态度，对所统一的构思提问题，为解决问题做准备。

（5）让专家陈述解决问题的观点，并以有效的方式组织各方面的资料，尽量使资料代替问题中的假设，最后使问题得以解决。

2. 等价变换法

等价变换法是由日本的市川龟久弥教授提出的，现已发展成为具有充分理论和实践基础以及体系的一种技法。

等价变换法是一种具有更为广泛意义的类比法，其原理有两个基本要点：

（1）事物之间具有共性、相似性，也就是具有等价性。这种等价性不仅限于形状的相似和类别属性的相同，而且在更广泛的道理上相同。只要找出一个事物与另一个事物的共性道理，在此基础上进行思考就能创造新事物。

（2）任何事物都不是从天上掉下来的，而是从原事物中产生的。新事物不是对原事物的彻底否定，而是舍弃其过时的消极的东西，保留其积极的合理的内容，并且对所保留的内容赋予新的关系、新的秩序和新的形式。上述所保留的积极的、合理的内容也就是事物之间的共性，即等价性。

从上述两点原理可知，创造发明的本质就是使一个或一类事物保留其有用部分（等价性要素），抛弃其落后的不适应需要的部分，最后变换成更高级的事物，其过程可用下列等价变换方程式表示：

$$\begin{array}{c} \sum a \\ \uparrow c\varepsilon \\ Ui \rightarrow A0 = B \\ \uparrow \\ \sum b \end{array}$$

式中：Ui——给定的某种要求和目标；

$A0$——已知事物，即发明原型；

$\sum a$——抛弃的所有落后的或不适应需要的部分或特征；

$c\varepsilon$——保留的等价性要素（其中 ε 为事物的本质，即等价因素；c 为 ε 的特征类型，具体限定和修饰 ε）；

$\sum b$——变换时加入的新事物所应具有的部分或特征；

B——创造发明的新事物。

根据等价变换方程，等价变换法的运用程序如下：

（1）提出问题和确定目标。例如，各类机动车（特别是摩托车）驾驶员存在冬天驾车冻手的问题，如果用太厚的棉、皮手套，又不能灵活地掌握方向盘，因此确定发明一种新式的物品，以解决冬天开车冻手问题。

（2）设定技术要求。即对所提出的问题进行分析，力求抓住问题本质。分析技术要求应从多角度、多侧面进行，以便从多种技术要求中选择一种合理的要求。

对解决冬天开车冻手问题，可以提出改进手套的要求，可以提出改进车把结构的要求，也可以从防风、防散热、保温等角度提出要求，来实现确定的目标。从上述多种角度提出的要求中，选择保温技术要求较为合理，此要求还包括新式物品要既能保持手的温度，又不能太厚、太笨重。

（3）从设定的技术要求中，抽取出等价因素 ε。等价因素 ε 往往是对技术要求进一步简化、抽象和概括的结果。本例中，可确定等价因素 ε 为“保持手的温度”。

（4）找出能实现等价因素的现有的所有技术装置、技术手段或一般物品（即 $\sum A0$）。这一步是富有创造性的步骤，要求尽可能地让思维发散，向多方面扩散，提出尽可能全面的、多种类的能实现该等价因素的事物。本例中，各行各业能实现保温的事物有：保温瓶、宇航服、封闭材料、棉毛皮制品、稻壳、软木、石棉、沥青、木隔板、电褥子、电吹风机、空调器、恒温器、热水袋、电饭锅等。

（5）从所有这些事物（$\sum A0$）中选出最合适的一个事物 $A0$，本例中选出电褥子。

（6）确定限制条件 c。从 $\sum A0$ 中选出 $A0$ 事物，必然有其具体的实现 ε 的条件，这种特定的实现 ε 的条件即为限定的条件 c。本例中，暖水瓶实现保温的方式为真空隔绝空气；恒温器实现保温的方式是温度补偿；电褥子实现保温的方式是电阻丝加热。当选用 $A0$ 为电褥子时，即 c 为电阻丝加热。

（7）保留组合 $c\varepsilon$，舍弃与发明物无关部分（$\sum a$）。本例中 $c\varepsilon$ 是以电阻丝加热保持手的温度为保留部分，而将电褥子的大小、形状，电阻丝排列方式等无关方面（$\sum a$）抛弃。

（8）对 $c\varepsilon$ 和 $\sum b$ 做各种组合试验。重要的是引入 $\sum b$，$\sum b$ 是为了保证实现目标的一系列条件。形成 $\sum b$ 往往需要多种专业知识，包括要实现技术的功能、结构、效率等知识，以使发明具有先进性和新颖性。本例中，寻找 $\sum b$ 需要懂得机动车车把、手套裁剪、蓄电池、电子线路等方面的知识，还要对电褥子原型进行局部变换，如将电褥子由平面改为圆筒形，电褥子的电阻丝材料也要相应变化，将电褥子面料改为人造革或各种皮革和以驼绒为衬里，将电热电源改为由蓄电池提供，等等。

（9）检验。即看各种方案能否达到开始时提出的目标。在本例中，要看手套内温度可否达到比外界温度高 25℃左右。若达不到，则重新考虑最初定的技术要求 Ui，调整开发思路，可以反馈到第（4）步，即重新考虑对有关原型 $A0$ 的选择是否有问题，可选择其他对象作原型重新试验，直至最后得到满意的创新方案。

上述程序中，有两步是极为关键和重要的：一是第（1）步提出问题和确定目标，对创新过程有根本性的制约作用；二是第（3）、（6）步提取等价因素 ε 和确定限制条件 c，这关系到能否抓住技术本质，从而影响到能否成功地创新。

从上述等价变换法的原理和运用程序可以看出它的下列特点：

（1）等价变换法抓住了以原理上相同的事物为创新基础的重点，对于找到众多相似物是非常有利的，但是忽视了形状、结构、手段等的相似。

（2）等价变换法强调纵向的技术发展，但忽视了事物间的横向平移。

（3）等价变换法主要适合模仿、改进的创新，而对一些没有更多原理为基础的组合创新或原理突破型创新就难以运用。

（八）强制或自由联想法

联想是一种普遍适用的创造性思维形式。每一种创造技法都离不开联想，不过联想在一些技法中只是一种“隐性”而已。下面有几种技法采用“显性”的联想机制，主要指在技法步骤上要求人们进行强制联想或自由联想，有时还要经历多个联想步骤。这些技法有：强制联想法、思考树—协调选择法、输入—输出法。

1. 强制联想法

强制联想法是利用联想机制，强制创造对象与其他表面上看来无关的事物发生联系和结合。通过这样的强制联系，可以获得关于创造对象的许多新颖的改进构想。

强制联想法的运用程序如下：

（1）选择创造对象。一般来讲，强制联想法所选择的对象主要是小型的或结构不太复杂的产品。

（2）列举与创造对象无关的事物。一般可以从多角度、多方面列举，而尽量不要列举与创造对象关系密切的事物。列举的事物与创造对象关系越远，就越容易打开思路，越容易得到超常的崭新构想。

（3）强行将所列举事物与创造对象结合。这一步的结合有下列多种方式：可直接将罗列的事物与创造对象组合成新方案；可将所罗列事物的零部件、属性、功能等因素与创造对象结合；可从所罗列事物联想开去，将联想的事物或其因素与创造对象结合。

上述种种结合可产生许多方案，这些方案有些是较荒唐的，也有些会是极有价值的启发性方案。

（4）评价筛选所得方案。可将所得方案分成平庸的、具有新颖性和可行性的以及奇特的三类，去掉第一类平庸的，保留第二类具有新颖性和可行性的，以适当方式变换或修改第三类奇特的，尽量使之也变为可行的实用方案。

例如，将上述程序用于创造对象椅子。

首先，列举与创造对象无关的事物，见图 5—3。

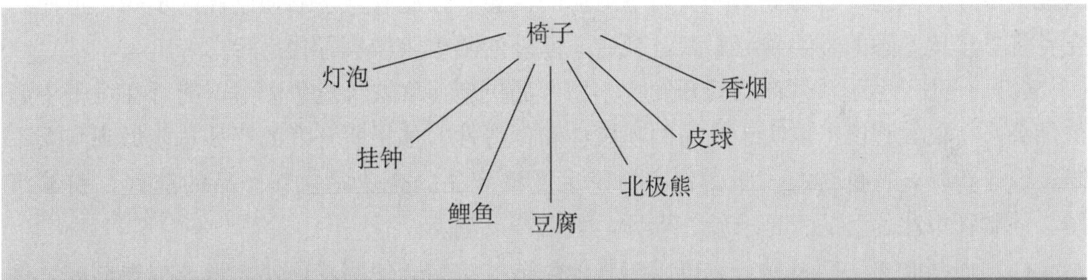

图 5—3　列举与椅子无关的事物图

其次，逐个强行将所列事物与创造对象结合。

（1）灯泡与椅子结合。与灯泡有关的因素有：玻璃、球形、螺旋、电开关、发光、透明等。进行强制联想结合可得方案有：

——用钢化玻璃做成椅子，晶莹透明；

——带灯泡的椅子，供人晚间读书用；

——做成安装在活动支架上的圆形摇椅，可任意调节斜度；

——可插家电遥控器的椅子，看电视时，遥控器可随意取出。

（2）挂钟与椅子结合。与挂钟有关的因素有：悬挂、计时、摆动等。进行强制联想结合可得方案有：

——能悬挂在树上供郊游用的悬挂椅；

——带电子表的学生椅，能增强学生的时间观念。

（3）鲤鱼与椅子结合。进行强制联想结合可得方案有：

——供孩子们骑的鲤鱼形椅子；

——雕有鲤鱼跳龙门、龙的形象的椅子。

（4）豆腐与椅子结合。进行强制联想结合可得方案有：

——设计出软乎乎、无结构架的椅子。

（5）北极熊与椅子结合。进行强制联想结合可得方案有：

——从北极熊联想到各种动物，可做成系列动物型椅子，供幼儿园的儿童使用。

（6）皮球与椅子结合。进行强制联想结合可得方案有：

——皮球内有空气，可做成充气的橡皮椅，供小学生用，携带方便，吹足气后可使用，放气后装入书包；

——做成各种气垫式沙发。

（7）香烟与椅子结合。进行强制联想结合可得方案有：

——设想出四方形椅子；

——能装烟盒的椅子；

——从抽烟想到有害健康，做成画有禁烟图案的椅子；

——联想到有利于健康的椅子，如按摩椅、药疗椅、磁疗椅等。

从上述内容可知，强制联想法有如下优点：

（1）有利于克服思维定势。一般情况下，人们思考问题易受专业知识和经验束缚，难以跳出传统的框框，容易提出一些司空见惯的设想。强制联想法靠强制性的步骤，迫使研究者将思路从熟悉的事物领域引开，到专业以外的陌生领域去寻找启示。

（2）有助于小型系列产品的开发。小型产品更新速度快且竞争激烈，能否在竞争中赢得优势，在很大程度上取决于产品的新颖性和创造性。如果所开发的产品总能做到与众不同，设计新颖，特色诱人，那么就容易使生产该产品的企业站在新产品的前列，引领市场。强制联想法的目的正是求新、求异，推动产品创新。

（3）强制联想法简单易行，可以与其他创造技法结合使用，促使大量新构想形成。例如在智力激励法中，当讨论时沉默或设想质量不高时，与会者可以利用强制联想法，使气氛活跃起来，就会涌现出一些非常规的设想。

2. 思考树—协调选择法（TT-HS 法）

此法是日本电气公司的志村文彦在 1970 年提出的。TT-HS 是以“思考树”、“协调选择”的英文首字母定名的。

此法按下列程序进行：

（1）先按形成产品的三要素——加工方法、结构和材质——形成思考树，即思考本产品的各种加工方法、各种结构和各种材质。

（2）再从通过头脑风暴法或其他方法形成的构思中，选出十几种可能实施的方案。

（3）将每个实施方案与思考树进行强制联想，选择可行的加工方法、结构和材质。

（4）对每个构思方案按实施难易程度和经济效果评价打分。

（5）由积分来判明各方案的优劣。

图 5—4 为思考树—协调选择法原理。

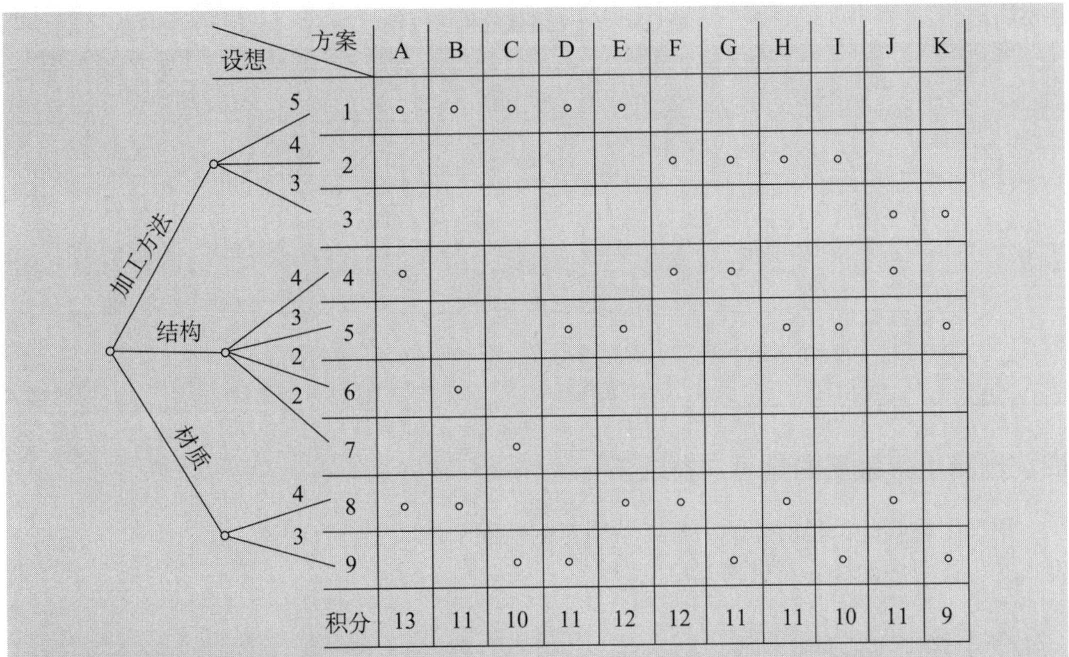

设想＼方案	A	B	C	D	E	F	G	H	I	J	K
1	○	○	○	○	○						
2						○	○	○	○		
3										○	○
4	○					○	○			○	
5				○	○			○	○		○
6		○									
7			○								
8	○	○			○	○		○		○	
9			○	○			○		○		○
积分	13	11	10	11	12	12	11	11	10	11	9

图5—4　思考树—协调选择法原理

图5—4中每一方案的积分是所选择的加工方法、结构和材质的评价分之和。

3. 输入—输出法

输入—输出法是由美国通用电气公司提出的，它是运用控制论的方法，通过逐步把“黑箱”转换成“白箱”而产生创新的方法。

运用此法，把研究问题的初始状态看作输入，把创造对象的预定目标看作输出，把实现目标的要求看作制约条件，这样就以输入为前提，通过自由联想寻找能实现输出并满足制约条件的途径和方法。

此法按下列程序进行：

(1) 明确研究对象的“输入”和“输出”，确定对象是否为“黑箱”，若“输入”与“输出”无直接关系就是黑箱。

(2) 如果对象是“黑箱”，那么就通过广泛自由联想考虑“输入”能与哪些事物发生联系，会引起什么样的结果，即第一步联想的输出。

(3) 用制约条件要求对第一步联想的输出进行评价，排除不适合的构想。

(4) 以保留下来的构想为新的出发点继续进行自由联想，然后再对第二步联想的输出进行评价，排除不适合的构想。

(5) 如此循环往复，直至找出“输入”和“输出”联系的构想。

例如，研究一种路灯自动开关装置的构思过程（见表5—12），天黑为“输入”，灯亮为“输出”，制约条件要求为可靠且经济。

表5—12中打“○”者为可保留的构想，打“×”者为不可靠、不可行、不经济的构想。

最后找出天黑—光线减弱—感光材料—硫化镉—灯亮的方案。

表 5—12　　路灯自动开关装置的构思过程

输入	第一步联想		第二步联想		第三步联想		输出
	构想	评价	构想	评价	构想	评价	
			温度计	○	水银	×	
	温度降低	○	恒温器	○	双金属片	×	
	环境寂静	×	气体→液体	○	乙醚	×	
天黑	植物光合作用停止	×	曝光计	○	光电池	×	
	猫眼发亮	×	光电池	×			
	光线减弱	○	相纸	×			
			感光胶片	×			
			感光材料	○	硫化镉	○	灯亮

四、创新中所采用的集思广益法

集思广益就是汇集群体的力量，共同对创新面临的问题进行交流，让思维相互碰撞产生火花，让个体的构思设想相互启发。

（一）奥斯本智力激励法

智力激励法又称头脑风暴法、畅谈会法、集体思考法、集思广益法，它由美国人奥斯本首先提出，在实践中发展完善形成。

奥斯本最初提出此法时，借用了一个精神病学专业用语来作技法的名称，此术语为 brain storming，意为头脑风暴，指精神病人胡思乱想时的状态。奥斯本以这一术语形象地说明用此法时人们的思维要自由奔放。

智力激励法的基本内容为：针对要解决的问题，召集 5～10 人的小型会议，与会者按一定步骤，在轻松融洽的气氛中敞开思想，各抒己见，自由联想，互相激励和启发，让创造性思想火花产生共鸣和撞击，引起连锁反应，从而产生大量新设想。

1. 奥斯本智力激励法的规则

为达到上述目标，奥斯本的智力激励法有四条规则：

（1）对意见不作结论，不进行批驳；

（2）不怕标新立异，可自由奔放地思考；

（3）设想构思方案的数量越多越好；

（4）寻求由已提出方案的改进、联合而构成新方案。

2. 奥斯本智力激励法的会议规则

根据上述规则，对所召开会议规定了六条开会规则，通常要在开会开始时宣布：

（1）不允许批评他人，即使有人提出可笑的想法；

（2）提倡任意自由思考，畅所欲言；

（3）以目标（主题）为中心，提出的设想多多益善，并且全部记录下来；

（4）任何人不能在会议进行中作任何判断性总结和批评，也不允许以多数人的意见来阻碍个别人的设想；

（5）参加会议者不分长幼、上下级，一视同仁；

（6）不允许私下交谈和代表他人发言。

这种会议人员最好不超过 10 人，时间不超过 1 小时，议题应明确单纯，不必做问题分析。如果碰到复杂问题，应先分解，逐个对单个次级问题分别召开会议。

3. 奥斯本智力激励法的实施程序

智力激励法的会上能得到许多设想方案，有时还可通过和与会者在会下联系（第二天）收集会后又想到的方案，这样必须对会上和会下的设想方案进行评价筛选。

对设想方案评价筛选的标准通常为新颖性、实施技术条件、经济限制条件和市场需求等。根据标准把设想粗略地分成三类：一类为明显可行，暂时采用；二类为明显不行，舍弃；三类为经讨论再决定取舍。

最后将筛选出来的少数方案进行对比分析，再进一步发展完善，可以以一个方案为主，再吸收其他方案的长处，也可以将两个或多个方案的优点组合起来。

上述对设想方案的评价筛选可委托专家组进行，也可采用“二次会议法”，即召开设想提出人的二次会议。

4. 奥斯本智力激励法的局限性

奥斯本智力激励法虽然能创造自由探讨、相互激励的条件，但是也有下列局限性：

（1）创造力强但喜沉思的人，难以在会上有所表现；

（2）会上表现力强的人会影响他人的设想；

（3）会上难以及时对设想进行评价集中，有时容易使见解流于表面。

（二）其他类型智力激励法

1. 默写式智力激励法

德国学者荷立根据德意志民族长于沉思的特点，提出默写式智力激励法，此法限定会议由6人参加，要求每5分钟每人提出3个设想，故又称“6·3·5”法。

默写式智力激励法的具体做法是：在宣布与说明议题后，每人发三张卡片，填上姓名、编号（1，2，3），第一个5分钟内，各人在每张卡片上各写一个设想，然后传给右邻，第二个5分钟内在传来的卡片上再各写一个设想，如果会议开半小时，就可得6×3×6＝108个设想。

由于此法克服了不能尽言、拙于言词和发言竞争等影响激励的因素，所以应用颇广。

2. 卡片式智力激励法

具体做法是：会议由主席一人和5～6个与会者组成，桌上放置小卡片，每张卡片记一个设想，在15～20分钟内，各人将设想记入卡片，多少不限，然后每人依次读出自己的一个设想。这期间如果获得启发，可另填新卡。如此轮回直到读毕全部设想卡片。

会议上所得众多设想，可在全体与会者参加下进行分类，最后进行评价筛选。

此法的好处是便于自由提出设想而不受社交因素的影响，同时所提设想各要点能直接由提出者写出，比较准确，也便于利用和保存。

3. 戈登下行智力激励法

这是W.J. 戈登改进奥斯本智力激励法而形成的一种可以获得特别新颖设想的方法，其做法与智力激励法类似，差别只在于提问方式。在会议上，首先不是提出明确的目标，而是提出更广泛的包含着目标的问题。例如，为改进洗衣机，不是提出“如何改进洗衣机”的问题，而是提出“怎样流动”的问题；又如为改进停车场，提出“如何存放”的问题等。

在智力激励法会议进行中，根据所提设想情况，再将议题逐渐收缩，收缩至原目的。由于议题广泛，可提出全新构思而摆脱习惯的影响。

第 3 节　创新构思的组织措施

根据国外企业的实践经验，在新产品开发过程中，进行创新和应用创新技术，往往需要采用一些组织措施。一般来讲，可以采用建立应用创新技术领导小组和开展临时性创新小组活动两种形式。

一、常设的应用创新技术领导小组

常设的应用创新技术领导小组通常只由 2～3 人组成，直接隶属于企业最高领导。对其成员应有较高的要求，首先应熟悉企业的全面情况，尤其应掌握企业员工的实际知识和技能、专业特长等方面的大量资料；其次应熟悉各种创新技术；再次应具备一定的组织能力。

此常设的应用创新技术领导小组的工作范围有下列四个方面：

1. 开展日常基础工作——全面熟悉企业的人员情况

常设的应用创新技术领导小组的任务之一就是根据所要解决的创新问题的需要，遴选解决问题小组的合适人选，为此领导小组必须逐步积累起企业人员的有关情况资料，主要包括有关人员的知识水准、业务或技术专长，有何特殊才能，以往有无创造发明或革新等业绩；再有思想类型情况，是善于接受新事物、思想敏锐而活跃，还是思想保守、因循守旧等；还包括上述人员在参加群体解题活动中的表现，曾提出过何种有价值的创新建议，有哪些创造性构想得到采用以及带来的效益等情况。

2. 创新核心人员的培训

为了在企业内普及创新技术知识，使更多的员工都能掌握若干方法，提高他们的创新能力，企业应培训创新核心人员为骨干，由他们分头向隶属部门和单位宣传、普及常用的创新技术知识，这样可收到“滚雪球”的效果。

对创新核心人员，一般要选既懂技术又懂管理、思想活跃、才思敏捷、善于接受新事物、善于表达的人员，应尽量从企业经常遇到创新问题的部门和单位中挑选，如营销、新产品开发、工艺、技术等部门。

对创新核心人员的培训内容包括：

（1）系统地介绍常用的创新技术；

（2）学习有关人的创造才能及其培养方面的知识；

（3）掌握如何分析问题、划分问题类型和选择适合的方法；

（4）学习群体创新的领导艺术和群体解题效果等知识。

与此同时，应选择各种类型的创新问题作为应用案例加以练习，以此积累应用创新技术的经验和承担解题小组领导的经验。国外的经验认为，以 15～30 个案例，用半年时间训练为宜。

这些核心人员培训完成，就可解散，回到各自部门中去。

3. 组织创新技术的应用活动

这一工作就是筹备解题会，包括以下几种具体活动：

（1）应用创新技术领导小组，在接到企业领导或某部门遇到难题欲进行创新的通知后，随即与提出问题者取得联系，并同他们一道对问题进行详尽分析。从对问题的分析中确定：问题属于何种类型，是否适合用创新技术来解决，如果可以用创新技术解决，具体应采用哪一种方法，如果不宜采用创新技术解决，则向问题提出者阐明原委，以便另寻他途。

（2）根据问题的类型、所拟采用的创新技术以及平素掌握的人员资料，确定小组的规模及其领导者，然后可与解题小组领导者共同协商确定小组的具体人选。

（3）约定召开解题会的时间和地点，通知有关人员。有时为了使与会者预先对问题有所考虑或收集查阅必要的资料，也可就会上要解决的问题草拟一条简明扼要的说明，随会议通知一并发给与会者，同时，还必须做好具体物质准备工作，诸如会场的布置、所用器材和物品的置办等。

4. 对解题会上所提出构想的处理

这一工作包括如下三方面内容：

（1）一般来说，不管采用哪一种方法，群体解题过程中的思维活动都是十分紧张的，而且会议的时间不可过长，这就很可能导致有些构想未能想到或未能表达出来，在会后冷静下来后，再仔细地回顾一下，对会上提出的各种构想往往能有所补充和增加。因此，在正式处理构想之前，应给与会人员一段反思的时间，然后再次个别征求补充构想。

（2）应用创新技术领导小组开始着手对构想的处理工作。通常宜由该领导小组与对问题负有直接责任的人或另外组织起来的一个更有权威的专家小组一道，对会上提出的大量构想加以整理、分类、评价和补充修改，最好不要由原与会者参与构想的评价，以使评价意见更客观。在此基础上将筛选出来的最有创造性的构想以口头或书面形式提交给有关领导，以作出最后决策。

（3）针对一个问题应用创新技术得出的众多解决方案中，可能有不少（当然也可能只有个别的）都很有创造性，一旦付诸实施都可能使企业获益匪浅。由于经济或技术上的原因，有时只能将个别的构想付诸实施，其他构想暂时还不具备落实的条件，这些不能实现的构想都程度不等地包含着重要的思想财富，一旦条件具备，完全可以付诸实施。不难发现，现实生活中往往有这样的情况，某个有益的想法很可能只闪现一次，以后便很难或再也不会出现了，对这样的构想绝不可草率地轻易抛弃，而应当将它们集中起来，分门别类地加以整理后归档保存。

二、临时性创新小组

关于组织临时性创新小组，涉及创造学中研究如何集众人智慧、发挥群体创造力等问题。

建立临时创新小组的目的是解题。这里有必要分析一下影响群体解题效果的种种因素，从各种因素的分析中就能弄清组织临时性创新小组如何开展活动和应注意哪些问题。

一般来说，影响群体解题效果的因素不外乎人的变量、环境变量和问题变量三类，其模型如图5—5所示。

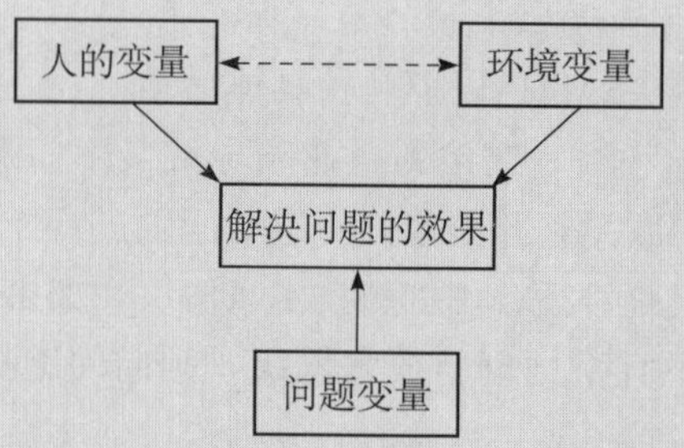

图 5—5　影响群体解题效果因素模型

问题变量是指所需解决问题的种类、复杂程度以及对解题的要求等。

人的变量，除指个人创新欲望、知识、创造才能、个性、心理品质等外，还指小组的性质、人员构成、领导作用、人员选择等。

环境变量是指物质条件和工作氛围。物质条件是指解题的时间、地点、室内环境和布置等。工作氛围是指会议上的领导作风、安全感、压力感、紧张感等。

下面将有关因素及注意事项作一介绍。

（一）小组性质

通常企业为某一创新任务组织一个创新小组，不是企业的常设固定组织，而是临时性的组织，它既没有确定的人数，也没有固定的人选。一般来说，这个小组只要提出解决问题的创造性构想便可解散，并不参加这些构想的评价和决策，其成员既可全部是本企业的员工，亦可有部分来自企业外部。

创造学研究表明，创新小组的临时性有利于小组成员间的心理兼容，有利于树立小组的群体意识，从而有利于小组成员间的信息沟通，这是取得群体解题良好效果的先决条件。

小组成员间的心理兼容是指临时性容易使小组成员间存在一种融洽的心理交流状态。这里主要指容易对问题及达到的目标有一致的理解和认识，这样就可在解题中彼此坦诚相见、相互启发，积极地去发现别人想法中的创造性因素并加以发展，产生连锁反应，还可形成内聚力强大的群体，及时协调解决内部冲突，维持各成员的解题热情，增强克服困难的信心等，使群体产生 1+1>2 的效果。

为使小组成员对问题及达到的目标有一致的理解，就需要事先向小组成员提供必要的资料，主要是对欲解决问题的实际状态和理想状态的含义，对可接受备选方案的要求及与问题有关的背景材料等。向小组成员提供必要资料这一步，既可以在解题过程开始前以书面形式进行，也可以在解决问题过程开始时进行。须注意一点：提供的资料必须适度，恰到好处。这就是说，既不能太少、太笼统，使人不得要领，也不能太多太杂，反倒会束缚小组成员的头脑，更不能将领导者的初步想法暗示给小组成员，为其设框框、定调子。提供资料最重要的是简明扼要、点清实质。

树立小组的群体意识是指临时性有利于建立小组的群体意识。群体意识是指个体对所在组织以及个体与组织之间关系的认识。群体意识决定着个体在组织内的态度和行为。

创新小组的临时性容易使个体对群体怀有强烈的认同感、责任感、义务感和自豪感，小组成员间做到同心同德、相互尊重、相互配合、相互谅解，形成融洽和谐的良好气氛。

这种群体意识可以起到创造力效应放大器的作用。

为促使小组成员能更快更好地形成群体意识，需要注意以下两点：

（1）领导人员要具有民主作风，讲究领导艺术。例如，能使全体成员畅所欲言，充分发表自己的意见；再如，能使小组成员打消不必要的顾虑，能注意克服自己的明显偏见等。

（2）在人员选择和组织形式的选择上，避免成员间不必要的矛盾和冲突。

（二）小组成员的遴选

小组成员选得是否合适，会直接影响解题的效果。小组成员选择的一般原则是：应选择那些对于创新问题具有丰富的知识和经验，并具有解决该问题能力的行家。例如，如果制定企业的长远发展战略，那么有经验的高层管理人员就是应该选择的行家；如果欲改进某一工艺流程，技术人员和经验丰富的老工人就是应该考虑的选择对象；如果是研发一种新产品或改造某种老产品，不妨从技术人员、推销员、销售部门以及顾客中遴选解题小组的成员。

经验表明，有时选择个别外行参加，反而会收到意想不到的效果。因为虽然从技术或业务上，这样的人对所研究的问题可能仅仅接触过很狭窄的某一侧面，甚至完全是外行，但也正因为如此，他们就很少有甚至没有任何框框，反而能提出行家不易想到的独特而新颖的构想。问题的关键是如何通俗地、深入浅出地把问题的实质给他们讲清楚，当然也不要由此产生一种错觉，似乎外行反倒比内行更富有解决问题的创造性。这里丝毫也没有贬低知识和经验在解决创新问题中的重要作用的意思，而且这里所说的外行，也不是没有任何条件的，一般是指在其他专业领域很有功底，造诣很深，只是对这一问题没有受过专门教育或没有专门研究过、所知不多的人，有人称他们为“受过良好教育的门外汉”。

除上述原则外，在遴选小组成员时，还有下列四点值得注意：

（1）不要挑选知识水平相差悬殊的人。特别是如果大多数人的知识水平都相对比较高，而只有少数人或个别人知识水平比较低，那么这部分人很容易产生自卑感，丧失与其他人一起思考的信心和勇气，而且在心理上时时都要承受巨大的压力，因为他们总在担心万一说出不合时宜的话会给别人留下笑柄。倘若处于这样的精神状态，哪里还谈得上发挥创造性呢?

（2）选择职务和级别悬殊的人参加小组也要慎重。如果职务或级别较高的人官气十足、盛气凌人，明里暗里流露出别人必须尊重和屈从他们的意见的态度，而小组领导者又不能秉公办事，唯长官之命是从，其他成员就只好将知识和才能闭锁起来，消极敷衍。

（3）在选择小组成员时，不但要看其知识、经验和能力，还要看他的思想是否活跃，是否善于表达自己的思想。往往有这样的情况，有人尽管知识很渊博，功底很扎实，遇事也不乏机敏，但不善于准确、鲜明、完整而有逻辑地表达自己的看法，别人听后往往感觉不甚明了，甚至稀里糊涂，弄不清他究竟要说什么。倘若选择这样的人参加，显然对问题的创新解决是没有好处的。如果群体解题是采用书面形式进行，则又另当别论，因为有的人虽不善言谈，但见诸文字的结果却迥然不同。

（4）在选择小组成员时，对那些平素人际关系紧张的人或对解题活动毫无兴趣的人，最好不要邀请参加。前者会使小组不易形成融洽气氛，他们往往不将聪明才智和精力全放在解决问题上，而是瞪着眼睛盯着别人，轻者冷眼旁观，重者从鸡蛋里挑骨头，引起矛盾冲突，不利于群体解题；后者可能从各种条件来衡量很适合小组解题活动，但他们无热情参加解题，对群体解题也无好处。

（三）小组的规模

根据国外应用创新技术的实践经验，这种解决问题小组的规模以 4～8 人为宜，即使采用书面形式也不宜超过 10 人。当然，参加的人数多一些，所包括不同门类的知识领域宽一些，会有助于集中更多人的聪明才智，有利于从不同的方面和角度去思考问题，可能更有助于得出问题的创造性解决办法。不过也不是说参加的人数多多益善，人太多了反而会给解题过程带来麻烦和困难。如果小组规模过大，必然要加大就问题定义和解题战略取得一致看法的困难程度，特别是创新问题大都具有开拓的性质，有时很难事先准确地确定问题的理想状态，这就更增加了产生分歧的可能性。在这种情况下，小组人数越多，将越难以协调一致。

另外，如果小组规模过大，就要影响发表意见的普遍性，倘若再有几个人很健谈，那么留给其他人发言的时间就所剩不多了。在这种情况下，为了能使所有小组成员都有机会发表自己的意见，就要延长群体解题活动的时间。如果因此而开成一个马拉松式的会议，就会使人变得松懈、疲沓，这种状态是不利于创造性的发挥的。

有的创造学学者认为，为了严格控制小组规模，绝对不要以“列席”、“观察员”的名义邀请与解决问题无关的人参加群体解题活动。如果问题确实很复杂，涉及的面比较广，经再三慎重考虑，小组成员的数目仍比较多且很难再减少，则可以考虑是否有可能把问题加以分解，将复杂的综合性问题分解成相对简单的几个小问题，分若干次逐一解决，这样就可以缩小小组的规模。

（四）小组领导者的作用和作风

群体解决问题的过程能否达到预期的效果，能否产生尽可能多的创造性构想，小组领导者的作用举足轻重。概括起来，这种作用主要表现在如下三个方面：

（1）保证各个成员的解题努力始终指向所确定的理想状态，即指向要达到的目标。

（2）保证每个成员都能在轻松愉快、和谐、融洽的气氛中毫无顾虑地畅所欲言。

（3）保证适时地对解题过程加以正确而巧妙的引导，使解题过程始终处于热烈紧张的状态，直至取得令人满意的结果。

小组的领导者必须具有广博的知识，就企业的创新而言，他既要懂技术，又要谙管理，特别是对于所要解决的创新问题更要有较深的造诣，同时，也要懂得一点心理学和行为科学的知识，这些都是一个小组的领导者能够卓有成效地领导群体解题所必需的基本条件。

对于小组领导者，作为解题会议的主持人，其工作作风十分重要，是影响群体解题效果的最大的一个因素。具体来说，应把握以下几点：

（1）小组领导者要娴熟地驾驭群体解题进程，即在解题过程中进行正确及时和巧妙的引导，使之始终指向既定目标。若有个别成员旁征博引地长篇大论，而所谈内容又是空泛或老生常谈，其他成员已面露愠色，小组领导人切不可无动于衷，须暗示他发言要简练，只要讲明实质即可，以免影响其他人的情绪；相反，如果其想法极有独特见地，则要明确地表示时间尚充裕，让他尽可能详尽地阐明其构想。

(2) 小组领导人应多扮演服务员而少扮演主人的角色。这里最忌讳的一点是凭借自己的身份和地位独断专行，解题伊始就迫不及待地将自己的想法全盘托出，要求其他成员一切以他的意见为意见，强行把大家的思路纳入他预先设定的框框之中，甚至包办会议，只听他一个人在那里喋喋不休，这样做势必引起与会者的不快和反感，使解决问题的积极性和创造性受到极大的抑制。

但是，这并不等于说小组领导人就绝对不能提出自己的创新构想。比较明智的做法是，当小组其他成员的构想趋于枯竭，即一时已提不出什么创新构想时，小组领导人就应以自己独创性的构想来启发和引导大家，向未曾注意到的领域去探索。

(3) 小组领导者应注意保护每个成员的尊严。自尊心人皆有之，每个与会者都在维护自己的尊严，一旦遭到损害，就会不愿合作，甚至采取破坏性的态度，因此小组领导者绝不应默许个别成员将矛头指向其他与会者，遇有这种情况时，应当委婉但明确地加以制止，以防事态进一步恶化。

(4) 小组领导者应对全体小组成员一视同仁，切莫因为与会者身份和地位不同，与自己亲疏不同，或凭个人的好恶而将小组成员分成三六九等，厚此薄彼。在这方面人们是十分敏感的，因此小组领导者的一言一行、一举一动都要格外谨慎小心，切不可对一些人的建议非常重视，大加赞扬，而对另一些人的主意却不屑一顾。无论哪个成员发言，都应注意倾听，不管有意还是无意，任何漫不经心、不得体的举动，都可能引起发言者的误解而挫伤其积极性。

(五) 批评与恭维问题

在解题过程中，一定要营造一种人人心情舒畅，毫无顾虑地提出任何想法的气氛。为了营造这种气氛，提出既不许批评或指责，也不许恭维别人所提出想法的规则是很有必要的。在这种规则下，即使是极不成熟，甚至毫无新意、荒诞不经的构想，也丝毫不用担心会招致别人的讥笑而大胆地提出来，这无疑增加了产生独特、新颖、富于创造性构想的可能性。任何批评和恭维对发挥创造性都是无益的。前面已述及，如果小组领导者这样做，其效果就更坏。

(六) 压力感、紧张感和安全感问题

有些创造学学者认为，解题过程中不应给人造成过分紧张的气氛，不应给人带来不必要的压力。

例如，对解题不应过分强调一定要提出多少构想，一定要做出什么样的成绩，或者要求每个人必须依次发言，或者强求某人发言等。这样做的效果往往适得其反，会对创新思维起负面作用，会抑制创造性的发挥。

创新群体成员还需要有安全感，即群体人员应确信解题能给自己带来好处，至少不会使自己受伤害。这样才能激励与会者，使其思想自由驰骋，毫无顾虑地提出自己的任何构想。

但是，在解题会上非常有可能对某些成员造成不安全感，这主要是因为有些问题的最终解决可能与某些人有重大的个人利害关系。例如，某企业拟运用某种创新技术来解决一项新产品开发任务，有些与会者马上会敏感地意识到，一旦这些新产品设计试制成功并很

快投产后，很可能使自己的地位受到威胁，此时，这些人不仅不会积极主动地去发挥自己的创造潜能，反而会想方设法阻挠和干扰解题过程的进行。这种情况下，就不妨将新产品开发这个大问题划分成若干小问题，一次只把某个局部问题拿出来在群体成员中研究讨论，寻求创造性构想，其他小问题再分别在不同的解题小组中逐次解决，这样既可暂时回避问题的真相，群体成员亦可获得安全感，便不会影响其创造性的发挥。

（七）物质环境问题

物质环境主要指开会的时间、地点的选择以及室内环境的布置等因素。这些看似都是些小事情，实际上也大有讲究，都会不同程度地影响群体成员创造性的发挥。如果能选择那些环境清静优美的地方作为开会场所，无疑会令与会者赏心悦目，精神振奋，促进其创造性的发挥。如果不具备这样的条件，至少也应选择一个安静的不受外界干扰的地方作为开会地点。如果周围一片嘈杂，不时有电话或来人打扰，与会者必然心情烦躁，怎么能安下心来集中精力于所要解决的创新问题呢？

会议的时间不宜拖得过长，一般应控制在一个小时之内。马拉松式的会议会使与会者的大脑处于极度疲劳的状态，因运转不灵而难以产生创造性构想。如果会议必须开得较长，中间应稍事休息，以使紧张的大脑暂时松弛一下。一般来说，会议时间只需小组领导者个人掌握，不必事先说得很具体。

会议室大小要适当，既不要过分狭小、拥挤，也不要很空旷。室内照明、通风、温度等要适宜，座位要舒适。这一切要使人心情愉快、舒畅，从而有利于创新思维，反之则易使与会者烦躁不安而不利于创新思维。会场也不可布置得过于豪华讲究，那样反而会使人变得慵懒甚至引起睡意，同样会抑制创造性的发挥。

第 4 节　新产品概念测试

新产品概念测试和可行性分析是新产品概念开发阶段的两个关键环节。新产品概念测试是新产品从构想发展成方案设定之间的一个不可缺少的评价环节，而新产品可行性分析则是新产品从方案设定到方案决策之间的一个不可缺少的评价环节，它们都是新产品总体评价体系中初期评价的重要组成部分。

一、新产品概念的形成

新产品构思是指企业考虑向市场提供的一种可能产品的想法。例如，一家大型食品加工企业有这样一个新产品构想：生产粉状的牛奶添加剂，以增加牛奶的营养和口味。这样的构思对消费者缺乏吸引力，也无法对其进行市场可行性测试，因此必须将新产品构思发展成为更明确的新产品概念，即用消费者认为有意义的术语来描述产品，这就能对消费者具有吸引力，能进行消费者评价。

任何一个新产品构思均可划分为若干新产品概念。例如，对上述粉状牛奶添加剂就可以提这样一些问题：

——谁使用这一产品？该牛奶添加剂是以婴儿、儿童、少年、青年人、中年人还是老年人为目标？

——该产品所能提供的主要利益是什么？是口味、营养，还是提神、能量？

——该饮料主要用于何种场合？早餐、早餐后、午餐、下午茶、晚餐、夜宵？

通过提出这些问题，企业可形成以下新产品概念：

概念1："即食早餐饮料"，是专为想迅速享用营养早餐而无须烹制早餐的成年人制作的。

概念2："美味小吃饮料"，供儿童课间吃点心饮用。

概念3："健康补品"，供老年人在夜间就寝前饮用。

为了解新产品概念在市场上的竞争状况，应对每个概念予以定位。产品和品牌定位就是确定产品和品牌在市场上的位置，实际上就是该产品和品牌相对于竞争产品和品牌给予人们的特殊印象。有时，产品所服务的细分市场就直接代表了产品的定位。可用图5—6表示产品和品牌定位。

图5—6（a）是即食早餐饮料和其他早餐相互关系的产品定位图，用来说明产品成本和配制时间，即食早餐饮料使购买者付出低廉的成本和较短的配制时间。最接近它的竞争产品是冻麦粉，离它最远的竞争产品是腊肉和蛋类。通过这些对比分析，可预测这种产品定位有利于传送和促进产品概念进入市场。

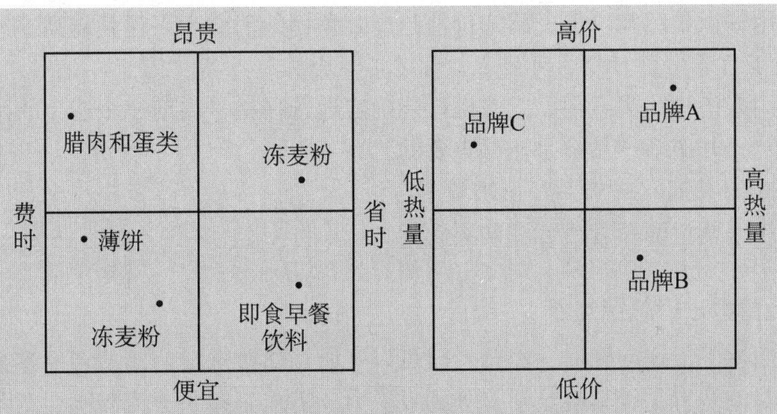

(a) 早餐市场产品定位图　(b) 即食早餐市场品牌定位图

图5—6　产品和品牌定位

图5—6（b）是不同即食早餐饮料品牌相互关系的定位图，用来说明价格和热量，即购买者认为价格和热量是即食早餐饮料的重要属性，那么企业必须决定生产这种饮料的售价为多少，热量为多少大卡。新的品牌可以以中等价格和中等热量进行市场定位，也可以以低价和低热量进行市场定位，采用这两种定位都可以使新品牌获得独特的地位，能与其他品牌（品牌A，B，C）一较高低，并为提高市场占有率而展开竞争。作出定位决策时，有必要对不同偏好的细分市场的规模进行研究。

二、新产品概念测试

新产品概念测试时，要求将产品概念同特定的目标消费者结合起来，通常要让一个精心描述的新产品概念展现在消费者眼前。例如，即食早餐饮料可以作以下的描述：一种粉状牛奶添加剂，用于即食早餐，它为人们提供早餐所需的营养且口味佳，使用极为方便。该产品打算制成三种口味：巧克力味、香草味和草莓味，还准备以独特的包装上市，一盒装六包，每盒79美元。

（一）要求消费者回答的有关产品概念的问题

1. 你是否清楚并相信该产品概念的利益？

此问题用来衡量新产品概念的可传播性和可信度。如果得分低，就必须对此概念进行推敲或修订。

2. 你是否认为该产品解决了你的某个问题，或满足了某一需求？

此问题用来衡量需求程度，需求越强烈，预期的消费者兴趣就越高。

3. 目前是否有其他产品满足这一需求，并使你感到满意？

这一问题用来衡量新产品和已有产品的差距程度，差距越大，预期的消费者兴趣就越高。

需求程度可与差距程度相乘，乘积为需求—差距分值，需求—差距分值越高，预期的消费者兴趣就越高。需求—差距高分值意味着消费者认为该产品满足了其强烈的需求，或者消费者对可供选择的产品尚未满足。

4. 就相对价值而言，新产品价格是否合理？

此问题用来衡量感知价值。感知价值越高，预期的消费者兴趣就越高。

5. 你是否（肯定、可能、可能不、肯定不）会买该产品？

此问题用来衡量购买意图。应该说，能确定地选择括号内前三个选项的购买意图的那些消费者，对于开拓新产品都是非常重要的。

6. 谁可能会使用这一产品？使用频率怎样？

此问题用来衡量消费者目标和购买频率。

（二）经营者进行总结判断

消费者回答了上述问题后，经营者就可以开始总结被选定的消费者的答案，以判断该新产品概念对消费者是否具有足够充分的吸引力。需求—差距分值和购买意图程度可用某类产品的标准来校核，以便预测该新产品概念能否成功。某食品生产企业对即使概念看起来相当不错但选择“肯定要购买”的比例低于40%的概念一律予以摒弃。另外，企业也可以从数据中得知，该新产品概念可能会替换企业的哪些原有产品，哪些消费者可能成为企业的最佳目标等。

案例

马克·安德森在大学就读期间，开始为计算中心按约7美元/小时的报酬干活。1992年，他为万维网浏览器设计增加了图像显示功能，受到用户欢迎，但被万维网浏览器的发明者视为对网络带宽的浪费，因为最初的万维网浏览器是为高能物理专家相互联络设计的。

吉姆·克拉克是SGI公司的创始人，当他开发的与信息高速公路有关的产品被董事会否决以后，他离开SGI公司准备重新创业。经过介绍，他与马克·安德森相识，希望能找到发展的方向。马克·安德森认为专业做万维网浏览器有前途，但是当时所有万维网浏览器甚至整个网络都是学术性、技术性、免费的，而且用户使用万维网浏览器需要网络上有大量内容，而当时整个网络上的信息用几十张软盘就可以容纳，这就好像是在没有公路以前就生产汽车、在没有电话网络以前就生产电话。如果你是马克·安德森，你如何说服吉姆·克拉克?

思考题

1. 就各大行业举例说明新产品概念的作用。
2. 就你感兴趣或者比较了解的行业，根据各种资料，对该行业新产品开发进行构思。

第6章

新产品实体开发

新产品实体开发要面对未知，这一环节充满风险和挑战，又富有魅力和诱惑。

一些企业为了竞争需要或者获得订单，经常向用户承诺交货的确切时间，而由于是全新产品，并没有100%的把握如期开发出来。

一个电子产品开发经理对此深有感触。市面上的老产品很难卖出好价钱，也缺乏竞争力，要想获得大的订单，四平八稳是不可能的，必须敢于超出企业现有经验，大胆地满足顾客的新要求。对于这些企业，不断地在未知领域创新已经成为其生存的方式。

新产品实体设计、试制、测试和鉴定是由新产品概念转变为新产品样品的新产品实体开发阶段的四个具体步骤，它们是整个新产品开发过程中最具挑战性的阶段，也是需要进行大量创造性劳动的阶段。

新产品实体开发的总原则是：

(1) 新产品试制品能被消费者（用户）认为体现了产品概念中所描述的关键属性；

(2) 在正常使用情况下，该产品能安全可靠地发挥其功能；

(3) 该产品能以预计制造成本生产出来。

第1节　新产品设计

新产品设计是由新产品概念转变为样品的最重要的环节。它是应用相关的专业技术理论，将拟开发的新产品概念具体化为生产过程可接受的技术文件和图样的过程。这里主要指新产品实体设计。

新产品设计的创造性劳动体现为：既要坚持市场营销观念，做到"顾客至上"，尽量满足消费者（用户）的各种需求，又要考虑生产制造的可能性、经济性和企业的发展。

从消费者（用户）和市场竞争出发，新产品设计必须充分体现新产品概念，对产品的用途要力求扩大功能，增加效率，注意可靠性；对产品的质量，要尽可能满足消费者（用户）消费的最新水平和要求；对产品的外形、色彩，要注意独创性与新颖性，增加产品的时代感，使消费者（用户）增加好感，获得美的享受，提高购买欲望；对产品成本，要力求合理，使消费者（用户）得到更多的利益。上述种种消费需求的满足，是通过对新产品的材料、结构、美学造型的不同选择来达到的。每种产品的可选择范围都很大，不同的材料、不同的结构、不同的造型等，排列组合后的数目几乎是无限的。

从企业角度出发，新产品设计必须充分体现企业发展战略、企业产品开发目标战略的要求，还要满足企业现有生产条件、财务指标、时间期限、营销优势等要求；新产品设计还要满足企业外部如法规、渠道、技术引进、市场消费行为等限制条件的要求；最后，新产品设计还须保证企业生产制造的经济效益，注意尽可能地节约物资和劳动消耗，降低成本。

一、新产品设计的类型

新产品设计会因图纸来源不同而分为复制设计、测绘设计、改进设计和自行独创设计，它们在设计难度、创新度、周期长短方面都有明显差别。

1. 复制设计

由本企业之外的设计单位或用户提供新产品图纸，或由国外引进图纸，企业经过认真消化、审核而进行复制的设计。这种设计通常在得到图纸或有关资料后，要从各方面进行认真研究，消化吸收，还要经过认真核算再进行复制。

2. 测绘设计

以国内外某种先进产品为样本，经全面研究分析之后进行测绘的仿制设计。进行这种设计时，对于所选择样本或样品，要事先做好市场状况、产品先进性、原材料易得性、工艺复杂性等各方面的调查研究。在各方面都具有可行性之后，再进行设计。

3. 改进设计

对目前正在生产的产品进行部分修改或移植某种新技术而进行的设计。改进设计大多是根据原有产品存在的问题或用户意见，有针对性地进行改进。在这项行动付诸实施之前，也要进行仔细调查研究，待各方面都具可行性之后方可进行。

上述三类设计相对来说较为容易，其特点是周期短、见效快，对缩短新产品的开发周期非常有效。

4. 自行独创设计

企业采用新原理、新结构、新材料、新技术自行设计新产品。这种设计的基本条件是要求基础研究和应用研究提供科学原理和技术储备，也就是要求科研工作和新产品开发工作紧密结合。

这种设计的特点是难度大、周期长、耗资多，但是常常能带来产品的突破性变化，增强企业的竞争力。

二、新产品设计的程序

为保证和提高新产品设计的质量，新产品设计需要按一定程序进行，即初步设计、技术设计、工作图设计和设计审核。

1. 初步设计

新产品初步设计是将新产品开发任务书中规定的新产品性能指标和要求进一步具体

化，其具体内容包括：

（1）产品的用途、适用范围、使用条件和使用要求；

（2）总体方案设计和外观造型设计；

（3）产品的参数及技术性能指标计算；

（4）产品简略总图；

（5）产品的各种系统（传动、电气、液压）草图与原理图；

（6）关键技术的解决办法，采用国内外先进技术的可能性和条件。

初步设计完成后，要进行初步的技术经济评价，提出投资概算，进行市场竞争力预测等。新产品初步设计应由设计部门、生产部门、销售部门等进行审查并提出改进意见。

2. 技术设计

技术设计的任务是将初步设计中已经确定的基本结构和主要参数具体化，以确保新产品结构的合理性、工艺性和经济性。其具体内容包括：

（1）进行更加详细的技术指标计算，必要时进行试验，确定设计产品的结构及零部件尺寸和配合；

（2）绘制总图和各种系统图；

（3）绘制部件装配图和主要零件图；

（4）编制产品部件、附件、备件（通用件、标准件、外购件）、材料、工具的明细表；

（5）制定产品规格、加工制造、装配程序、验收交货的技术条件；

（6）进行更加详细的技术经济分析。

在技术设计中，要特别重视标准化、通用化，要同工艺部门配合，研究加工工艺和装配精度，完成工艺方案设想。

3. 工作图设计

工作图设计的主要任务是根据技术设计绘制新产品试制生产所需的全套图纸和编制有关制造工艺所需的全部技术文件，为产品的制造、装配、使用提供确切的依据，它是技术设计的具体化。其具体内容包括：

（1）设计和绘制全部零件的工作图，详细说明尺寸、公差配合以及材料和技术条件；

（2）绘制产品总图、部件装配图、安装图和包装图；

（3）编写零件一览表；

（4）编制各种必需的技术文件，包括产品设计说明书，产品使用、维护、保养规则等。

工作图纸是编制工艺规程以及进行试制生产的技术依据。

4. 设计审核

新产品的全套图纸和必要的技术文件完成以后，为了保证设计的质量，减少差错，应对全部设计进行认真细致的审核。

新产品设计的审核是指对新产品设计思想或决策进行认真的分析研究。通常提出下列问题，看能否得到满意的回答：

（1）此产品是否属于消费者（用户）迫切需要，需要者是否很普遍？

（2）市场上有无类似的产品，其销路如何？

（3）根据现有的技术条件，制造该产品有无困难？

（4）企业现有设备能否利用？是否需要增添新设备？

（5）制造成本是否经济合理？

（6）可否利用现有的销售渠道？

（7）该产品决策可否获得较大的收益？

通过审核，肯定设计中的优良部分，修正不足部分，新产品就可进入试制阶段。

第 2 节　新产品试制

由于新产品设计只是一种产品及其制造的预想，设计是否正确合理，必须通过试制的考验才能判明。试制的作用是：一方面可以验证设计，并修正其不足和错误的部分；另一方面可以摸索和掌握新产品生产的初步经验，为顺利投入正常生产创造条件。通常新产品试制按下列步骤进行。

一、新产品设计图纸的工艺性分析与审查

设计图纸的工艺性分析和审查是从工艺的角度检查新产品结构是否合理，是否经济。在分析和审查时，既要考虑设计的先进性和必要性，又要考虑工艺上的经济性和可能性。应该在保证新产品结构、性能和质量的前提下，力求通过改善其工艺性来提高产品开发的经济效果。工艺性分析和审查的主要内容有：

（1）结构是否合理。结构的标准化和规格化程度是否达到要求？

（2）加工是否方便。加工、装配、检查的基准选择是否合理？是否经济可行？

（3）设备及生产线布置是否满足要求。是否便于采用高效率加工方法？

（4）零件的几何形状尺寸、公差和粗糙度是否适合。工艺基面的选择是否方便可靠？

（5）材料选择是否适合。是否经济？是否符合材料标准？

（6）本厂能否全部加工。选用的外协件、外购件是否符合要求、经济可行？等等。

一切图纸都要经过工艺性分析和审查。审查时由工艺部门负责，有关工艺人员、质量管理人员参加，总工程师主持。某些重大产品的关键工艺，还要请外厂有关专家会审，对必须进行的工艺试验也要及时进行。所有这些都是保证产品设计顺利实现的主要措施，因而这些措施在产品设计的早期就要开始。

二、拟定工艺方案

工艺方案是制定工艺的指导性文件，是新产品试制前必须进行的准备工作。工艺方案的内容包括：

（1）根据新产品设计的要求，确定产品所采取的工艺原则，确定工艺规程制定的形式和详尽程度。

（2）规定从新产品试制过渡到成批或大量生产时应达到的质量要求、材料利用率、劳动量、设备利用率和制造成本等技术经济指标。

（3）列出新产品的各类加工关键之处，必须具备的物质条件和应采取的措施。

（4）确定工艺路线和生产组织形式，包括新产品零件加工的车间划分和分布情况。

（5）规定工艺装备系数和工艺装备的设计原则，并进行经济效果的分析，等等。

编制工艺方案的依据，要考虑新产品设计是创新还是仿制（复制），是通用还是专用，

要考虑产品生产的规模是大量成批生产还是单件小批生产，是连续生产还是轮番生产，是长期生产还是暂时生产等。一般应由主任工艺师提出初步方案，并要发扬技术民主，广泛征求意见，再制定正式方案。

三、个样试制

个样试制是根据新产品设计和工艺方案要求组织试制出一件或几件产品，用以检验产品结构、性能及主要工艺，验证和修正设计图纸，使产品设计基本定型。具体来说，对自行设计和改进设计产品主要是检验产品的结构和性能的设计；对测绘和复制图纸产品，主要是检验其工艺图纸；对转厂试制的定型产品，主要是检验产品的工艺和设备条件。为了达到样品试制的目的，有时样品试制需要进行多次。

个样试制要严格地按照设计图纸进行，制造部门无权修改设计，但可提出修改意见，由设计部门进行修改。在试制中要注意不让设计迁就工艺而降低产品设计要求，设计要保证工艺的合理性，工艺要保证设计的先进性。

四、编制工艺文件和工艺装备的设计制造

编制工艺文件和工艺装备的设计制造是进行小批量试制前必须做的工艺准备工作，它是在拟定工艺方案和个样试制基础上进行的。

工艺文件是企业安排计划，进行生产调度、技术检查和组织材料及工具等供应工作的重要依据。下面以机械产品为例，其工艺文件包括如下内容：

（1）编制标准件及毛坯明细表；

（2）编制外协件、外购件明细表；

（3）设计毛坯图纸，规定技术条件；

（4）编制工艺规程；

（5）编制装备、模具、夹具、刀具、量具明细表；

（6）计算时间技术定额、材料消耗定额和能源、工具等消耗定额；

（7）拟定产品及其零部件的质量检验方法；

（8）对某些工艺操作制定工艺守则；

（9）编制分车间的零件明细表；

（10）编制需要补充设备的明细表。

在上述工艺文件中，工艺规程是最主要的文件，是指导产品加工和工人操作的技术文件，也是进行生产管理的依据。

编制工艺规程的工作量很大。一个新产品往往要由几十个、几百个甚至成千上万个零件组成，要经过上万道工艺加工。为了简化工艺规程的编制工作，应推广工艺规程典型化，即在对零件进行分类的基础上，为同类型零件编制通用的工艺规程。

由于下一步小批量试制的主要任务是验证工艺，所以在小批量试制之前，需要将所需的工艺装备基本上设计、制造出来。工艺装备是指按照既定工艺规程进行新产品制造所需的各种模具、夹具、刀具、量具、辅助工具和定位器具的总称。在工艺装备上的费用往往要占产品成本费用的10%～15%，因此，在设计和制造专用工艺装备时，既要达到工艺

要求，又要降低成本。

五、小批量试制

小批量试制的主要目的是考验产品的工艺规程和工艺装备，检查图纸的工艺性，验证全部工艺文件，并对设计图纸再次作出必要的修正，为成批大量生产创造条件。

凡是大量及大批生产的新产品，一般都应该经过两个阶段的试制，必须先进行个样试制，再进行小批量试制。

第 3 节　新产品性能测试和市场性评价

新产品开发出个样或者小批量试制品以后，还必须进行测试，对试制品从技术上、经济上作出正确评价，以确定是否可以进入开发的下一阶段。

新产品试制品的测试主要指性能测试和市场性评价。

一、试制品性能测试

试制品性能测试的内容视不同产品而异。例如，机械产品的性能测试主要包括零部件测试、样机测试、操作测试、适应性测试、可靠性测试、震动噪声测试以及系统模拟测试等。

对于性能测试如何进行，应根据产品类型、市场类型、测试可靠性、测试可比性、费用、标准化以及管理需要等方面的要求，在测试哪些性质、什么测试条件与环境、哪种独立变量、样本以及如何分析资料等项目上，都应从若干不同可能情况中作出正确的选择。

由于产品性能测试是保证新产品质量及竞争力的有效手段，是积累新产品设计经验的重要途径，也是搞好下一步鉴定的基础工作，因此，一定要采取科学态度，千方百计地把产品性能测试搞好。

二、新产品设计试制品的市场性评价

在新产品的实体开发阶段，对新产品试制品往往要做市场性评价，即对新产品的潜在消费者（用户）作调查，让他们对新产品试制品作出评价，这样有利于新产品开发的进一步决策。

在有些情况下新产品市场性评价可以采用通过设计试样直接征求消费者（用户）意见的方式。

例如，美国的一些服装公司，在设计一套服装以后，常提出下面 12 个问题，以征求顾客的意见，评价该服装是否适应市场的需求。这些问题包括：

（1）这项新产品设计是否质量优良？

（2）新设计在制造过程中是否经济合理？

（3）该设计能否获得批发商、零售商、推销员和消费者接纳？

（4）该设计在情调方面能否与当前的设计趋势协调？

（5）该设计上市后，能否有较长的流行时期？

（6）该设计是否兼顾到各种细节而无重大弊病？

（7）该设计是否兼顾到实用与美观两个方面？

（8）有关材料的使用是否经济而无浪费？

（9）所使用的色调能否适应一般环境而无冲突？

（10）该设计的试样与尺寸是否合乎一般应用的范围？

（11）新产品的选材是否恰当？是否适合实际需要？

（12）该项产品在各方面能否与竞争者抗衡？

上述是仅就服装设计提出的问题。各种产品设计征求意见的范围和内容并不一致，可根据具体情况提出不同的问题，但此征求意见的方式是适用的。

新产品设计试制品的市场性评价，在很多情况下要避免用向调查对象直接询问的方式，因为一方面要求调查对象正确理解和接受新产品的内容和特征比较困难；另一方面对新产品要注意保密，询问的内容要有严格的限制。因此，常常应用间接的方式进行调查，包括下列两种：

1. 对与新产品相关的生活领域和消费意识进行调查

例如，日本某企业在开发厨房垃圾处理机时所采用的调查方式为：首先对家庭的厨房处理现状及消费者的需求进行调查，即现在如何处理，消费者有什么样的不满和意见，以讨论本企业开发的厨房垃圾处理机进入家庭时必须解决的问题和障碍，用上述分析来推测这个试制产品的市场性评价。

有时，对试制产品的评价也可通过与新产品相关的销售途径来了解消费者的生活现状和消费意识，从而进行对产品的评价。

2. 对具有类似功能的原有相关产品进行调查和分析

对几种常见的类似老产品或其他企业的类似产品，调查其成败的理由和过程，包括它们的市场规模、销售途径、消费者（用户）特性、普及程度等。在分析时，一方面要考虑该类似产品与新产品特性的差别；另一方面可根据类似产品类推分析新产品能实现到何种程度。一般来说，此法常作为辅助的方法，因市场情况的变化，过去数据的价值会降低。

第 4 节　新产品鉴定

新产品鉴定一般是在企业生产技术的主要负责人领导下，成立领导干部、技术人员和工人参加的鉴定委员会或小组，并邀请有关科研单位、使用部门参加，对试制品作出肯定或否定，或提出修改意见。新产品鉴定后企业应根据批准的鉴定书，消除试制品的缺点和不足，做好转入正式生产的准备。

对于成批大量生产的新产品，既要进行个样试制品的鉴定，又要进行小批量试制品的鉴定。

一、个样试制品鉴定的内容

新产品鉴定的内容，要根据新产品的性质、用途、技术特点和涉及面大小等来确定。一般来说，个样试制品鉴定的主要内容有：

（1）新产品设计文件是否完整？设计资料是否齐全？技术经济指标是否先进？

（2）新产品是否符合已批准设计任务书、技术设计现行标准和其他有关技术要求？如果是系列产品，还要检查是否符合系列技术任务书规定的参数标准。

（3）新产品的加工精度及外观质量是否符合标准规定和有关技术文件的要求？有的要进行空运转试验和负荷运转试验后，再复查试制品的精确度。

（4）新产品制造质量、装配质量、磨损情况和材料的选用是否恰当？附件和备件是否完整？结构工艺性是否良好？

（5）主要的工艺方法和工艺装备能否保证新产品质量？是否达到设计的技术要求？

（6）根据已经试验的报告和各单项鉴定情况，对新产品的结构、性能、工艺性和经济性作出总的评价，对产品的优缺点作出结论，并提出改进意见，编写试样鉴定书，提出是否可以转入小批量试制的意见。

二、小批量试制品鉴定的内容

小批量试制品的鉴定内容，除了个样试制品鉴定的内容外，一般还要对下述内容作出鉴定：

（1）检查工艺文件的完整性、正确性及统一性；

（2）检查工艺规程和工艺装备是否完善，质量是否符合设计要求；

（3）检查新产品零件加工装配质量是否稳定；

（4）检查新产品的原材料消耗和工时定额的情况；

（5）验证新产品的主要零部件的结构工艺是否良好；

（6）检查正式投产前的生产技术准备情况是否达到标准等。

鉴定完毕后，鉴定委员会应编写小批量试制产品的鉴定书，其中应着重对新产品图纸、工艺规程和工艺装备的验证结果作出结论，并提出是否可以转入成批生产的意见。

第 5 节　新产品设计的功能—价值分析法

新产品开发的实质就是开发具有新意的功能，来满足消费者（用户）的需求。新产品设计的功能—价值分析法就是运用系统工程和价值工程的概念和方法，先建立产品的功能系统，再寻找对应的各种技术途径，达到完美的设计目标，有效地实现从新产品概念到新产品实体的转化。

新产品设计的功能—价值分析法的目标是：既能恰如其分地提供所需要的功能，又能以最佳的方式来实现功能，同时还能达到成本最低。

一、功能—价值分析法概述

功能—价值分析法是新产品设计中所采用的一种重要的设计方法。

在新产品设计中一个重要的问题就是要弄清设计对象的结构系统和功能系统。产品结构系统是指用相互区别又相互联系的结构单元（零部件）组成的结构整体（产品）。产品的结构系统是一个看得见、摸得着的实体，也称为产品的硬件。产品功能系统是指产品结构要素有着各自的功能，发挥着不同的作用，相互联系、相互制约地实现整体（产品）的总体功能。由于功能是指产品满足消费者（用户）需求的能力，是从所认识产品中抽象出来的本质的东西，消费者（用户）需要的不是产品实体本身，而是产品所提供的功能，所以产品功能系统不是以实体出现，而是从所认识产品中抽象出来的，通过产品使用过程体现出来的产品最本质的东西，称为产品的软件。

以往设计产品所采用的方法，主要是从产品实体结构系统出发，注意力集中在结构的合理性和可行性上，着重构想设计产品的硬件，结果是所设计的产品往往在其功能上出现很多问题，经济上也不合理。

现在以功能—价值分析法来设计产品，主要从产品与环境相互作用的基础出发，运用系统工程和价值工程的一些概念和方法，建立起产品的功能系统，即着重研究产品的软件，然后再寻找对应的各种技术方法，这样就可以摆脱产品结构系统的限制，为达到完美的设计目标打下科学的基础。

功能—价值分析法的内容包括功能定义、功能分类、功能整理、功能规划、价值分析等。具体来说，有如下几个方面：

- 确定必要的功能；
- 分析有无不必要的功能；
- 分析有无过头功能、不足功能和泡沫功能（虚假功能）；
- 分析剩余功能的利用问题；
- 分析功能的替代和调整；
- 分析功能的合并和转换；
- 分析功能的极限和平衡；
- 分析公差、精度和纯度要求；
- 分析功能与成本是否匹配等。

二、功能定义和分类

（一）功能定义

功能定义就是以简明准确的语言，对分析对象所具有的功能加以描述。给分析对象的功能下定义，其实质是对分析对象认识深化，产生一种突破，有了定义，才能容易实现以后的创新。

功能定义通常是由一个动词和一个名词组成。举例如表 6—1 所示。

表 6—1　功能定义举例

分析对象	功能	
	动词	名词
电灯	提供	光通量
年画	美化	环境
暖水瓶	保持	水温
家用电表	度量	电能

除动词＋名词的形式外，还可以有一些其他形式，如色泽艳丽、音色清晰、造型美观、维修简便、性能稳定、安全可靠等。

功能定义的简单方法是：由产品作主语，加动词和名词，形成一个句子，然后去掉主语，剩下部分就是该产品的功能，必要时可以加副词。例如“手表精确显示时间”，“精确显示时间”就是手表的功能。

给功能下定义在功能分析中是非常重要的一步，对其有如下三点要求：

1. 给功能下定义，要深入认识产品，弄清产品的本质

这就要在详细占有产品使用信息的基础上，搞清产品的实际效用，使功能概括得明了准确。在分析消费者（用户）使用产品的条件时，可用 5W2H 提问法，即：

何时（When）——发挥功能的时间；

为何（Why）——实现功能的目的；

谁、什么（Who、What）——承担功能的主语；

何处（Where）——发挥功能的地点；

多少（How much）——功能要求程度；

如何（How to）——实现功能的方式。

弄清产品功能，主要指弄清产品的总体功能，使产品设计人员摆脱以产品结构为中心的研发，转变为以产品功能为中心的研发，即以功能为出发点设计出满足功能要求的各种结构。

2. 给功能下定义，其名词部分要易于定量，以利于功能评价

功能定义中的名词部分，如果能用可计量的名词表达的，应尽量采用。这样做有利于今后的功能评价，尤其是对产品的局部功能，即产品零部件功能，特别重要。应尽量加入数量限定词，以表明功能的大小，例如，提××公斤重物。对于不易准确定量的功能，也应尽量使用可测数量的名词来定义，例如，提供热能、调整电压等。

3. 给功能下定义，其动词部分要求适当抽象，以利于开拓思路

功能定义中的动词部分，要求表述能适当抽象。如果以具体一些的动词来定义功能，就可能会限制开发设计人员的思路，例如某零件要开个小孔，功能定义可以为钻孔、冲孔、打孔、作孔等，选择时不宜用钻孔和冲孔，而宜用打孔或作孔。

（二）功能的分类

由于功能是指产品满足消费者（用户）需求的能力，因而功能可以从消费者（用户）需求、产品提供的可能性、产品与消费者（用户）需求之间的关系三个方面来考察。这三个方面的考察都是必要的，尤其是最后一方面的考察更加重要。应当指出，前两方面的考察是最后一方面考察的基础。由此功能也区分为三种分类方法。

1. 按消费者（用户）需求来区分

消费者（用户）需要的产品功能有实用功能、美学功能和经济合理功能。

实用功能指满足消费者（用户）物质需求方面的功能。主要指适用、安全可靠、方便等。实用功能经常与满足消费者（用户）在主要使用目的上带来的效用有关。

美学功能是指满足消费者（用户）精神需求方面的功能，主要指产品的外观，包括造型、色彩、手感等。

经济合理功能是指满足消费者（用户）经济需求方面的功能，主要指价格、使用费用等。

2. 按产品可能提供的潜在能力来区分

产品具有各种潜在能力，但其重要性程度是不同的，因此通常根据产品所能提供的潜在能力的重要性程度，分为基本功能和辅助功能。

基本功能是指产品和零部件赖以存在的必不可少的功能。它与产品生产的主要目的直接相关，也是消费者（用户）购买产品的主要动机。例如，手表的基本功能是显示时间，保温瓶的基本功能是保持水温，洗衣机的基本功能是洗涤衣物。

产品的基本功能可能只有一项，也可能不止一项，例如两用沙发。

辅助功能是产品和零部件为了更好地实现基本功能而附加的功能，当然也有其具体目的，可能是为了方便产品使用，也可能是为了方便产品加工，或者是为了方便产品销售等。例如，手表的防震、防水、防磁、夜光等功能；洗衣机的脱水、半自动、全自动等功能。

一般来说，产品的基本功能是不变的，辅助功能则是可变的，可以增添，也可以舍弃，有时一种新产品往往由于某种辅助功能的添弃而出现。

3. 按消费者（用户）需求和产品之间的实际关系来区分

如果考察一下消费者（用户）需求和产品之间的实际关系，即考察产品实际使用的结果就很容易发现，产品实际使用结果既区别于消费者（用户）所需要的，也区别于产品所提供的。根据这一实践经验，可将产品功能分为必要的功能、不必要的功能（剩余功能）、不足功能、过分功能和虚假功能等。

（1）必要的功能是指产品符合消费者（用户）需求的功能，即产品所提供的功能，从量到质都恰到好处地满足消费者（用户）的要求，不会给消费者（用户）造成浪费。这里包括必要的基本功能和必要的辅助功能两部分。

（2）不必要的功能是指消费者（用户）不需要的功能，即多余的功能。它不给消费者（用户）提供任何效益，只增加消费者（用户）的开支。据统计，这种不必要的功能在产品中常占30%。

（3）过分功能是指超过消费者（用户）需求的功能，主要指在必要功能上超过消费者（用户）的需要。例如精度过高、安全系数过大、材料过优等。

（4）不足功能是指产品不能满足消费者（用户）需求的功能，也指产品在必要功能上不能满足消费者的需要。

（5）虚假功能是指产品广告宣传上吹嘘，夸大其词，而实际上不具有或达不到的功能。这是一种欺骗，是不道德的行为。

三、功能整理和规划

（一）功能整理

功能整理是将已经定义的功能加以系统化，明确它们之间的相互关系，并正确体现出消费者（用户）的要求，从而形成一个产品功能系统图。在功能系统的形成过程中，要从产品与环境相互作用的基点出发，摆脱产品结构系统（实体）的限制，又必须以现实产品的零部件所具有的功能作为起始点。

下面介绍功能整理的目的、方法、步骤和应注意的问题。

1. 功能整理的目的

功能整理的具体目的有四个：

(1) 从建立的功能系统图，弄清分析对象所具备的功能类别、各类功能之间的关系，区分出功能区域；

(2) 检查功能原定义的正确性；

(3) 进一步发现不必要的功能；

(4) 确定功能改进的着手点。

2. 功能整理的方法

功能整理的方法是根据“目的—手段”的逻辑关系，将产品和零部件的功能加以系统化。功能整理一般按图6—1的模式进行。

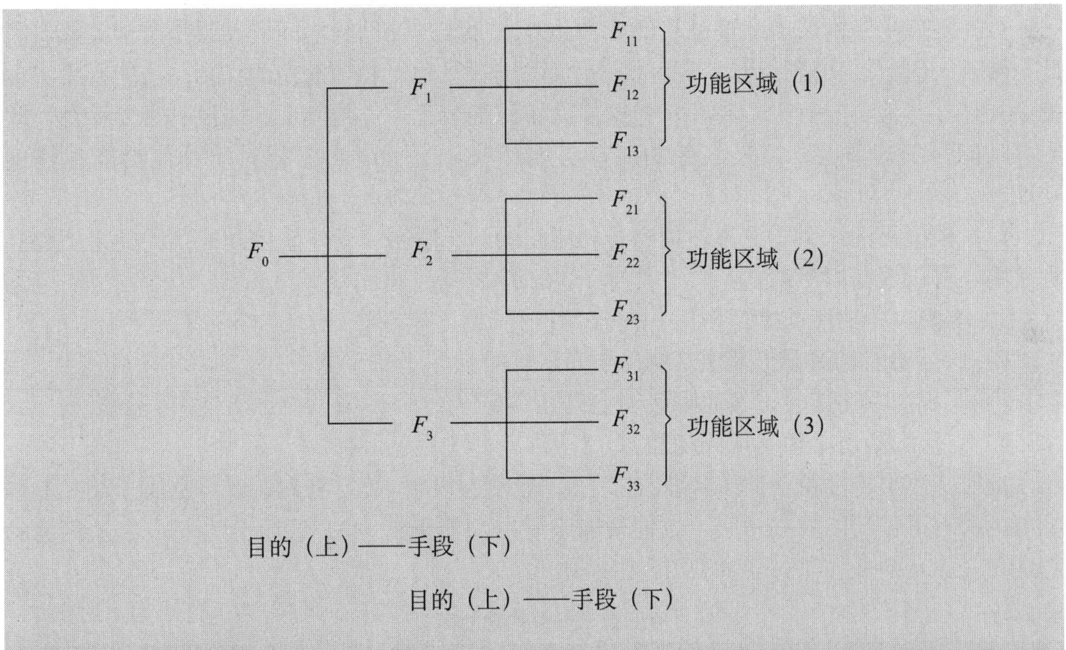

图6—1　功能整理的模式

该模式说明，产品和零部件的各种功能间存在着上下关系和并列关系。

功能的上下关系是指各功能间存在着目的与手段之间的关系。目的功能为上位功能，手段功能为下位功能。上下位功能是相对的，任何一个功能都具有二重含义，对它的上位功能来说是手段，对它的下位功能来说是目的，即它的目的是保证它的上位功能，而它的实现手段来自它的下位功能。

功能之间的并列关系是指在较为复杂的功能系统中，为实现同一目的功能，需要同时有两个或两个以上的手段功能，即一个上位功能之后，同时并存两个或两个以上的下位功能。

当某上位功能具有并列关系功能时，通常形成独立的子系统，称为一个功能区域。例如图 6—2 所示保温容器的基本功能系统。

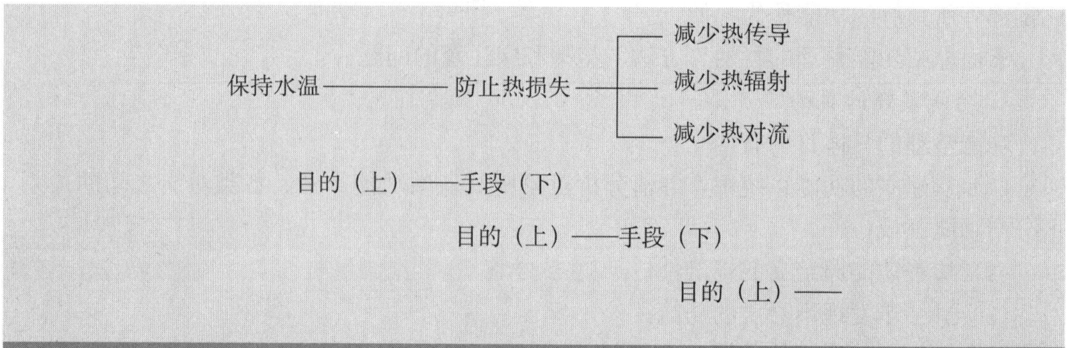

图 6—2　保温容器的基本功能系统

3. 功能整理的步骤

（1）建立功能卡片。将产品和零部件的功能分别编制成卡片，卡片上标出零部件的名称、功能定义和成本。

（2）挑选出基本功能和辅助功能。产品基本功能与辅助功能间的关系是主辅关系，因此只要逐一向所有功能提出以下问题，就可确定基本功能和辅助功能：某一功能有无实现的必要性，其他功能有无必要存在？这样就有两种情况：一是其他功能没有必要存在，此时该功能为基本功能；二是其他功能有必要存在，此时该功能相对于其他功能为辅助功能。

（3）根据目的—手段逻辑，找出各功能间的内在联系。为了确定功能之间的上下和并列关系，可以提出以下问题：

1）实现这个功能起什么作用？

2）这个功能是因哪个其他功能需要而产生的？

3）实现这个功能时，其他哪些功能已经实现？

4）有什么理由必须实现此功能？

此时，就可将上位功能卡片排在左边，其下位功能卡片排在右边，将从属于某一上位功能的所有下位功能放在一起，这样就能绘制出功能系统图。表 6—2 为 615 金星钢笔的功能定义表，图 6—3 为钢笔的功能系统图。

表 6—2　615 金星钢笔的功能定义

序　号	功　能
0	钢笔的整体功能——作出记号
1	笔尖的功能——出水流畅 形成外观
2	笔杆的功能——容纳零件 形成外观 握杆舒适
3	笔帽的功能——保护笔尖 握杆舒适 形成外观 固定挂钩

续前表

序　　号	功　　　　能
4	橡皮管压簧的功能——储存墨水 　　　　　　　　　　吸压墨水
5	挂钩的功能——携带方便 　　　　　　　　形成外观

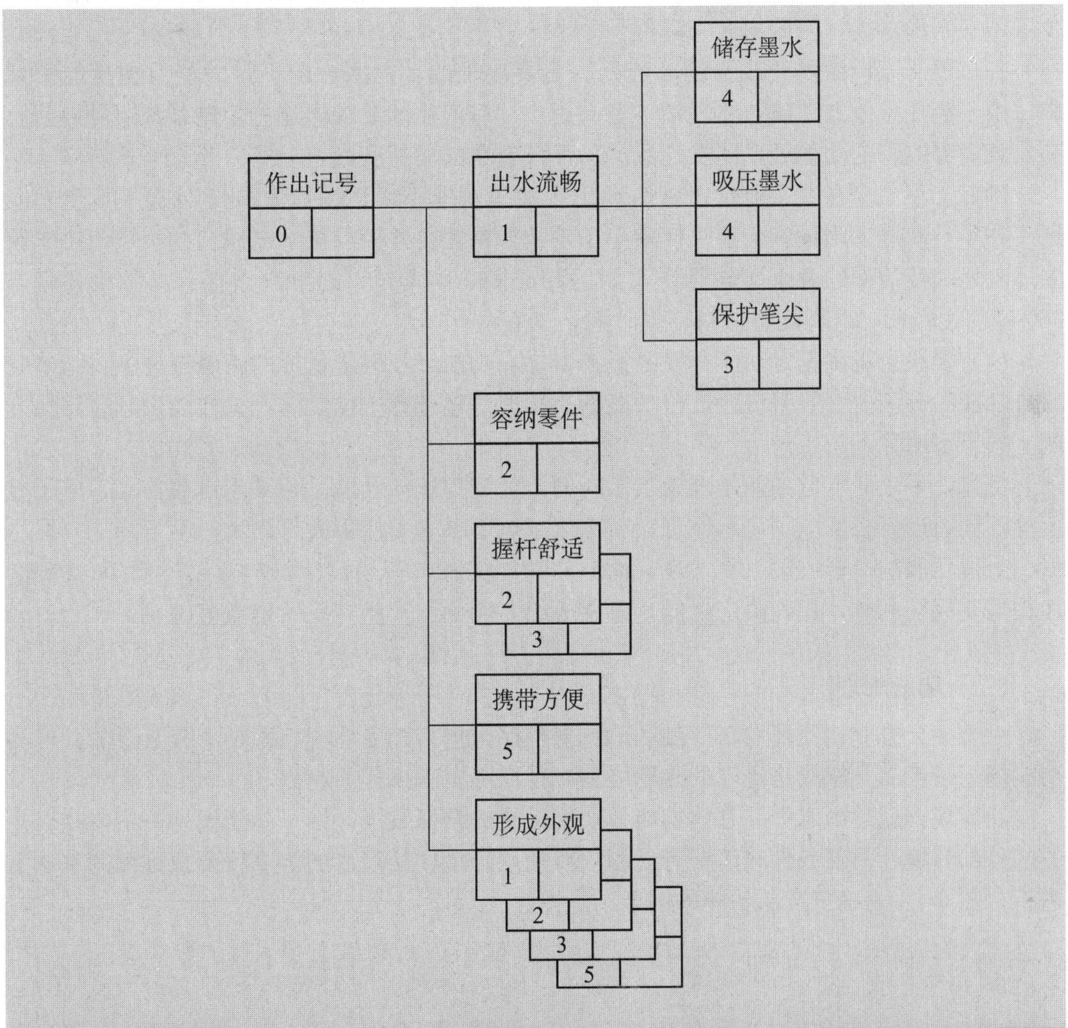

图 6—3　钢笔的功能系统图

（4）审定功能系统图。这主要是检查功能间的并列和上下关系是否有误，方法是对任何一对可疑的功能提问：如果上位功能不必要了，下位功能是否还有必要？如果回答是不必要，则判定它们之间为从属（上下）关系；如果回答是必要，则判定它们之间是并列关系。

通过审定，功能整理就全部完成了。

4. 功能整理中应注意的问题

（1）要特别注意最上位功能的整理。最上位功能就是产品满足消费者（用户）和社会需求所必须具备的功能。最上位功能整理常常要根据产品实际使用的调查材料来进行。

（2）要注意明确必要功能和发现不必要功能。功能的必要性指功能的相对重要性。在功能整理中，根据目的—手段逻辑，很容易明确各功能的相对重要性，这对新产品开发是很重要的。

例如，当对每个功能寻找其目的功能时，就会发现一些没有目的或目的不明确的功能。通过认真分析，就能发现不必要的功能，这样那些实现不必要功能的零部件就可节省下来。举上海宝石花牌手表的例子，它本来用一颗轴承钻石作装饰，这样只发挥了它的美观作用，其主要的耐磨功能却没发挥，白白浪费掉了，于是用价格低廉的水钻石代替，减少了不必要的功能，使成本大大降低。

（3）要注意产品需要改善的功能区。需要改善的功能区，即不足功能。在功能整理中，由于能在整体上正确地体现消费者（用户）对产品的要求而建立功能系统，所以就容易发现需要改善的功能区，即发现原产品设计忽视的功能区。

例如，小汽车在狭窄地带行驶时会出现掉头功能不足，设计人员针对这一不足功能区，在车后部底下附设一个独立横向小车轮，如果需要掉头，按下电钮，这个横向小车轮立即着地，使后部的两个车轮悬空，然后开动横向小车轮，则小汽车很容易掉头，可作360度的大转弯，这样既省燃料、省时间，又安全。

（4）要注意正确选定功能开发改进的目标。功能开发改进目标的正确选择主要指确定改进功能的等级。一般来讲，改善功能的目标应尽量选择上位功能，这样能做到思路更开阔，效果更明显。

例如，手表的上位功能是准确指示时间，为实现这一功能，可采用机械传动、电子显示等不同原理，根据电子显示原理，就出现了电子手表，使手表价格大幅度下降。

上位功能的改善一般不易实现，而下位功能的改善容易实现，但效果不明显，因此，往往需要权衡利弊，正确决定功能，改善等级，明确新产品开发的重点范围。

（二）功能规划

对于一个企业，要开发新产品和改进老产品，进行产品功能规划是十分必要的。产品功能规划是产品开发战略研究的课题之一，是产品更新换代的起点。

功能规划就是确定产品总体功能及功能系统的全面发展计划。功能规划一定要在对企业的外部环境、内部条件和消费者（用户）使用环境、使用目的等进行调查预测的基础上进行。图 6—4 为确定产品功能的因素示意图。

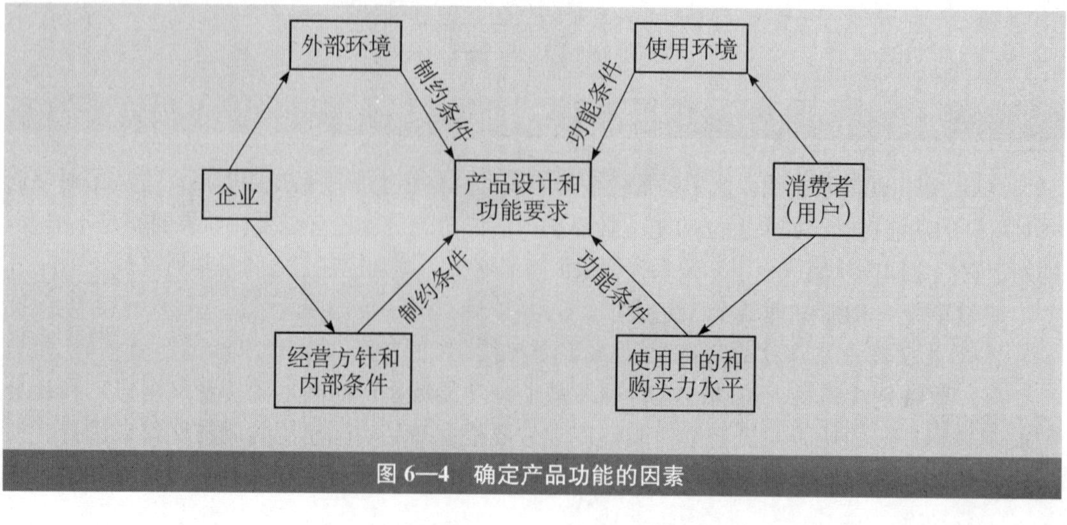

图 6—4　确定产品功能的因素

功能规划的总体目标是满足消费者（用户）的需求，因此功能规划必须建立在对消费者（用户）的使用环境、使用目的和购买力水平实际调查的基础上，才能使功能规划具有实际可行性。

例如，同一产品在地区环境相差悬殊的条件下使用，其价值是不一样的。确定电视机功能时，销售到农村的产品需要增加稳压功能部件，如果不考虑这个问题，产品会因图像不稳定而卖不出去；出口欧美的电视机，则不必带稳压功能。如果增加此功能，势必增加成本，减少在价格上的竞争力。

消费者（用户）方面的条件只为企业的产品功能规划提供一个理想的可能性，对于一个企业，其产品要做到全面满足消费者（用户）的需求是不可能的，因为企业的产品开发要受到企业所处的宏观环境和微观环境的制约，在制定产品功能规划时，必须考虑企业的外部环境、企业经营方针、企业内部条件等制约因素。

企业外部环境的变化直接影响产品的生存和发展，因此，在确定产品功能时，必须考虑国家的政策与法令、社会政治经济形势、本行业的科技水平、产品的技术发展趋势、市场的供需情况、竞争对手实力、外协单位和原材料的供应情况等因素。

在确定新产品功能时，应与本企业的经营目标和经营方针相吻合，还应考虑企业内部条件，即考虑本企业的生产规模大小、专业化程度、技术水平、职工素质和资金状况等因素。

产品功能规划是一项十分复杂的工作，需要注意的问题有：

1. 要注意产品功能极限及其三类寿命之间的平衡问题

功能极限是产品功能提高有没有限度、有没有饱和点，这是一个十分复杂的技术经济问题。应当指出，只有对于个别艺术品和某些高精尖产品，其功能提高无极限可言，例如珠宝、字画、宇宙飞船、机器人等。对于大多数产品来讲，其功能规划必须注意功能极限。功能极限实际包括各种功能，如耐用功能、安全功能、美观功能等的极限。对任何一类功能，既不能无限地追求，更不能认为功能高就是好。一般来说，产品具有物质、经济和技术三种寿命。对于新产品开发，确定产品功能的技术寿命是非常重要的。所规划的产品功能，一定要避免因为科学技术的发展，在其物质寿命和经济寿命尚未结束之前就被技术更先进的产品淘汰，其所剩功能也就成为过时的功能。产品的功能过时，即产品功能失去时间效益，会产生产品的无形损耗，会给企业和消费者（用户）带来很大的浪费。例如，人们拥有的过时服装的贬值。

当今时代已很难有长期不变而永享盛名的产品了。像过去出现的瑞士欧米茄手表和英国的珍妮纺织机那样为人们不断地重复使用，已是很少见的了。现代社会由于技术的发展，加上生活水平的提高，产品的更新周期大大缩短。

在产品功能规划中，确定产品物质寿命、经济寿命和技术寿命之间的综合平衡点是十分重要的，它们之间的综合平衡实质上是对于目标市场产品耐用性、维修性和适时性三方面的综合平衡。可以找出每一方面的升降方向和幅度，使三方面能有机地最佳组合在一起，充分利用它们的功能。

以服装为例。巴黎童装专家索瓦莫独出心裁地设计出一套能随着孩子的成长而不断改变的童装。他所采取的方式是将衣领、袖子、腰带和裤筒等主要部位，加以折叠，形成各种不同的花边。当孩子长大时，可以将服装加以调节，服装的式样也随之改变，并趋向时髦，这样就把产品的三种寿命统一于一体，大大减少使用费用。

美国出现一种供外出旅游时用的纸质内裤，其质地柔软、透气、吸汗，穿用舒适，还有不同的颜色和花纹，其牢固程度低，但价格便宜，可随换随弃，免去洗涤的麻烦，这也是一个较好地将三种寿命有机结合的例子。

2. 要注意多项上位功能间的综合平衡

这主要指产品（制成品）各功能间的综合平衡问题，这里主要介绍实用功能和美观功能的匹配问题。

不同类别产品对实用功能和美观功能的要求是不同的，因此，在功能规划时，必须针对不同产品的特点，注意将它们按不同比例匹配，其示意图如图 6—5 所示。

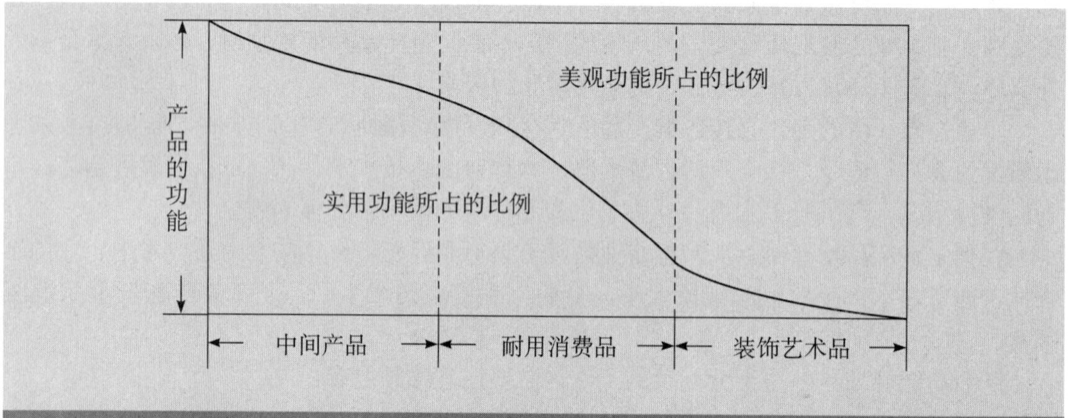

图 6—5　不同类别产品的实用功能和美观功能比例示意图

中间产品或称原料性产品，只要求实用功能，或要求以实用功能为主。例如柴油、坯布、粗钢、地下管道等。一些装饰艺术品只要求美观功能，或要求以美观功能为主。例如塑料花、塑像（石膏像、瓷质像等）、盆景、花瓶等。大部分其他产品往往既要求实用功能，又要求美观功能。例如手表、服装、家具、器皿、自行车等，对它们的实用功能和美观功能的匹配应予以充分注意。

随着人们生活水平的提高，美观功能的比例会相应提高，在新产品功能规划中应注意这一特点。

3. 要注意单项功能区内并列功能的平衡

在某单项功能的功能区内，往往存在两个或两个以上的并列功能，它们之间存在一个平衡问题。例如一件耐用消费品在使用中，性能会逐步劣化直至最后报废，而报废往往源于运转强度较大的零部件，这就是说，耐用消费品的各个零部件的耐用功能是不相等的，局部零部件的报废导致整个产品的报废，这样就产生了浪费，解决的办法就是使单项功能区内各并列功能趋向平衡。其方法有：

（1）更换损坏的零部件；

（2）提高易损坏零部件的耐用功能；

（3）降低不易损坏零部件的耐用功能。

例如，普通白炽灯泡的额定使用寿命为 750 小时，主要是由钨丝的耐用功能所决定的，而其他零部件就产生了剩余功能，各零部件在耐用功能之间是不平衡的。

再如，洗衣机中采用铝合金板和搪瓷材料制造洗衣桶，这不但不符合当前金属材料短缺和大批量生产的要求，也不符合功能平衡的要求。金属桶的耐用功能和整机的耐用功能是不平衡的。如改用聚丙烯塑料桶，其重量轻，生产效率高，不但能使耐用功能趋于平衡，还能降低成本（塑料桶耐用 15 年，超过整机的耐用期限）。

4. 要注意对公差、精度、纯度的分析

在功能规划中，不应忽视对公差、精度、纯度的分析。工艺上对公差、精度、纯度的规定都是为了让产品（零部件）提供某种特定的功能，但是在这方面常常出现公差要求过严、精度要求过高、纯度要求过大的现象，这些应看作多余的功能，因此应对它们作具体分析，只要能保证功能的极限，就应放宽对它们的要求，这样就可以减少生产费用，降低产品成本。

四、功能的成本系数、功能系数和价值系数

根据价值工程的基本公式，价值系数为：

$$V_i = F_i / C_i$$

式中：V_i—— 价值系数；

C_i—— 成本系数；

F_i—— 功能系数。

成本系数 C_i 可由下式求得：

$$C_i = c_i / \sum c_i$$

式中：C_i—— 成本系数；

c_i—— 各功能的目前成本；

$\sum c_i$ ——各功能的成本总和值。

具体的计算为：先查出各功能的目前成本，相加后得到各功能成本总和值，然后以成本总和值除以每个功能的单项成本，即得到该功能的成本系数。

功能系数 F_i 可由下式求得：

$$F_i = f_i / \sum f_i$$

式中：F_i—— 功能系数；

f_i—— 各功能的重要性系数；

$\sum f_i$—— 各功能的重要性系数总和。

具体的计算为：首先把待分析的功能列在一个表中，然后对它们的功能重要性程度作一对一的比较，重要的得 1 分，次要的得零分，当自身相对比时，认为此功能不可取消或合并的得 1 分，可取消或合并的得零分，具体计算见表 6—3。

表 6—3　　功能系数计算表

功　能	重要性程度							得　分（f_i）	功能系数（F_i）
	A	B	C	D	E	F	G		
A	1	1	1	0	1	1	1	6	0.214
B	0	1	1	0	1	1	1	5	0.179
C	0	0	1	0	1	1	0	3	0.107
D	1	1	1	1	1	1	1	7	0.250

续前表

功 能	重要性程度							得 分 (f_i)	功能系数 (F_i)
	A	B	C	D	E	F	G		
E	0	0	0	0	1	0	0	1	0.036
F	0	0	0	0	1	1	0	2	0.071
G	0	0	1	0	1	1	1	4	0.143
$\sum$								28	1.000
通过 $V_i=\frac{F_i}{C_i}$ 公式计算可求得功能的价值系数 V_i 。									

思考题

1. 如果要开发一种新的烤地瓜片食品，你认为应该如何进行?

2. 就你感兴趣或者比较了解的行业，根据各种资料，对该行业 3 种新产品进行功能—价值分析。

第7章

新产品的营销组合

“吉列之父”金·C·吉列（King C. Gillette）创制了世界上第一把安全剃须刀，他自认为刀片做到了小巧安全，肯定会受人欢迎，结果大大出乎投资者和吉列意料，在第一年仅卖出51把剃须刀和168片刀片。如果这时放弃，那么现在的全球男士护理用品市场可能就是另一番景象了。

第二年，吉列公司改进、加强了营销组合。大量进行标牌广告和招贴广告，强调与旧刀片的区别，强调质量和安全，每片刀片可以刮10～40次，使吉列剃须刀广为消费者所知，它避开了产品价格，着眼于给刮脸定价。结果当年销出剃须刀9万把，刀片14万片，被人们习惯称为“T形剃须刀”，受到消费者欢迎，畅销全美。

新产品实体开发研制出来以后，能否顺利进入市场、吸引消费者的注意力和购买力，很大程度上取决于营销组合。

现代市场有一个常见现象：一流的产品加上二流的营销，经常斗不过二流的产品加上一流的营销。我们看到：广告无孔不入，广告大战此起彼伏、愈演愈烈。我国中央电视台最好的广告时段，各路企业互不相让，价格步步攀升，岂止一秒万金；众多商场争先恐后地装修粉饰，富丽堂皇、气派非凡；不少商品的包装用精美不足以形容，简直让人感觉奢侈。司空见惯之余，你是否有过疑问：表面的、外在的、形式的东西那么重要吗？企业难道不清楚消费者实在的、最终的需求吗？为什么不把工夫下在提高实际消费者的满意度上？广告、装修装饰、包装的成本是羊毛出在羊身上，消费者能不明白吗？消费者购买前的感觉与消费后的体验，孰轻孰重？

好产品不一定得到好结果，而过度营销对企业、消费者、社会都是损失。要理解这一现象，把握购买前后对于企业和消费者的不同意义至关重要。

消费者的购买消费过程，从消费者的角度，可以分为实际消费前后两个阶段，对厂家（商家）而言，划分为购买前和消费后两个阶段。消费者购买前的感觉和消费后的体验，对消费者和企业有着不同的意义，其中的差异，毫不夸张地说，决定了相当一部分现代商业行为的逻辑，意义重大。

1. 对消费者，购买前的感觉是选择的依据，消费后的满意体验是最终目的

消费者购买的最终目的是实际的消费满意，这大概没有争议，而消费者购买的依据，却不一定是消费满意。从发生的时间先后来看，消费满意与否，消费以后才能有结果，购买在消费之前。

当然，对于特定的消费对象，消费者的购买决策，可能基于直接或间接的消费经验，这时消费的结果与购买的依据不就统一了吗？看起来的确如此。不过，进一步分析，消费者实际的消费经验，除了极小比例来自于免费赠品或免费服务，主要还必须建立在自己或他人先购买后消费的基础上，而最初的购买，没有经验可供参考，必定另有其依据。

不用理论，只需要常识，观察一般的消费者行为或者反省自己的购买过程，不难发现，最初购买时选择的依据是消费者对消费结果的期望，是购买对象给消费者的感觉。

最初的购买以前，消费者的感觉无论多么理性、多么细致入微，都免不了“以貌取物”——由广告、包装、价格、品牌、企业知名度以及销售场所等推测最终的消费结果，进而依据这种推测作出购买选择。

2. 对企业的意义

企业经营的理念有生产观念、产品观念、推销观念、市场营销观念、社会市场营销观念、创新观念等，这些观念都只不过是企业实现经营目标的手段。在市场经济条件下，企业经营的根本目标只有一个，那就是利润。关注消费者购买前的感觉和消费后的体验，不过是企业实现经营目标的手段。目的和手段有着内在的冲突：企业经营的目的是利润，通俗地讲就是赚钱，而达到目的却要花钱。相对而言，购买前的感觉取决于企业在广告、渠道、包装、品牌等外在因素上的投入，而消费后的体验由产品（服务）的设计、材料、质量、功能等内在品质决定。理想的情况是多管齐下、面面俱到，其结果是造成企业入不敷出，甚至无法承受。赚钱的天性和有限的资源决定了企业必须有所取舍，关键是如何取舍。从企业自身的角度看，消费者购买前的感觉反映了产品（服务）吸引消费者的能力，而消费后是否满意不但决定了消费者以后的购买态度，还决定了市场口碑，二者孰重孰轻，值得推敲。

3. 消费者、企业以及市场相互作用的结果

由前面分析可以清楚地看到，让消费者实现购买的目的，即满意地消费，是企业实现经营目标的手段，而企业经营目标的实现，有两个关键点：首先要在消费者第一次选择之前吸引消费者，而后产品（服务）本身能让消费者获得满意体验。

归根结底，消费者更在意实际消费的满意，购买以前的感觉虽然也很重要，但是当消费前后的感觉发生矛盾时，实际消费的感觉总起决定作用。例如，假设消费者由于广告、包装的影响选择了一种牙膏，消费以后不满意，他会后悔；相反，如果消费者因为急需，勉强购买了自己开始并不看好的某品牌牙膏，但是消费以后很满意，则他以后对该品牌牙膏的购买态度就会改变。

虽然消费者更在意消费后的满意，但如前所述，其最初购买选择的依据却不可能是实际的消费满意，只可能是购买前的感觉，因此，对企业经营而言，消费者消费前后的满意，由于顺序的先后，意义截然不同。现代社会总的生产能力空前强大，竞争异常激烈，只要是有利可图的领域，大大小小的企业如过江之鲫，消费者已经被商业的汪洋大海彻底淹没。即使同一类产品（服务），形形色色的厂（商）家、品牌、包装、广告、规格、档次、价格、知名度、质量等，让人应接不暇，消费者想通过实际体验来

作比较，对于需要经常购买、价值较小的产品（服务），经济上有可能，但时间、精力不允许，对于高值或耐用产品（服务）则根本行不通，而且由于市场上不同牌子的产品（服务）逐渐同质化，不同厂家（商家）都能满足消费者的基本需求，购买是消费的前提，如果产品（服务）不能在消费者购买前脱颖而出，则意味着几乎永远失去机会。正因为如此，现代企业越来越认识到产品包装、装潢、广告宣传、销售渠道等的重要性，企业依靠它们接近消费者，影响消费者的最初购买。当然，强调注重消费者选择阶段的满意，并不是忽略消费者的实际消费满意。应该说，消费者实际消费的满意是长远赢得消费者的必要因素，只是在现代市场条件下取得消费者购买前的满意具有前所未有的重要性。

消费者和企业之间的这种相互关系，与青年男女谈恋爱有些类似，好看漂亮的人容易被选中。购物和恋爱同样让人兴奋、好奇又有些莫名、茫然，都是对人们用心、耐心、细心、决心的考验。正正经经谈恋爱的，总希望找到能长期相互信任、相互帮助的异性，但是谈恋爱与结婚后过日子不可相提并论，结婚后的情形无法在恋爱阶段真实地感受，恋爱时只能预测结婚的结果。一句话，现代消费者多半通过外在的因素来对产品（服务）进行选择，产品（服务）没有外在的吸引力就没有机会，企业对广告、包装等的看重合情合理。

因此，新产品的营销组合是否成功，决定着此前投入的所有资金、人力、物力能否获得补偿和回报。

新产品实体试制完成后，还需要再次就开发初期的市场细分、目标市场的选定作进一步的确认，如果一切正常，则按部就班执行原有营销计划，如果市场情况发生变化，或者开发出来的实际产品与初期计划有差异，则要对原目标进行调整。

设计实施营销组合占领市场、获得顾客的最终认可，即实现从试制品向商品、从潜在使用价值向实际使用价值的转化。由于消费者与企业信息的不对称以及市场供求等因素的影响，消费者可以接受的价格与新产品生产成本之间的关系非常复杂，企业要在高附加值与迅速占领市场之间权衡。

新产品的实体开发主要由设计试制部门完成，而新产品的商品化必须由开发、营销等部门通力协作才能完成。新产品的商品化包括再次审视和调整开发初期所选择的目标市场、产品定位、竞争定位，确定和实施市场营销组合，完成新产品试产、试销、批量生产和上市的整个过程。

这一阶段不仅需要运用市场营销的普遍原理和方法，而且必须注意所推出新产品的特点以及当时当地的需求、竞争情况。例如，全新产品既需要在产品的最终成型上做大量工作，确定产品组合、包装、品牌、服务等，还需要一一落实广告、渠道和定价等营销组合要素；对于改进型新产品，实体开发目标明确，而包装、品牌、宣传面临两难，既要与原有产品保持延续，又要突出新产品的优点；对于实体变化不大、重新定位型产品，则要根据新选定的目标顾客，调整包装、广告、渠道和定价等内容。

新产品的商品化可划分为准备和实施两个阶段。

一般来说，新产品成功上市就意味着新产品开发任务的完成，但从产品生命周期来看，产品开发工作既包括新产品投入期和成长前期的开发工作，又包括产品成长后期、成熟期和衰退期内的后续开发工作。这意味着企业在产品的整个生命周期的不同阶段，需要针对不同的市场特征采取不同的开发对策，进行不同的开发工作。

第1节　新产品产品组合的选择

新产品要实现商品化，首要的任务是根据前期确定的目标市场选择产品组合，它是新产品进入市场必须做的重要准备工作之一。

新产品产品组合选择的实质，就是企业根据自身的能力，对新产品的目标市场范围和新产品品种作出正确的决策。这种选择具体包括产品组合方式的选择和产品组合如何扩大和延伸的选择。

现代企业为了满足目标市场的需要，扩大销售，分散风险，增加利润，往往需要经营多种产品，但是企业所生产或经营的产品，并非无条件的越多越好，企业根据市场需求和自身能力，确定生产或经营哪些产品，明确产品之间的配合关系，是关系企业兴衰的重大决策，这就是产品组合的决策。

一、有关产品组合的基本概念

1. 产品项目

是指能与企业生产或经营的其他产品相区分，特别设计的任何产品，凡在企业销售目录中能单独列出的，都应算作一个产品项目，它与别的产品相区别的特征可能是性能、规格或式样的不同，因而一个产品项目往往具有一个特定的名称、编号或型号。

2. 产品线

是一组相似或相近的产品项目。对于若干产品项目，只要企业认为它们相近或相似，就可以划入一条产品线。由于相似或相近是一个比较含糊的描述，所以在划分产品线时，可以有企业自己的解释。例如，可以用满足同一需求，或用同一分销渠道、同一加工工艺制造来划分产品线。

3. 产品组合

是一个企业所生产经营的所有产品项目和产品线的总称。从事多品种经营的企业，其产品组合一般包括若干产品线，每一条产品线内又包括若干产品项目。

（1）产品组合宽度。是企业产品组合内的产品线数目。例如，某机器制造厂拥有炮瞄雷达、微波天线、电冰箱、电视机等多条产品线；某文教针厂只有一条产品线，虽然该产品线中包括曲别针、大头针、订书钉等产品项目。显然，前者的产品组合比后者宽得多。产品组合的宽度取决于产品线的划分标准，同样的若干产品项目，可以根据不同的相关关系划分为不同数目的产品线。

（2）产品组合的深度。是指产品组合内各产品线的产品项目的平均数。每条产品线中的产品项目数往往很不相同。例如，美国东尼公司的烫发器产品线生产九种不同规格的家用烫发器，以适应各种不同发质和发型的需要，而该公司的护肤霜产品线只生产两种护肤霜以适应中性皮肤和干性皮肤的需要，可见护肤霜产品线中的项目数远远少于烫发器产品线，求其平均产品项目数，就是产品组合深度。

（3）产品组合的关联性。是指各产品线的最终用途、生产条件、销售渠道等方面的密切程度。

由产品组合的不同宽度、深度和关联性，就构成不同的产品组合。产品组合由这三个因素加以描述。图 7—1 为产品组合概念的示意图。

产品线1	1a	1b	1c		
产品线2	2a				
产品线3	3a	3b	3c	3d	3e
产品线4	4a	4b	4c		

产品项目数：12

产品线数：4

平均长度：3

图 7—1　产品组合概念示意图

产品组合决策应包括三个层次的问题：在产品项目上所面临的问题是产品项目的增加、修改或删除；在产品线层次上面临的问题是产品线的伸展、填充和删除；最后在整个产品组合层次上面临的问题是增设、加强、简化或淘汰产品线的抉择。

企业产品组合决策应遵循的原则是：有利于促进销售和增加企业的总利润。产品组合的三个因素与促进销售、增加利润都有密切关系。一般来说，拓展产品组合宽度（即增加产品线，扩大业务范围，实现一体化或多角化经营）可以充分发挥企业特长，使企业的资源、技术得到充分利用，从而开拓新市场，提高经济效益。增加产品组合的深度（即增加产品项目，使各产品线具有更多花色、式样、规格、型号的产品）可以适应众多的特殊需求，吸引消费者，增加总销售量。增加产品组合的关联性可以增强企业的市场地位，发挥企业的技术专长和销售能力，从而提高经济效益。

从以上产品组合概念可知，企业可以利用已取得的良好声誉，用拓宽产品组合宽度的方式去增加销量；可用增加某一产品线的产品项目，吸引不同偏好的消费者，同时使消费者在购买时有更多的选择余地，最终增加销售额；也可使企业所经营和生产的产品组合保持良好的关联性，以便节约资源，发挥技术专长，有效迅速地运送货物，从而取得更大的经济效益。

因此，对于新产品的商品化来说，产品组合决策的实质就是对企业的新产品目标市场范围和新产品品种的选择要有利于拓展产品组合宽度，有利于增加产品组合深度和有利于增加产品组合的关联性。

二、产品组合方式的选择

企业一般都愿意生产和经营尽可能多的产品线，每条产品线又有尽可能多的产品项目，同时又保持很高的产品组合的关联性，事实上这是很难兼顾的。企业的产品组合方式必须考虑可利用的资源、竞争情况、本企业的技术和经营专长以及产品成本、利润等诸因素，力争作出最优决策。

产品组合方式的选择，首先必须确定以何种产品提供给哪一类市场，以多少产品项目去满足多大的市场范围，因此，典型的产品组合方式至少应当用产品和市场这两项标准来描述。图 7—2 展示的是五种典型的组合方式。

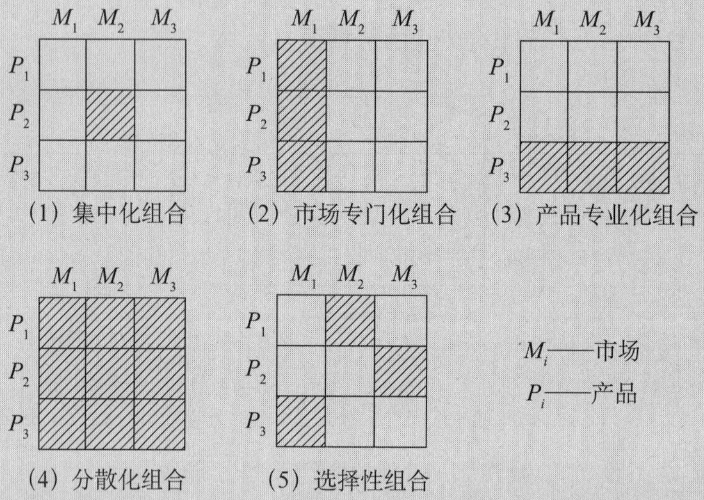

图 7—2　典型的产品组合方式

1. 集中化（单一化）组合方式

这种组合方式是企业只生产某一产品项目以满足某一特定的细分市场的需求，这是许多小企业因缺乏资源而被迫采取的方式。在 20 世纪 50 年代有不少以追求规模效益为主的企业也曾采取过这种组合方式。

2. 市场专门化组合方式

这种组合方式是以满足专门市场为目标，向该市场提供尽可能多的产品线和产品项目，即多品种单一市场方式。例如，童装厂以满足儿童服装需求为目标，提供各类儿童服装产品。这是一种有利于发挥技术优势、形成技术和经营专长的组合方式，它要求企业必须充分了解其所选定市场的特点。

3. 产品专业化组合方式

这种组合方式是以某一类产品的很大深度的产品线去满足不同的细分市场的需求，以充分发挥企业精于某一行业技术和经营专长的特点。采用这一组合方式的企业，其市场营销目标之一是力争成为行业的主导企业，多样化和高质量是这类企业的生命线。例如，运动服制造厂向老年人、成年人和儿童提供运动服装。

4. 分散化组合方式

分散化组合也叫做多样化组合，这种组合方式意味着企业向多个目标市场提供多种产品线。采取这种组合方式的企业通常是一些竞争力强、资源雄厚的大公司，它们所面向的市场不仅包括国内的若干细分市场，而且还进入国际市场，它们所追求的目标是成为该市场的主导企业。

5. 选择性组合方式

选择性组合是企业用多种各具特色的不同产品线进入若干特定目标市场的一种方式。由于各个细分市场并无直接联系，各产品线也需要相应的适用技术和经营专长，采用这种方式的企业应当有较多的可利用资源。这种产品组合的一致性差，常常成为拟采用分散化组合方式的一种过渡组合方式。

三、产品组合扩大和延伸

在新产品商品化过程中，逐步实现多品种经营是一种新产品发展的必然趋势。多品种经营的优点有：

(1) 可以充分利用企业的资源，组织较均衡的生产。

(2) 在激烈的竞争和需求迅速变化的环境中，多品种经营可以共同承担风险。

(3) 可以开展综合利用，降低成本，提高经济效益。

从产品组合来看，多品种经营有两个方面：一是增加产品组合的宽度，即增加产品线的数目；二是加深产品组合的深度，即延长某一产品线。由于延长产品线能较好地保持产品组合的关联性，在增加产品品种时，首先考虑的是产品组合的延伸。延长产品线有向上延伸和向下延伸两种方式。

1. 向上延伸

有些企业原来生产低档产品，可能由于下列原因决定进入高档产品市场：

(1) 高档产品市场销售形势看好，利润率高；

(2) 竞争者实力较弱，可取而代之；

(3) 企业的实力增强，欲发展各档产品俱全的完全产品线。

向上延伸的风险有：

(1) 高档产品市场的竞争者会不惜一切代价坚守阵地，还可能侵入低档产品市场，向下延伸进行反击，给向上延伸产品线的企业造成威胁；

(2) 由于企业一直生产低档产品，消费者可能怀疑其高档产品的质量水平；

(3) 销售人员的能力和专长可能不相适应，需要培训或物色新的销售人员。

2. 向下延伸

企业原来生产高档产品，以后决定生产低档产品。企业作出向下延伸决策的理由有：

(1) 企业发现其高档产品成长发展极为缓慢，不得不将其产品线向下延伸，以开拓市场；

(2) 企业的高档产品遇到了激烈的竞争，需要进入低档产品市场取得回旋余地；

(3) 企业开发新产品初期进入高档产品市场是为了建立质量形象，现在这个目标已经达到，向下延伸可以扩大产品范围，开拓市场；

(4) 为了填补缺口，否则低档产品会成为竞争者的机会。

企业采用向下延伸的风险有：

(1) 可能会刺激本来生产低档产品的企业进入高档产品市场，使竞争加剧；

(2) 原经销商会因利润较少而不愿意经营低档产品，企业不得不为新增的低档产品另建经销系统，增加销售费用；

(3) 有可能损害企业的质量形象，为保护已创立的名牌，企业新增加低档产品应采用新的品牌。

产品线的向上延伸和向下延伸实际上就是产品线的高档化和普及化。高档化是以突出特点、增加较高档原料等来增加产品价值与提高价格，普及化则相反。

因此，一个企业一般不会对同一产品线采取既高档化又普及化的策略，而是择其一而用之。采用高档化的扩展方式时，有两点值得注意：一是继续依赖原有产品项目为销售支撑力量，而销售重点逐渐转移到新项目上；二是在高档品站稳脚跟后，随着其成长过程撤出原有低档产品。可以说，产品线向上或向下延伸也是产品重新定位的重要方法之一。

第 2 节　新产品包装、品牌和伴随服务的选择

从新产品整体概念来看，新产品的开发除新产品实体开发外，还包括其包装、品牌、伴随服务等的开发。新产品商品化准备的一项重要任务就是选择包装、品牌、伴随服务等附加物，使之与新产品实体本身结合形成一个有机整体。

从现代市场营销观念来看，包装、品牌、伴随服务等都是重要的营销措施和竞争手段，对于新产品上市能否成功，有着举足轻重的作用。因此新产品对其包装、品牌、伴随服务的选择，必须根据新产品目标市场的需要，按照不同附加物所起作用的特点，作出正确的选择，然后进行必要的策划、设计、制作、测试等。

一、新产品包装的选择

在现代商品经济中，包装已成为任何产品都不可缺少的附加物。产品与其包装之间存在着一个主从关系和表里关系，使得包装成为产品营销战略和策略中一个重要的决策措施和竞争手段。

因此，在新产品开发中，新产品本身的功能增加、质量提高、品种扩大、成本降低都要求包装与之相配合。为了有效地选择包装，首先应弄清包装的作用，确定包装的开发目标，然后对包装作出种种正确的决策。

（一）包装的定义和作用

1. 包装的定义

包装是为在流通过程中保护产品、方便储运、促进销售，按一定技术方法而采用的容器、材料及辅助物等的总体名称。通常包装分为销售包装和运输包装。

销售包装又称小包装、内包装、商业包装、个体包装或原包装，它在生产中与产品装配成一个整体，主要以满足销售需要为目的，一般随同产品一起卖给顾客，也有很多销售包装参与产品消费。

运输包装又称大包装、外包装、工业包装，它是将一定数量的小包装通过包装操作而形成的，主要以满足运输、储存、装卸需要为目的，一般不随产品卖给顾客。

2. 包装的作用

目前，包装在社会再生产的各个不同领域中能起到不同的作用，包装已成为强有力的营销竞争手段。

在产品加工领域，包装是实现生产自动化的有效手段，它能起到提高生产效率、减少损耗、节省人力、节约生产管理费用等作用，给生产企业带来经济效益。

在物流领域，包装是降低物流费用的重要手段，物流的优化离不开包装的优化，包装能起到减少损耗、提高物流效率、节约物流管理费用等作用，给物流企业带来经济效益。

在销售领域，包装是有力的促销手段，它能执行种种推销职能，吸引注意力，说明产

品特色，给消费者提供信息，形成一个消费者满意的产品形象，促进销售。包装还能提高销售管理效率，减少商品损失，给销售企业带来经济效益。

在消费领域，包装是提高消费质量的有力手段，给消费者带来诸如保证卫生、提供方便、节约时间、减少浪费、美化环境、增加知识、提高文化修养、保持个人声望等利益，这意味着消费者愿意为良好的包装所带来的利益而多付一些钱。

在废弃物处理、环境保护领域，包装是优化人类生存环境的重要因素。良好的包装能减少垃圾，减少资源和能源消耗，有利于环境保护和生态平衡。

此外，良好的包装还有助于树立企业形象。

（二）新产品选择包装的总目标——合理包装

为新产品选择包装，有正确选择和不正确选择两种可能性。如果选择正确，就能充分发挥包装适应外部环境需要而产生的种种积极作用，也能取得适当的经济效益。这种正确选择的包装称为合理包装。如果选择不正确，则不能充分发挥包装的积极作用，反而会因选择不科学、管理不善或经营思想不正确而产生诸如过度包装、过弱包装和欺骗包装等不合理包装，最终给企业带来经济损失。所以说，为新产品选择包装的总体目标就是合理包装，即寻求充分发挥包装的积极作用，尽量减小和消除包装的消极作用，使包装随商品经济发展而不断优化，取得更好的社会经济效益。

1. 合理包装的原则

从寻求合理包装的思路来选择新包装，必须遵循符合国情和兼顾社会（国家）、企业与消费者三方利益这两个基本原则。符合国情就是看所选择的包装是否符合一个国家实际的商品生产、流通、销售条件，包括技术条件、设备情况、经营水平、经营方式等；是否符合企业间公平竞争的要求；是否符合广大消费者的消费特点，包括消费水平、消费结构、消费观念等；是否符合一个国家的资源条件、政治制度、文化水准等，当然还要看其是否符合有关包装的法规和政策。

兼顾社会（国家）、企业与消费者的三方利益指所选择的包装既要考虑使消费者得益，又要使与包装有关企业得益，还要注意社会整体利益，这一原则的实质是各方利益的合理分配。

2. 寻求合理包装的关键

即对新产品包装进行功能分析和功能优化规划，因为上述包装的种种作用都是其功能在使用中转化而来的。

产品包装功能是指包装适应外部环境需要的潜在能力。在产品包装功能分析中，一个重要步骤是建立产品包装功能系统。一般来讲，对产品包装功能可分为三个层次：在高层次，往往根据产品包装所处的不同领域，将其功能区分为产品包装形成适应功能、物流适应功能、商品销售适应功能、商品消费适应功能和社会整体适应功能；在中层次，可根据所满足的具体需要来区分为诸如保护、方便、传达、容纳、社会整体需要适应等具体功能；在低层次，可将上述功能进一步具体化。

3. 新产品包装功能分析

在新产品功能优化规划中，对其功能进行时序性分析和多维性分析具有重要意义。

根据产品包装功能的时序性特征，其功能必然形成一串功能链。现举高层次功能为例，产品包装功能链为：产品包装形成适应功能→物流适应功能→商品销售适应功能——→商品消费适应功能——→社会整体需要适应功能。这样可按以下几方面的规律来寻求优化。

（1）在功能链上总能找出关键性或主要的或区别于其他链节的特殊链节。例如，商品销售适应功能就是整个功能链上的关键性链节，对经营者来说，商品出售就意味着商品价值的实现，就意味着商品进入消费领域，这将对商品生产和商品流通起重要促进作用。又如社会整体需要适应功能是功能链上的特殊链节，因为社会整体需要适应功能所包含的环保、节约资源等功能与整个链条的其他链节功能有明显差异，但在整体上又与其他链节功能有密切关系。

（2）在功能链上一定要保证前面链节功能的实现不破坏后面链节的功能，而后面链节的功能会对前面链节的功能起不同的影响作用。例如，产品包装形成适应功能实现时，要保证以后链节功能不被破坏，而后面链节如商品消费适应功能和社会整体需要适应功能对以前链节的功能，尤其是对商品销售适应功能会起很大的影响作用。

（3）在功能链上要找到各功能链节间各种具体功能的重叠情况和矛盾情况，然后进行综合权衡，作出最优的可行性决策。例如，包装的保护功能，从产品包装形成、商品流通到商品消费都需具备，但是因外部环境因素的差异，各个链节要求的保护程序是有差别的，因此，在决策上对保护这一基本功能，必须找到一个需要保护程度最大的地方，才能使包装具有可行性。再如方便功能，有时方便生产就不能方便销售或方便消费，因此必须分析它们之间相互制约的关系，做到有增有减，作出最优的选择。

根据产品包装功能的多维性特征，可以将功能进行归类，以弄清功能间的相关性。一般来说，产品包装的中层次具体功能，大致可分为容纳、保护、传达、方便、社会整体适应五大基本功能，其他具体功能可看作它们的延伸。当然这不是绝对的，在某类具体产品包装的功能分析时会有所增减。

（1）容纳功能，即包装具有容纳产品的能力，它包含的内容包括合理的容积和放置。容纳功能的延伸就产生成组功能、组合功能、适量（定量）功能等。

（2）保护功能，即包装对产品施加保护的能力。它包含的内容极为广泛，其下一层次具体功能的名称既可以从外部环境角度来定名，如防潮、防震、防光、防冲击等，也可以从产品角度来定名，如防锈、保鲜、防挥发等。保护功能的延伸就产生防盗、保险等功能。

（3）传达功能，即包装传达信息的能力。它包含的内容主要指传达产品的种种信息，使产品差异化，有利于消费者区分和挑选。传达功能的延伸就产生了广告宣传、艺术装饰等功能。广告宣传功能是传达产品与企业结合的信息。艺术装饰功能是指传达产品与美结合的信息。

（4）方便功能，即包装满足人们追求效率（节省）的功能。它包含的内容包括在不同领域里所提供的种种方便，诸如方便装填、方便运输装卸、方便储存、方便不同产品采用、方便展销、方便计数、方便利用售货机、方便携带、方便开启、方便重新密封、方便存放、方便回收、方便处理等。方便功能的延伸就产生复用、改用等功能。

（5）社会整体需要适应功能，即包装满足社会整体需要的能力。它包含的内容包括卫生安全、节省资源、环境保护等功能。社会整体需要适应功能的延伸产生了技术经济合理功能等。

通过上述分析，就可以根据所开发的新产品和所处的具体环境作出功能优化的选择。

（三）对包装结构及其要素的合理选择

不管是新产品包装设计前的计划决策，还是新产品包装的设计，必然要涉及包装结构及其要素的合理选择。按照系统观点，一个好的包装将是包装材料、造型、技法、装潢（或标志）四要素的巧妙结合。也就是说，一个合理包装应由上述要素形成一个具有内在有机联系的结构，同时对每个要素进行巧妙的选择。因此，在对包装材料、造型、技法、装潢（或标志）进行具体选择时，还应注意它们与包装整体以及相互间的联系。

1. 包装材料要素的选择

在包装材料的选择中，必须注意到材料是构成包装的物质基础，因为包装造型、技法、装潢（或标志）都是由包装材料来保证的，包装整体的种种功能也都与包装材料有关。包装材料的性能既与包装的形成有关，又与包装的使用有关，因此常把包装材料的性能分为两类：一为工艺性能，即为保证造型、技法、装潢（或标志）实施的有关性能；二为使用性能，是与包装使用直接有关的性能。例如，一种夹心饼干的包装，从其保护产品和显示产品特色来看，应采用具有一定强度、能密封的透明材料，里面最好采用较硬的塑料衬板，以增强容器强度，使饼干保存长久而不破碎。

2. 包装造型要素的选择

在包装造型的选择中，必须注意造型设计将涉及包装的艺术形态和科学结构。包装造型与产品包装整体的种种基本功能如容纳、保护、方便、传达等密切相关。运输包装的造型要充分考虑物流过程的安全，还要有利于方便搬运和储存。销售包装造型除考虑保护产品外，重点要考虑能提供种种方便，包括使用、携带、陈列、保存等的方便。此外，还要考虑造型要引人注目，给人以美感等。

3. 包装技法要素的选择

在包装技法的选择中，必须注意到包装技法这一包装操作时所采用的技术和方法使包装和产品形成一个整体，因此，产品包装的最后形成是依靠包装技法的。包装技法能使产品包装整体实现有利于使用的多种功能。随着产品包装使用环境对它所提出要求的变化和新兴科学技术的发展，包装技术日趋多样化和复杂化，它已是一个很宽的领域。

运输包装技法主要起保护产品的作用，也起节省材料、缩小体积、减轻重量等作用。选择运输包装技法时，要注意针对不同形态产品选择置放、排列、加固、捆扎等一般技法，还要注意针对不同物性的产品选择缓冲、防潮、防锈、保鲜、脱氧、充气等包装技法。

销售包装技法多数围绕包装的保护功能，但也应在很多方面照顾到其他功能。目前销售包装技法有多种：收缩包装技法和拉伸包装技法、贴体包装技法和泡罩包装技法、真空包装技法和充气包装技法、吸氧剂包装技法、无菌包装技法等。合理选择销售包装技法要正确处理被包装物的性质特征、包装材料造型的性质特征和包装使用环境要求三方面的关系。因此，在选择中通常要注意各种技术的相互替代性和适应范围的局限性，要注意根据需要对两种或两种以上技法组合使用以达到更佳的效果，要注意考虑成本和需要达到的货架寿命的要求。

4. 包装装潢（或标志）要素的选择

包装装潢（或标志）是包装的表面设计。运输包装的表面设计是指运输包装的表面标志，即运输包装外部制作的特定记号或说明。销售包装的表面设计是指销售包装的装潢，即以产品为命题的装饰艺术。就现代产品包装来说，包装装潢（或标志）已不可缺少，其地位日趋重要。运输包装依靠标志，才能进入现代物流而成为现代运输包装。销售包装依靠装潢，才能起到“无声推销员”的作用而成为现代销售包装。

对运输包装标志的选择，必须严格按照有关标准的规定并注意正确使用。运输包装标志主要是赋予运输包装件以传达功能，而传达功能的好坏又与包装的保护功能、方便功能（开启、起吊）、经济合理功能的有效实现联系在一起。根据实际经验，物流管理中许多事故和差错常常是因标志不清或错误造成的，例如错发、错运、搬运装卸操作不当、储存保管不善等，因此，物流管理的正确与否经常依赖运输包装标志。

归纳起来，运输包装标志被赋予传达功能的目的主要有三个：一是识别货物，实现货物的收发管理；二是明示物流中应采用的保护措施；三是识别危险货物，暗示应采用的防护措施以保证物流安全。因此，运输包装标志也分为三大类：一为收发货标志，或叫包装识别标志；二为储运图示标志；三为危险货物标志。运输包装标志是采用简易文字和各种图形来实现传达功能的，故标志又区分为文字标志和图形标志，它们都可用来识别或指示。

运输包装标志所采用的图形、符号、文字都应按标准规定使用，由买卖双方共同确认。

对销售包装装潢的选择，必须注意装潢各构成要素（包括图形、文字、色彩、肌理等）的相互配合来保证装潢所要起的作用。包装装潢作用的实质是以艺术语言更有效地传达各种信息。

销售包装装潢要注意突出产品定位，若以图形或文字来定位，应做到清楚且易于理解；若以品牌来定位，品牌应在整个画面上占有突出的位置。

（1）包装装潢色彩的选择。在包装装潢结构要素中，色彩是最具吸引力和最易记忆的要素。包装装潢选择颜色和色调，应特别注意色彩所能产生的各种心理作用，注意色彩的象征性以及形象色、流行色的运用，注意人们对色彩的偏好，要注意色彩不能与民族习惯、宗教信仰相抵触。选择色彩还应注意色彩的合理搭配，使人产生美感，要适合特定市场文化背景的要求。

（2）包装装潢图形的选择。包装装潢的图形是信息含量最大、传递能力最大、最能感动人的要素。包装装潢中用得最多的是具象表现方式，要求注意做到直观、鲜明、逼真，使人对产品特性易于认识和理解。若采用抽象表现形式，则要注意做到易于识别和记忆，能让人产生多种视觉感受和心理感受，做到含蓄、神似地表达产品的特点。另外，包装装潢图形的选择还要注意不同国家、不同地区对各种图形的喜爱和禁忌。

（3）包装装潢文字的选择。包装装潢的文字是一种不可缺少的要素，装潢画面可以不用图形，却不可以没有文字。文字是沟通情感的符号，文字还是人们在社会生活中接触最多、最直接、最有效的纯符号的视觉信息。包装装潢上的文字可区分为主体文字和说明文字两大类。

包装装潢选择主体文字时，应使它具有最醒目的视觉效果，注意从面积、位置、色彩、明暗等方面突出表现文字，用优美的文字传递信息来引起人们对商品的兴趣，唤起人们的联想，达到意想不到的效果。

包装装潢说明文字用来介绍产品的规格、数量、成分、产地、用途、功效、使用方法、禁忌等，直接回答购买者所关心的问题，消除可能存在的疑虑。说明文字必须用端正的字体书写，以免辨认不清造成误解。

(4) 包装装潢肌理的选择。包装装潢肌理应看作包装装潢的衬底装饰，由构图中的纹样和材料的质地、纹理相结合而成。从传达信息来看，肌理要素区别于图形、文字、色彩要素，处于较次要的地位，但肌理能给人以种种心理感受，给包装装潢造成一个环境气氛，使消费者更能理解产品，增添艺术情趣。

包装装潢肌理的选择，要注意从有利于装潢整体的艺术效果和对产品的理解出发正确选择平面或立体形式、具象或抽象表现方式。

(四) 新产品包装策略的选择

在新产品包装策略的选择中，不能忽视包装在产品销售中还是一个能起独立推销作用的手段。这是指企业根据产品的不同情况而采用诸如别致包装、附赠品包装、家族化系列包装、双重用途包装、组合包装、习惯用量包装、分等包装等不同的包装策略。

1. 别致包装策略

别致包装就是独一无二，与众不同，是独创的新包装，容易引人注目，引起人的好感，给人以深刻印象。别致包装能达到扩大商品差距的效果，它会使产品品牌令人印象深刻、名气大增。

2. 附赠品包装策略

附赠品包装是通过赠物促进消费者购买新产品的包装。例如无锡某化妆品厂生产一种珍珠霜，一度在香港滞销。该厂针对香港居民的消费习惯和心理，在每瓶珍珠霜里放一粒人造珍珠，买够一定数量后就可串成珍珠项链，由此该化妆品打开了销路。

3. 家族化系列包装策略

家族化系列包装是一个企业对其所生产的多种产品，在包装外形上采用相同图案或近似色彩等共同特征，使人一看就能联想到是同一企业的产品。这种包装的效用是：可以提高企业的声誉，给消费者带来信任感，还可节省包装设计费用。

4. 组合包装策略

组合包装是将几类产品组合在一个包装内，例如化妆品包装可以把粉蜜、粉霜、香粉、香水、口红等包装在一起；再如有的日用器皿如餐具、茶具、酒具等根据其成套性特点，可以成套地组合在一起。这类包装的效用是可以方便消费者购买和使用，有利于带动多种产品销售，特别是有利于新产品的推销。

5. 双重用途包装策略

双重用途包装是当包装内产品用完之后，包装物本身还可以作其他用途。例如用汽车、熊猫等造型的塑料容器来包装糖果，糖果吃完后，其包装物还可作为玩具，深受孩子的欢迎。

6. 习惯用量包装策略

习惯用量包装是根据消费者的习惯使用量来进行包装。例如咖啡、茶叶等一次性用量固定，可设计出一次使用小包装；又如为适应一部分主妇每周购物一次的习惯，设计出一些大号包装，等等。这样的包装能给消费者带来方便，也能起到促销作用。

7. 分等包装策略

分等包装是指对同一商品采用不同等级的包装。例如，为送礼用，就用高级一些的包装；若自己用，就用中低档的包装。这样的分等包装能起到满足不同购买水平和不同购买心理的效用。

（五）新产品包装的计划决策

在新产品开发中包装选择的计划决策是开发管理的重要一环，也是新产品包装设计的前提。包装选择的计划决策一定要从新产品开发战略的高度来研究处理，因为对新产品包装作出的种种决策，应看作新产品整体战略的一个重要组成部分。从这个高度出发，一方面要注意包装本身为适应市场环境和产品特色而采用的不同策略效果；另一方面要注意包装与其他市场营销要素如定价、广告、商标、销售渠道等相互配合的协同效果。

包装选择的计划决策，与新产品的概念开发程序相类似，通常分为目标确定前的调查，目标设想的探求、提出和评估，目标设想开发决策和编制开发任务书三个阶段进行。

1. 目标确定前的调查

目标确定前的调查是指有针对性地对包装开发缘由和有关环境因素进行调查。具体对新产品包装选择来说，其开发缘由就是弄清新产品对包装的新要求，包括新的产品特色、新的产品组合、新的定价、新的促销方法等，要求包装来配合。对于有关环境因素调查就是与新产品有关的市场分析、消费者分析、原包装分析、营销分析、物流分析、企业分析，等等。

2. 目标设想的探求、提出和评估

上述调查的目的就是要找出新产品选择包装的创新机会点，并在此基础上进行目标设想的探求，提出新包装开发的种种设想，然后将值得考虑的设想进一步形成方案。

包装开发设想方案是对所选择包装的一种粗略安排，其实质就是对包装功能、包装结构各要素及其效果方面的种种安排，其内容通常包括产品特点、市场特点、消费者特点、营销特点、物流特点、包装容纳要求、识别特点、视觉传达特点、所需说明的资料、保护程度等，还包括包装大小、形态、技法、材料及其适销性、竞争力、使用特点等说明性内容，最后包装开发设想方案还需在成本、材料制造等方面进行可行性分析和评估。

3. 目标设想开发决策和编制开发任务书

为了提高新产品所选包装开发的成功率，通常要对数个设想方案进行比较分析研究，选出最佳方案作为最后决策。在所选方案的基础上，编写出开发任务书。

新产品包装开发任务书的基本内容应包括：

（1）目标和背景材料；

（2）资料分析和包装策略考虑；

（3）设想方案和评估；

（4）各部门配合事宜；

（5）包装设计工作内容；

（6）预算估计和成本分析；

（7）完成日程表；

（8）结论和建议。

（六）新产品包装的测试

新产品包装设计完成后，必须通过一系列测试来考察包装能否满足各方面的要求，以便在正式采用前做必要的改进。包装测试包括以下四个方面：

1. 工程测试

工程测试是检验包装在正常运输、装卸、储存、携带等情况下的适用性。通过测试考察包装的变形程度、磨损程度、密封性程度、褪色程度以及所包装产品受损程度等。

2. 视觉测试

视觉测试是测定包装色彩、图案是否协调悦目，造型是否新颖，艺术效果是否有吸引力，文字说明是否简明易读，等等。

3. 经销商偏好测试

经销商偏好测试包括测定包装可见性如何，是否引人注目；测定包装在销售环境中的保护性如何，能否避免各种损害、污染而造成销售困难，能否减少失窃可能性，能否利用包装提供其他资料；还要测定包装的定位如何，是否反映产品定位，与产品定位的同质程度如何，等等。

4. 消费者偏好测试

消费者偏好测试测定包装信息性如何，能否在最短时间内传递必要的信息，所传递信息与消费者购物动机相符性程度如何，能否传递必要的使用产品信息；包装使用方便舒适性如何，携带是否方便，开启是否方便，再封包装是否方便；包装的美学性，包装色彩喜好程度如何，图案的喜好程度如何，等等。

对于包装的测试，可以在实验室里进行，也可以在销售现场进行；可以把包装作为一个整体来测试，也可以分别测试包装的某一要素，例如用态度测定法测定包装色彩引起的联想。

在销售现场测试并不意味着从产品销量来直接推断包装设计的好坏，因为销量的增减是企业各种营销努力的一个综合反映，因此，只能以消费者对包装的反应来测试包装的效果。为此企业要在新产品试销或产品投入期拟定专门的监测系统，收集有关数据来分析评价包装的效果。

二、新产品品牌的选择

（一）品牌的含义和作用

在新产品商品化开发中，给新产品确定品牌是摆在经营者面前的一个重要问题。所确定的新产品品牌正确与否，对新产品上市成功起重要作用。

1. 品牌及其组成

品牌是主要用来辨认某一种产品，使其与竞争产品相区别的名称、词语、字母、符号、图案或它们的组合。品牌组合中出现的有关术语包括商标、牌名、标记。

商标是品牌组合中已注册并受法律保护的部分。它可以是品牌的一部分，也可以是品牌组合的全部。生产经营者享有商标使用专用权。

牌名是品牌组合中可以口述的部分。牌名可以是商标中可以口述的部分，也可以是专门给产品起的牌名（但不注册）。

标记是品牌组合中无法口述，只供辨认的部分。标记一般就是商标的标记，有时还有其他标记，如防伪标记。

此外，与品牌组合相关的术语还有品名，即商品名，例如午餐肉、青霉素等。品名不属于品牌组合的范围，它传达产品的性质特点，使消费者按需购买。在新产品品牌确定中，要避免使用品名作为牌名，也要避免使牌名转化为品名。

2. 品牌的作用

品牌的基本作用是用来辨认和区分产品，它对消费者（用户）和对营销者所起的作用是不同的。

品牌对于消费者的作用主要是信息源，具体作用如下：

（1）品牌是一种产品差别和特色，使消费者认识到一种产品与其他类似产品之间的区别，或者认识到新产品所能提供的新利益或者生产产品的厂家。品牌是最简易的辨认产品的方法。

（2）品牌是一种质量水平的象征。品牌代表不同厂家的工艺水平和不同的质量水平，因此品牌往往是消费者选购产品的参照标准之一。由于购买习惯和兴趣上的原因，消费者常常偏爱产品的某种质量特点，从而形成品牌偏好。

（3）品牌是一种企业信誉和担保。一般来说，消费者习惯地认为一个品牌的产品具有的特点和质量，所有该品牌的产品也都具有。消费者经常认品牌买东西，这样可以大大节省购物的时间。

品牌对于经营者的主要作用是营销手段。具体是指：

（1）品牌经注册可实现专用权保护，避免竞争者毫无顾忌地仿造和假冒。

（2）品牌与广告和包装协同，能有效地形成知名度。这就是说，品牌、广告和包装所产生的协同效果是知名度传递最方便的工具，有助于建立企业形象。

（3）品牌能起到促销作用，是一种无形的财富。这是由于品牌在消费者心目中是差别、特色、质量水平、声誉、担保的代表。这种促销作用使品牌转变成一种无形财富。当今雀巢、可口可乐等名牌的品牌价值都超过百亿美元。

（4）品牌有利于扩展产品组合和细分市场。如果在现有产品线中改变品牌，可以开发新产品。另外，新产品也可利用家族化和系列品牌来细分市场。

（5）品牌可协助营销管理。在流通环节中处理订单、追踪市场销售、检查存货水平，都可利用品牌来进行。

（二）新产品品牌选择的决策

新产品品牌决策包括多个方面的内容。选择品牌通常按下列顺序进行：品牌建立与否决策→品牌归属决策→品牌质量档次决策→品牌个别化与统一化决策→多品牌决策。

1. 品牌建立与否决策

有关新产品品牌的第一个决策就是决定是否要给新产品建立品牌。在现代商品市场上，品牌建立出现两种不同倾向：一种由于品牌的作用随着商品经济的发展越来越突出，一些原来传统上不用品牌的产品也纷纷品牌化，像柑橘、香蕉、螺栓、螺帽、汽车零配件等都标出了生产者的品牌；另一种随着品牌化费用如设计费、制作费、注册费、广告费等的增大，一些日用消费品和药品又回到无品牌的状态，它们大都是一些选择性不大、具有普通质量的产品，例如肥皂、卫生纸、常用药阿司匹林等。此外，无品牌产品除了节省建立品牌的费用外，还使所用的标签、包装等费用降低。因此，无品牌产品售价比在全国范围做广告的有品牌产品要低30%～50%，比有中间商品牌的产品要低10%～15%。

由此可见，品牌建立与否的决策应在衡量品牌促销收入与费用开支的得失后才可作出。如果品牌促销收入与品牌费用开支相比得不偿失，那么就不应使用品牌。一般在下列情况下可考虑不用品牌：

（1）选择性不强、质量一般的日用消费品和药品；

（2）不因制造者不同而产生特色的产品，如电力、煤炭、木材等；

（3）临时性或一次性生产的产品；

（4）生产比较简单的小商品等。

2. 品牌归属决策

关于品牌归属问题，新产品品牌可以有三种选择：

（1）采用生产者自己的品牌。一般来讲，市场上采用生产者品牌的产品占支配地位。生产者愿意以自己的新产品来创出名牌，也愿意将自己享有盛誉的品牌用于新产品。

（2）采用销售商的品牌。通常生产者要在一个对本企业产品不熟悉、不了解的新市场上推销产品，或者生产者的商誉远不及销售商的商誉时，可采用销售商的品牌。

（3）混合采用生产者自己的品牌和销售商的品牌，在混合采用时有以下三种方式：

1）生产者在部分产品上使用自己的品牌，另一部分则批量卖给销售商，使用销售商的品牌。

2）为了进入新市场，可以先采用销售商品牌，取得一定的市场地位后再改用生产者自己的品牌。

3）全部产品同时采用生产者品牌和销售商品牌，可以兼收两种品牌单独使用的优点。

3. 品牌质量档次的决策

在市场上产品质量档次可以区分为低档、中档、中高档和高档四个档次。生产厂家也常为不同质量水平的产品确定不同的品牌。因此，新产品选择品牌时，应考虑采用与自己所能达到的质量水平相应的品牌，或者对不同质量水平的新产品确定不同的品牌。

4. 品牌个别化或统一化决策

品牌个别化，即按新产品的不同特点，分别使用不同品牌。例如上海牙膏厂同时生产美加净、中华、黑白等不同品牌的牙膏。品牌个别化的好处为：

（1）不同品牌各有特色，价格也不同，消费者选用十分方便。

（2）企业的不同新产品各自发展，不致因个别产品声誉不佳而影响其他产品乃至整个企业的声誉。

（3）一些高档产品的生产者，可以不用其优质产品的品牌而生产档次较低的产品。

（4）品牌个别化还有利于创造新品牌，树立新信念。

品牌统一化是企业的所有产品使用同一个品牌。例如上海益民食品公司的所有产品都是“光明牌”。

采用统一品牌的好处是：节省建立品牌的各种费用，不须牌名调研，可节约品牌名称认知和偏好调研费用以及广告费用等；统一品牌还有利于消除对新产品的不信任感，有利于壮大企业声势，等等。

采用统一品牌的条件是：企业品牌在市场上已获得相当的声誉，各种产品具有相同的质量水平。如果各种产品质量水平相差很大，使用统一品牌就会影响品牌信誉，从而影响其他产品以至于企业的信誉。

除品牌个别化和统一化外，还有一种使用企业名称与个别品牌相结合的做法，这是统一品牌和个别品牌同时兼用的一种方式。在产品品牌前冠以企业名称，可以使产品统一化而享受企业已有的信誉，分别使用不同品牌则赋予产品以不同特色，此种方式可兼有个别品牌和统一品牌的好处。

5. 多品牌决策

多品牌决策是指一种新产品使用两个或两个以上的品牌。采用多品牌的好处有：

（1）产品可取得更多的货架陈列空间，增加产品的竞争机会。

（2）由于消费者的求新心理，总会使他们对其他品牌产生试一试的想法，采用多品牌有利于截获这种“品牌转换者”。

（3）多品牌有利于创造品牌而激励企业创新和提高效率。

（4）多品牌可进行个别定位，从而占领细分市场。

决定一种产品是否推出新品牌，经营者应考虑：新品牌是否具有独特性？是否足以吸引人？新品牌能吞并多少竞争对手品牌？新品牌的销售额能否补偿品牌开发的费用？等等。理想的情况是：本企业的品牌能吞掉竞争对手的品牌，而不是本企业品牌自相竞争，或者即使出现自相竞争，采取多品牌后的净利润也能够达到较大的量。

（三）对新品牌设计的具体要求

品牌设计通常分为牌名设计和标记设计两部分。确定一个新品牌可能有两种方式：一是先给新品牌命名，然后设计标记；二是先设计标记，再给品牌冠以名称。

在新品牌的命名上，要做到名称简单、易读、易记，又要回味深长；与产品联系贴切、突出，同时又不能过于夸张和深奥难懂。

品牌简单、易读、易记是为了有利于宣传产品，给消费者留下深刻印象，这种品牌是产品迅速扩散的重要条件。国内外有很多品牌名称与产品本身毫无关系，但因其易读、易记而取得了良好的效果。例如“白猫”洗衣粉、“三九”胃泰、“三五”香烟。有时为了易记、易读，常常把企业名与产品品牌统一起来，例如“同仁堂”、“三菱”、“丰田”等。

品牌名贴切是指品牌名同产品的关联要贴切。我国产品的品牌名常有这种传统习惯和倾向。上海的“美加净”是起得很好的一个品牌名，既很上口，又能体现使用这种化妆品既美又净。美国的农用化肥“施多福”的品牌贴切，译名更佳，宣传产品恰到好处，回味深长。

品牌名突出能给消费者以新奇之感，读起来也响亮、有特色。这种品牌会更具吸引力，易引起兴趣和记忆。可口可乐的译名恰到好处，既是产品名又是品牌名，叫起来既新鲜又响亮。

品牌的标记常由图形、文字构成。由于标记是通过视觉来识别的，它必须具有强烈的识别性的形象，能强化人们的记忆，能在繁杂的环境中瞬间让人理解和记住。对品牌标记的选择应考虑以下原则：

1. 有利于正面联想

品牌标记应能充分正确地表达企业或产品的形象。例如百灵牌乐器、飞帆牌中长纤维（见图 7—3）、铁牛牌拖拉机（见图 7—4）等。

图 7—3　飞帆牌商标

图 7—4　铁牛牌商标

2. 便于识别

品牌标记应能快速地识别、认知、记忆和回忆。例如云雀牌标记（见图 7—5）是利用“云”字的第一个字母“Y”变形绘出一只飞鸟的图形，再配以云状边框，使图案与牌名十分吻合。再如乐声牌（唱片）的标记（见图 7—6），采用美术字形，简明活泼有朝气，很易认知。

3. 形体要完整

人的眼睛较易接受内敛的形体，而不易接受外放形态。像正圆就是理想的造型，对眼睛是一种内敛的象征。例如云雀标记、飞帆标记、乐声标记都属于内敛的形体。

4. 抽象程度要适当

品牌标记必须能适合消费者的理解程度，如果采取一些高度抽象的商标，要使消费者接受和理解就需要花费相当高的广告宣传费用，否则就起不到品牌标记的作用。

图 7—5　云雀牌商标

图 7—6　乐声牌商标

5. 具有可缩小和放大性

品牌标记的运用场合较广，必须考虑其缩小至 1/2 时的情况，缩小后要不影响印刷质量，放大时也一样。

6. 具有单色表现能力

品牌标记应能以单色表现其效果，这样不仅印刷方便，可降低印刷成本，还容易改变色调。因此，品牌标记应主要以造型来达到应用效果，不应企图依赖色彩来达到效果。

7. 要有视觉重量

品牌标记在视觉重量上应以重表现为主。有视觉重量的标记较易与四周文字形成对比，可达到较强的陈述性效果，同时也较易缩小。例如飞帆牌标记的视觉重量轻，而铁牛牌的视觉重量重。

8. 要有视觉方向性

从视觉的观点看，品牌标记造型应具有方向性，视觉流动向上、向右较为有利。

9. 要有视觉流动性

品牌标记的白色空间最好应流通，使人的目光从形态中穿越，这比视觉停止要好。

（四）新品牌的研究和评价

在新品牌的选择中，通常要进行品牌创新调查和品牌评价两方面的工作。

1. 品牌创新调查

品牌创新调查可以通过下列三种方式进行：

（1）牌名创造的消费者研究。例如，利用消费者的选字法或完句法来发现词汇与消费者所希望的产品利益之间的联系；可通过与消费者座谈和个别深入面谈来对消费动机进行研究而用于品牌创造；采用自由联想法，是公认创造牌名的有效方法。

（2）专家意见法。是指在品牌选择中重视专家作用的研究方法。专家的建议也是收集各种牌名建议的重要来源。

（3）计算机处理法。它用于牌名研究已十分普遍。该方法基本上是以音节的随机抽样和系统集合为基础。现在越来越多的企业都使用简单的计算机程序来创造牌名。

2. 品牌评价

具体包括联想测试（品牌名称能在消费者心目中产生什么形象）、学习测试（名称的易读性如何）、记忆测试（名称的易记性如何）和偏好测试（哪些品牌名称受到偏好）等。

三、新产品伴随服务的选择

（一）服务的本质和特点

新产品伴随服务是服务的重要形式之一。服务本身是一方能够向另一方提供的无形的任何功效和利益，并且不导致任何所有权的产生。服务具有下面四个主要特点：

1. 服务的无形性

服务是看不见、闻不到、摸不着、听不见的，在购买服务之前是看不见成效的。因此为了减少服务的不确定性，往往通过服务质量标志使服务的抽象提供增加有形证据。

2. 服务的生产和消费的不可分离性

服务的生产和消费一般来说是同时进行的，这与有形物品的情况不同，有形物品制造出来后，先储存，随后销售，最后被消费。如果服务是由人提供的，那么这个人就是服务的一部分，有时服务的生产与消费还需要消费者在场，例如培训。

3. 服务的可变性

服务具有极大的可变性。服务取决于由谁来提供，以及在何时、何地提供，服务的质量会因人、因时、因地而异。

4. 服务的易消失性

服务不能储存，服务的价值只存在于进行服务的这一时刻。

上述特点都提出了不少区别于有形物品的新问题，要求市场营销者采取相应的策略，必须寻求各种方法，使无形的服务成为“有形化”的服务；使不能与提供者分离的服务生产率逐渐提高；使质量变化不定的服务标准化，以及在服务易消失的情况下，提高影响需求活动的能力和供应能力，等等。

（二）新产品伴随服务的设计要求

为新产品拟定与提供有关伴随服务如保证、退款、信贷和资金融通、维修和培训等，是十分必要的，这些都是消费者在购买产品时要考虑的因素。因这类伴随服务及其质量而影响新产品成败的事例很多，很难想象企业卖计算机硬件给顾客而不提供软件的营销策略会成功。

在新产品伴随服务设计中，主要应考虑以下几个项目：

1. 保证

从一个细分市场来看，对于许多产品来说，保证是一个很重要的特征。大多数耐用消费品都由出售商店提供保证，作为产品质量信誉的补充。产品保证这种服务对知名度低的品牌提高质量信赖感是一种至关重要的方式。

2. 退款

这是产品保证中的一种极端形式。提供退款保证能对消费者力求降低购买风险产生心理影响。若干对家用器具的研究显示，至少在一个细分市场会将退款保证看成极重要的产品保证。

3. 安装、培训和维修

产品安装和使用人员培训经常成为复杂耐用品购买决策中所考虑的一个重要因素，同样，产品维修在某些产品如电视机购买决策中也具有重要作用。

4. 信贷和资金融通

对某些细分市场来说，信贷和资金融通对昂贵的产品如对耐用消费品来说是决定购买的重要因素。常用手段有分期付款和对中间人的财务资助等。

从新产品伴随服务的重要程度考虑，新产品研究应包括有助于产生和评价伴随服务的各种备选方案的研究。这方面的研究与产品特征、包装和品牌的研究可能很协调，也可能不易协调，应当运用不同的市场营销调研方式加以解决。

如何选择产生伴随服务的方案并对各种方案进行评价，与选择品牌和包装的研究方法没有根本不同。事实上，对产品包装和品牌的研究也可以包括对伴随服务的研究。当进行这类综合性评价时，综合分析法是很有效的。

第 3 节 新产品广告、销售渠道和定价的选择

新产品进入市场之前，必须正确地对市场营销组合作出决策，这就是指广告、销售渠道、定价等营销要素必须与新产品目标市场及其产品组合成一个有机整体来实现企业新产品的营销目标。

新产品对其广告、销售渠道和定价的选择，就是根据原来确定的发展战略和目标市场，针对影响目标市场的那些不可控制的外部环境因素，作出正确的营销组合决策，以便最有效地利用企业的人力、物力和财力资源。

一、新产品广告的选择

（一）新产品广告及其作用

新产品广告是企业为了刺激需求和开拓市场而采用艺术、技术和心理手法，向消费者传递信息、推销新产品的一种行为。新产品广告是提高新产品知名度的重要手段，是开拓新市场不可缺少的活动。在竞争激烈的市场上，企业产品如果不做广告，就会找不到销路；同样，任何消费者如果离开了广告，经常也不知道该买什么商品，该如何消费。可见，广告像一条无形的纽带，把生产者与消费者紧紧地联结在一起。

新产品要进入市场，就要把新产品介绍给消费者，最有效的方式是广告，它具有传递消息、引起注意、加深印象、增进了解、产生好感、激起欲望、导致行为、指导购买等种种功能。成功的新产品广告往往是新产品成功销售的前导，有时会收到意想不到的效果。

新产品广告的作用可以概括如下：

（1）广告介绍新产品的特点、性能、使用效果，为消费者及时传送新产品信息，起到激起消费者购买欲望的作用。

（2）广告宣传新产品特色及良好服务，能迅速提高新产品的知名度，甚至使消费者对新产品产生信赖或偏爱，可以创出新产品的牌子，起到使新产品更快地被采用和推广的作用。

（3）广告说服潜在消费者确信新产品比同类产品更具优越性，能起到提高新产品的竞争力的作用。

（4）广告有利于沟通产销之间的信息，也有利于加强各地市场间的联系，从而起到推动企业新产品市场开发的作用。

（5）为新产品制作的健康、优美、入时的广告，还可美化生活，开阔消费者的视野和知识面，起到丰富和活跃人们的生活、激发人们的进取精神的作用。

当然，上述广告的作用和效果绝不可人为地夸大，它是与新产品本身的使用价值联系在一起的。如果新产品质次价高或以次充好，想借助广告去欺骗消费者，最终只会适得其反，在消费者中造成恶劣的影响。因此，企业唯有提供优良的产品和服务，并且当消费者对新产品的优点又尚未充分认识，或已经有了初步的购买动机时，广告的作用才会特别突出，并会受到消费者真正的关心和欢迎。

（二）新产品广告策略的选择

新产品投放市场，如何充分发挥和利用广告的重要作用，迅速打开产品销路，其中大有文章可做。例如有的广告要引起消费者立刻产生购买行动，有的广告则要“放长线，钓大鱼”，有的广告是为了迎合消费者的心理需求，有的广告是为了适应与竞争对手较量的需要，等等。任何一个成功的广告，都是一种具体广告策略的运用。广告策略往往是多方面的。

1. 新产品生命周期不同阶段的广告策略

一种新产品进入市场，一般要经过其生命周期的发展全过程，产品生命周期的各个不同阶段，必须采用不同的广告策略。

（1）倡导性广告策略。这是引进新产品时所采用的一种广告策略。这时新产品刚进入市场，尚不为一般消费者所认识，市场上也无同类产品出现，广告的重点应当放在产品本身，要研究怎样才能使经销商、消费者对该产品由陌生变为熟悉。在广告的手法上要别具一格，富于创新，要发动舆论攻势，反复宣传。

倡导性广告的关键是要使人们普遍知道有这种新产品进入市场，并了解它的优良性能，产生良好的印象，而不是重在诱导购买。例如在半导体收音机刚进入市场时，制造商就注意集中宣传半导体收音机优于真空管收音机，强调它省电、轻便、无故障等优点，以激发消费者的潜在需求。

（2）创牌性广告策略。新产品进入成长期时，消费者对这种新产品已逐渐了解，销售量开始增长，同类新产品的竞争已经出现。这时的广告要不遗余力地突出宣传新产品的特色和使用效果，宣传新产品的品牌，使消费者对该产品产生信任或偏爱，即消费者对产品有了定位，在同类产品中愿意购买这一品牌的产品。达到这一目标，就能使新产品创出自己的牌子，使销售量迅速增加。

（3）竞争性广告策略。产品到了成熟期，虽然销售量或利润额都已达到高峰，但也面临日趋激烈的竞争。这时的广告策略要注意适应竞争对手的变化，尽可能扩大产品的市场占有率，要保证名牌产品的地位，使产品能更长时间地、稳定地大批量销售。即使是不能与名牌产品竞争的产品，也应该集中精力去占领市场。广告要以争取消费者为目标，重点宣传产品的优质、可靠、物美价廉，并发动广告的心理攻势，取得消费者的信赖。

（4）保牌性广告策略。当产品到达成熟期的后期，销售量出现递减，这是正常现象，预示着衰退期的来临。这时广告要集中宣传产品的新用途或新服务项目，宣传企业的信誉，尽可能推迟产品衰退期的到来。产品进入衰退期，广告宣传规模要逐步缩小，但仍要开展有效的广告活动，以便继续使用企业名牌商标推出更新的产品。如果突然停止广告宣传，就会使消费者产生疑惑，对以后的新产品推销不利，也会提前结束产品生命周期，造成经济上不应有的损失。

2. 广告制作的原则

所有上述在产品生命周期不同阶段所选择的广告策略，为达到应有的作用，广告制作必须遵循以下六项原则：

（1）要具有真实性。广告要如实地介绍产品的性能、效用和使用方法，绝不可弄虚作假，过分渲染。真实性是广告的生命，具有欺骗性的广告，轻则丧失信誉，重则会断送产品的销路。

（2）要注意简明性。广告文字要少而精，图案要清晰明快，使人心领神会，易懂易记。例如，有家打字机公司的广告只用了一句话“不打不相识”，既恰当又风趣，对消费者具有很大的吸引力。内容复杂的广告往往使人不愿意看，也不容易记。据国外广告心理学家测定，少于6个字的标题，读者的记忆率为34%，而多于6个字的记忆率只有13%。

（3）要突出艺术性。广告中要充分运用文学、历史、美术、音乐及现代表现手法的艺术特点，表现出艺术性，给人以美的享受，但广告并不是为美而美，而是要确切地反映产品特性和内在的艺术美。例如，国外有一家童鞋制造商做广告，把童鞋比作“像母亲的一双温柔的手”，这种充满温情的艺术用语，容易唤起年轻母亲的强烈母爱，产生购买的欲望。

（4）要富有创造性。广告宣传切忌语言公式化，要摒弃千篇一律的刻板做法，创造与众不同的新内容、新方法。越是敢于标新立异，富有创造性的广告，越容易获得最佳效果。以前一段时期有些广告都讲“驰名中外，誉满全球”、“最佳”、“最好”等，既无内容，又无针对性，而且容易使消费者产生不信任感。

(5) 要讲究经济性。广告宣传要研究以最少的广告费用投入取得最好的效果，要避免无益的广告竞争。若只在一个地区推销商品，就不宜在全国大量做广告；若只是少数用户的专用产品，更不必针对所有消费者做广告。

(6) 要注重民族性。广告在内容上要有针对不同民族风格的特点，使消费者喜闻乐见，容易接受。出口产品的广告，更要注重不同国家和地区的民族、宗教、习俗以及语言文字的要求，这样才有利于提高出口产品的竞争力。

(三) 新产品广告媒体的选择

在现代社会中，可供选择的媒体越来越多，如报纸、杂志、电视、广播、网络、印刷图片、橱窗陈列、现场展览、广告路牌、商品目录、邮寄印刷品等。各种媒体各具优缺点，任何一种媒体在特定状态下虽然都有其理想的一面，但又有其局限性的一面。如何正确、合理地选择广告媒体，是一件困难的事情，同时，对于搞好企业新产品广告，又是一件很重要的事情。

选择广告媒体要考虑多方面的因素，包括广告的目标、内容、业务规模、商品性质，以及市场的特殊要求和在限期内制作广告设施的技术能力等。下面仅对其中一些主要因素作简要分析。

1. 广告目标

广告目标决定了广告的对象和主题，主要是指广告要追求什么样的目标市场和目标消费者的问题。例如，扩大现有市场的广告和开拓新市场的广告，以最终消费者为对象的广告和以工业用户为对象的广告，在目标方面有很大差别，就应该考虑选择哪种广告媒体最为有效。如果要迅速地向消费者介绍新产品，可选择报纸和电视；如果要向少数工业用户介绍新产品，宜选择杂志、印刷图片、路牌等。

2. 广告内容

广告的内容要求不同，选择的媒体也不可能一样。例如，有的广告内容要求用较多的文字来说明新产品的技术性能、质量标准和使用条件，选择报纸或杂志就比较适合，或寄送印刷品效果更好；有的广告内容必须同时用声音和图像来表达，则只能选择电视、电影或其他表现方式的媒体。

3. 广告业务的规模

产品是选择局部市场，还是全国市场或国际市场，其广告规模是不同的。有的产品需要开展很大规模的攻势，要求广告的覆盖面越宽越好，宣传的次数越多越好，这样的广告采用影响面大的电视或报纸比较适合；相反，如果广告业务的规模很小，或者限定了特定的范围，就只需选用影响面小的或费用低的广告媒体。

4. 广告的商品性质

新产品的性质差别是一种基本因素，它影响着广告的对象、内容和规模，必然也影响着媒体的选择。例如，某些特殊用途的新产品，用户很少，采用商品目录、印刷图片就可以了；某些新产品的实用效果很重要，就需要通过现场展览或实地操作的方式做广告。各种产品都有自己的性能特点，应该根据其特性选择适合的媒体。

5. 广告的时间和地点

广告的时间和地点最好能够与现有的消费者或潜在消费者进行购买决策的时间和地点相配合，这对于广告媒体的选择也有一定影响。例如，新的体育器材或用品，可以利用有关体育运动比赛的时间和地点做广告，其媒体的选择有电视、广播等。有些产品的广告媒体的选择要尽量接近消费者，或在消费者容易形成购买决定的时间和场所做广告，例如产品展销的广告。

6. 广告媒体的费用

一般来说，电视广告要比广播、报纸广告的费用高，全国性报纸的广告比地方报纸收费高，网络作为新兴媒体，其发展日新月异。究竟选择哪一种媒体，应该考虑广告的对象、利用媒体的数量和广告的预算与分配等关系，既要保证广告效果，又要尽可能减少广告费用。

另外，在新产品广告宣传中，广告媒体的选择还要注意研究消费者的心理因素，迎合消费者的心理要求。例如，在晚上的电视广告节目中，一般老人、小孩或青年人比较容易注意日常消费品新产品广告，而且在电视机旁就会作出购买决策，而对于生产资料性的新产品广告，则很少注意，因为人们在娱乐时间里一般不会关心生产资料性新产品的购买。因此，如果以为电视广告的效果好，而不考虑广告接受的对象及其心理因素，一概选择费用很高的电视广告，并不一定能收到好的广告效果。

二、新产品销售渠道的选择

一种新产品进入市场，通过什么样的销售渠道到达消费者手中，与新产品销售的成败关系极大。企业选择的销售渠道不同，不仅所耗费的流通费用不同，而且由于把握销售时机不一样，其结果有可能完全不同。因此，在新产品的市场开发中，搞好新产品销售渠道的选择是一个不可忽视的问题。

（一）销售渠道的概念、效用和类型

1. 新产品销售渠道及其效用

销售渠道也称分销途径，是指产品从生产者到消费者所经过的商业媒介或中间环节，以及由这些环节所连接成的一条连续不断地传送产品的通道。新产品一般都要经过一定的销售渠道才能进入市场。企业将新产品打进市场的过程，也是建立和打通销售渠道的过程。即使企业的新产品不经过中间商销售，采取由企业直接销售的方式，也需要建立自己的销售组织和推销网络才能进入市场。在现代销售学中，销售渠道的整体概念包括企业的销售组织、中间商以及最终消费者（或工业用户）。

由此可见，企业新产品销售不能没有渠道，但是可以选择，而且应当选择最佳的销售渠道。在大多数情况下，选择中间商销售是不可缺少的，因为包括中间商在内的各种销售渠道能够给生产者和消费者提供各种方便，能够创造必要的效用，主要包括以下三方面：

（1）时间效用。即创造一种使消费者随时可以买到商品的状态。当消费者需要某种商品时，什么时候提供，其价值是不一样的。俗话说“饥不择食”，饥饿者最知道食物的宝贵。对于工业用户来说，能否及时地提供它所需的产品，往往会直接影响其经济效益；消费品也存在这样的情况，时过境迁，商品就变得没有价值了。流通渠道的时间效用就是在消费者需要时，能保证生产者的商品随时都能提供。

（2）场地效用。即创造一种使消费者随处都可以买到商品的状态。对于消费者来说，在遥远地方制造的产品，或存放在企业仓库里的产品，处于没有买到手的状态，都是没有实际价值的。流通渠道使产品分布在消费者最容易买到的地方，保证在消费者需要购买的

地点就能供应，这就创造了一种场地效用。

(3) 所有权转让效用。即创造一种使商品所有权从生产者手中转让到消费者手中的最方便的状态。消费者到商店购买一种商品，实际上既购买了这种商品的使用或消费权，同时也获得了商品所有权。在商店里一手交钱，一手交货，商品所有权的转让在瞬间就可以完成。因此，流通渠道能够在生产者和消费者之间最方便地提供商品所有权的转让途径。

2. 新产品销售渠道的类型

关于销售渠道的类型，主要取决于中间环节的多少。构成销售渠道的中间环节有零售商、批发商、代理人等。新产品自生产者到达消费者手中是否要选择中间商，或要选择哪些中间商，就构成了销售渠道的不同类型。一般来说，由于工业品与消费品的市场特点不同，其新产品销售渠道的结构形式也有所不同（见图 7—7）。

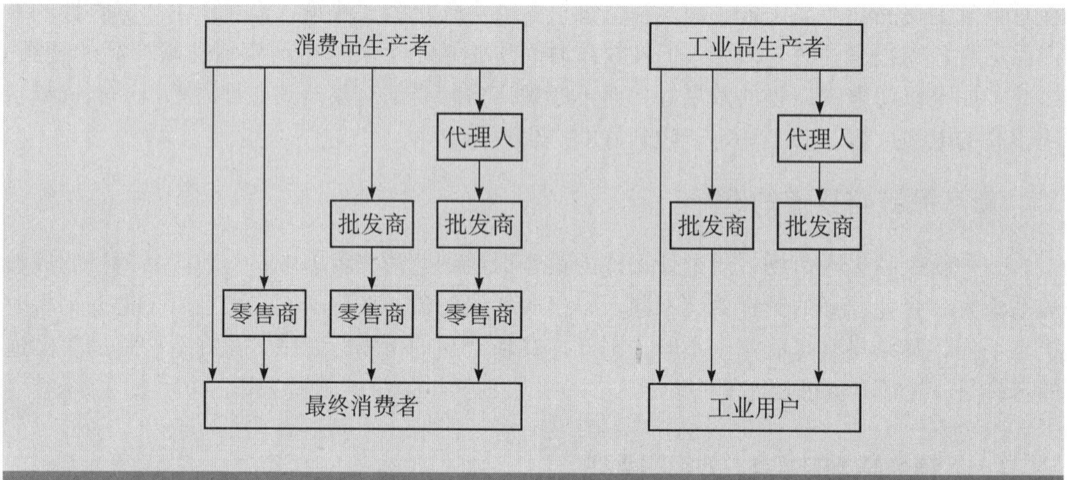

图 7—7　销售渠道的一般结构形式

在各类销售渠道中，销售渠道的长短各有不同。没有中间商的销售渠道，产销直接见面，称为直接销售，其渠道最短。有中间商介入的称为间接销售，介入中间商的层次越多，销售渠道越长。一般来说，工业品的技术性较强，产品价格高，用户数量相对较少，购买频率较低，且需要提供完善的售后服务，因而以直接销售形式为主。消费品则不同，特别是大众消费品，需要有多层次的中间环节，需要普遍的零售网络，大都以间接销售形式为主。销售渠道的长短，要不要使用中间商或使用多少层次的中间商，不取决于生产者的主观意愿，而是根据市场销售习惯、购买者的需求特点来决定。

由于市场销售存在多种渠道，生产者就有条件进行选择。可以选择销售渠道，就有可能最快、最好地为消费者服务。在现代市场竞争的条件下，风险是不可避免的。在新产品到达消费者手中之前，通过有中间商的分销渠道可以使风险分散，对生产企业来说就是减少了风险。有时一种新产品要进入新市场，通过对这一新市场很熟悉、很了解的中间商利用其销售经验和销售网络，该新产品就有可能顺利地打进市场。在这种情况下，通过中间商销售新产品是非常必要的。当然，利用中间商，要增加流通费用，但要从有利于扩大新产品的市场销售出发，不能片面地单从减少流通费用出发而撇开中间商。

销售渠道的类型也不是千篇一律、固定不变的。各国的销售渠道都有自己的特点，都是与自己的历史、文化和经济发展相联系的。上面所介绍的销售渠道的分类是从制造商、批发商、零售商彼此都独立的状况出发的。事实上，当前在许多发达国家，这些类型的销售渠道已经逐步衰退，正向多种结构的联合组织发展，其中包括制造商与批发商、零售商三者间以独立法人资格的垂直联合，或者以合同形式的松散联合，或者制造商之间相互利用对方的销售网络等，其目的是加强市场竞争地位，达到更佳的经济效益。这种销售渠道的发展新趋势将对商品的销售产生很大影响。

（二）新产品销售渠道的选择

企业的新产品不论进入国内市场还是进入国际市场，都要经过一定的渠道，并且都是由生产企业来选择渠道。销售渠道的选择是新产品进入市场的一项重要决策。在选择销售渠道时，一定要结合主客观条件，对各种因素进行周密审慎的分析，才能作出决定。

影响新产品销售渠道选择的主要因素有以下几个方面。

1. 市场因素

（1）市场的集中程度。市场比较集中，分布的市场范围不大，宜采取直接销售渠道，而市场分散，就需要较长的销售渠道，一般要委托中间商。

（2）市场潜力的大小。市场潜力大，预计购买此项新产品的潜在消费者多，销售规模大，就需要通过更多的中间商提供服务；反之，市场潜力小，消费者不多，企业直接销售也可胜任。

（3）消费者的购买频率。如果一个市场的消费者对某种新产品的购买频繁，每次购买量又不大，如服装、洗涤剂之类的消费品，宜选用中间商；消费者集中大批购买的产品，可直接销售。

（4）消费者的购买习惯。消费者购买日用消费品，都希望随时随地能买到，而购买特种或贵重商品，却愿意到处选购，或者要求到制造厂看样交货。这种不同的购买习惯决定了产品销售渠道的长短，企业选择中间商也要考虑当地消费者的购买习惯。

（5）竞争产品的销售渠道。新产品进入市场时，已存在同类产品的销售，在这种情况下，通常要争取与竞争产品相同的销售渠道，这样比较容易进入市场。除非十分必要并有把握，才可采用新的销售渠道。

2. 产品因素

（1）产品的价格高低。新产品的售价不高，或者采取薄利多销，一般来说销售渠道较长；产品售价越高，销售渠道越短。

（2）产品的复杂程度。产品技术复杂程度越高，越适宜选用较短的销售渠道。如电视机、冰箱、洗衣机等耐用消费品，应避免中间商层层转手，可以直接由零售商销售，也可以直接销售。有的新产品在销售前需要组装示范，还必须选择具有这种能力的中间商。

（3）产品的季节性和时令性。对季节性和时令性比较突出的产品都要求严格控制仓储，保证产品及时上市。一些鲜活、易腐的产品，其销售生命周期短，要求选择短渠道。一些流行产品时间要求高，要抓住市场时机，也不宜经过多层中间商。

（4）产品的标准化程度。新产品的标准化程度越高，销售面越广，通过的中间商会越多，销售渠道就越长。例如，服装、鞋以及各种通用的机械零配件等都有固定的规格，其销售市场很广，销售渠道较长是适宜的。

（5）产品的用途不同。有些新产品可以作为工业品，也可以作为消费品，如某些初级产品像建筑材料、五金产品等，当销售给工业用户时，可以直接销售；当销售给最终消费者时，销售渠道则要求长一些好。同一种产品视不同用途可以采取长短不同的多渠道。

3. 企业因素

（1）企业的销售能力。企业本身具备了足够的财力、销售机构和销售队伍，可以选择短渠道或者直接销售，因为自己销售要比经中间商销售见效快，又容易掌握市场动向；相反，如果不具备自销的能力，就只能依靠中间商了。

（2）企业的市场声誉。企业的市场声誉高，产品又畅销，可在市场上找有一定影响、有较强能力的中间商销售，既有利于销售，也易于控制。如果一家小厂把产品委托给很大的中间商销售，对方不一定为此努力，企业也无力控制。

（3）企业的产品结构。企业经营多种产品，新产品可以利用原有的销售渠道，通常是供应给零售商的一揽子销售。如果是企业专门研制的新产品，可以找有经验的批发商销售，有利于打开市场局面。

（4）企业的销售意图。企业有时要结合自己的销售意图来选择渠道。如果某些新产品的销售是为了创出牌子，树立企业信誉，可以自己销售，多做广告，待有了一定名气后，再选择中间商经销；如果希望某种新产品在零售市场上销售，打开知名度，也可采取较短的销售渠道。

以上提出了诸方面因素对选择新产品销售渠道的影响，在具体选择渠道时，要综合各方面的因素和条件，进行认真细致的研究分析。任何企业都希望为自己的新产品选择一个最佳的渠道方案。最佳就是以最少的流通费用，取得最大的利润，这也是企业选择销售渠道的基本出发点。当企业的新产品销售有几种渠道可供选择时，就要根据经济合理的原则，具体计算每一种方案的费用或风险，进行比较或实验，才能作出正确的决策。

（三）新产品销售渠道策略的运用

企业在选择和利用销售渠道推销自己的新产品方面，要注意具体策略的运用。在激烈竞争的市场上，一种新产品要做到畅销于市，绝不是一件容易的事情。利用现有的销售渠道，通过制造商—批发商—零售商的方式来销售新产品，也不乏成功案例，但在更多的情况下，还必须运用一些具体的策略和方法，才有可能获得成功。

1. 推式与拉式策略

从利用销售渠道的战略思想上划分，商品的销售策略可以认为只有两种基本的模式，即推式与拉式策略。这两种策略的主要区别就在于如何利用中间商，或者说让中间商扮演什么样的角色。

推式策略指企业把中间商作为主要推销对象，然后再通过中间商的推销活动，把产品销售出去。这是一种向前推进的方式，中间商处于主动销售的位置，发挥着主要的作用。在推式策略下，中间商担负着开拓市场需求的任务，它需要根据市场需求变化，调整市场销售组合因素，改进产品的包装，负责产品的售后服务等。企业主要依靠中间商的销售能力、经验和技巧来销售产品，在经济上必须保证中间商承担完全责任所应得的报酬，并在技术服务上要给予支持。虽然企业要付出较高的代价，但是可以减少企业的风险，保证产品的销售。推式策略的这一特点使之比较适用于工业品的市场销售。

拉式策略是指企业把最终消费者或用户作为主要推销对象，通过广告宣传和派人员销售等推销活动，广泛地影响消费者，吸引消费者购买本企业的产品，中间商只负责销售商品，处于被动地位。对企业来说，这是一种把消费者拉过来的方式。在拉式策略下，企业负担开拓市场需求的主要责任，要按照市场的需求变化修订销售计划，调整市场销售组合因素，或改变具体的销售方式等。企业虽然也利用了中间商，但决定产品能否销售出去的主要推销活动都是由企业自己承担的，因而企业要支付很高的广告和推销费，同时也承担着较大的风险。拉式策略的这一特点使之更多地适用于消费品的市场销售。

划分推式策略和拉式策略，有利于分析和了解中间商在市场销售策略中所起作用的变化，有利于企业正确选择中间商或销售渠道。这两种策略并不是对立的，只是强调的侧重点不同。一般来说，一个典型企业的市场销售策略也都包括这两方面的策略。

2. 一些具体销售渠道策略的运用

在新产品销售的实际活动中，市场销售策略的运用是具体的、多种多样的。下面就如何选择具体的销售渠道，介绍几种销售渠道策略的运用。

（1）广泛性的销售渠道策略。即通过较多的批发商和零售商在市场上进行密集型销售，使广大的消费者和潜在的消费者能有机会看到或购买到企业的产品。这种销售策略旨在确保新产品的广泛的市场范围，提高企业的销售额。例如，20世纪90年代，日本专门经销家用电器的商店有5万家，松下电器公司在其中3万家商店销售，同时公司本身还建立了2万家销售商店。松下公司在海外建立了分销公司约40个，在世界各国建立了极为广泛的销售网络。

（2）广泛性和控制性相结合的销售渠道策略。该策略既要利用尽可能多的中间商分销其产品，又要能控制中间商的销售活动，目的在于保证选用的销售渠道畅通无阻，保证产品质量信誉不受损害。例如，可口可乐公司的销售策略可算这方面的典型，它的产品畅销世界，在各国选择代理商、批发商，并授予特殊经营权，按合同规定，只许销售该公司的产品，各国的代理商、批发商都要从该公司进口浓缩原液，按统一配方、商标、包装来销售产品，可口可乐公司只取得浓缩液的利润，而代理商、批发商可取得全面销售利润。

（3）选择名牌产品的销售渠道进行销售的策略，也称“名牌扩展”策略。即当企业开发出新产品后，借用名牌产品的商标和销售渠道进行销售，这样可以满足消费者追求名牌的心理需求，可以培养新产品的名牌信誉，有利于迅速打开市场销路，保证新产品销售成功。例如，日本丰田汽车在世界上的知名度很高，该公司新开发出来的各种产品，包括建筑制品、机械产品、电子产品都借助已经建立起来的“丰田”信誉，利用原有的销售渠道进行销售。另外，某种新产品要打进国际市场，借用同类产品中的名牌产品的商标和销售渠道，这种销售策略也运用得较多。

（4）选择相关产品的销售渠道进行销售的策略。有些产品的用途是相互配套、相互联系的，一种新产品上市，可以选择某些有关产品现有的销售渠道，配套销售或相互促销。例如，美国达罗奇制药股份有限公司生产了一种婴儿用的抗菌素新药，命名为护肤净，该公司除利用药品经销商、药房和超级市场进行销售外，还利用美国尿布辅助设备商店协会的销售网络，通过这个机构销售人员的推销，千百万美国妇女都知道了该药品对杀菌和消除臭味的效用，于是这一新产品销路大开。

（5）选择专卖店经销的销售策略。这是在选择零售商方面一种有限制的策略，给零售商以销售某种产品的专利权，但是只许销售该公司的产品，不许兼营其他公司的产品。这种做法既可提高生产企业的信誉，创出名牌产品，又可提高零售商的信誉，增加销售利润额。例如，意大利班尼顿服装公司是一个全球性服装制造企业，它在全世界除自设分销店外，还有2 000多家专卖店遍布各国大城市。这些专卖店只能销售该公司的产品，必须遵循它的经营原则，如统一商店布置，任凭顾客接触和选择商品等。该公司每年都设计许多新款式、新花色的服装，通过这些专卖店销往各国。这种销售策略也是独家销售的一种形式。

(6) 独家有限制的销售策略。这种策略主要是利用“物以稀为贵”的消费心理，把产品销售人为地控制在“供不应求”的紧张状态。采用这种销售策略，只能以独家经营的形式出现，而且要严格控制分销店。例如，法国的路易威登公司（LV），一贯以奉行这种“匮乏战术”而闻名于世。这家公司在法国仅在巴黎和尼姆两市各设一家商店，在外国的分店也控制在 27 家，每天的销售量都严格限制，哪怕顾客的需求量再大，也不为之所动。这种销售策略维护了产品的信誉，刺激了消费者的心理需求，从而使该公司获得了巨大成功，但是这样做也给投机者带来可乘之机，高价转手，冒牌货到处可见。

上述具体销售渠道策略的运用，毫无疑问对搞好新产品的市场开发是非常重要的，而且是一项富有创新性的工作。

三、新产品定价的选择

（一）影响新产品定价的选择

在新产品的市场开发中，定价是关系到新产品市场营销是否成功的一个重要问题，是新产品进入市场的重要手段。

新产品定价往往需要综合考虑很多因素，主要因素有以下几项：

1. 目标市场和定位

新产品定价主要由对目标市场和定位的选择决定。一般来说，企业新产品目标市场和定位越清晰，定价就越容易。例如某游览车公司想要为富裕的消费者细分市场生产豪华的露营车，这一定位就意味着定价要高。

2. 消费需求

消费需求具体反映为市场销量的预测值，消费需求大多会对企业新产品的定价划定上限，同时，企业新产品的定价也将影响消费需求，不同的定价将产生不同的需求水平。在正常情况下，需求与价格成反比，即价格越高，需求越低，反之亦然。

3. 成本

如果说消费需求会对企业新产品定价划定上限，那么成本则对企业新产品定价划定下限。新产品成本包括研制生产成本和分销促销成本。每个企业都希望所确定的价格能回收新产品研制、生产、配送、销售的成本，还包括对其努力和风险的公平报酬。

4. 竞争者的价格和产品情况

竞争者的价格和产品情况应作为企业为产品定价的参考点。如果企业提供的产品与主要竞争者的产品相似，那么就要使本企业产品的定价接近竞争者产品的价格；如果本企业产品比较逊色，则本企业产品的价格就不能像竞争者一样高；如果本企业产品略胜一筹，则本企业的定价可高于竞争者的定价。

除上述四项因素外，影响新产品定价的因素还包括政府法规和其他营销组合要素等。

在综合考虑各种定价影响因素后，结合企业新产品的特点，就可以对新产品的定价目标、定价方法、定价策略作出正确的选择。

（二）新产品定价目标的确定

企业在确定新产品定价方法和策略之前，必须要有一定的定价目标。定价目标是采用定价策略和定价方法的依据。对于现代企业来说，新产品定价目标是多元的。在大多数情况下，一种产品的价格往往是几种定价目标相互作用的结果，有的企业可能会因强调某种目标而忽视其他目标。具体分析，新产品定价目标可分为下列几种：

1. 预期收益

追求预期收益或达到目标投资报酬是企业经常采用的一种定价目标。企业开发任何一种新产品都要付出必要的投资，尽快地收回投资是新产品投放市场要实现的基本目标之一，因此，在新产品开发中，企业就要规定投资收益率。有的企业会因新产品垄断性很强，或者因新产品竞争力很强，可把短期的预期收益率定得很高；有的企业为了防止潜在的竞争，也可将预期收益率定得较低。预期收益率的目标不一样，定价也就大不相同。

2. 稳定价格

对于在同类产品的市场竞争中居于主导地位的某些企业来说，为了避免竞争引起价格战，有时把稳定价格看作一个重要目标。在为新产品定价时，不是去考虑市场需求量的增减，而是考虑用什么样的价格才能抑制主要竞争对手的涨价或降价，尤其要防止降价。这种定价目标若能如预期实现，对实现企业的长远利润目标是有好处的。

3. 保持或改变市场占有率

新产品的市场占有率往往是衡量新产品能否打进目标市场的一个最重要的指标，它较之预期收益定价目标能更明确地指出企业的发展方向，也能更准确地估计新产品的竞争力。有的企业为了实现新产品占领某一目标市场，就把预定的市场占有率作为新产品定价目标，或者说，新产品定价应保证最有利于达到市场占有率的目标。一般来说，一个企业要扩大产品的市场占有率，其产品价格就要比竞争对手的产品价格更低廉，给予较多的折扣。

4. 预期销售额

在新产品投放市场以前，企业一般要在市场调查和预测的基础上，确定新产品在一定时期内的预期销售额。由于预期销售额关系到新产品的市场前途，关系到企业的发展方向，因此，不少企业都十分重视和追求预期销售额，把实现预期销售额作为新产品的定价目标。预期销售额有近期和远期之分，对新产品定价也有不同影响。

5. 适应或防止竞争

企业开发新产品的目的在很大程度上就是为参与市场竞争，因此，新产品的定价目标往往就是为了竞争。有的企业为了达到竞争目标，把新产品的价格定得很低，以阻止新的竞争者加入，或将现有的竞争者排除出市场，但能否实现这一目标，要看新产品是否具有真正的竞争优势。

6. 最大利润

以最大利润为定价目标是指企业希望获得最大限度的销售利润，这几乎是所有企业都追求的最终目标。企业的最终目标是获得长期而非短期的、全部产品而非单一产品的最大利润。一般来说，新产品刚上市，往往会有一段时间的亏损。把最大利润作为新产品的定价目标，就是要从长远考虑，从尽快打开新产品的销路出发，使新产品的定价有利于实现最大利润目标。

（三）新产品定价方法的选择

大多数工业企业对新产品的定价，可以说都存在两方面的选择：一是考虑生产成本；二是考虑实际需要。这两方面的利益有时是矛盾的，但又是企业决定产品定价的基本依据。通常可供企业选择的实用定价方法有以下几种：

1. 成本加成定价法

采用这种方法，简单来说，就是估算新产品的所有变动费用，合理分摊相应的固定费用，再加上常规的利润率。按照通俗的说法，就是在产品单位成本上加上一个百分比的毛利，此法简单易行，容易计算，应用比较广泛，特别是当新产品利用中间商进入市场时，这种方法更易通行。许多国家的出口商品多使用这种定价方法。计算公式为：

$$定价=\begin{matrix}制造\\成本\end{matrix}+\begin{matrix}产品\\研制费\end{matrix}+管理费+营业费+\begin{matrix}出口\\运费\end{matrix}+关税+\begin{matrix}中间商\\利润\end{matrix}+\begin{matrix}利润\\津贴\end{matrix}$$

产品从制造商转到零售商手中，要层层加成，制造商加成的毛利较低，零售商加成的毛利较高。

2. 变动成本定价法

变动成本定价法也称边际成本定价法。这种方法不计算产品的固定成本，只计算产品的变动成本。根据产品的收益和变动成本的差额来确定产品的边际贡献。例如，某一新产品的单位售价为 10 元，销售量为 1 万个单位，其收益为 10 万元，若这种产品的变动成本为 6 万元，其边际贡献就等于 4 万元（10－6）。这种定价法表明企业所追求的是边际贡献，用以弥补产品成本的支出和获得一部分利润。

一般来说，生产多类产品或多品种产品的企业，开发出某种新产品，要计算总成本的分摊比较困难，而且总成本的支出，即使不开发新产品也是存在的。因此，许多企业为了加强新产品的市场竞争能力，只计算变动成本，不计算固定成本，使新产品的成本降低很多，定价的伸缩性也就增大。新产品占领市场后再提高价格，也能获得更多的利润。

3. 收支平衡定价法

这种定价方法是在企业已经计算出某一新产品的固定成本和单位产品的可变成本的基础上采用的。它的定价原则是考虑确定什么样的价格水平、企业产品的产量要达到多少才能使收支平衡。在一定价格条件下使收支平衡的产品产量，实际上是产品的盈亏临界量，只有超过这个产量，企业才能盈利。

例如，某企业的一种新产品的固定成本为 4 万元，每件产品的平均可变成本为 20 元，求出在不同定价条件下收支平衡点的产量是多少。计算盈亏临界量的公式为：

$$盈亏临界量=\frac{固定成本}{单价-平均可变成本}$$

如果把新产品单价定为 40 元，其收支平衡点的产量为：

产量＝40 000/（40－20）＝2 000（件）

如果把新产品单价定为 60 元，其收支平衡点的产量为：

产量＝40 000/（60－20）＝1 000（件）

这就是说，这一新产品定价为 40 元时，产量要达到 2 000 件以上才可以获得利润；定价为 60 元时，产品只要达到 1 000 件以上就可以获得利润。

采用这一定价法，只考虑了在什么样的价格下，相应达到多少件产量以上才能使企业获利，并没有考虑在这种价格条件下，这些产品能否销售出去。

4. 需求定价法

这种定价方法是按新产品对消费者的价值或需求程度，而不是按产品的成本定价。特别是某些产品的经济效益很好，但成本不高，往往不按产品成本而是按照市场的需求程度定价。一些新型的工艺品或特制的新产品，大都采用这种定价方法。

需求定价法的另一种形式为差别定价法，即对单位成本相同的产品，当需求价值高时，价格可以定得高些；当需求价值低时，价格可以定得低些。一种新产品对消费者的需求价值完全取决于消费者需求程度。例如一种新药品对不需要的消费者等于没有价值，而对急于用这种新药救命的消费者，可以说价值连城。要确定一种新产品对消费者的价值，必须对新产品的需求市场进行细分，按细分市场所显示的需求强度的不同，再对不同需求的消费者定价。这里的情况是很复杂的，除了消费者本身的收入差别、对产品的爱好差别外，产品式样的差别和销售时间、场所的差别，也对定价产生影响。采用这一方法，一定要防止同一产品在不同细分市场之间的转移，防止引起消费者的不满。

5. 零售价格定价法

这种方法与成本加成定价法相比，具有相反的计算程序或性质。它首先根据市场的需求找到最有销路的产品零售价，然后按所选择的销售渠道，层层扣除加成的毛利，就可推算出出厂价，再定出企业的目标成本，并据此降低成本，以适应市场的竞争。例如，某生产商的一种新产品，根据市场调查得知零售价为150元较为合适，按零售价扣除层层毛利，可推算出出厂价。如果按成本加成法，亦按确定的毛利计算，可算出零售价。

两种定价方法的比较如表7—1所示。

表7—1　零售价格定价法与成本加成定价法比较

销售渠道	加成（%）	按零售价格定价（元）	按成本加成定价（元）
生产商		96.20	100
		↑	↓
代理商	5	101.01	105
		↑	↓
批发商	10	111.11	115.5
		↑	↓
零售商	35	150	155.93

（四）新产品定价策略及其运用

新产品价格的确定，不仅是一个方法问题，也是一种策略，一种艺术，它既要从企业的各种定价目标出发，又要考虑市场供求关系、产品成本、需求价值、竞争因素以及价格与市场营销组合中其他因素的相互关系和作用。因此，确定新产品的价格策略，不存在一成不变的模式，要善于根据新产品和市场因素的变化采取不同的价格策略。

1. 撇脂价格策略与渗透价格策略

企业可以采用的定价策略有很多，但对新产品来说，采用最多的是撇脂价格策略和渗透价格策略。这是两种相反的定价策略，都可以在产品生命周期开始阶段采用。

（1）撇脂价格策略，指在产品一开始上市就将价格定得很高，其目的在于尽可能在新产品生命周期的早期阶段就收回开发新产品的投资，并赚取最大利润；然后在生命周期发展过程中考虑到竞争者终将进入市场及其他情况，再逐步降低价格，以吸引更多的消费者。

新产品上市时采用撇脂价格策略的优点是：

1）新产品刚上市时，需求弹性小，竞争不明显，或独此一家，以偏高的价格刺激消费者，容易产生产品高档的印象，有利于扩大销路。

2）开始先定高价，然后逐步降价，可以迎合消费者的心理需求；反之，要纠正偏低的价格，则容易影响市场销路。

3）高价所获利润可以立即用于扩大市场销路。

4）高价可抑制市场的发展速度，可使企业的生产能力足以应付需求，不致出现脱产脱销的情况，影响商誉。

（2）渗透价格策略，指在一开始就将价格定得较低，其目的在于要获得最高的销售额与最大的市场占有率，以便较早地取得市场支配地位。从一开始进入市场就防止潜在竞争者的进入。采取这种定价策略，要通过细致的市场调研，摸清产品需求曲线的状况，使新产品能够在整个生命周期中保持在低价、畅销的水平上。

渗透价格策略的优点是：

1）采取这种价格策略可以迅速打开销路，增加销售量。

2）销售量迅速增加，可以使新产品的生产成本与销售费用降低。

3）通过扩大市场占有率，可以实现较大规模的经济效益，争取长期稳定的利润。

4）从一开始就以低价来阻止竞争，可以使竞争者望而却步，以利于企业控制市场。

2. 价格与促销配合的策略运用

在新产品的市场开发中，价格策略虽然很重要，但它并不是独立地起作用，而是要和市场营销组合中的其他因素相配合，才能有效地发挥价格策略的作用。除产品定价策略外，可以把营销组合的其他因素归结为企业的促销努力，有两种相反的策略：一是高代价促销努力，其目的是迅速打开市场局面，提高市场占有率；二是低代价促销努力，其目的是尽可能降低销售成本，争取更多的销售利润。如果把两种定价策略与两种促销策略相配合，就会出现四种市场销售策略（见图 7—8）。

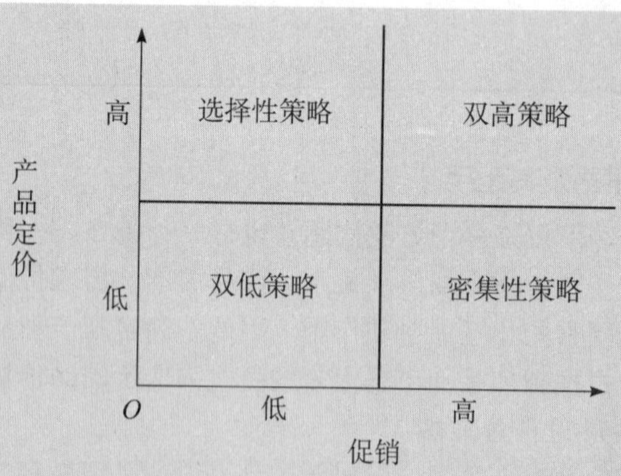

图 7—8　四种可供选择的销售策略

（1）双高策略。即以高价格与高度的促销努力相配合的销售策略。采用这种策略是为了把新产品迅速打进市场，并力求尽快获得最大利润。选择这一销售策略，新产品进入的市场一般具有以下特点：

1）新产品进入的是一个新市场，潜在的消费者比较多，市场规模比较大。

2）许多人对新产品的优越性还不知晓，已经试用过的消费者反映良好。

3）新产品有独特的优点，消费者愿意支付新产品所要求的高价。

4）市场面临着可能有潜在竞争对手进入的情况，等等。

（2）选择性策略。即以高价格与低促销努力相配合的销售策略。采用这一策略是为了充分利用产品的竞争优势，尽可能降低销售费用，增加销售利润。选择这一销售策略，新产品进入的市场一般具有以下特点：

1）新产品的销售对象主要是高收入阶层或具有特殊需求的消费者，市场规模较小。

2）消费者比较了解这种新产品的性能、价值，或新产品已具有较高的信誉。

3）新产品具有某种特殊功能或效用，能满足某些消费者的特殊需求，因而消费者愿意以高价购买。

4）市场无竞争者，或在竞争中占有绝对的优势等。

（3）密集性策略。即以低价格与高度的促销努力相配合的销售策略。采用这种策略是为了迅速占领市场，争取最高的销售量和市场占有率，并保持市场竞争优势。选择这一销售策略，新产品进入的市场一般具有以下特点：

1）新产品进入的是全新的市场，市场范围比较大，潜在的消费者比较多。

2）消费者对新产品表现出购买的兴趣，但对产品的质量、用途不甚了解，不太放心，还需要观察、等待。

3）新产品的成本比较低，其价格适合消费者的购买力和心理需求，能够给消费者以物美价廉的印象。

4）具有较大的竞争优势，但是面临较多的潜在竞争者等。

（4）双低策略。即以低价格与低促销努力相配合的销售策略。采取这一策略是为了利用企业的信誉和原有的销售渠道推出新产品并迅速占领市场，增加更多的利润。选择这一销售策略，新产品进入的市场具有以下特点：

1）新产品需求价格的弹性很大，促销努力的弹性则较小。

2）市场的渗透领域较大，消费者现有或潜在的需求量也较大。

3）新产品的销售利用了企业的声誉以及原有产品的品牌和销售渠道，已在消费者中产生了吸引力。

4）市场竞争不明显，或者缺乏有力的竞争者，等等。

以上四种类型的市场销售策略，一般是在企业运用新产品价格策略的条件下，配合促销努力的措施形成的，也就是在对市场营销组合因素综合的基础上产生的，因而对新产品的市场开发是极为重要的。市场销售策略是多环节、多方面的，一种新产品进入市场，其市场的开发活动是不能停顿的，企业必须依据市场环境的变化和产品的竞争状况，不断地采用或改变市场销售策略，才能够实现新产品市场开发的最终目标。

思考题

请就你熟悉的或者感兴趣的具体品牌，分析其近期的新产品营销组合策略。

第8章

新产品市场开发

新产品的市场开发，包括新产品市场试销、销售预测以及批量试生产和上市，是新产品商品化实施的三个具体步骤。

新产品市场试销的作用是检验新产品是否达到预期目标，用来考察所制定的营销组合是否合适。

新产品销售预测是通过调查，采用合适的预测方法，对新产品的市场潜量、销售潜量以及销售预测值作出定性、定量分析，以确保新产品上市成功。

新产品批量试生产和上市是按事先制定的上市营销计划，积极组织满负荷生产，大力推销，稳步、大胆地开拓市场和占领市场。

第1节　新产品市场试销

新产品市场试销，又称新产品市场试验，是对新产品商品化的种种决策是否符合实际情况的测试。这一步骤对许多新产品是十分必要的，但不是所有的新产品都需要经过这一步骤，有些新产品在样品开发完成后，就可直接进行产品组合决策、批量试生产和上市。

新产品市场试销的工作程序是：试销与否的决策⟶试销市场与试销技术的选择⟶试销过程的控制⟶试销信息资料的收集和分析。

一、试销与否的决策

为了正确地处理新产品试销与否的决策问题，有必要分析一下新产品试销的利弊。

1. 进行新产品市场试销的好处

（1）试销可以保证新产品大规模投放市场时有较大的安全性。

（2）试销给管理人员为新产品拟定市场营销组合提供了一个“实验室”，可对不同市场营销组合方案进行比较，选出最优方案。

（3）通过试销可以实际了解消费者类型、态度，以及和竞争产品的比较结果。由此可以帮助企业修正目标市场，估计销售水平，并为选择的包装、品牌、售前售后服务、广告、渠道等提供修改意见。

（4）试销中可以发现产品的缺陷，以便及时改进。

2. 进行新产品市场试销的缺点

试销的缺点也不能忽视：

（1）试销成功并不意味着以后的市场销售就一定成功，这主要是因为消费者的心理和习惯不易准确估计，且竞争情况复杂多变，经济形势难以预料，等等。

（2）试销的费用和时间占用是可观的。据美国20世纪90年代的资料，一个要推向全国市场的新产品，在两个城市市场试销，要花费25万美元，试销占用的时间可达半年至一年之久。

（3）试销期间给竞争者提供了发现试销企业计划的机会。竞争对手有可能监测试销企业的试验，窃取试验成果，以此迅速发展起它们的新产品，或制定出竞争对策。

因此，对一种新产品是否进行试销，一定要谨慎从事。

3. 新产品试销应考虑的问题

在实际工作中，具体考虑一种新产品是否试销，一般应当考察以下四个方面的问题：

（1）企业应当将该产品失败可能造成的风险和耗费与成功的盈利能力和目标利润两方面进行比较。如果风险不大，耗费又低，则无须市场试销，即可全面投放市场。

（2）该产品大量进入市场，需要相应的管理技术，如果为此的投资远远超过试销的投资，将是进行试销的一个很好的理由，因为从试销中可以学到这些技术，并积累经验。

（3）通过考虑试销的利弊来决策。

（4）通过考虑占用销售力量的规模和时间、广告设计的需要，以及该产品失败可能给企业声誉带来的负面影响来决定试销与否。

下面举一个运用决策树方法具体确定是否试销的例子（见图8—1）。

例如，有一种新产品已完成了中期开发任务。如果不试销，直接投放市场，则成功后可能盈利1 000万元；如果产品投放后失败，则可能损失500万元。如果试销后投放市场成功，则可能盈利1 050万元，试销费用为100万元。试销成功或失败，试销后投放市场成功或失败，以及不试销就投放市场成功或失败的概率见图8—1中圆括号内的数字。图中方块（□）代表决策者的决策点，箭头（→）代表采取的决策方向，圆圈（○）代表决策的期望收益的计算点，最右边的一列数字是各种决策下的收益，如第一个“9.5”即950万元，表示进行试销并且结果好，投放成功的收益为10.5－1.0＝9.5（百万元）。

根据各种决策下的收益和给定概率，可求出各期望收益值，即图8—1中各圆圈上方括号（[ ]）中的数字（如－4.45＝9.5×0.1＋（－6）×0.9）。决策者总是取期望值大者作为决策方向，由此，得到最佳决策——进行试销，并且结果好时就投放市场，结果不好时就放弃。

通常对尚无直接替代的产品门类（主要是工业品），市场试销特别重要，因为消费者无从比较，不易认识产品的优越性。如果新产品的定价高于同类竞争产品，或者在包装和渠道方面另辟新途径，或者采用一种新的销售方法，试销是必要的。有的新产品由于其生产过程的特点，不可能试销。例如，汽车制造商为一种新车的小规模试制也必须投入巨大的资金用于调整生产线或建立新车间，在这种情况下企业就只有依赖更准确的前期试验和市场调查，同时要准备承担更大的风险。

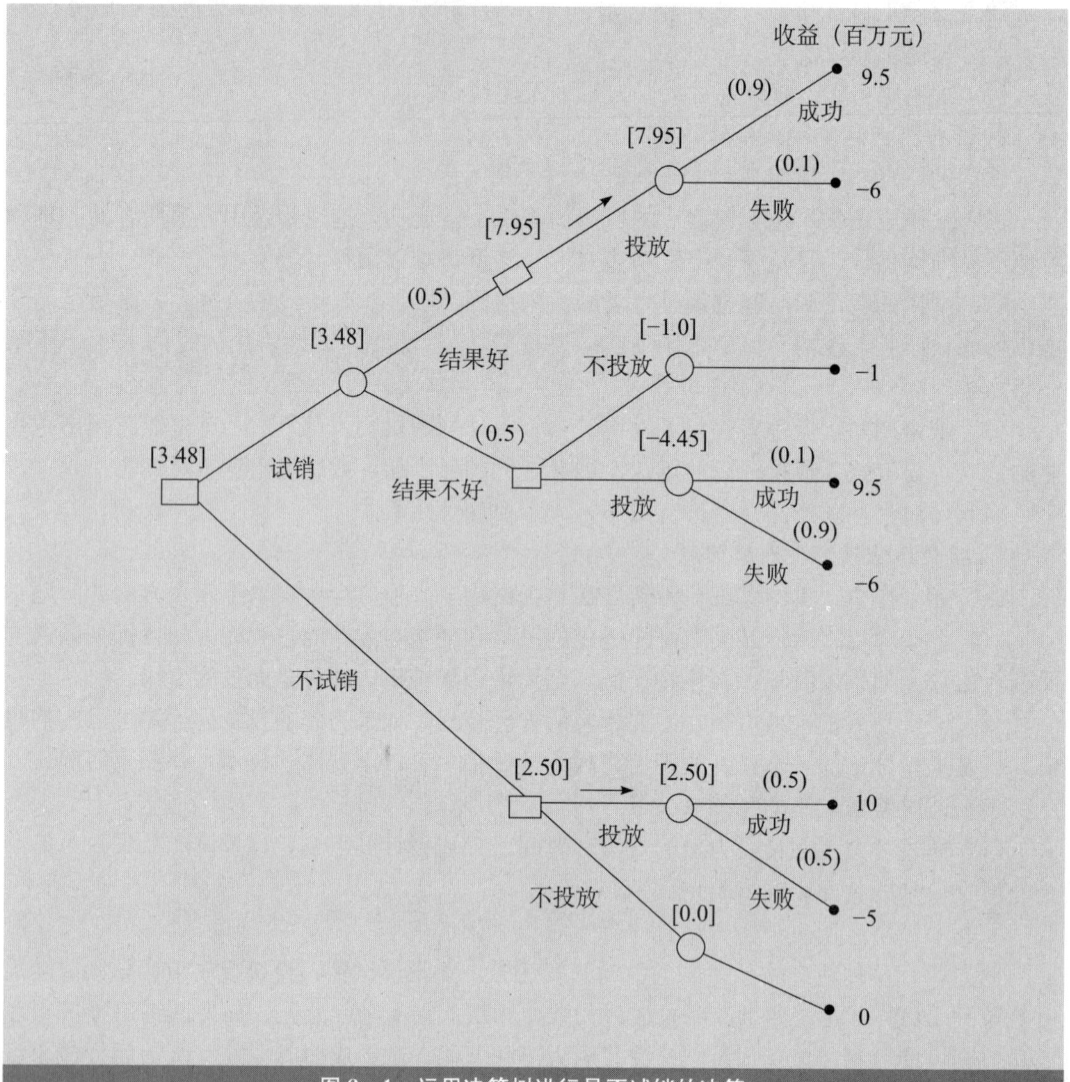

图 8—1 运用决策树进行是否试销的决策

二、试销市场的选择

当一种新产品决定进行试销，就必须认真地设计试销条件，使所选择的试销市场在广告、分销、竞争和产品使用等方面与目标市场的条件尽可能接近。实际上许多企业往往先拟定自己的全面投放阶段所需的营销计划，包括广告、销售力量组成、分销机构等，然后按缩小的规模来设计试销计划。

对于试销市场的选择，重要的是考虑寻找在人口上能代表某国或某地区市场的试验城市。这通常要考虑生活水平、购买能力、人口规模、文化状况等因素，还要考虑消费习惯等心理因素。

例如在美国，市场销售研究者发现，居住在沿海城市的人，对新产品往往都能迅速接受，但居住在中西部的人似乎对大多数新产品都拒绝接受。因此，研究者认为，既非沿海城市又非中西部城市的中间城市是理想的试验市场。

为了在选择试验市场时防止遗漏，应考虑的要点如表 8—1 所示，它提供了一种有用的检查形式。

表 8—1　　试验市场选择要点检核表

标准	相对优越性			
1. 一般方面	好	一般	差	不能用
（1）对总体的代表性 （2）家庭类型、人口和年龄组 （3）新产品的销售潜量 （4）是否适合雇员的专长 （5）向其他地区的渗透程度				
2. 产品方面	好	一般	差	不能用
（1）销售期间的稳定性 （2）产品品种的销售数量 （3）产品品种的销售潜力				
3. 营销组合方面	好	一般	差	不能用
（1）批发渠道 （2）零售渠道的类型和数量 （3）广告媒介的代表性 （4）现有媒体的可利用程度				
4. 控制方面	好	一般	差	不能用
（1）商业合作程度 （2）公司对试验的控制能力				

关于试验市场的规模，很重要的是保证零售商和批发商的数目能代表市场总体。由于市场营销技能的熟练程度在不同类型的商店之间有很大的差异，所以这一点特别重要。确定零售商店数量的公式如下：

$$n=\frac{\left(\frac{t\delta}{d}\right)^2}{1+\frac{1}{N}\left(\frac{t\delta}{d}\right)^2}$$

式中：n——所需试销零售商店数；

t——由事先选定试销结果的信任程度所确定的值，对 68%的信任度 $t=1.65$，对 95%的信任度 $t=1.96$；

d——以某一类似产品的平均销售量为基础确定的误差界限；

δ——上述类似产品的平均销售量的标准偏差；

N——试销城市中的商店总数。

例如，克利斯玩具公司估计成人游戏机“标准弹劾游戏机”的试销零售店数量，在两年前成人游戏机销售中，全部商店的平均销售量为 4.3 台，标准偏差为 2.24，出售该新产品的商店将有 204 个，克利斯的管理部门要求那些被选中的试销商店有 95%的销售把握，10%的误差。由此可知 $t=1.96$，$\delta=2.24$，$d=4.3\times0.1=0.43$，$N=204$，则

$$n=\frac{\left(\frac{1.96\times 2.24}{0.43}\right)^2}{1+\frac{1}{204}\left(\frac{1.96\times 2.24}{0.43}\right)^2}=69$$

三、试销技术的选择

一般来说，常用的消费品的推销技术都可用于消费品的试销，诸如人员推销、邮寄产品介绍、展销、附在商品上赠券以及培训中间商等，此外还可选用一些专用于消费品新产品试销的技术。下面介绍几种成本从小到大的不同的试销技术。

1. 销售额波动研究试销

在销售额波动研究试销时，要向最初免费试用产品的消费者以略低的价格再次提供该产品和某竞争者的产品，可以向他们再提供该产品 3～5 次（销售额波动），企业要注意有多少消费者再次选购了本企业的产品，以及他们的满意程度。

销售额波动研究试销还可通过向消费者展示一个或几个粗略的广告概念，以发现广告对重复购买有何影响。

销售额波动研究试销的优点是：

（1）能使企业估计消费者用自己的钱在本企业新产品和竞争产品之间进行选择后对本企业新产品的重复购买率。

（2）能测量出不同广告概念对引起重复购买的效果。

（3）可以迅速展开试销，可在竞争局面相对安全的条件下进行。

（4）可在不需要包装和广告完全定型的情况下完成。

但是，由于消费者是被预先确定试用该产品的，销售额波动研究不能表明在不同促销手段下所获得的试用率，即不能表明在商业领域和有利货架位置等条件下的试用率。

2. 购物实验室试销

购物实验室试销要求找 30～40 个顾客（在购物中心或其他地点），请他们看一些简短的电视商业广告，其中有些是熟悉的广告，有些是新的广告，这些广告涉及多种产品，其中包括宣传该新产品的广告，但并不作特殊的介绍来引起顾客特别的注意。接着向这些顾客提供少量的钱用来购买任何产品，或什么都不买，企业则记录有多少顾客购买了该新产品或竞争产品。这从另一个角度可以衡量出在本企业和竞争者商业广告对比条件下，广告引起顾客试用的相对有效性。最后把顾客再次召集起来，请他们回答为何购买和为何不购买的原因。若干星期后，对这些顾客再次进行电话访问，以确定他们对新产品的态度、使用情况、满意状况和再次购买的意向，并向他们提供再次购买任何产品的机会。

这一方法有下面几个优点：

（1）可以衡量广告有效性和试用率（试用延续下去的话，就成了重复购买率）。

（2）可以迅速见效，能安全地展开竞争。

（3）试销结果通常编入数学模型，以预测最终的销售额水平。

通常营销调研公司可以提供这类购物实验室试销服务。

3. 控制性试销

企业采用控制性试销，通常雇用调研公司选定一组受控制的零售商，订立“租用”货架出售新产品的合同。调研公司按照预定计划，将新产品送至选定的商店，并控制货架位置、装饰物用量、陈列以及购物现场的促销手段和定价等。通过货架上新产品销售情况和消费者购买记录来审核销售结果。在控制性试销期间，企业可尝试在地方性报纸上作少量广告宣传，还可选择一些消费者面谈，收集他们对产品的印象。

控制性试销的优点是：

(1) 能较快地估计出未来销售量。

(2) 可测试出商店内各种促销因素和有限的广告宣传对消费者购买行为的影响。

(3) 企业不必自己雇用销售人员，不必向零售商提供贸易优惠条件，零售商也不会因怕担风险而拒绝新产品。

(4) 试销费用较低。

但是，这种试销不包括企业说服零售商经营新产品的挑战性任务，而且这种试销还容易把试销产品暴露在竞争对手面前。

4. 试验市场试销

企业通常和外界的调研公司合作，选定少数有代表性的试验城市。在这些城市中，企业的推销人员将努力说服零售商，使他们接受新产品的推销任务，并将新产品很好地在货架上陈列出来。在这些试验市场中，企业将大力推出广告和开展促销活动，其做法与全国营销相似，这等于是实施企业全部营销计划的一次演习。企业新产品管理部门要对试验城市的数量、在哪些城市试验、试验期多长、收集哪些信息、采取哪些促销行动等作出各种决策并实施。

试验市场试销的优点是：

(1) 可获得比较可信的未来销售额预测数。若新产品销售额在试验市场中低于目标水平，企业必须放弃或修改这一新产品及其营销计划。

(2) 可测试预先制定好的不同的营销计划，从中选出最佳营销计划。

(3) 可以发现在产品研制阶段未能注意到的产品缺陷。

(4) 可以发现分销方面的问题。

(5) 可较透彻地了解不同细分市场的消费者行为。

但是，试验市场试销的时间长、费用大，有难以保密的缺点。

上述种种新的消费品的试销技术，并不都适合于工业品的市场试销。

新的工业品一般要在实验室内经历广泛的产品测试，以衡量其功能、可靠性和使用成本。新产品测试有了满意的结果后，不少企业就将该新产品列入产品目录并交给销售人员上市。目前越来越多的企业把市场试销作为一个中间步骤，因为市场试销可以弄清在实际使用条件下产品的功能，了解哪些是影响购买的关键因素，了解不同的价格和不同的销售方法对购买的影响大小，还可以弄清市场销量和最佳的细分市场。

工业品常用的试销方法是产品使用测试。这一方法与消费品购物实验室试销相类似，企业选择一些潜在用户，让他们在限定的时间内使用新产品，生产企业的技术人员观察这些用户如何使用产品，通过使用产品往往会暴露出未曾预料到的产品安全和服务方面的问题，这为生产企业提供了有关用户培训和服务要求的线索。产品使用测试后，要求用户讲述其购买目的和使用感受。

工业品的另一个市场测试方法是在商业展览会上介绍新的工业品。在这里生产企业可了解到购买者对新产品的兴趣有多大，他们对各种各样的产品特色和购买条件反应如何，以及有多少用户有购买意向或订了货。商业展览会的缺点是将新产品暴露给了竞争对手。

此外，一些工业品生产企业运用控制性试销技术，把一定限量的产品交给销售人员在限定地区出售，并向他们提供促销方面的帮助和打印好的产品目录等。通过这一方法，新产品管理部门可以知道在整体性营销的条件下可能发生的情况，可在充分掌握信息的基础上制定有关新产品上市的决策。

四、试销过程的控制

新产品试销是一项费用大、占用时间长的工作，尤其是要获得较可信的结果而采用试验市场试销时更是如此。因此，要想减少成本，尽快结束试销，必须有一个良好的试销控制系统。

1. 新产品试销控制过程

控制是指管理人员采取必要的措施，逐步把试验结果引向所期望的方向，为新产品上市决策提供依据。为此所需的控制过程和具体方法如图 8—2 所示。

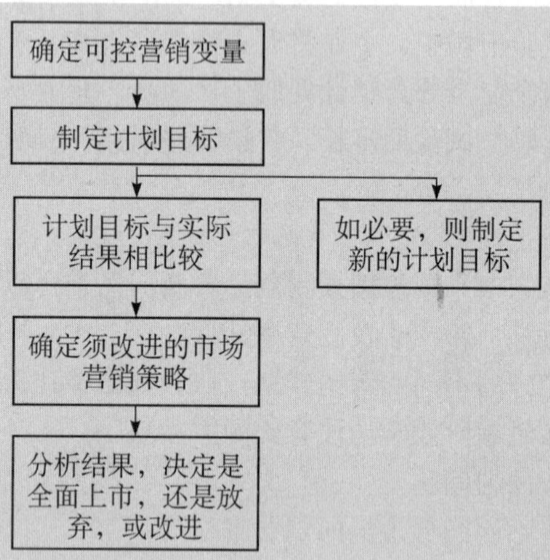

图 8—2　新产品试销控制过程

2. 新产品试销管理人员的任务

根据图 8—2 中的程序，新产品试销管理人员的任务如下：

（1）确定可控营销变量。如营销费用、分销网密度、促销强度、人员能力、消费者感知程度等变量，都是企业可控制的因素。此外，对竞争活动等因素也应制定出监测方案。

（2）制定计划目标。针对若干可以量化的项目，制定出期望达到的目标数字。根据计划中的试销期限，分出几个期间。在新产品导入期这一关键阶段，监测的期间应当短些，每月或每季度进行一次。例如，新产品投入试验市场 3 个月内达到 3%的市场份额，6 个月内达到 8%的市场份额。然后，根据这些目标拟定出具体的市场营销方案。

（3）计划目标与实际结果的定量比较。即对市场营销领域在两个监测期间所达到的目标和实际执行的结果进行比较，并列出各领域管理人员所作出的改进策略。表 8—2 是控制系统运行的一个例子。

表8—2 试销控制过程

目标	3个月			6个月		
	计划目标	实际结果	改进策略	计划目标	实际结果	改进策略
1. 市场份额达到8%	3%	2%	把广告费用增加至销售额的5%	8%	6%	高的感知度和低的市场份额，可能说明产品性能差，设法改进产品设计
2. 零售分销密度达到20%	12%	10%	增大零售量，广泛分销，与批发商多订合同	20%	15%	可能是产品在零售店内未受重视，继续改进与零售商的关系
3. 目标市场感知程度达到50%	30%	25%	加强广告对目标市场的吸引力	50%	60%	继续强调广告的感知度，并加强产品的使用说明
4. 使营销成本不超过销售额的50%	60%	60%	在增加广告开支和增加销售额的同时尽量接近成本的控制目标	50%	60%	找出营销费用高的项目，制定提高效益、紧缩营销开支的控制计划

各项计划目标之间的关系是密切的，往往需要经过综合分析，才能找到改进的途径。例如，对于前3个月中市场份额低的原因，可以解释为分销水平低和消费者对产品感知度不够，还应注意到，在市场营销计划中某一项的改变，可能对市场营销组合内各变量所产生的影响。像加强广告宣传，可能导致更密集的分销网，刺激消费者更多地重复购买和支持较高定价等。

（4）制定改进策略。市场试销管理人员要随时根据试销情况发现问题，制定改进营销方法的策略。这就需要他们具有良好的市场调研能力，善于收集市场信息，分析和处理各种情报资料，找出关键问题并提出改进措施。

（5）修正计划目标。因为经营环境总是在不断地变化，所以计划目标不可能固定不变。这样控制系统的管理人员就不仅要按照预期目标衡量和评价实际执行情况，还必须正确地修正计划目标，以适应经营环境的变化。

（6）在规定的下一期内测定实际结果并与计划目标相比较。即在完成了一阶段（如前3个月）的试销任务后，进入下一个试销阶段，运用经过修正的市场营销策略和计划目标，直到计划的试销期末，或者得到了预期的结果，提前结束试销。

（7）决定新产品命运。根据试销的结果，决定新产品或者正式上市，或者放弃，或者进一步改进。

3. 新产品试销控制任务中的重点

为了保证完成试销控制任务，管理人员必须集中力量抓住重点。一般认为，重点有以下几个：

（1）促销宣传的效果。新产品试销过程中，大量的广告宣传和一些其他促销宣传是必不可少的。试销管理人员的任务是要注意检查这些促销宣传的效果，以便发现问题，及时修改市场营销策略。

（2）试销成本。在试销期间，由于小批量生产而无法利用规模经济带来的损失和大量的市场调研、广告宣传费用，新产品利润通常都是负值。要尽快摆脱这种状况，增大销售量是主要的办法，但控制试销成本也是不容忽视的方面。经验表明，完成一次市场试验的费用的分摊情况大体是：市场调研占 45%，生产占 15%，包装设计占 6%，广告和促销占 30%，分销占 4%。这是一般消费品市场试验的平均数字。如果是工业品，调研和广告所占的比例要低一些。

（3）试销计划目标。计划目标的制定要根据目标市场的状况和企业自身的营销能力。例如，市场份额标准要考虑到目标市场的销售潜力和竞争的变化，而营销费用标准要考虑产品的制造、分销渠道、与中间商的关系、广告媒体的有效性等多种因素。

计划目标除要有定量的要求外，还应要求定量合理。例如，新产品销售达到预期增长率，该产品被认为是成功的，可是如果这一增长率低于同期的行业增长率，那么这个目标就不够合理，还意味着该产品或产品组合并不成功。

（4）时间。控制试销时间，使其尽可能短，是新产品成功的一个关键。这是因为：

1）产品寿命周期日益缩短。这使生产企业需要连续不断地推出新产品，缩短试销时间。

2）竞争的压力。这是由于竞争对手会在试销期间了解到这种新产品，或制定营销对策来对抗这种新产品。

同样由于上述原因，有的企业集中于新产品概念测试和使用试验，并用模拟法计算出销售预测值，越过试销阶段而直接上市。如果市场试销时间过短，全面的销售战略可能就会建立在不准确、不完整、没有说服力的数据基础上。因此，试销中应尽量使计划制定、人员安排、产品生产、广告设计、信息收集和分析以及决策等项管理工作尽快完成，从而争取到大量的时间。

五、试销信息资料的收集和分析

1. 试销信息资料的收集

在新产品试销中，信息资料的收集是有目的、有计划地进行的。新产品销售出去以后，新产品在什么样的条件下消费或使用？消费者（用户）是否满意？还有什么不满意或改进的意见？有什么潜在的需要？等等。这些都需要深入地了解。一般可采取信息追踪的方法，信息追踪可以获取的信息资料具有以下特征：

（1）针对性。选择信息追踪的对象要有目的、有针对性。不同类型的消费者（用户）都具有一定的代表性，对他们进行有目的的追踪调查，不仅所取得的信息资料真实、具体和可靠，而且信息的利用有明确的目标，有利于迅速作出决策。

（2）系统性。市场本身是一个复杂多变的系统，新产品进入市场试销，通过信息追踪可以取得新产品市场销售的系统信息资料，或者从市场系统的需求变化出发，经过多源头、多通道的信息追踪，取得新产品在同一时期适应市场各种变化的信息。这样取得的信息内容完整，来源广泛，又具有内在联系，据此作出的市场决策就可以避免失误。

（3）全程性。一般来说信息追踪对新产品的消费者（用户）都要建立信息资料档案或信息卡片，记录从新产品的购买、使用、购买后的感受，到重复购买或完全废弃这一全过程的情况。这种全程性的信息收集对于科学地分析新产品的销售前景、市场需求变化趋势以及相应采取的市场决策，都具有重要作用。

2. 试销信息资料的分析

在新产品的试销中，信息资料收集的方法、途径是多种多样的，其用途也是多方面的。一次真正的市场试销，企业能够获得的信息资料很多，可以概括如下：

（1）新产品试销期间的销售量及市场占有率。

（2）消费者对新产品的试用率与重购率。

（3）不同类型消费者的购买频率。

（4）消费者对新产品本身及其性能的反应。

（5）消费者对新产品的各种不同价格的反应。

（6）估计在不同价格下的市场潜力和盈利性。

（7）鉴别影响购买或不购买的主要原因。

（8）确定可行的销售方法和推广技术。

（9）消费者对新产品使用的各种保证、维修和服务项目的反应。

（10）评定消除新产品的销售障碍的可能性。

新产品的试销一般是无利润可言的，试销所花费的成本要与所获得的信息资料的价值相匹配。如果试销花费很大，而取得的信息资料没有多大价值，是很不值得的。因此，新产品试销对象、抽样数和试销时间的长短，还要视信息资料的成本和价值而定。

根据试销信息资料综合分析，就可作出新产品是否全面上市或怎样上市的决策。通常情况下，如果试销结果良好，就应该决定新产品迅速、全面地上市；如果试销结果平平，就应根据实际情况，从若干方案中选择一种方案，一般选择再安排一次试销；如果试销结果不好，也要从多种方案中选择一种方案，但以停止上市为好。新产品试销后可供选择的各种决策方案如图8—3所示。

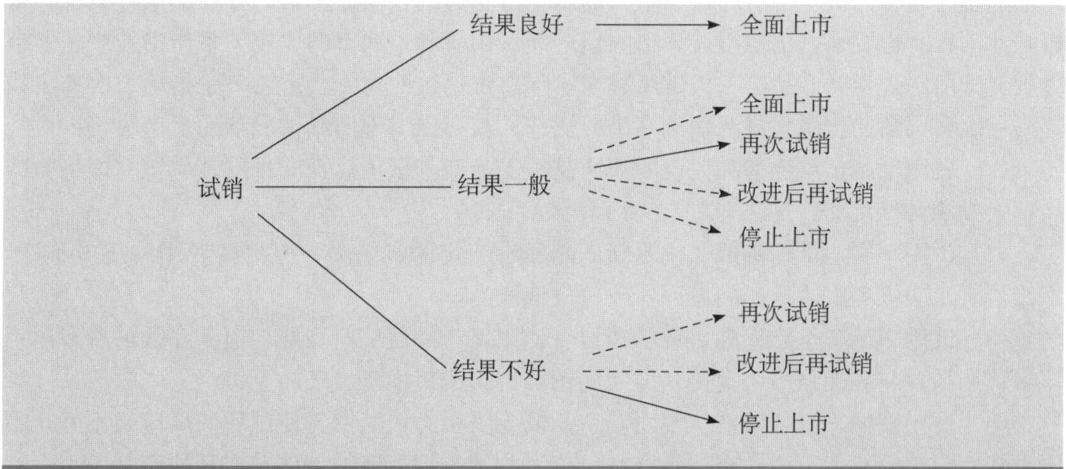

图8—3 新产品试销后可能采取的决策方案

表8—3是一个新产品保留指数表，它能够提供一个定量的决策依据。

将全部*WR*加总就得到产品保留指数，指数越低，放弃的理由就越充分。新产品管理人员应该确定一个保留指数的最低值，低于该值的产品就应放弃。

进一步改进新产品是大多数企业乐于接受的方案，但必须在试销中确认是产品设计上的问题，还是市场营销策略的问题，或是市场情况发生了变化，这样才能对症下药。例如，帮宝适纸尿裤在最初的市场试销中完全失败，因为它的价格太高，每片10美分，比买一块布质尿布加上洗的费用还高。经过加快组装生产线，简化包装，使用廉价原料，公司逐渐把价格降到了6美分。随着价格的下降，接连几次市场试销都显示一个更大的潜在市场，到了第四次试销，证明价格是合理的，帮宝适纸尿裤上市了。

表 8—3　　新产品保留指数表

产品名称＿＿＿＿＿＿ 试销时期＿＿＿＿至＿＿＿＿		产品编号＿＿＿＿＿＿ 评分日期＿＿＿＿＿＿	
标准	重要程度（W）	评分（R）	WR
产品的未来市场潜力如何？	W_1	0.0　0.2　0.4　0.6　0.8　1.0 低　　　　　　　　　　　高	W_1R_1
若改进产品，盈利可能性如何？	W_2	0.0　0.2　0.4　0.6　0.8　1.0 无　　　　　　　　　　　大	W_2R_2
若修改营销战略，盈利可能性如何？	W_3	0.0　0.2　0.4　0.6　0.8　1.0 无　　　　　　　　　　　大	W_3R_3
放弃该产品可赢得时间？	W_4	0.0　0.2　0.4　06　0.8　1.0 很多　　　　　　　　　很少	W_4R_4
公司可供选择的机会如何？	W_5	0.0　0.2　0.4　0.6　0.8　1.0 很多　　　　　　　　　很少	W_5R_5
产品对公司的贡献有多大？	W_6	0.0　0.2　0.4　0.6　0.8　1.0 无　　　　　　　　　　很多	W_6R_6
对其他产品销售的贡献如何？	W_7	0.0　0.2　0.4　0.6　0.8　1.0 无　　　　　　　　　　很多	W_7R_7
			新产品保留指数＿＿＿＿

上述由综合分析所得出的试销结果的结论是相对的，据此作出的各种决策方案也具有相对性，有时也要根据试销所计算出的新产品试用率和重购率的比较关系作出新产品上市决策。试用率是指新产品第一次试用数与实际总试销数的比率。重购率是指第二次购买数与第一次购买数的比率。将两种比率进行比较，就可以出现四种情况下的上市决策：

（1）试用率高，重购率高。说明新产品很受欢迎，试用后反应良好，应该立即将新产品正式投放目标市场。

（2）试用率高，重购率低。说明新产品具有一定的吸引力，但消费者用后反应不好，不愿再买，应该考虑改进产品设计，或放弃该产品。

（3）试用率低，重购率高。说明消费者使用新产品后反应良好，但大多数消费者还不了解该产品，应该加强广告宣传，增大促销努力，积极准备新产品上市。

（4）试用率低，重购率低。说明新产品既无吸引力，消费者使用后的反应又不好，不愿再买，应该停止上市，舍弃这一产品，或者利用一切可能的条件转产其他产品。

第 2 节　新产品销售预测

一、新产品销售预测的特点和影响因素

1. 新产品销售预测的特点

对新产品投放市场，也可选择一种不需要销售预测的经营策略而直接上市，那就是一开始少量生产，慢慢投入，摸索规律，再决定以后的生产规模和市场营销策略，即卷席投放法。然而，在面对一个竞争性很强的市场时，竞争对手不会让新产品这样稳稳当当地取代它们的地位，往往是企业的新产品展示后，其竞争产品也会很快面世，与之抗衡。因

此，时间就是金钱，一定要尽早作出新产品市场销量预测，保证新产品开发工作的最后成功。事实上，新产品开发伊始，就存在新产品销量预测，像前面已述及的进行新产品经营效益分析时，就需要以销量预测和制造成本估计值为基础来制定新产品预算表。

不过那时的预测值仅是一种精确度要求不高的估计，而随着开发过程越来越接近正式投放时间，即进入商品化阶段，对预测的定量性要求也就越来越高。

新产品因其本身“新”的特点，使预测工作不能沿用成熟产品的预测方法，而且面临的市场比成熟产品的市场更难以估计。具体来说，新产品市场销售预测的困难有以下几个方面：

（1）没有销售量的历史数据，找不到销售趋势的规律性。

（2）缺乏稳定的消费者群体，从早期采用者的态度不足以全面了解整个市场的需求量。

（3）管理人员缺乏市场营销经验，对产品了解不够，不能对销售量作出准确的主观估计。

（4）由于资金和人力所限，一般企业没有能力专门研究新产品销售预测模式。

目前还没有一套较为成熟的新产品销售预测方法可供使用。当然，新产品销售预测也有规律可循，只是不太明显、不太普遍罢了。

2. 新产品销售预测的几个术语

（1）市场潜量。是指在特定时期、特定市场上对特定产品的最大可能销售量（额），用来表示销售机会。

（2）销售潜量。是指在作出极大的市场营销努力时，企业可以期望达到的最大销售量（额）。

（3）销售预测值。是指企业在一定的市场营销努力程度下，希望得到的销售量（额）的最佳估计。

（4）需求函数。是在特定市场上对某一特定产品的需求随市场营销努力程度变化的规律的数学描述。

以上四者的关系见图8—4。它们的区别在于市场潜量表示整个行业在这一特定时期、特定地区内的最大可能销售量（额），而销售潜量和销售预测值是针对一个企业而言的。图8—4中反映销售量随市场营销努力程度变化的曲线称为需求函数曲线。

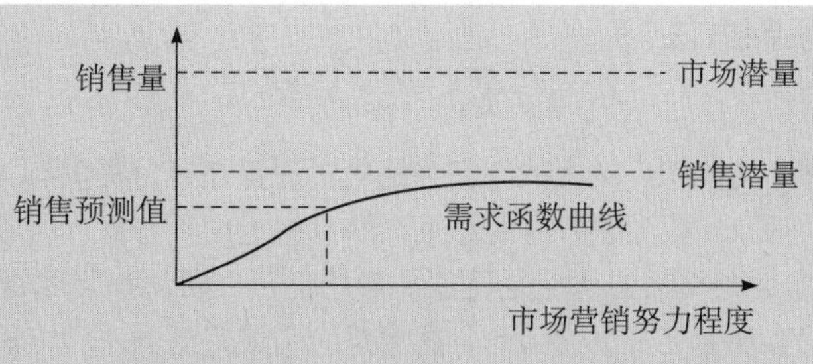

图8—4　市场潜量、销售潜量、销售预测值与需求函数曲线

3. 影响新产品销售预测的几个重要因素

（1）预测的目的。新产品开发的不同阶段对销售预测的要求不同。在概念开发阶段，为比较不同开发方案的优劣，或者进行停止开发与继续开发的决策，要求进行精度可以不高但时间较长的预测；在商品化开发阶段，为了预计新产品投放市场后的生存和成长状况，要求作出精度高而时间短的预测。

（2）竞争。竞争使企业新产品销售潜量下降，需求曲线发生变化，并可能影响新产品的开发过程。

(3) 经济形势。繁荣的经济形势使市场潜量高涨，萧条的经济形势使消费者购买力低下，某种危机的出现会使一部分产品失去市场，而一些应运而生的新产品则可能获得大量的消费者。另外，政府大量投资会使许多新产品的需求量上升，政府紧缩开支又会迫使企业寻求新的市场。

(4) 新产品开发管理人员的经验和态度。这不仅直接影响定性预测结果，而且影响对定量预测模式的选择和数据的收集整理工作。

二、新产品试销结果与销售预测

新产品销售预测的最大困难在于根据不足。从这个意义上说，预测方法中最可靠、最有效的还是根据试销结果进行预测，这也是试销工作的主要目的。在试销过程中，企业可以了解到以下几个对销售预测起决定作用的方面：

1. 新产品首次购买者数量、重复购买者数量

由此可以估计试销市场以至于更大范围市场的消费者购买量，可以估计有多少消费者从竞争对手那里转向本企业，但要注意有多少"销量"并没有真正到达消费者手中，而只是滞留在分销环节，例如在批发商和零售商的仓库里的库存。

2. 新产品品种的销售数量

由此可知，新产品的品种和规格能否适应所选定目标市场的需求？消费者最偏爱和最不喜欢的品种或规格是哪种？这就是说，在一定产品广度条件下，检验产品的深度是否合适。

3. 消费者对新产品的了解程度

由此可知，消费者通过何种途径获得有关新产品的信息？新产品的哪些特点促使消费者前来购买或试用？

4. 消费者对本企业新产品和竞争对手产品的对比评价意见

由此可知，消费者是否真正认识到了本企业新产品的优点？是什么因素促使他们抛弃竞争对手的产品转而成为本企业新产品的购买者？

三、新产品销售预测方法

1. 主观判断法

主观判断法依赖于见多识广的人的判断和评价。通常在充分提供有关新产品试销和市场状况情报的基础上，听取和集中这些人的意见，然后拟定预测方案（一般应包括高、中、低三种预测值）。这种定性分析法的优点是迅速、费用低，并可随市场情况变化及时修正预测方案；其缺点是缺少客观标准。尽管如此，这仍是应用最广泛的一种方法。具体做法有：

(1) 主管人员评议法。将来自不同部门如计划、市场营销、生产、技术、财务等部门的负责人集中到一起，运用他们的专长、经验进行预测。此法的缺点是不能系统地分析原因，各部门负责人相互之间有影响。

(2) 销售人员意见法。要求销售人员根据三种不同情况——乐观的、中等的、悲观的市场前景对销售额作出估计。一般来说，销售人员能够有效地估计新产品的销售情况，因为他们直接与中间商以至于消费者打交道，或者与广告商、分销商甚至竞争厂商有联系，了解消费者、市场和竞争情况，但可能有的销售人员为了获得高的佣金和奖金而故意低估其区域内的销售预测值。

（3）对消费者直接调查法。这是对消费者的直接调查，在缺乏对新产品销售可供借鉴的以往记录资料时，这种方法尤其适用。试销就是此法的一种，另一种是消费者意图测试。例如分配一些样品给典型消费者，从消费者的直接反应中了解他们对新产品的看法。

（4）专家调查法。又称德尔菲法，其特点是：

1）调查对象是新产品开发和销售问题领域的专家，可以来自企业内部或外部。

2）专家之间不见面，背靠背地接受调查。

3）询问—归纳—再询问，如此反复几次。

4）每次询问后将结果集中统计出来，下次询问时提供给专家参考。

专家调查法的优点在于集中了各方面（包括企业外部）专家的意见，专家间相互影响小；其缺点是最后可能得到一个较为保守的结果，因为经过若干次循环询问后，大量的一致意见会使持乐观态度的专家放弃高的估计值，转向保守估计。

上面几种方法各有其优缺点，但有一个共同的特点，即都要求把主观判断的个人意见和集体意见用数量表示出来。例如，应用专家调查法，要求每位专家每次填写表格，如表 8—4 所示。

表 8—4　　对某新产品上市后 6 个月内的销售量预测值

	销量（台）	概率	销量×概率
高方案	1 000	0.3	300
中方案	700	0.5	350
低方案	400	0.2	80

这样的数量估计，既可使专家全面地发表自己的意见，又有利于用数量统计方法对意见进行科学分析。

2. 类推法

类推法是一种从与新产品类似的现有产品的销售情况推测新产品销售情况的方法。通过考察类似产品的历史和现状，并考虑到新产品上市后取代现有产品的程度，就可以推测新产品的市场前景。

类推法的一种做法是把新产品和本企业现有的类似产品放在一起对比。此法的步骤如下：

（1）将几种产品按选定的几项内容（见表 8—5）相互比较，逐项评定出它们从低到高（0～100 分）的分值 R。

（2）把每种产品的评定结果填入产品销售潜量和销售利润评定表，并按照事先确定的加权值 W，求出这一产品的总评定比值 A。

表 8—5　　产品销售潜量和销售利润评定表（举例：产品 1）

评定项目	评定的分数值 R（低 ——→ 高）										加权值（W）	评定比值 A（WR）
	10	20	30	40	50	60	70	80	90	100		
销售潜量								✓			0.31	24.8
所需促销费用							✓				0.22	15.4
单位产品利润							✓				0.17	11.9
对其他产品销售的促进作用								✓			0.08	6.4
对总经营计划的有利程度									✓		0.22	19.8
合计											1.00	78.3

（3）求出每种评定比值后，再用表 8—6 转化为销售预测值（表 8—6 中假设产品 1 为新产品，产品 2，3，4 为类似产品）。

表 8—6　　　　评定比值向销售预测值转化计算表

计算程序	产品编号				合计
	1	2	3	4	
1. 产品评定比值（A）	78.3	39.0	21.4	57.2	195.9
2. 相对比率（B）$=\frac{产品评定比值}{合计评定比值}$	0.400	0.199	0.109	0.292	1.000
3. 预测期总销售额预测值（C）					10 000
4. 产品销售额预测值 $D=BC$	4 000	1 990	1 090	2 920	
5. 最乐观的预测值=1.2D	4 800	2 388	1 308	3 504	12 000

3. 基于新产品扩散模式的数学方法

从典型的新产品扩散模式可知，有如图 8—5 所示的一些典型关系。

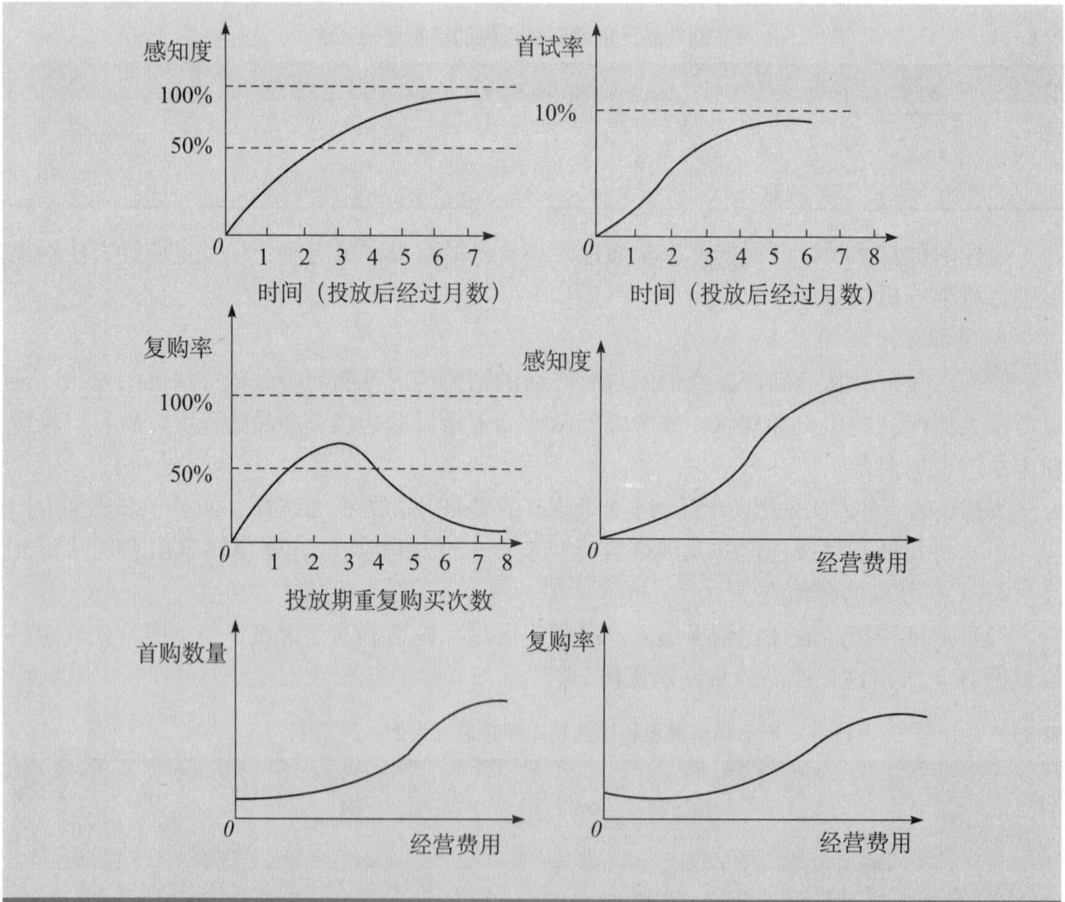

图 8—5　新产品扩散模式的几种典型过程

对于不同企业和不同的新产品，这些过程会有所不同，因此企业应当通过测试研究建立自己产品的经验曲线。另外，在做了极大的促销努力后（例如发送大量样品给消费者试用），会改变典型曲线的形状，要另作考虑。

基于上述关系，就产生了多种预测数学模式。这里介绍其中三种：扩散率模式、接受模式和重复购买模式。

(1) 扩散率模式。该模式要求在试销的基础上，应用实验数据计算新产品接受者的数量。其基本方程为：

$$dN(t)/dt=a[\overline{N}(t)-N(t)]+bN(t)[\overline{N}(t)-N(t)]$$

式中：$N(t)$——t 时刻接受者的数量；

$dN(t)/dt$——t 时刻的扩散率；

$\overline{N}(t)$——t 时刻潜在接受者总数（即接受者最大数目）；

a——革新系数；

b——模仿系数。

欲解此微分方程，须针对特定新产品，先求出 a，b 两个经验系数。这一方程只能用于扩散前期，最多用到进入成熟期为止。

(2) 接受模式。前述扩散率模式是以预测新产品的生命周期曲线为基础的，而接受模式则基于消费者个人从不知到知觉直至试用的接受过程。图 8—6 以北美采用的接受模式为代表说明这种模式的基本思路。

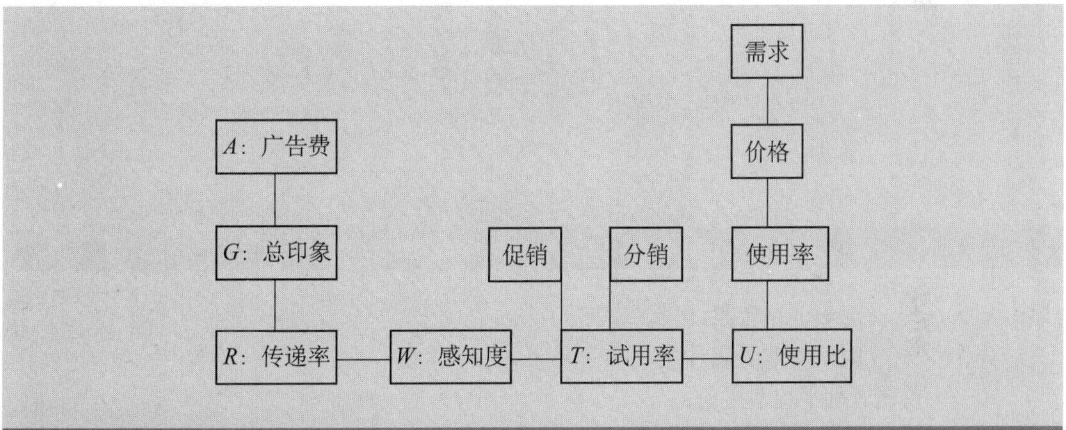

图 8—6 接受模式的基本思路

其中各函数的形式和图示见图 8—7。

图中的函数都是实验性函数，可供参考。若能在概念测试和试销中收集到足够的实验数据，就可计算出各个经验系数，形成针对特定产品的接受模式。当然也可用作类似新产品的参考模型。

(3) 重复购买模式。新产品在市场上能否站住脚，是企业能否通过新产品长期盈利的关键。

要达到这一目的，仅靠新产品的首购者往往是不够的，更重要的是拥有大量的重复购买者（包括第一次重购，第二次重购，……）。新产品重复购买模式为：

$$\frac{\text{某一时刻的}}{\text{销售累计量}}=\frac{\text{该时刻首购}}{\text{者累计数量}}\times\text{平均购买量}+\frac{\text{该时刻重}}{\text{购者累计数量}}\times\text{平均购买量}$$

写成数学方程，即：

$$S(t)=N_F(t)\left[A_F+A_1\frac{N_1(t)}{N_F(t)}+A_2\frac{N_1(t)}{N_F(t)_1}\frac{N_2(t)}{N_1(t)}+A_3\frac{N_1(t)}{N_F(t)_1}\frac{N_2(t)}{N_1(t)}\frac{N_3(t)}{N_2(t)}+\cdots\right]$$

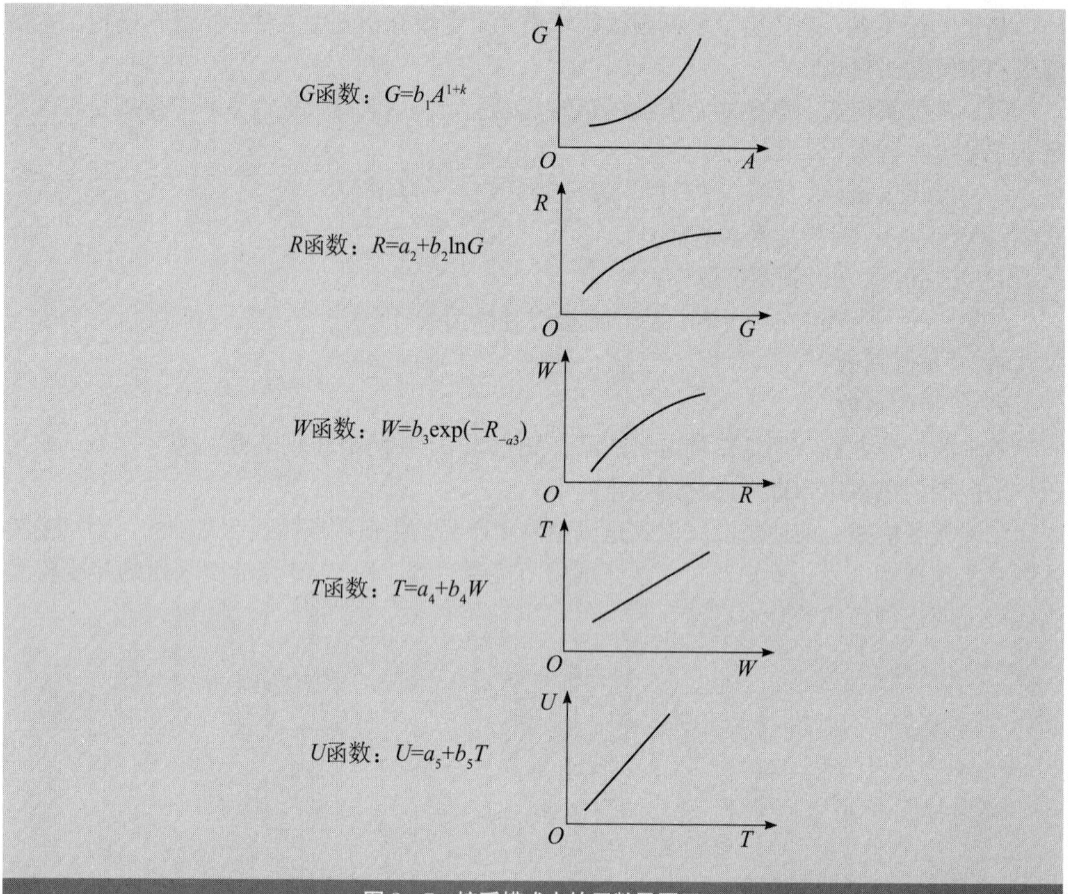

图 8—7　接受模式中的函数及图示

式中：$S(t)$ ——t 时刻的销售累计量；

$N_F(t)$ ——t 时刻首购者累计量；

A_F——首购者的平均购买量；

$\frac{N_1(t)}{N_F(t)}$——第一次重复购买率；

$\frac{N_n(t)}{N_F(t)_{n-1}}$——第 n 次重复购买率（n=2，3，…）；

A_n——第 n 次重复购买时的平均购买量（n=1，2，3，…）。

4. 预测方法的选择

上述几种方法中没有一种是全能的，它们都有一定的适用条件，对于某些新产品效果较好，而对某些新产品效果就差。一般来说，选择预测方法常按照产品的新度和产品对已形成的消费习惯的影响程度区分新产品类别。按此标志，可将新产品分为连续革新产品、间断革新产品和全新产品三类。对这三类新产品的销售预测应采取不同的方法。

（1）连续革新产品。对其销售预测可以沿用同一产品线中的其他产品的预测模式。例如沿用过去总结的扩散率模式（或接受模式、重复购买模式）及其系数。

（2）间断革新产品。对其销售预测可以借用同功能的现有产品的销售数据，运用回归分析方法计算未来销售预测值，并根据新产品特点对预测值进行修正，这也就是一种类推方法。

（3）全新产品。如果对此种产品进行试销，则可以从试销结果的销售趋势中找出预测估计值来。如果没有进行试销，则只能通过主观判断法来估计，或者使用卷席投放法，即先在一个局部市场投放，根据销售状况逐渐扩大市场，直至覆盖整个目标市场。

不管应用哪种方法，预测结果都必须经过定性分析来判断其正确与否，因此，新产品销售预测最好是多法并用，定性和定量方法结合。

四、新产品销售预测中的几个问题

1. 经济条件的影响

关于经济条件的影响，应弄清哪些经济条件对整个经济产生影响，哪些经济条件对一个行业产生影响，而哪些经济条件只对一个企业或一项产品产生影响。

通常新产品销售预测应该做全国性销售潜力、所在行业销售潜力和本企业特定新产品的销售预测，应全面了解经济条件变化对销售预测的影响。例如，机床的销售预测一般要考虑的宏观变量有：经济增长率、重工企业的平均利润率水平、税率变化（它将影响回收率，即影响再投资的基金）、利率变化和政府政策等。

一般来说，除了少数大公司对其系列新产品（如IBM公司的新系列计算机）的投放需要进行全国性和该行业销售潜力预测外，企业通常只需进行收集二手资料的市场调查，便可得知有关经济形势。

2. 销售预测的准确度

经验表明，销售预测的准确度变化是非常大的。全国性的销售预测误差在5%以内，行业的销售预测误差一般在10%以内，而改进产品和包含某些新式样的新产品的销售预测误差通常在10%～20%的范围内，对全新产品的预测准确度则会更低。

这种不可避免的不准确性源自哪里呢？抛开不可控的外部因素（消费者心理、宏观经济因素等），主要原因有企业管理人员经验不足、掌握信息不全面、预测模式有缺陷以及市场营销系统不健全等。针对这些内部原因，企业应该采取的措施有：

（1）组成一个“主管人员评审团”，其人员来自有经验的营销、生产、财务、计划人员和企业主管人员。这些人往往重视日常报刊上的外部情报和本行业的最新进展，因而能形成有价值的意见，减少犯错误的概率。

（2）建立高度发达的市场营销系统，掌握全面的市场情况，并有能力分析市场的动态变化，迅速调整市场营销组合。

（3）在预测中将定性分析技术与定量分析技术结合使用，并使用多种预测技术同时预测。只用定性分析，则预测具有盲目性，理论的根据不足；只用定量分析，则因为预测模型是在一定假设条件下建立的，有其局限性，不能全面反映实际情况。用多种预测技术同时预测，可以从不同结果中找出适中的数值，这样可避免一种预测方法的局限性引起的不良后果。

由此可知，为了尽可能减少预测的不准确性，更应该组建一个强有力的市场营销组织。

3. 预测人员的保守心理

前已述及，即使是专家，也可能动摇信心，转而附和保守估计的意见，而实际情况往往与他们的想法相左，在竞争激烈的市场上，“小批量，慢慢来”的新产品推销方式，常使企业痛失良机，功亏一篑。怎样坚定预测人员的信心呢？有一位专家通过对历史上新产品成功事例的研究，总结出这些新产品至少具有下列三个特点之一：

（1）产品优势。例如施乐复印机可以在几秒钟内复印任何东西——不需要化学药剂和特制纸张。

（2）市场营销优势。例如芭比洋娃娃出售时总是附带几种不同款式的衣服，以便孩子按照自己的想法打扮娃娃。

（3）广告优势。例如百事可乐所做的富有创造性的广告。

如果我们的新产品销售具有这样的优势，就大可不必过分自卑，须知“自信是通向成功的桥梁”。

4. 竞争战略

经验表明，许多企业的新产品销售预测会因竞争活动的干扰而很快变成不实际或完全无用的估计。竞争活动包括竞争者改变其价格、推出类似产品、投入新的促销、增加新的分销渠道，等等。

考虑竞争影响，制定竞争战略，应主要从下列几方面着手：

（1）考虑市场需求。市场需求是企业市场营销努力程度的函数，因此应当研究本企业和最重要的几个竞争对手的市场营销努力对市场潜量的决定关系。然后，通过对比本企业新产品的优势，估计可能获得的市场占有率，从而推算出销售预测估计值。

（2）修正预测模型。预测模型是在试验数据基础上建立的函数关系。由于试销的竞争条件与正式投放市场时不同，例如竞争者的多少，或竞争者尚未作出正式反应，因此试销情况良好而正式上市后却情况不佳的例子屡见不鲜。因此，应在预测模型中引入竞争作用的参数变量，用以估计最可能的竞争者对销售预测值的影响。

（3）全面评价竞争产品。这一工作实际上从新产品开发初期就在进行，因为它直接影响到开发过程的安排和费用估计，影响到产品定位策略和为新产品拟定的市场营销策略。为此北美一些企业采用两种表格（见表 8—7 和表 8—8）用于正式分析和估计，避免有大的遗漏。

表 8—7 和表 8—8，一个针对竞争企业，一个针对竞争性产品，两方面都不应偏废，对竞争性产品的评价更应仔细一些，尤其是其设计性能特点。这些对竞争性产品的分析，可以启示新产品将来的销售形势。实际上，不妨把这种竞争视为另一种类推预测法。

当今的市场是一个动态的市场，这决定了新产品开发工作必须是一个善于预测和在竞争环境下作出迅速反应的决策过程。

表 8—7　　对竞争企业的评价

评价因素	主要竞争对象的能力		本企业能力	结果
	竞争对象 1	竞争对象 2		
1. 工艺生产方面				
科研和开发				
经验				
工艺设计能力				
生产能力				
2. 销售批发方面				
经验				
销售能力				
批发渠道				
3. 经营管理方面				
经验				
管理能力和手段				

续前表

评价因素	主要竞争对象的能力		本企业能力	结果
	竞争对象 1	竞争对象 2		
4. 总的销售宣传方面 产品试销 综合形象 目前销售形势				

表 8—8　对竞争性产品的评价

评价因素	竞争性产品特点			本企业产品特点	结果
	产品 1	产品 2	产品 3		
1. 设计性能特点 质量 用途 方便性 多功能性 耐用性 适应性 灵敏性 安全性 独特性 2. 产品其他特点 包装 技术服务 品牌识别 保证和保险 花色品种 3. 产品销售特点 广告宣传费用 广告宣传形式 广泛性 销售鼓动性 销售队伍 4. 价格特点 成本费用 核定价格和策略 实际价格					

第 3 节　新产品批量试生产和上市

新产品的批量试生产和上市是新产品开发的最后程序，它是指新产品在管理人员的控制下进行批量试生产和市场营销。一般来说，管理人员要使新产品通过市场导入期，在新产品进入市场成长期后，再将新产品转交给生产部门和市场营销部门。在转交时还要制定或修改市场营销计划。

一、新产品的批量试生产

新产品批量试生产是指从准备投入一定的人力、物力、设备开始，到批量新产品生产出来的全过程。新产品批量试生产分为生产准备和生产两个过程。

1. 新产品批量生产准备过程

新产品批量生产准备过程是指新产品投入批量生产前所进行的一系列的准备工作，包括编制工艺技术文件，主要指工艺规程（加工路线、加工方法、操作方法、检验标准和检验方法等规定），还包括制定和修改各种定额，调整生产劳动组织等。

2. 新产品批量生产过程

新产品批量生产过程是指直接把劳动对象变为产品的生产过程，包括产品本身的生产、辅助品的生产（夹具、模具、刃具等）、附属品的生产（辅料、包装等），还包括生产服务（原材料、半成品、工具的保管和供应）。

新产品批量试生产是新产品开发中相当重要的环节。企业开发新产品，只有大批生产并投入市场，才能取得经济效益。

新产品批量试生产阶段是抢时间、争速度的阶段，也是产品的竞争阶段。在这一阶段企业生产部门、技术部门、销售部门要相互积极配合，以便使新产品大量地生产出来并投入市场。

二、新产品上市

新产品上市是指新产品管理人员要负责新产品由导入期进入成长期的市场营销。新产品上市需要根据新产品商品化的种种决策和试销的结果，具体地决定进入什么样的目标市场，在什么时间进入市场，通过什么分销渠道进入市场，如何进入市场等。

1. 新产品上市时机的选择

在新产品上市时，进入市场的时机选择是个关键问题。假如某企业新产品开发工作已接近上市阶段，同时，某竞争对手也接近完成其新产品开发工作，企业就面临下列三种选择：

（1）先期进入。首先进入市场的企业通常可得到“主动者好处”，包括掌握了主要的分销商和消费者，以及得到有声望的领导地位，但是如果产品未经过彻底的审查而匆匆上市，则该企业可能会获得有缺陷的形象。

（2）平行进入。企业可决定与竞争对手同时进入市场。如果竞争对手是急速进入，本企业也同样如此，以便共享竞争对手所能获得的“主动者好处”。如果竞争对手慢慢进入市场，本企业也可这样做，利用时间来改进产品。企业这样做，也许可将产品上市的促销费用与竞争对手共同承担。

（3）后期进入。企业有意推迟进入市场，即等竞争对手进入后再进入。这可能有三个好处：竞争对手已为开拓市场付出了代价；竞争对手的产品可能暴露出缺陷，而后进者却能避免；企业可了解市场规模。

另外，时机决策还包括其他需要考虑的因素。假如新产品替换本企业的其他产品，企业可能要延缓新产品的上市直到原产品的库存告罄。假如产品季节性很强，新产品可能要等到季节合适时再推出。可见选择进入市场的时机值得认真考虑。

2. 新产品上市范围的选择

在新产品上市时，企业必须要决定一开始推出新产品的地理范围，是仅在当地、某一地区、若干地区、全国市场，还是在国际市场上推出。很少企业有信心、资本和能力将新产品推向所有的全国性分销渠道。企业一般都是逐步地进行有计划的市场扩展，特别是小企业，它们选择具有吸引力的城市，并采取快速行动进入市场，然后再进入其他市场，大企业则将产品推向一个地区，然后再扩展到另一个地区。

在市场扩展的过程中，企业应对不同市场的吸引力作出评价，可按表8—9进行。

表8—9　　候选市场吸引力评价

市场 评价标准	市场1	市场2	市场3	市场4	市场5	…
1. 市场潜量 2. 企业在当地的声望 3. 分销渠道所需成本 4. 该市场研究数据的质量 5. 该市场对其他市场的影响力 6. 竞争渗透力						

使用这一方法，企业可以确定主要市场，并制定一个市场的扩展计划。

在新产品上市时，企业应将分销路线和促销活动集中于最佳的潜在消费者群，根据事先的市场测试，企业理应已掌握主要的潜在消费者的范围。新的主要潜在消费者应具有下列特征：他们会成为早期采用者；他们会成为大量购买的消费者；他们是带头表态并对新产品大加赞赏者；获得这些消费者的代价并不高。应当指出，同时具有上述特征的消费者群是很少的。企业可以根据上述特征对各种潜在消费者群作出评价，选出最佳的潜在消费者群作为目标市场。企业这样做的目的在于尽快获得高销售额，以刺激销售人员和吸引新的潜在消费者。

在新产品上市时，企业应为新产品导入市场制定一个行动计划，为各营销组合、各因素分配销售预算，列出各项活动的先后顺序，这里应注意对推出新产品的各项活动排列顺序的相互协调等。

3. 新产品上市后的工作

在新产品上市后，新产品管理人员还应完成下列几项任务：

（1）严密控制市场营销工作。在整个商品化实施阶段，新产品的市场营销工作要置于强有力的营销组织控制之下；新产品开发管理人员要与市场营销部门管理人员协作，制定执行标准，定期检查执行情况，从而发现问题，及时修订营销策略。

（2）逐步实现产品交接。一般来说，新产品开发管理机构与市场营销部门并不总能默契配合。这种配合常因以下三个原因而遭到破坏：

1）有的市场营销人员对现有产品偏爱，很难使他们对新产品发生兴趣，他们不愿去从事高强度的推销新产品的工作和学习有关的新知识。

2）有的市场营销人员对新产品开发中的新技术不够了解，或者把过去的推销技术用于新产品销售。

3）新产品开发部门不了解在包装、价格、分销和推销等方面的问题，与市场需要脱节。

因此，要协调新产品开发部门和市场营销部门的工作，就要在新产品商品化阶段让两个部门互相沟通。新产品开发部门要向市场营销部门介绍新技术、新设计和新的推销方法，并说明企业长期的新产品市场营销计划，使工作和目标一致；市场营销部门要向新产品开发部门介绍市场营销中遇到的问题和对产品投放的影响。

（3）注意发现新产品的缺陷。许多时候新产品的缺陷不到上市阶段是不会被发现的。在这一阶段一定要及时找出问题，如果有必要，新产品可以重新设计、改进包装、改变广告，等等。

三、新产品的最终评价

新产品的最终评价是在新产品正式上市后，在新产品开发终期阶段进行的评价。进行这种评价的目的是要通过检查产品竞争能力和使用效果，收集消费者（用户）的意见，了解产品满足市场需求的程度，掌握市场动态，为进一步改进产品设计和改善经营管理提供最终的决策依据。由于最终评价是以市场销售的变化为基础的，并且把新产品开发的全过程联系起来进行检查和评定，所以它不仅可以最终发现新产品开发中存在的问题，更重要的是可以为新产品开发的最终成功创造条件。

目前，发达国家的企业都十分重视新产品开发的最终评价，因为单从新产品的科研、设计和试制来看，要想获得成功似乎并不是一件非常困难的事情，最终决定新产品是否成功的关键是新产品上市的成功率。有时一种新产品试制取得成功，但并不能保证在市场上也能获得成功，甚至会在很大程度上前功尽弃，因此搞好新产品最终评价对于整个新产品开发的成功都具有重要意义。

新产品最终评价的内容是广泛的，其中最主要的内容包括市场销售方面、技术性能方面、经济效益方面、生产能力方面、竞争趋势方面、对社会环境影响方面的一些评价项目。

1. 市场销售方面的评价

掌握新产品在市场上的销售情况及发展趋势，这是最终评价的首要环节。应该检查和评价的内容有：

（1）按新产品销售量或销售额计算的市场销售规模或最终目标是什么？现在已经达到多少？

（2）需要新产品的现有消费者人数及其支付能力如何？主要购买者中的忠诚购买者可能有多少？

（3）潜在的消费者有多少？需求量估计有多大？市场分布情况如何？根据国外经验，一般新产品的潜在需要量应该是其销售量的 5～10 倍以上，才有可能畅销。

（4）新产品每年销售量增长率有多大？可以进行预测的销售量增长率能否继续提高？提高的幅度如何？是否会下降？下降的趋势如何？

（5）消费者对新产品的态度和信任程度如何？对新产品的牌名、商标、包装等方面有什么反映？对该产品有什么新要求？

（6）现有的销售渠道是否适应新产品的销售？是否需要增加销售人员，扩大销售渠道？

（7）现有的销售服务是否有利于扩大销售？如何改进销售服务？如何方便消费者？进一步扩大销售的可能性有多大？

2. 技术性能方面的评价

新产品投放市场后，是否具有自己的技术特色，能否形成技术优势，这对新产品的生命周期的影响有多大？根据市场销售情况和新技术的发展，客观地评价新产品的技术性能，对于进一步改进和发展新产品是非常必要的。评价的主要内容有：

（1）新产品的设计有没有独创性？其创造的价值如何？与其他同类产品比较有哪些优越性？是否拥有真正的技术优势？

（2）新产品的质量达到了什么样的技术标准？能否充分满足消费者的需求？怎样的质量标准才更符合消费者的需求？

（3）新产品的使用效果如何？其可靠性、安全性及自动化程度如何？消费者（用户）对新产品的技术性能还有什么要求？有什么改进意见？

（4）新产品技术结构是否合理？是否可以简化？是否可以增加新的功能？是否有必要改进产品设计？

（5）同世界先进技术相比，新产品采用的技术是否先进？是否属于技术密集型产品？与世界先进技术相比有多大差距？发展的前途如何？

3. 经济效益方面的评价

衡量新产品在市场上是否获得成功的一个重要标志就是看新产品的预期盈利目标能否实现。围绕这一目标，对新产品进行经济效益方面的评价是十分重要的，其评价的主要内容有：

（1）新产品的盈利目标是什么？现在实现的可能性如何？根据预测目标销售量，要实现利润目标的机会有多大？

（2）通过损益临界点的分析，该产品已经达到的销售量能否盈利？是否可以进一步增大销售量以增加盈利？

（3）检查新产品的投资收益率是否达到了预期的目标？是否有可能继续提高？如果新产品的实际投资收益率大大低于市场预计的投资收益率，就应该停止生产。

（4）如果需要扩大新产品的生产规模或改进技术性能，还应增加多少投资？追加投资的收益性如何？这些投资要多长时间才能回收？

（5）新产品的定价是否适应市场的需要？提高售价的可能性如何？降低售价时，其成本是否可以减少？

（6）新产品对消费者（用户）或国家的贡献如何？在同类产品中其社会经济效益是否突出？是否可以进一步提高？

4. 生产能力方面的评价

新产品进入市场后，必须对企业生产新产品的能力进行评价，以便创造条件，保证企业拥有足够的生产能力来实现新产品的生产，并最大限度地满足市场的需求。对生产能力评价的主要内容可以概括为以下几点：

（1）新产品的生产能力能否满足市场的需求？能否进一步扩大新的生产能力？能否扩大产品的批量生产？

（2）企业的生产线及其他生产技术设备能否根据市场的变化组织新产品生产？能否按照消费者（用户）的需求及时地提供新产品？生产能力对市场的适应性是否可以进一步提高？

（3）企业的设备能力、工艺技术、测试条件和手段等是否完备？新产品所需的能源及各种生产要素能否完全解决？

(4) 企业的各种外部条件能否保证企业具有稳定的生产能力？产品的包装、服务、运输能力能否适应市场需求的发展？

(5) 市场信息能否迅速反馈到生产中去？在生产过程中能否随时依据市场信息的变化组织安排生产？能否进一步提高劳动生产率？

5. 竞争趋势方面的评价

新产品投入市场后，必然会引起激烈的竞争。市场竞争的趋势如何发展对新产品在市场上的成功与失败关系极大，因此，必须分析竞争趋势，掌握竞争对手的情况，并作出客观的评价。其主要内容如下：

(1) 新产品的竞争能力如何？是否具有突出的竞争优势？如何进一步发挥产品的潜在竞争力？

(2) 新产品的市场占有率达到多少？未来的趋势是扩大还是缩小？如何才能进一步扩大市场占有率？

(3) 新产品处在生命周期中什么阶段？如何才能缩短导入期，进入成长期？如何才能延长成熟期，推迟衰退期？是否有可能成为最有竞争力的产品？

(4) 现有竞争对手有多少？潜在的竞争对手有多少？竞争者在生产、技术、经营等方面有何特点？本企业新产品的竞争实力如何？

(5) 新产品在价格竞争上有什么优势？可以采用哪些非价格竞争手段？遇到风险后的应变能力和适应力如何？

(6) 新产品对提高企业的声誉，创造新的名牌产品有什么贡献？对本企业其他产品的销售有无积极影响？

6. 对社会环境影响方面的评价

新产品对社会或外界环境可能产生的影响已成为决定其成败的一个重要因素。如果新产品在生产或使用过程中会给社会环境、人身安全造成严重的破坏性后果，该产品就难免要被淘汰，因而检查和评价新产品对外界环境会产生什么样的影响是十分重要的。其主要内容有以下几点：

(1) 新产品对社会或外界环境会产生何种程度的污染？会产生何种程度的破坏？或存在何种潜在的危害？

(2) 新产品对生产资源的开发和利用可能给社会环境带来何种程度的污染？对生态环境的平衡带来何种程度的破坏？

(3) 新产品在生产过程中对生产人员会产生什么危害？若有危害，其扩散程度如何？生产中是否有可能发生灾难性的后果？有无防范措施？

(4) 新产品是否含有有毒物质？是否符合规定的卫生标准？是否会对人体健康产生现实的或潜在的不良影响？

(5) 新产品的生产和使用是否违反了国家有关环境保护的法令和条例？是否属于应该淘汰的产品？产品出口是否达到了检疫标准？是否符合国际组织的有关安全规定？

总的来说，新产品进入市场后的评价内容很多，企业在进行评价时应该从实际出发，根据不同的要求拟定不同的内容项目及其评价标准。为了比较不同的新产品，企业可以根据经验或参考竞争企业采用的评价标准来确定标准的等级，如“非常好”、“好”、“一般”、

“差”、“非常差”等；或者规定固定的分数，先拟定评价项目的内容，再将每一评价项目按标准等级进行分析并给予评分，然后再根据逐项分析的结果，作出综合性评价。

表8—10为日本某企业拟定的新产品最终评价标准，可供参考。

表8—10　　新产品评价标准

项目	标准	非常好	好	一般	差	非常差
1. 市场	(1) 市场范围	全国市场，可能出口，消费者范围广	全国市场，消费者范围广	地区市场，消费者范围广	地区市场，消费者范围有限	小规模的专门性市场
	(2) 要求的销售渠道	能够使用现有渠道	主要使用现有渠道	也使用新渠道，但大半是现有渠道	主要使用新渠道	全部使用新渠道
	(3) 与现有产品体系的关系	为了扩大已有系列，补充必要的产品	有利于一部分已有的系列产品	需要调整已有的系列产品	虽调整已有的系列产品，但不理想	与已有的产品系列极不协调
	(4) 与竞争产品质量、价格的关系	比相同质量的竞争产品便宜	比几种相同质量的竞争产品便宜	与同质量的竞争产品的价格相当	比多数竞争产品的价格高	比所有竞争产品的价格都高
	(5) 对现有产品销售的影响	能带动已有产品的销售	有利于已有产品的销售	不影响已有产品的销售	妨碍已有产品的销售	使已有产品的销售量减少
2. 成长可能性	(1) 产品的革新程度	全新产品，能够满足市场的需求	对现有产品有实质性的改进	对现有产品有若干改进	对现有产品的改进不大	与现有产品的性能相同
	(2) 扩大生产、追加投资的可能性	能扩大生产，需要巨额的投资	能扩大生产，需要追加大量的投资	能扩大生产，只要通常所需要的投资	能扩大生产，只需少量的投资	无扩大生产的可能性，不需要再追加投资
	(3) 最终消费者利用的可能性	最终消费者有大量增加	最终消费者有适当的增加	最终消费者几乎没有再增加	最终消费者开始有所减少	最终消费者实际上有所减少
3. 技术性能	(1) 产品的特征	产品的特征比竞争产品有绝对优势	产品多数特征胜过竞争者	产品特征与竞争者的大致相同	若干特征虽优越，但无促销作用	没有优越的特征
	(2) 稳定性	产品的生命周期长	比平均要求的生命周期长	普通的产品生命周期	产品生命周期相对较短	陈旧过时，容易被淘汰
	(3) 对季节变化的抵抗力	与季节变化没有关系	一般不受季节变化影响	稍受季节变化影响	受一定的季节变化影响	季节变化的影响很大
	(4) 设计的独立性	受专利保护	有若干专利保护	虽无专利，但仿制困难	没有专利，但仿制费用高	无专利，仿制容易，费用不高

续前表

项目 \ 标准		非常好	好	一般	差	非常差
4. 生产能力	(1) 必要设备	用闲置设备生产	用现在使用中的设备生产	须追加若干必要的设备	只能使用若干现有设备	全部要求使用新设备
	(2) 生产中的必要知识和人员	已有的知识和人员很充足	除了特殊情况外，已能满足需求	需要增加若干的知识和人员	大约需要一半新知识和人员	全部需要新知识和人员
	(3) 原料供应的有利性	可以独立地供应原料	由现在的批发商采购	部分由新的批发商采购	由若干新的批发商采购	全部由新的批发商采购

第 4 节　新产品上市后的市场调研

在新产品上市成功后，企业通常应做经常性的产品市场调查和情报收集，并在市场调查的基础上对新产品的市场情况做产品市场强度、产品组合合理性以及产品市场环境的分析。新产品的市场调研结果，一方面为产品生命周期各阶段的决策提供科学依据，另一方面为下一步开发新产品准备资料。

为了做好上述市场调查和情报收集，必须掌握一些常用的市场调查和情报收集方法。

一、新产品上市后的一般性市场调查和情报收集

在新产品上市成功后，经常要对所经营的产品进行一般性的市场调查和情报收集。这是一种内容广泛的调查，主要包括产品需求调查、产品销售调查和产品竞争力调查。

（一）产品需求调查

产品需求调查就是调查市场需要哪些产品，对产品有哪些新需求，需要量有多大，包括对产品品种、质量、价格、用途范围、发展前景等几个方面的调查。

1. 对产品品种的调查

产品品种包括产品的规格、型号、式样、花色等。对产品品种的调查，要搞清楚市场上哪些品种畅销，哪些品种滞销，需要哪些新品种，还要搞清楚本企业产品的同类产品的情况，这有利于对品种开发的决策。

2. 对产品质量的调查

产品质量的含义是广泛的，主要包括产品本身的质量、包装质量和售前售后服务质量。

产品本身质量包括内在质量（实用）、外观质量（美观）和经济合理。对产品本身内在质量的要求包括消费者对产品耐用、安全、方便等方面的要求。耐用指不易损坏，使用时间长；安全指不出事故；方便指轻便，便于维修等。对产品本身的外观质量的要求包括消费者对产品造型、大小、颜色、光洁度、装饰等方面的要求。对产品本身的经济合理的要求包括消费者对产品效率、耗能、维修费用、使用费用等方面的要求。

对包装质量的要求包括消费者对包装的各种功能如保护、传达、方便、美化等方面的要求。

对售前售后服务质量的要求主要包括消费者对服务范围和服务水平的要求。

一般来说，对于不同产品，其质量要求的重点应是不同的。例如，对于生产资料，对其内在质量要求高，应重视对内在质量的调查；对于生活资料，它与人们的生活消费密切相关，对外观质量和包装质量要求高些，不能忽视对这些方面的调查；又如对生活资料中的耐用品，其价值大，技术要求高，应特别重视对其售前售后服务质量的调查。

3. 对产品价格的调查

对于产品价格，重点要考察它是否与消费者的消费水平相适应？它是否在市场上有竞争力？在调查中应广泛调查影响价格的各种因素，包括：生产成本因素（原材料、工资、固定资产折旧、利润、税收）、市场因素（供求关系）、竞争因素（竞争的激烈程度），此外，还有产品批量、产地和销地的距离、产品所处生命周期阶段、消费者心理因素等。

4. 对产品用途范围的调查

在产品的实际使用中，产品用途范围可能会与原设想产生差异，可能突破原设想的用途，也可能达不到原设想的用途。用途范围的变化对产品销路影响很大。

5. 对产品发展前景的调查

一种产品总有一个不断完善的过程。产品的发展前景调查包括：产品如何发展？有哪些优势和不足？还可增加哪些功能？效益如何？等等。

（二）产品销售调查

为了扩大销售和开辟新市场，对产品销售调查和收集情报是十分必要的。包括产品销路调查、产品购买力调查、产品购买行为调查等方面。

1. 产品销路调查

对产品销路调查包括以下三方面：

（1）调查产品市场的规模和特点。例如国内和国外，沿海和内地，城市和农村，它们的市场情况是不同的。对不同市场的规模和特点的调查可为开发新市场提供依据。

（2）调查流通渠道。例如要调查有哪些流通渠道可以选用，为扩大产品销售、选择合适的流通渠道提供依据。

（3）调查交通运输条件。交通运输条件对产品销路也有直接影响。

2. 产品购买力调查

对产品购买力调查是了解社会对本企业产品有无购买力，有多大的购买力。

产品购买力调查包括对集团购买力调查和对居民购买力调查，还包括当前购买力调查和潜在购买力调查。产品购买力调查的内容是多方面的，例如，对居民购买力调查要着重了解家庭收入、人均收入、家庭支出、消费结构、消费趋向等。

3. 产品购买行为调查

购买行为是指消费者购买产品过程中各种要素的总和，包括购买动机、购买方式、购买时间、购买决策者等方面。

（1）对购买动机的调查。购买动机是指引起消费者购买行为的原因。消费者购买某种产品的动机大致有以下三类：一为理智动机，即消费者从理智出发购买产品，往往注重内在质量、价格、使用方便等；二为感情动机，即消费者从感情欲望出发购买产品，在注意内在质量的同时，尤其注意外观形式，追求产品外观与本人地位、收入、声望相称；三为偏爱动机，即消费者从偏爱出发购买产品，包括对产地、厂家、商店、商标、品牌等的偏爱。

(2) 对购买方式的调查。购买方式包括购买的数量、地点、付款方式等。不同的消费者的购买方式是不同的，有的零星购买，有的成批购买；有的到商店购买，有的喜欢邮购；付款方式也区分为现款和信用卡付款等。企业通过这方面的调查，可以尽可能满足消费者的愿望，为他们提供方便。

(3) 对购买时间的调查。购买时间是指消费者购买产品的时间特点。掌握购买产品的时间性和季节性，可以适时组织销售、生产和仓储。

(4) 对购买决策者的调查。在购买过程中，提出购买要求、决定购买和实现购买的往往不是同一个人。在企事业单位中提出要求的是使用部门，然后由决策部门来决定，再由采购部门购买，其中决策部门起关键作用。在家庭中不同产品的决策者也是不同的。调查这些情况有利于有的放矢地进行产品宣传，可以收到有效地促进购买行为实现的效果。

(三) 产品竞争力调查

调查企业产品的竞争力是非常重要的，主要指向销售部门和消费者了解本企业产品与同类产品相比的特点，包括：本企业产品有什么优缺点？在质量、品种、用途范围等方面竞争力如何？在商标、包装、销售服务等方面竞争力如何？在价格、销售渠道、促销活动以及与用户关系等方面竞争力如何？市场上哪些企业产品的竞争力强？等等。

二、新产品的市场情况分析

根据市场调查资料，为了针对产品生命周期的不同阶段作出正确决策，也为了下一步开发另一种新产品做准备，往往要对新产品的市场情况做种种分析，通常包括产品市场强度分析、产品组合合理性分析以及产品市场环境分析。

(一) 产品市场强度分析

产品市场强度分析是对企业当前销售的产品自身的市场地位、产品收益性、产品成长性以及产品强度等方面进行分析。分析的结果可为改进产品、加强销售活动和开发下一个新产品指明方向。

1. 产品市场地位分析

产品市场地位主要从市场占有率和市场覆盖率两方面进行定量分析。

(1) 市场占有率。它是产品市场地位的重要标志。市场占有率越高，产品知名度和影响力就越大。由于市场占有率高、产品销售量大而使产品的成本降低，在价格方面的竞争能力就会增强。市场占有率的计算公式如下：

$$\text{市场占有率}=\frac{\text{本企业产品销售量}}{\text{市场上同类产品的销售量}}\times 100\%$$

市场占有率应分品种、分地区、分时期进行统计，并与竞争企业进行对比分析，从而发现本企业产品市场占有率低的品种和地区，并进一步查明原因。一般中小企业的市场占有率同竞争能力强的大企业相比是比较低的，中小企业应在某一地区夺取首位，才能稳定地占领市场。

（2）市场覆盖率。它是与市场占有率相关的一项指标。其计算公式如下：

$$市场覆盖率=\frac{本企业产品投放地区数}{全市场应销售地区数}\times 100\%$$

公式中的销售地区可以是省、市或县，在进行对比时，销售地区的划分标志应统一。

2. 产品收益性分析

产品收益性是决定经济效益的重要因素，企业应建立高收益的产品组合。

产品收益性分析所采用的指标为销售额、边际贡献、变动费用、固定费用和利润。它们之间的关系如下式所示：

边际贡献＝销售额－变动费用＝固定费用＋利润

式中，变动费用为随产量的增减而按比例变化的费用；固定费用为不随产品的增减而发生变化的费用。

根据上式就可以对企业在市场上的产品做收益性分析。共有三种情况：

（1）当边际贡献减固定费用大于 0 时，则为盈利产品；

（2）当边际贡献减固定费用小于 0 时，则为亏损产品；

（3）当边际贡献减固定费用等于 0 时，则为保本产品。

表 8—11 是某企业 A 系列产品收益性分析数据。

表 8—11　某企业 A 系列产品收益性分析

A 系列产品	销售额	边际贡献	固定费用	利润	利润率（%）
A_1	1 640	320	280	40	2.4
A_2	2 680	1 120	630	490	18.3
A_3	7 320	960	1 250	−290	−4.0
A_4	4 880	640	830	−190	−3.9
A_5	1 240	240	210	30	2.4
合计	17 760	3 280	3 200	80	0.5

从表 8—11 可知，产品 A_3 和 A_4 是导致 A 系列产品收益低的主要原因，因此要研究增加这两种产品的销售量或降低固定费用的可能性，以使 A 系列产品的收益性得到改善，否则应考虑淘汰 A_3 和 A_4 产品。

3. 产品成长性分析

产品成长性分析一般是对企业最近 3～5 年的销售量或销售额按时间顺序考察其增长趋势。分析时常用以下指标进行对比：

（1）销售增长率。它是本年度销售量（额）与上年度销售量（额）之比，用来评价产品销售量（额）的增长状况。其计算公式如下：

$$销售增长率=\frac{本年度销售量（额）}{上年度销售量（额）}\times 100\%$$

企业销售增长率的变动受行业销售增长率的影响，一般来说，行业高速发展，企业也就迅速发展；行业销售不景气，企业的销售增长率也随之降低。因此，有必要与行业的销售增长率进行对比，以计算其实质增长率。

$$实质增长率=\frac{本企业销售增长率}{行业销售增长率}\times 100\%$$

实质增长率大于100%，说明企业的增长率高于行业增长率；反之，则说明其低于行业增长率。

（2）市场扩大率。它是本年度市场占有率与上年度市场占有率之比，用以分析企业市场地位的上升状况。其计算公式如下：

$$市场扩大率=\frac{本年度市场占有率}{上年度市场占有率}\times 100\%$$

市场扩大率与实质增长率的计算公式虽然不同，但是含义相同，故可以互相代替。

4. 产品强度分析

产品强度是指企业的产品相对于竞争产品在内在质量、外观、包装、商标、价格等方面所具有的优越性。产品强度分析的主要方法是加法评分法，其步骤如下：

（1）选择并确定产品强度的评比项目。

（2）规定各个项目的评分标准并绘制评分表。

（3）确定评比者，尽可能吸收企业各部门有关人员和中间商代表参加，以期能客观地进行评比。

（4）进行评比，把企业的产品和竞争产品的评分填入表格内并计算总分，根据评分结果研究改进措施。

表8—12是某企业生产的收音机产品的强度分析。从评比结果可以看出该企业的产品略逊于竞争对手的乙产品。

表8—12　　某企业收音机的产品强度分析

评分项目	最高评分	本企业产品评分	竞争产品评分	
			甲产品	乙产品
灵敏度	20	15	20	20
音量	10	8	8	10
音质	20	15	10	18
杂音	20	18	10	15
故障率	20	8	5	10
造型	10	5	3	5
颜色	5	5	5	3
价格	15	15	12	10
商标	10	5	5	8
合计	130	94	78	99

（二）产品组合合理性分析

产品组合合理性分析是对企业当前销售的各种产品的不同构成情况进行分析，从中发现问题，并据以制定企业产品组合合理化的措施。这类产品分析包括产品关联性分析、产品生命周期分析、产品四象限分析、产品系列平衡分析、产品获利能力分析和产品竞争力分析。

1. 产品关联性分析

企业产品关联性分析是根据产品之间的关联性程度来评价企业产品组合合理性的一种方法。如果企业有几种产品，其销售渠道、开发能力、生产工艺和设备等方面具有共通性，那么这种产品组合就比生产几种没有共通性的产品的效果要好。由于产品之间有共通性，就可充分利用企业资源，达到降低成本、节约投资、增加销售的效果。产品关联性分析的方法如表 8—13 所示。

表 8—13 产品关联性分析的方法

产品 \ 项目 \ 产品	A_1			A_2			A_3		
	设计技术	市场营销	生产设备	设计技术	市场营销	生产设备	设计技术	市场营销	生产设备
A_1				3	3	1	1	1	1
A_2							1	1	1
A_3									

产品在设计技术、市场营销、生产设备方面的关联性大小可分为 0，1，2，3 四级进行评价，并将评价结果填入表内，没有关联性的记为 0，关联性大的记为 3，关联性中等的记为 2，关联性小的记为 1。产品之间关联性越大越好。一般来讲，没有关联性的产品应另设工厂经营；开发新产品应以开发工艺相近、结构相似、原理相同的产品为基本原则。另外就产品用途来说，产品之间关联性越小，则企业经营越稳定，这一点应加以注意。

2. 产品生命周期分析

一般来说，新产品上市成功以后，随着时间的推移，要经历导入期、成长期、成熟期、衰退期四个阶段，这就是产品的生命周期。根据产品的销售增长率以及销量随着时间而发生变化的情况，就可调查出各种产品在生命周期曲线上的位置，可据以分析产品将来发展的可能性和产品组合的合理性。

不同产品生命周期曲线的各阶段的长度并不相同，在分析时应加以注意，尤其不能根据本企业产品稍有滞销，就认为该产品已进入成熟期或衰退期而考虑淘汰。

对于产品组合合理性评价，一般来说若企业的各产品都处于导入期或成长期内，则企业经营不稳定；如果企业以成长前期或成长后期的产品为主力产品，并配有一些导入期产品，企业就能稳定发展；如果企业以成熟期产品为主力产品，则企业发展速度就缓慢。

由于产品生命周期分析只研究市场销售增长情况，缺乏对市场占有率的分析，故有必要把产品生命周期分析同市场占有率分析结合起来运用。

3. 产品四象限分析

产品四象限分析是以市场占有率和销售增长率作为横纵坐标，并引出分界线，形成四象限。市场占有率和销售增长率都低者，称为劣势产品；二者都高者称为名牌产品；销售增长率高而市场占有率低者称为冒险产品；销售增长率低而市场占有率高者称为赚钱产品（见图 8—8）。

如果在坐标系中用圆圈标上企业全部产品，圆圈面积的大小表示销售额大小，就可用来分析产品组合状况。

一个成功的企业，其产品组合常有以下特点：企业产品集中在一个横跨水平线、由左向右逐渐增大的半圆环内，少量劣势产品位于水平线下方附近，还有一部分赚钱产品也位于水平线附近（见图 8—9）；相反，一个失败的企业，其产品组合在四象限图上呈现散乱且无规律的分布状态（见图 8—10）。

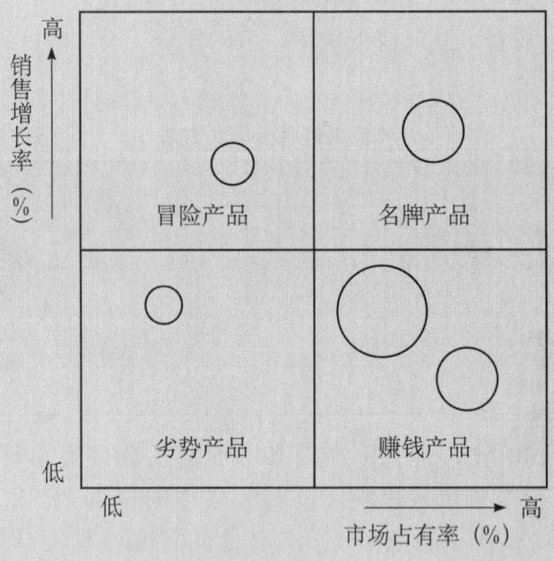

图 8—8　产品四象限分析

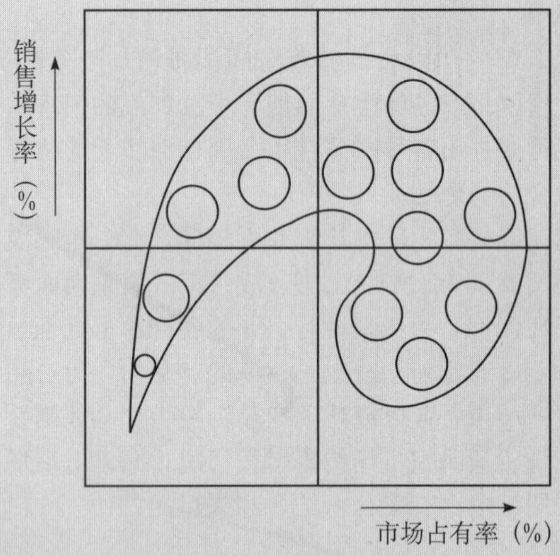

图 8—9　成功企业的产品组合特点

产品四象限分析可以具体应用在许多方面：

（1）分析企业经营稳定状况。企业的产品组合应主要由冒险产品、名牌产品和赚钱产品构成，这样才能使企业稳定发展。如果企业的主要产品都是需要投资的冒险产品和名牌产品，而没有赚钱产品，企业经营就不稳定。

（2）分析产品的发展变化情况和竞争状况。如果连续几年企业的产品四象限图都画出如图 8—11 所示的产品位置的移动倾向则是比较理想的，说明企业在竞争中取得胜利，并有赚钱产品为冒险产品提供资金。

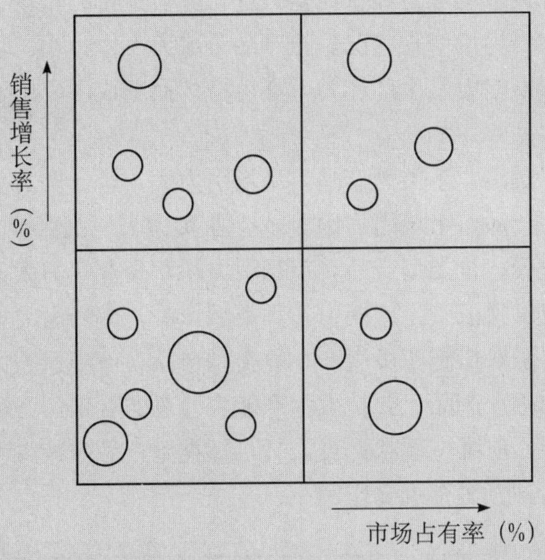

图8—10　失败企业的产品组合特点

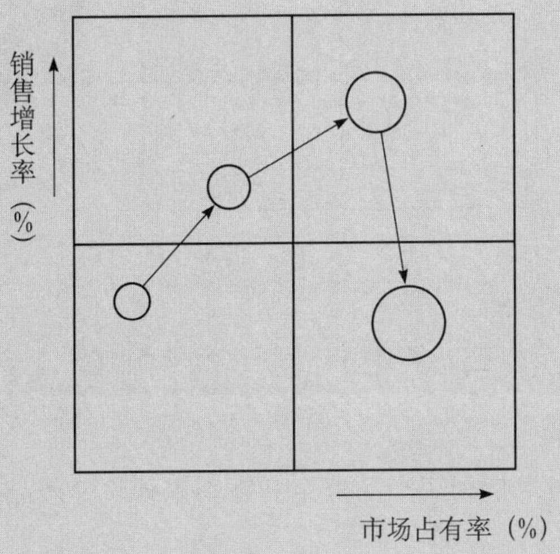

图8—11　理想产品移动倾向

（3）分析企业经营战略中的问题。如果将本企业的产品位置及其移动倾向与竞争企业的产品相比较，就能从本企业的产品组合状况发现企业经营战略中的问题。

（4）根据产品所处位置提出相应的经营战略。对冒险产品要重点投资；对名牌产品要增大产量，降低成本；对赚钱产品，宁肯市场占有率有所下降，也不要轻易退出市场，可维持现状，以此来扶植其他产品，但不宜对其增加投资，准备逐步退出市场。

4. 产品系列平衡分析

产品系列平衡分析是研究企业产品及其品种的合理组合的方法。这种方法的基本点是对企业的产品及其品种按市场引力和企业实力进行分析评价。市场引力是指按产品的市场需要量、利润率大小和销售量增长状况，把产品分成大、中、小三等。企业实力是指按产品市场占有率、技术开发能力、生产能力，亦可把产品分成大、中、小三等。这样就可将企业产品分成九种类型。

从图 8—12 中可以看出，Ⅰ类型产品，市场引力大，企业实力大，是企业实现经营目标的最好产品；Ⅱ类型产品，市场引力中等，企业实力大，是企业具有发展条件的产品，但也要慎重，不能大发展；Ⅲ类型产品，市场引力小，企业实力大，这种产品的市场需求量不大，要积极转产，以免浪费生产能力；Ⅳ类型产品，市场引力大，企业实力中等，这种产品有发展前途，要采取措施积极生产；Ⅶ类型产品，市场引力大，但企业实力小，它是企业要进一步发展的重点产品，要扩大生产能力。总的看来，Ⅰ，Ⅳ，Ⅶ类型产品应发展；Ⅱ，Ⅴ，Ⅷ类型产品应维持现状；Ⅲ，Ⅵ，Ⅸ类型产品应减少生产或转产。这种分析方法对企业编制产品品种方案有重要作用。

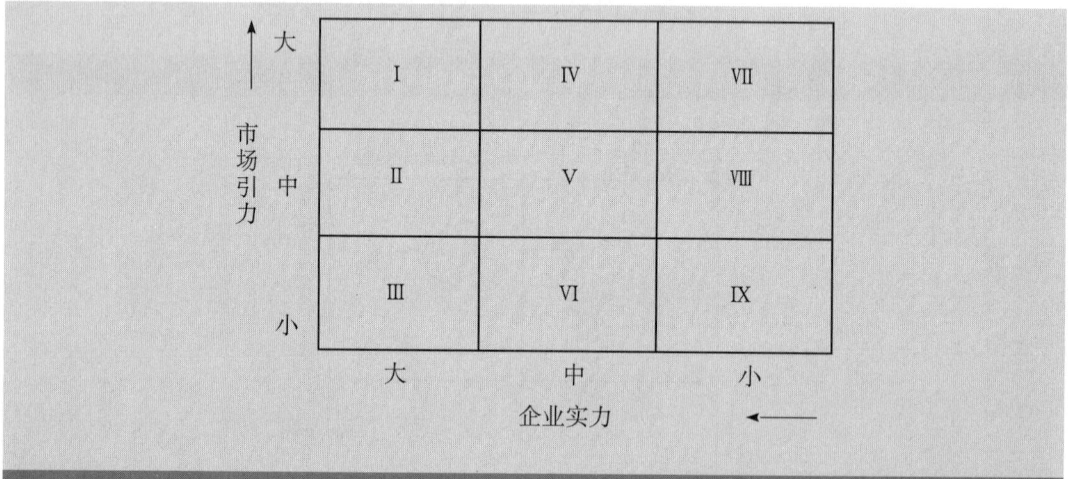

图 8—12　产品系列平衡分析

5. *产品获利能力分析*

产品获利能力分析通常是利用产品资金利润率来评价。产品资金利润率的计算公式如下：

$$资金利润率=销售利润率\times资金周转率$$

式中：

$$销售利润率=\frac{销售利润}{销售额}\times100\%$$

$$资金周转率=\frac{销售额}{资金总额}\times100\%$$

以销售利润率和资金周转率为横纵坐标制图，画出资金利润率为 20％的曲线和资金周转率随销售利润率增长的直线（见图 8—13）。在图 8—13 上找出 A，B，C，D 四个区。根据产品的坐标位置，就可对产品作出评价，指出重点的战略方向。如产品处于 A 区内，应大力发展；如产品处于 B 区内，应加强资金周转；如产品处于 C 区内，应提高销售利润率；如产品处于 D 区内，应准备撤退。

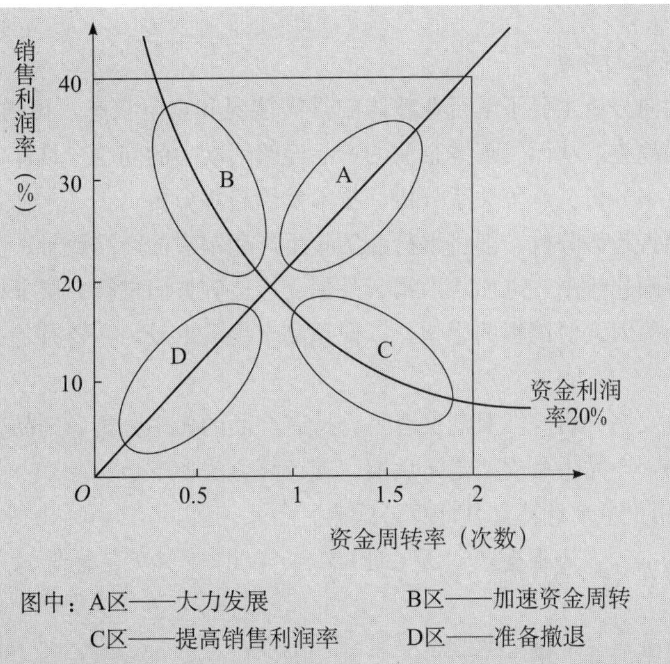

图 8—13　产品获利能力分析

6. 产品竞争力分析

产品竞争力是企业在市场活动中直接发挥作用的实力因素，它主要取决于产品性能、质量、价格、成本、设备成套性、销售渠道、推销广告活动、技术服务以及与用户的关系。其分析方法如表 8—14 所示。

表 8—14　产品竞争力分析表

产品 竞争因素	A_1	A_2	A_3	…
质量、性能 设备成套性 价格、成本 销售渠道 推销广告活动 技术服务 与用户关系				
合　　计				

评价方法为与同行业产品相比较，区分为上、中上、中、中下、下五个等级，进行打分，最后以总分来区分产品竞争力大小。

（三）产品市场环境分析

产品市场环境分析的目的在于从宏观上掌握产品的市场营销特征，预测今后市场的变化对新产品开发产生的影响。产品市场环境分析主要从行业动向、消费者行为和企业形象三方面进行。

1. 产品行业动向分析

产品行业动向分析主要了解行业整体的供需情况和竞争状态，预测产品市场需求量，掌握行业的发展趋势，从而发现本企业的产品经营活动中的问题。具体包括产品销售趋势分析、产品普及率分析、竞争关系分析、技术发展趋势分析。

（1）产品销售趋势分析。即将本行业历年生产和销售的产品数量、金额、销售价格等资料按时间顺序画趋势图，进而从内销、外销、进口等方面进行分层分析，并调查社会购买力、技术革新等因素对销售的影响，以便预测市场需求量，主要有趋势变动分析和回归分析。

（2）产品普及率分析。即对消费者平均持有产品的比率分析。产品普及率越高，产品的市场潜力越小，产品生命周期走向后期。其计算方法如下。

1）用历年销售量来计算，其计算公式为：

$$\text{社会持有量}=\frac{\text{历年生产}}{\text{累计量}}+\frac{\text{历年进口}}{\text{累计量}}-\frac{\text{历年出口}}{\text{累计量}}-\frac{\text{历年集团}}{\text{购买累计量}}$$

$$\text{按人口平均普及率}=\frac{\text{社会持有量}}{\text{人口总数}}\times 100\%$$

$$\text{按家庭平均普及率}=\frac{\text{社会持有量}}{\text{家庭户数}}\times 100\%$$

一般认为，耐用消费品的家庭普及率在15%以下为产品导入期，16%～50%为产品成长期，50%～80%为产品成熟期，基本满足需求为产品衰退期。

2）用家计调查结果来推算。家计调查是抽样调查的一种形式，在某一地区抽取一定数量的家庭样本进行调查。根据调查结果，可以推算出全地区的持有量。

例如，在某城市抽取500户家庭进行家计调查，了解电视机的普及情况，统计结果是：已购电视机的家庭为290户，近两年欲购电视机的家庭数为105户，推算全市家庭有160万户，则：

家庭平均普及率＝290/500×100%＝58%

购买意向率＝105/500×100%＝21%

全市需求量＝160×21%＝33.6（万台）

由于各地区的收入水平和消费水平不同，因而各地区的普及率也不一致。通过各地区普及率的对比，可以发现企业应开拓的市场。

（3）竞争关系分析。这一分析的目的在于调查行业内主要竞争企业的实力和特长，同时发现潜在竞争对手，了解它们对企业的威胁程度，以便采取适当的竞争策略。竞争关系分析的主要内容有：

1）产品在销售地区的市场占有率、销售增长率等方面的情况。

2）产品在质量、外形、色彩、商标、包装、价格等方面的优缺点。

3）竞争企业职工人数、设备能力、技术力量、领导层的素质等情况。

4）竞争企业的销售渠道、价格政策、销售力量、销售服务、网点和广告活动等情况。

5）竞争企业设备投资、技术引进、人员培训、与国外合资经营等的计划，以及计划实施后对本企业的影响。

6）竞争企业成功的经验和失败的教训。

竞争企业的情况可以通过多种途径了解，如有关上级领导机关、报刊的新闻报道、经验介绍、产品目录、广告宣传、产品展销会，还可以从商业部门了解情况。

（4）技术发展趋势分析。行业的技术发展趋势可以从以下几个方面进行分析：

1）行业现有生产技术水平与国外生产技术水平相比的差距。

2）行业新材料、新工艺、新技术的推广和应用情况。

3）行业技术改造和技术改进计划及实施状况等。

技术发展趋势的调查分析，除收集各种技术情报资料、召开座谈会以及进行产品对比分析外，还常采用专家集合意见法来进行。

2. 消费者行为的分析

消费者行为分析的目的在于掌握消费者的购买动机和对产品的具体要求，勾画出典型的消费者形象。消费者行为分析的定量数据较少，定性分析较多。具体包括产品销售对象分析、产品购买动机分析、产品购买过程分析和产品流行趋势分析等。

（1）产品销售对象分析。即明确产品销售对象是哪些人，并对其性别、年龄、文化程度、职业、居住地区、生活方式等进行分析，进而掌握影响购买的是哪些人，应如何对购买者产生影响，以便做好产品销售对象的工作。

（2）产品购买动机分析。即对消费者购买产品的目的、欲望和受何种思想、情绪的支配等内在因素方面进行剖析。消费者购买动机一般可以分为两类：一类是情绪性动机，如感觉的满足、自卫的本能、自尊心的维护、社交的需要、目标的实现等；另一类是理性的动机，如谋求产品方便、耐用，提高生活效率，节约时间和费用等。这两类动机并非单一地起作用，而是交织在一起，并且常常表现为某些消费者群体的共同行动。

（3）产品购买过程分析。消费者购买产品是因欲望、需要和动机的驱动而产生购买行为的。消费者的购买过程包括感到需要→购买思考→收集信息→选择比较→决定购买→消费使用→用后评价。

具体地分析消费者的购买过程，需要了解消费者购买时考虑哪些问题，从何处收集产品信息，选择和比较产品的方法和标准，获得满足的主要条件，这些将使企业的销售活动更有效地进行。

（4）产品流行趋势的分析。流行是多数消费者共同行动的一种社会现象。通常如果有5%的消费者采取同一行动，在社会上就十分引人注目。流行一般从激进的青年人开始。对于接受流行，青年人比老年人快，女性比男性快，高收入层比低收入层快。流行又可分为一阵风性流行、周期性流行和安家落户性流行等几种形式。对产品流行趋势分析就是研究历年来在产品颜色、外形、尺寸等方面的流行变化状况，分析流行规律和发展趋势，这对于赶在流行前开发新产品具有重要意义。

3. 企业形象分析

企业形象分析是调查分析企业在消费者心目中的影响，了解市场对企业或产品的评价的方法。企业形象与企业的产品特性及销售活动等有关。企业形象分析可以通过各种形式的座谈会和民意测验来进行，包括产品或企业知名度分析、消费者意见分析和中间商意见分析。

（1）产品或企业知名度分析。产品或企业的知名度是消费者对企业或产品的名称、商标、特点等情况有所了解的人数比例。消费者购买企业产品的过程是从知名开始的，因此企业应加强广告宣传，扩大企业和产品的影响。通过产品在各地区知名度的对比，可以明确广告宣传的重点地区，发现广告活动中的问题。

（2）消费者意见分析。通过各种调查方法，了解消费者对企业产品的质量、价格、包装、销售服务等方面的意见和要求，产品在实际使用过程中的问题，如操作、保管的不便之处、故障率的大小等，对改进产品能够提供有益的启示。

（3）中间商意见分析。通过调查可以了解中间商对企业的产品、交货期、协作态度等方面的意见，还可以了解中间商对不同竞争企业的评价。由于中间商直接与消费者接触，可以间接地反映消费者的意见，具有广泛的代表性。图 8—14 是通过中间商调查所得的三个企业的形象。

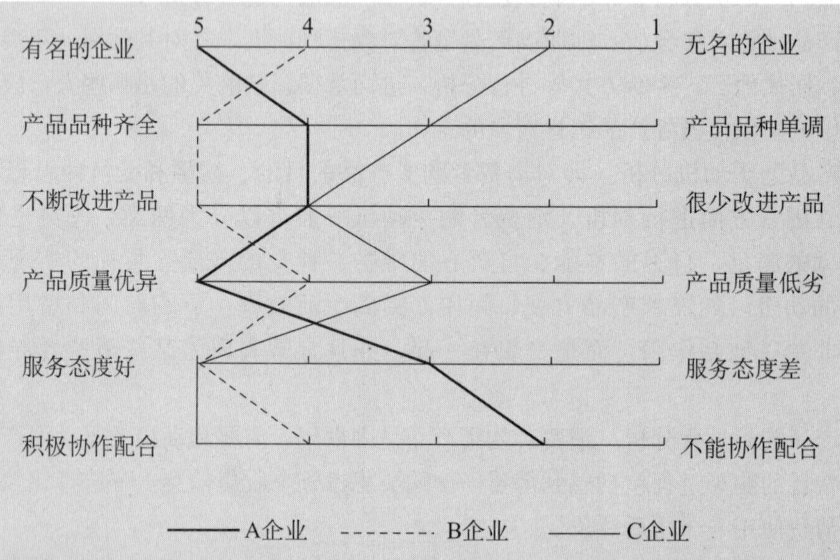

图 8—14　中间商意见分析

图 8—14 中 B 企业获得高分；A 企业虽享有盛名，但其形象在恶化；C 企业虽无名，但形象正在提高。

三、常用的调查和情报收集方法

新产品开发和情报收集的方法很多，常用的有观察法、询问法、购买法、检索法、用间法、交换法、试销法等。

（一）观察法

观察法是情报信息员通过在现场直接观察而获得新产品情报的方法。观察法的优点是直观、具体和鲜明，其缺点是容易忽略某些重要内容，尤其是一些具体技术数据很难记住，加之受时间和某些条件的限制（如不能观察关键部位、关键工艺过程等），往往得不到所需要的情报。采用观察法时情报信息员应注意以下几点：

1. 要业务熟，有情报意识

这是最重要的一条，俗话说“内行看门道，外行看热闹”，只有业务熟且有情报意识的人，才能从观察现场捕捉到有用的信息情报，洞察技术的奥妙和诀窍之所在；才能从一般人认为没有什么价值的情报源中，提取出情报来。例如，20 世纪 60 年代我国发现大庆油田，但没报道大庆油田的位置，日本情报人员以画报上王进喜的皮帽子和地名马家窑为线索，最后确定了油田的位置。

2. 事先要有准备

这包括两个方面：

（1）要事先研究已索取到的观察对象的情报，从而确定观察的重点和需要的情报。

（2）在物质设备上也要事先准备好如照相机、小型录音机、笔记本，甚至衣着等。日本有位情报专家为了得到某厂新产品所用材料的情报，特意穿了一双软底泡沫塑料鞋，让材料碎屑扎在鞋底上，回到住处取出来供化验用。

3. 要灵活地采用其他手段

观察法主要利用视觉手段，但不应排除询问法（如询问现场工人和技术人员）和购买法（如购买观察对象）等。

4. 要注意遵守观察现场的制度

情报信息员在现场收集情报时，应在允许的范围内活动，要做到合理、合法，不要成为不受欢迎的人。

5. 要注意及时整理和分析观察结果，以免遗忘

（二）购买法

购买法是根据需要购买有关的情报信息，购买的对象有两种：一是实物，如产品；二是技术资料，如技术专利、技术诀窍等。

一般来说，为了及时掌握竞争对手的动态，在可能的情况下，只要竞争对手有新产品问世，就应买来样品进行解剖分析，了解其结构和技术水平等。通过与本企业产品对比，取其所长，避其所短。

购买技术资料往往要付出巨额费用，为了避免上当受骗，要多听取专家的咨询意见。

（三）询问法

询问法是根据需要向有关人员询问而获得情报的方法。询问法有两种形式，即口头形式和问卷形式。

1. 口头形式

口头形式多用于参观、访问、谈判等场合。采用口头形式时，负责收集情报信息的人必须精通业务、反应敏捷、长于言谈。因为只有精通业务，才能问到点子上；只有反应敏捷，才能抓住有利的时机或发现问题；只有长于言谈，才能在各种场合下与被调查者有共同语言。

2. 问卷形式

问卷形式是当前较为流行的方法。通过问卷提出一系列问题，请被询问者解答，然后

分析收集上来的问卷，得到有用的情报信息。

采用问卷形式，提问时要注意的是：

（1）问题要具体，以保证答案确切，具有唯一性。

（2）问题深度要适宜，以保证用户能答得上来。

（3）问题要简明扼要，预期的答案也要简明扼要。

（4）问题应按先简单后复杂的顺序编排。

（5）问题要通俗易懂，避免使用用户所不懂的专业术语。

（6）问题的措词要给人以亲切感。

（7）问题要有代表性。

为了提高问卷表格的回收率，可以在问卷表格上注明给予适当的奖励。

关于问题的回答方法，可能有以下几种：

（1）自由回答法，即对提出的问题，对方可以自由作答。

（2）两项选择法，即提出的问题中包含两个对立的内容，让对方任选其一。

（3）多项选择法，即在提出的问题中包含多项内容，让对方从中选择一项。

（4）分等选择法，即在提出的问题中包含几个等级，让对方选择其中的一个。

（5）回忆法，即请对方回忆某一事项。

（6）竞争选好法，即让对方在同类产品中选择最中意的一种。

问卷形式适合于了解新产品开发的市场情报和战略情报，前者主要用于向消费者（用户）作调查，后者主要用于向专家作调查。

表 8—15、表 8—16 和表 8—17 为调查表实例。

（四）检索法

检索法又称查阅资料法，这种方法是通过查阅与调查内容有关的文献资料而获得情报资料的方法。如查阅书籍、刊物、技术报告、学术论文、专利、产品样本、产品目录、广告、微缩胶片、录音录像等。近些年来，由于计算机的普及，情报部门已将各种文献存储在计算机中，并已联成网络，用户可以委托情报部门帮助查找所需的文献资料，只要付出一定数额的查找费就能达到目的。

使用检索法既可以查到过去的技术情报，也可以查到最新的技术情报。在新产品开发中，主要应注意后者，将其作为一项经常性的工作，通过不断跟踪，把握最新的技术和发明，使之为己所用。这是一项投入少、产出多的工作。负责此项工作的人员应定期写出综合评述，供技术人员或各层领导参考，作为决策的依据。

（五）用间法

用间法就是利用间谍来收集情报的方法。这种方法由来已久，过去主要是用在军事上，目前在科学技术领域、工商企业之间也应用得相当普遍。美国《时代》杂志曾引用著名安全问题专家贝奎的话："在美国，现在是小公司偷大公司，大公司偷小公司，人人都在相互偷窃。"

表 8—15　典型的符合逻辑的提问顺序及所能提供的信息

提问顺序	可能提供的信息
对于某类产品，你最近买什么品牌的？↓	了解本企业的市场营销战略效果，了解购买动机，寻求机会
你通常都买该品牌吗？↓	了解品牌忠诚度，了解是否重复购买
你为什么买那个品牌？↓	了解消费者忠诚于该品牌的购买动机
你所买品牌产品的特点？↓	了解本企业产品或竞争产品的特点，有助于改进产品
你所买品牌产品的功能和质量？↓	了解本企业产品或竞争产品的功能和质量在消费者心目中的形象
你买的产品是哪种类型的包装？↓	了解包装的尺寸、物质特性等方面的信息
你为什么喜欢那种包装？↓	了解包装设计要素，如形状、颜色、材料、文字说明、艺术设计等
你在何处买那种产品？↓	了解消费者习惯光顾的商店
你为什么去那里买？↓	了解消费者对销售商品的要求，以便建立新的分销系统
购买该产品你付多少钱？↓	比较本企业产品与竞争产品的价格
你见到或听到过这一类产品的广告吗？包括哪些品牌？↓	了解广告宣传的熟知程度，谁做得最好，谁第一，等等
你是否看见过本企业的广告？喜欢吗？↓	专门了解自己产品的广告效果
你对本企业产品满意吗？为什么？↓	了解消费者满意或不满意的比例及其原因
如果满意，你想购买本产品吗？↓	了解一段时期的市场份额和销售趋势
你属于哪个年龄组？ 你的家庭有几口人？ 你家庭的收入是多少？ 你的职业是什么？ 你受教育程度如何？	了解细分目标市场的基础情报

表 8—16 工业品的用户调查表

1. 资料提供单位（个人）
2. 地址
3. 被调查产品名称
4. 制造厂
5. 型号规格
6. 购买时间
7. 主要性能指标
8. 用户使用目的
9. 使用环境条件
10. 产品主要优点
11. 产品主要缺点
12. 可靠性与故障
13. 使用费用，合计____元，其中能源消耗费____元，维修费____元
14. 用户对本产品的评价： 完全信得过 □ 基本信得过 □ 勉强信得过 □ 信不过 □
15. 用户对新的功能要求
资料收集人： 日期：

表 8—17 工业品同类产品对比调查表

资料提供单位： 地址：	提供人：		
比较项目	本企业	国内	国外
1. 产品名称			
2. 制造厂			
3. 型号规格			
4. 主要性能指标			
5. 主要特点			
6. 主要弱点			
7. 产品技术水平			
8. 产品等级水平			
9. 销售历史			
10. 销售量（年月）			
11. 销售单价			
12. 销售地区、对象			
13. 用户反应			
资料收集人： 日期：			

随着我国与国外的经济技术交往增多，也有一些外国间谍以各种身份进行间谍活动，窃取我国某些企业的技术经济情报。显然，为了保护我国的利益，我国的企业、科研部门也应研究用间法，注意做好识间、防间、反间的工作。

利用间谍的形式主要有五种：因间、内间、反间、生间、死间。

1. 因间

因间是因地制宜，选择当地人充当间谍，提供情报。当地人对情况比较熟悉，常常可以取得满意的效果，这种方式常以合法的形式出现。

例如，想要了解某地区的情况，可以就地聘请该地区的单位或个人代行专门观察工作，及时通报情况。香港某公司开发部就在日本雇用十几名日本的技术人员负责收集和传递日本市场的电子工业新技术产品的情报和样品。

2. 内间

内间是收买对方的知情者作为间谍。这些内间通过书信、投稿、出国考察、与外商洽谈、贸易等方式，把技术情报传递出去。内间对国家的危害最大，内间一般多在关键性岗位上，知道内情多，掌握情报多。

3. 反间

反间是诱使对方间谍为己所用。其形式有两种：一种是识破、买通对方间谍，使其为我效劳；另一种是佯为不知，欲擒故纵，使其在不知不觉中为我所用（放出假情报）。

4. 生间

生间是让间谍能活着回来汇报情报。如为了获取情报，派人出国参观、旅游、实习、考察、进修、参加学术会议等都属此类。生间常常以公开身份出现，所采用的是合法手段。

例如，日本某家首饰制造厂想要仿制中国的景泰蓝，但始终没有成功，后来收买了一个华侨，该华侨以“代理商”身份出现，要求参观景泰蓝的制作过程，接待部门让他拍摄了制作景泰蓝的全过程。这位华侨把照片带回日本，不久那家日本工厂就制造出了景泰蓝，成为中国的一个竞争对手，这位华侨就是生间。

5. 死间

死间是为了达到目的，让间谍自觉不自觉地死去。死间在军事行动中应用得较多。例如布置“向导”将敌人引入埋伏圈等。

（六）试销法

试销法是指将生产出来的样品采用试销的方式来获取有关情报的方法。一般多在新产品大批量生产之前，先小批量地生产一些投入市场或销售给指定的人，以便观察销售情况，听取消费者（用户）反映，避免盲目生产而造成积压。

采用试销法时，事先要制作调查表格发给购买产品的消费者（用户），请他们把使用情况和出现的问题填到调查表中，调查单位与消费者（用户）保持联系，及时将情况收集上来并汇总整理。

（七）交换法

交换是买卖的结合，常常发生在以往关系比较密切的企业之间，有时两个企业之间虽然没有联系，但是双方都对对方的产品或技术感兴趣，以此为条件，各自向对方提供所需的产品和技术情报，使双方都受益。国内许多厂家之间的资料交流都属此法。

案例

20世纪90年代中期以前，宝洁公司的洗发香波主导中国市场，占据中国中高端市场65%以上的市场份额。

1995—1996 年，“奥妮”以“植物一派，重庆奥妮”为主题，迅速占领了大江南北。

1997 年的调查显示，奥妮以全国平均 13.8％的市场占有率，成为仅次于宝洁公司飘柔、海飞丝洗发水的第三品牌。随后，联合利华推出夏士莲黑芝麻洗发露，伊卡璐推出草本精华产品。

针对这一形势，宝洁公司酝酿推出自己的乌发产品——润妍。

1997 年，市场调研：东方女性渴望拥有一头乌黑的秀发。

基本概念：滋润而具生命力的黑发最美。

目标顾客：成熟独立女性、融传统与现代于一身、黑发美。

产品研发：宝洁日本技术中心研制出冲洗型、免洗型两种洗发水。

1999 年，产品匿名测试：模拟货架、包装；广告；企业各环节配合。

产品改良：特别针对东方人的发质和发色改进。

首推：西子湖畔、苏州美女、黑发飘逸。

2000 年，润妍全面推广，针对 18～35 岁的高知女性，定位“东方女性的黑发美”。著名画家陈逸飞加盟参与宣传，发起“东方之韵入画来”记者俱乐部水乡周庄行；“东方女性美、梳妆好年华”，润妍赞助《花样年华》电影首映式。通过促销活动（买润妍赠抽奖）迅速实现试用率，反响似乎不错。价格上，润妍系出名门，初定 41 元，高于夏士莲黑芝麻洗发露和奥妮洗发露。

但是，产品正式上市后销售并不理想。2002 年，宝洁收购伊卡璐后，润妍淡出市场。

试分析，如此周密计划、精心实施的项目输在何处？

思考题

试比较不同种类新产品的试销、销售预测以及批量上市过程。

参考文献

1. 纪宝成，吕一林．市场营销学教程．第5版．北京：中国人民大学出版社，2012

2. 黄良辅．新产品开发之谋略．广州：广东经济出版社，1992

3. 叶锡琳．新产品开发．北京：宇航出版社，1992

4. 高桥诚．创造技法实用手册．西安：西北工业大学出版社，1993

5. 吴震世，周勤华．纺织产品开发．北京：纺织工业出版社，1990

6. 林敏生．新产品开发．台北：书泉出版社，1990

7. 平岛廉久等．热门商品开发法：如何生产吸引消费者的商品．台北：书泉出版社，1990

8. 罗时凡．工业企业的新产品开发．武汉：华中理工大学出版社，1988

9. 李树楷．新产品开发指南．沈阳：辽宁科学技术出版社，1988

10. 信明堂．企业与创新．北京：企业管理出版社，1987

11. 中国企业管理成都培训中心．新产品开发．北京：企业管理出版社，1987

12. 陆思齐等．新产品开发成功之道．上海：上海科学技术出版社，1994

图书在版编目（CIP）数据

新产品开发/诸鸿，陈智勇编著. —北京：中国人民大学出版社，2014.1
21世纪市场营销系列教材
ISBN 978-7-300-18662-7

Ⅰ.①新… Ⅱ.①诸… ②陈… Ⅲ.①产品开发-高等学校-教材 Ⅳ.①F273.2

中国版本图书馆CIP数据核字（2013）第317188号

21世纪市场营销系列教材
新产品开发
诸　鸿　陈智勇　编著
Xinchanpin Kaifa

出版发行	中国人民大学出版社		
社　　址	北京中关村大街31号	邮政编码	100080
电　　话	010－62511242（总编室）		010－62511770（质管部）
	010－82501766（邮购部）		010－62514148（门市部）
	010－62515195（发行公司）		010－62515275（盗版举报）
网　　址	http://www.crup.com.cn		
	http://www.ttrnet.com（人大教研网）		
经　　销	新华书店		
印　　刷	北京密兴印刷有限公司		
规　　格	185 mm×260 mm　16开本	版　　次	2014年1月第1版
印　　张	16.25 插页1	印　　次	2020年11月第5次印刷
字　　数	394 000	定　　价	35.00元

教师教学服务说明

中国人民大学出版社工商管理分社以出版经典、高品质的工商管理、财务会计、统计、市场营销、人力资源管理、运营管理、物流管理、旅游管理等领域的各层次教材为宗旨。

为了更好地为一线教师服务，近年来工商管理分社着力建设了一批数字化、立体化的网络教学资源。教师可以通过以下方式获得免费下载教学资源的权限：

在中国人民大学出版社网站 www. crup. com. cn 进行注册，注册后进入“会员中心”，在左侧点击“我的教师认证”，填写相关信息，提交后等待审核。我们将在一个工作日内为您开通相关资源的下载权限。

如您急需教学资源或需要其他帮助，请在工作时间与我们联络：

中国人民大学出版社　工商管理分社

联系电话：010-62515735，82501048，62515782，62515987

电子邮箱：rdcbsjg@crup. com. cn

通讯地址：北京市海淀区中关村大街甲 59 号文化大厦 1501 室（100872）